P9-CMD-668

Appel initiation au français

Jacqueline Ollivier Michelle Morran
STANFORD UNIVERSITY

Catherine Montfort Howard
SANTA CLARA COLLEGE

Appel

initiation au français

HARCOURT BRACE JOVANOVICH, INC. HBJ

NEW YORK SAN DIEGO CHICAGO SAN FRANCISCO ATLANTA
LONDON SYDNEY TORONTO

COVER PHOTO BY WILLIAM K. GREINER

ILLUSTRATIONS BY BARBARA NIEMCZYC

ISBN: 0-15-502930-4

Library of Congress Catalog Card Number: 82-083866
Printed in the United States of America

preface

Appel, a complete first-year French program, aims at developing the four important skills in language study: listening, speaking, reading, and writing. Its goal is to spark an evolving interest in the French language. This is accomplished by presenting a variety of topics deriving from the student's immediate environment—classroom, home, meals, weather—and then expanding to broader subjects such as travel, interpersonal relationships, ecology, and the press. Topics relating to French culture have been integrated into the text as well as into the grammatical exercises: Le Corbusier, the *Tour de France,* Marguerite Yourcenar, a traffic jam, the feminist movement, Senghor, recipes, the Francophone world, and so on.

The complete program includes the textbook, a laboratory workbook with tapes, and an instructor's manual. The textbook contains twenty lessons, all in French, with marginal glosses where necessary. Each lesson has a distinct theme, carefully chosen both to provide a context for learning new material and to unify its many sections.

In the classroom French should be used exclusively.

FORMAT OF EACH LESSON

Prise de contact and illustration
Grammar and *Appliquez*
Grammar Break
Oral Exercises
Written Exercises
Lecture
  Questions
  Sentence Structure
  Vocabulary
  Composition
Word Game or Poem

Prise de contact

Generally in the form of a dialogue, this opening reading is illustrated by a full-page drawing on its facing page. It introduces not only the theme of the lesson but also the grammar and vocabulary specific to that lesson. Its aim is to touch upon the grammar points in a natural way. The language is colloquial and contains familiar expressions. Because all new words are glossed in the margin, the student should have little difficulty understanding the reading, and reference to the *Lexique* should not be necessary. The *Prise de contact* also serves as the basis for the Oral Exercise, "A votre tour."

Grammar

Explanations of the grammar are in a French that is simple enough for the student to understand. Visual aids to the presentation, such as boxes and tints, and occasional English equivalents reinforce the French explanations. Each grammar point is followed immediately by an *Appliquez,* an exercise to cement the grasp of the new material. Answers to the *Appliquez* appear at the close of each lesson.

Grammar break

This offers something to learn in an amusing way, whether a tongue twister or a half dozen homonyms.

Oral exercises

Numerous methods are employed to reinforce the theme of the lesson. Pronunciation, an important aspect of any first-year program, is covered in Lessons 1–15. Sentences taken from the *Prise de contact* serve to illustrate particular sounds. The pronunciation drills are repeated in the laboratory program. Some oral exercises employ typical techniques such as fill-ins and answering questions, while others are innovative, requiring students to converse in groups of two or three, at each individual's level. Students thus acquire *facilité d'expression,* consequently experiencing a psychological boost from their proficiency.

Written exercises

These also serve to reinforce the theme of the lesson. They include rewrites and fill-ins, as well as short narrations (instead of unrelated sentences) to illustrate a grammar point, in an effort to sustain the student's interest. A few review exercises have been provided.

Lecture

The final reading of the lesson is varied in form and content. Generally, it is of a cultural, documentary, or literary nature. It fills the need of students who wish to learn about France while also learning French. The *Lecture* is compatible with the particular level of each lesson, and supplies enough cultural material to make a supplementary reader unnecessary. Following Lesson 10, there is an additional reading which deals with the geography of France, as well as a full-page map of France.

Questions, sentence structure, vocabulary, and composition

The *Questions* pertain to the *Lecture.* The *Sentence Structure* reviews set grammatical structures covered in the lesson; the student is asked to write sentences using these structures. In the *Vocabulary,* the student reviews the lesson by supplying synonyms, antonyms, and categories of words. In the *Composition,* several topics related to the lesson are suggested as possible topics for writing; some are easy, others are challenging, but all give the student an opportunity to bring together theme, grammar, and vocabulary.

Word games, poems, or anecdotes

Crossword puzzles provide a way to check acquired knowledge that is both fun and challenging. Each puzzle was designed for the specific lesson in which it appears. (Solutions to the puzzles are in the Instructor's Manual.) The puzzles alternate with poems and anecdotes, carefully chosen for the particular level of comprehension.

LABORATORY

The laboratory program has been designed so that passive listening is almost impossible. At all times, active participation by the student is required. Besides the Pronunciation Exercises taken from the text and short oral and written grammar applications, the program offers a comprehension text or a dictation for each lesson. Finally, a reading adapted from the *Prise de contact* or from the *Lecture* tests comprehension and encourages role-playing.

ACKNOWLEDGMENTS

In preparing the manuscript for the textbook, we are indebted to Nadia Margolis for inspiring the illustrations for the *Prises de contact,* and to Barbara Niemczyc for their execution. We wish to express our gratitude to Professor Alphonse Juilland for reviewing the pronunciation sections; to Chantal Coffman and M. and Mme Robert Montfort for going over the manuscript with a critical eye; and to Marie-Françoise Perrotte for helping us obtain the literary permissions. A special word of thanks is due Vicki La Brie for her competent help in typing the manuscript. We also express our appreciation to the staff of Harcourt Brace Jovanovich: Albert I. Richards and Tina Barland, our editors; Anna Kopczynski, our designer; Barbara Salz, our picture editor; and Robert C. Karpen, our production supervisor.

In conclusion, we hope that both the textbook and the laboratory program can make the first contact with French an enjoyable experience. The inevitable difficulties of grammar are made more palatable by combining them with informative and light touches. Yet, if at times the fun element is present, *Appel* is never frivolous. It provides the basic foundation of French needed in a first-year book. It is our hope that the student will answer the "call."

J.O. M.M.
C.M.H.

table des matières

Appel initiation au français

leçon 1

En route!

ET·VENERVNT

prise de contact

Bonjour, tout le monde!

PROFESSEUR (*Mademoiselle Durand entre dans la classe, décidée.*) Bonjour, tout le monde°!
ETUDIANTS (*silence*)
PROFESSEUR (*surpris*) Bonjour!
ETUDIANTS (*hésitants*) Bonjour.
PROFESSEUR Ecoutez°: bonjour. Répétez.
ETUDIANTS Bonjour.
PROFESSEUR Très bien°. Répétez: monsieur.
ETUDIANTS Monsieur.
PROFESSEUR Madame.
ETUDIANTS Madame.
PROFESSEUR Mademoiselle.
ETUDIANTS Mademoiselle.
PROFESSEUR Bonjour, monsieur. Bonjour, madame. Bonjour, mademoiselle.
ETUDIANTS Bonjour, monsieur. Bonjour, madame. Bonjour, mademoiselle.
PROFESSEUR Excellent. Répétez: comment allez-vous°?
ETUDIANTS Comment allez-vous?
PROFESSEUR Très bien, merci, et vous? Répétez.
ETUDIANTS Très bien, merci, et vous?
PROFESSEUR Très bien aussi°, merci. Répétez.
ETUDIANTS Très bien aussi, merci.
PROFESSEUR Je m'appelle° Mademoiselle Durand. Comment vous appelez-vous°?
UN ETUDIANT Je m'appelle Jean.*

tout... everybody
Listen
Très... Very good
comment... how are you?
also
Je... My name is
Comment... What is your name?

* American names are gallicized: **Jean** for *John*, **Suzanne** for *Susan*, **Etienne** for *Steven*, etc.

PROFESSEUR Et vous, comment vous appelez-vous, Mademoiselle? Euh...Mademoiselle ou° Madame?

or

UNE ETUDIANTE Mademoiselle!! Je m'appelle Suzanne.

today

PROFESSEUR Comment allez-vous aujourd'hui°, Suzanne?

SUZANNE Très bien, merci, et vous?

PROFESSEUR Très bien aussi, merci. Et vous, Monsieur, comment vous appelez-vous?

MARC Je m'appelle Marc.

Pas... Not bad

PROFESSEUR Marc, comment allez-vous aujourd'hui? Pas mal°? Bien? Très bien?

MARC Oh, pas très bien.

Why

PROFESSEUR Pourquoi°?

Parce... Because / *Je...* I don't know / *C'est...* That's how it is
posez... ask a question / *s'il...* please

MARC Parce que°...Je ne sais pas°. C'est comme ça°!

PROFESSEUR (*à Etienne*) Etienne, posez une question°, s'il vous plaît°.

ETIENNE (*à Mademoiselle Durand*) Comment vous appelez-vous?

now / = *bonjour* (fam.)
= *comment allez-vous* (fam.)

PROFESSEUR Je m'appelle Mademoiselle Durand. Etienne, maintenant° posez une question à Carole: salut°, Carole, comment ça va°?

ETIENNE (*à Carole*) Salut, Carole. (*Etienne serre la main* de Carole.*)

CAROLE (*à Etienne*) Salut, Etienne.

ETIENNE (*à Carole*) Comment ça va?

CAROLE (*à Etienne*) Ça va bien, merci.

---

* In France people usually shake hands when saying *hello* or *good-by*.

PROFESSEUR Maintenant répétez après° moi: un, deux, trois, quatre, cinq, six, sept, huit, neuf, dix. Tout le monde ensemble, s'il vous plaît. — after

ETUDIANTS Un, deux, trois, quatre, cinq, six, sept, huit, neuf, dix.

PROFESSEUR Bien. Maintenant 10, 9, 8, 7, 6, 5, 4, 3, 2, 1, et...zéro!

ETUDIANTS 10, 9, 8, 7, 6, 5, 4, 3, 2, 1, 0.

PROFESSEUR 0, 2, 4...continuez.

ETUDIANTS 6, 8, 10.

PROFESSEUR 1, 3...continuez.

ETUDIANTS 5, 7, 9.

PROFESSEUR Comptez encore° de 1 à 10. — again

ETUDIANTS 1, 2, 3, 4, 5, 6, 7, 8, 9, 10.

PROFESSEUR Très bien. Maintenant répétez après moi: au revoir°. — ≠ *bonjour*

ETUDIANTS Au revoir.

PROFESSEUR Au revoir, monsieur. Au revoir, madame. Au revoir, mademoiselle.

ETUDIANTS Au revoir, monsieur. Au revoir, madame. Au revoir, mademoiselle.

PROFESSEUR Le cours de français° est° fini. A demain°. — Le... The French class / is / *A...* See you tomorrow

ETUDIANTS A demain, Mademoiselle.

ETIENNE (*à Carole*) Salut, Carole. A demain.

CAROLE (*à Etienne*) Salut, Etienne. A demain.

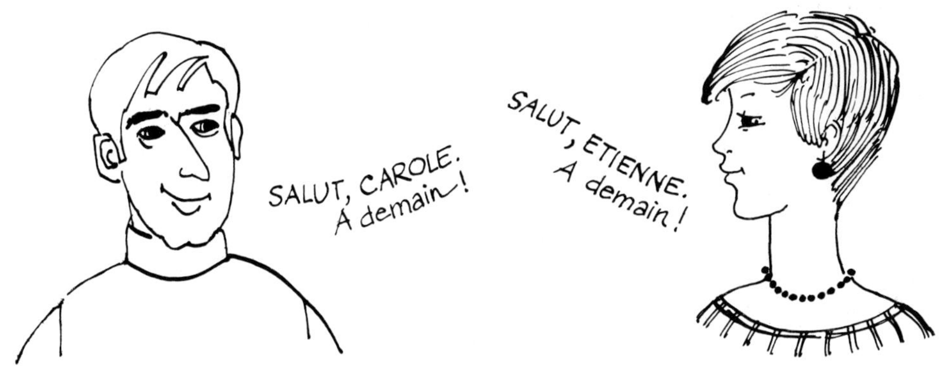

1 L'identification

Qui est-ce? pour une personne (*Who is it?*)

C'est Georges. C'est Suzanne.
C'est un étudiant. C'est une étudiante.
C'est un garçon. C'est une fille.
C'est un jeune homme. C'est une jeune fille.
C'est un homme. C'est une femme.
C'est un monsieur. C'est une dame ou une demoiselle.
C'est Mademoiselle Durand. C'est un professeur.*

c'est‿un (masculin)   c'est‿une (féminin)

Un nom de personne est masculin ou féminin.

← **Qui est-ce?**

Qu'est-ce que c'est? pour une chose. Un objet est une chose. (*What is it?*)

Qu'est-ce que c'est? C'est un mur.
Et ça, qu'est-ce que c'est? C'est un autre mur.

Qu'est-ce que c'est? C'est une chaise.
Et ça, qu'est-ce que c'est? C'est une autre chaise.

ET ÇA, QU'EST-CE QUE C'EST?

Continuez qu'est-ce que c'est?

C'est	un tableau	un cahier	un crayon
	un chapeau	un livre	un stylo
	un bureau	un sac	un morceau de craie
	un carnet	un mot	un portefeuille

* always masculine

C'est	une salle	une lampe	une feuille de papier
	une porte	une table	une question
	une fenêtre	une photo	une réponse
	une phrase	une clé	une serviette

Un nom de chose est masculin ou féminin.

Voilà **l'article indéfini:**

SINGULIER	
masculin	*féminin*
un	une

Un article indéfini désigne une personne (ou une chose) indéterminée.

2 Montrez-moi un(e)... Voilà un(e)... C'est le (la, l')...de...

Montrez-moi **un** sac.	Voilà **un** sac. C'est **le** sac **de*** Suzanne.
Montrez-moi **une** photo.	Voilà **une** photo. C'est **la** photo **de** Marc.
Montrez-moi **un** étudiant.	Voilà **un** étudiant. C'est **l'**étudiant **de** Mademoiselle Durand.
Montrez-moi **une** étudiante.	Voilà **une** étudiante. C'est **l'**étudiante **de** Mademoiselle Durand.

Voilà **l'article défini:**

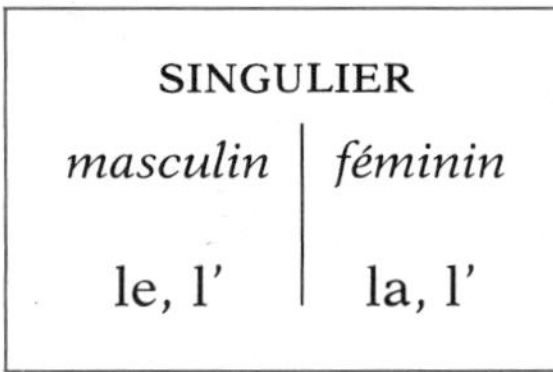

SINGULIER	
masculin	*féminin*
le, l'	la, l'

Un article défini désigne une personne (ou une chose) déterminée.

Employez **l'** à la place de **le, la,** devant une voyelle ou un **h** muet:**

EXEMPLE l'identification, l'homme

* La préposition **de** indique la possession: *Susan's bag.*
** L'**h** est muet ou aspiré (explication Leçon 5, page 110).

3 Le genre: masculin et féminin

Un nom est masculin ou féminin. L'article indique le genre du nom.

Avec la terminaison { **eau**, **nt**, **et**	Avec la terminaison { **tion**, **té***, **ette**
un nom est *généralement masculin.*	un nom est *généralement féminin.*
EXEMPLES un drapeau, un accent, un alphabet	une prononciation, une université, une serviette

Un adjectif est variable: masculin avec un nom masculin,
féminin avec un nom féminin.

EXEMPLES un étudiant intelligent, une étudiante intelligent**e**
un homme français, une femme français**e**

* The English form of these nouns often ends in *ty*.

Généralement **féminin = masculin + e**

Mais un adjectif en **e** au masculin est identique au féminin:

EXEMPLES un autr**e** homme, une autr**e** femme
un homme rich**e**, une femme rich**e**

4 L'appel

Prononcez

présent, *masculin*	présent**e**, *féminin*
absent, *masculin*	absent**e**, *féminin*

PROFESSEUR Georges Anderson, présent ou absent?
GEORGES ANDERSON Présent.
PROFESSEUR Julie Brown?
JULIE BROWN Présente.
PROFESSEUR Robert Burton?
(*silence*)
PROFESSEUR Absent? Robert Burton, absent? Oui?...Marie Sellers?
MARIE SELLERS Présent.
PROFESSEUR Présent? Marie est un garçon?
MARIE SELLERS Non, euh ..présente.
PROFESSEUR Très bien, Marie. L'appel est fini.

5 Comptez

0	1	2	3	4	5	6	7	8	9	10
zéro	un	deux	trois	quatre	cinq	six	sept	huit	neuf	dix

Remarquez un sept français: 7

1 est un chiffre; **6** est un autre chiffre. **10** est un nombre de deux chiffres.

6 Epelez

L'alphabet

*Prononcez:**

a	a	/a/	n	enne	/ɛn/
b	bé	/be/	o	o	/o/
c	cé	/se/	p	pé	/pe/
d	dé	/de/	q	ku	/ky/
e	e	/ə/	r	erre	/ɛr/
f	effe	/ɛf/	s	esse	/ɛs/
g	gé	/ʒe/	t	té	/te/
h	ache	/aʃ/	u	u	/y/
i	i	/i/	v	vé	/ve/
j	ji	/ʒi/	w	double vé	/dubləve/
k	ka	/ka/	x	iks	/iks/
l	elle	/ɛl/	y	i grec	/igrɛk/
m	emme	/ɛm/	z	zède	/zɛd/

Attention g [ʒe], j [ʒi]

a est une lettre. C'est une voyelle. **A** → **a** majuscule, **a** → **a** minuscule
b est une autre lettre. C'est une consonne.

Accents et signes

un accent aigu	´	é (e accent aigu)
un accent grave	`	è (e accent grave)
un accent circonflexe	^	ê (e accent circonflexe)
une cédille	¸	ç (c cédille)
un tréma	¨	ï (i tréma)
une apostrophe (pour l'élision d'une voyelle)	'	l' (l apostrophe)
un trait d'union	-	*Exemple:* allez-vous

▶ *Appliquez* Epelez:

très:	t, r, e accent grave, s
cours:	c, o, u, r, s
Comment:	c majuscule, o, deux m, e, n, t

* Alphabet phonétique, Appendice I, page 479.

Continuez:

bonjour	français	je m'appelle	Noël	après
aujourd'hui	répétez	à	s'il vous plaît	quatre
madame	monsieur	C'est	allez-vous	mademoiselle

7 Six prépositions

à Au revoir, **à** demain.

après Répétez **après** moi, s'il vous plaît.

avec C'est une voyelle **avec** un accent circonflexe.

de (d') C'est le cours **de** français **de** Mademoiselle Durand, le cours **d'**anglais **de** Madame Millbury et le cours **d'**histoire **de** Monsieur Michelet.

Employez **d'** devant une voyelle ou un **h** muet.

en **En** français, un adjectif est masculin ou féminin.

pour Voilà une rose **pour** vous.

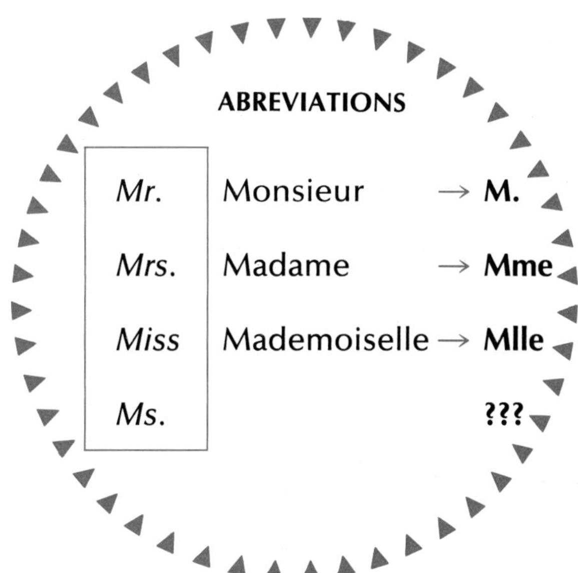

ABREVIATIONS
Mr.
Mrs.
Miss
Ms.
Monsieur → M.
Madame → Mme
Mademoiselle → Mlle
???

EXERCICES ORAUX

I *Prononciation**

Les voyelles**

Ecoutez bien et répétez:

/i/	fini, merci, six, aussi, stylo, dynamique
/e/	répétez, zéro, et, écoutez, décidée
/ɛ/	très, excellent, après, sept, je m'appelle, question
/a/	madame, à, la, Marc, pas mal, femme (exception)
/ɑ/	pâte, hâte
/ɔ/	comment, Georges, porte, encore
/o/	aussi, aujourd'hui, photo, mot, zéro
/u/	vous, bonjour, tout le monde, pourquoi, en route
/y/†	salut, une, Suzanne, surprise
/ø/	deux, euh
/œ/	professeur, neuf
/ə/	de, je, monsieur (exception)

Prononcez:

bon – jour [bɔ̃ – ʒur] sa – lut [sa – ly] pour – quoi [pur – kwa] ma – dame [ma – dam]

made – moi – selle [mad – mwa – zɛl] mon – sieur [mə – sjø] femme [fam] mer – ci [mɛr – si]

je ne sais pas [ʒənsɛpa] tout le monde [tulmɔ̃d] comment allez-vous [kɔmɑ̃talevu]

c'est comme ça [sɛkɔmsa] au revoir [ɔrvwar] parce que [parskə] s'il vous plaît [silvuplɛ]

II *Comptez de* **0** *à* **10**.

* All pronunciation exercises are part of the laboratory program.

** In French, unlike English, the vowels are never diphthongized (followed by a glide: e.g., *I, law, seat, say*). Sounds are sharp, quick, tense. Articulate them distinctly.

† To pronounce **u**, the lips are rounded and pushed forward. Tighten the corners of the mouth.

III **Qui est-ce?** *ou* **Qu'est-ce que c'est?** *Voilà une réponse; maintenant posez une question, s'il vous plaît.*

MODELE C'est un exercice oral.
Qu'est-ce que c'est?

1. C'est une auto.
   C'est un stylo.
   C'est Bruno.
2. C'est une consonne.
   C'est une personne.
   C'est Simone.
3. C'est une lettre majuscule.
   C'est un nom ridicule.
   C'est Ursule.
4. C'est un professeur.
   C'est un docteur.
   C'est Pasteur.

IV **Un** *ou* **une?** *C'est le genre masculin ou féminin?*

objet, raquette, difficulté, accent, bureau, solution, activité, omelette, ticket, château, étudiant, parent, administration, serviette, université, tableau, salutation, bicyclette, ballet, drapeau, département, qualité, indication, alphabet, révolution

V **Montrez-moi un(e)..., Voilà un(e)..., C'est le (la, l')...de....**

MODELE Montrez-moi une clé. (Carole)
Voilà une clé. C'est la clé de Carole.

1. Montrez-moi une serviette. (Mlle Durand)
2. Montrez-moi un cahier. (Georges)
3. Montrez-moi un bureau. (Mme Millbury)
4. Montrez-moi un livre de français. (Julie)
5. Montrez-moi une étudiante. (M. Michelet)

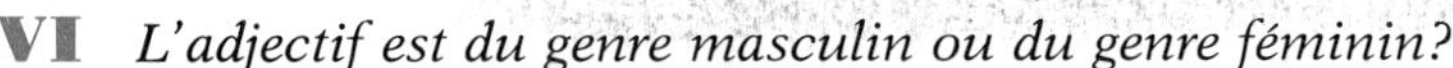

VI *L'adjectif est du genre masculin ou du genre féminin?*

MODELE une personne (intelligent,–e)
C'est une personne intelligente.

1. une université (français,–e)
2. un mot (variable)
3. une conversation (intelligent,–e)
4. une phrase (excellent,–e)
5. une étudiante (absent,–e)
6. une jeune fille (surpris,–e)
7. une auto (anglais,–e)
8. une dame (riche)

VII *Répétez l'alphabet:*

a, b, c, d,....

VIII *Epelez.*

garçon	professeur	huit	avec	Marc
exercice	voyelle	sept	fille	fenêtre
dix	zéro	étudiante	homme	femme

IX *Conversation par groupes de deux, en français naturellement.*

—Bonjour. [Un(e) étudiant(e) serre la main d'un(e) autre étudiant(e).]
—Comment vous appelez-vous?
—Comment allez-vous?
—Qui est-ce? C'est....
—Qu'est-ce que c'est? C'est un(e).... Et ça? C'est un(e)....
—Montrez-moi un(e)....Voilà un(e)....C'est le (la, l')...de....

EXERCICES ECRITS

A *Ecrivez* **un** *ou* **une.**

1. _____ salle
2. _____ mot
3. _____ professeur
4. _____ accent
5. _____ stylo
6. _____ consonne
7. _____ porte
8. _____ serviette
9. _____ nom

Ecrivez **le, la,** *ou* **l'.**

1. _____ lampe
2. _____ bureau
3. _____ objet
4. _____ homme
5. _____ réponse
6. _____ morceau de craie
7. _____ crayon
8. _____ trait d'union
9. _____ clé

B *Ecrivez les nombres de* **1** *à* **10.**

C *Ecrivez le mot féminin correspondant.*

MODELE monsieur
madame

1. un homme
2. un garçon
3. un jeune homme
4. un monsieur

D *Voilà la réponse. Ecrivez la question correspondante.*

MODELE C'est Georges.
Qui est-ce?

1. Très bien, merci.
2. Je m'appelle Marie.
3. Ça va bien.
4. C'est un bureau.
5. C'est un ambassadeur.

E *Ecrivez la réponse.*

Qui est-ce?
jeune fille (anglais,–e)
C'est une jeune fille anglaise.

1. femme (intelligent,–e)
2. garçon (hésitant,–e)
3. professeur (décidé,–e)
4. demoiselle (français,–e)

Qu'est-ce que c'est?
mot (français,–e)
C'est un mot français.

1. exercice (oral,–e)
2. chose (ridicule)
3. voyelle (initial,–e)
4. article (indéfini,–e)

F *Ecrivez le nom français correspondant et l'article défini.*

MODELE *difficulty*
la difficulté

1. *simplicity* ________
2. *possibility* ________
3. *originality* ________
4. *beauty* ________

G *Complétez la phrase avec une préposition:* **à, avec, de, pour, après** *ou* **en.**

1. C'est la photo _____ Etienne.
2. Voilà un "ç" _____ une cédille.
3. Le cours est fini. _____ demain.
4. Répétez la phrase _____ le professeur.
5. Voilà une rose _____ Mlle Durand.
6. _____ français, un nom de chose est masculin ou féminin.

lecture

C'est comme ça!

PROFESSEUR Bonjour, tout le monde.

TOUT LE MONDE Bonjour, Mademoiselle.

PROFESSEUR Bravo! Voilà une salutation très française: monsieur, madame, ou mademoiselle est nécessaire après bonjour, au revoir, merci, oui, non,...

nom... last name

UN ETUDIANT En anglais le nom de famille° est indispensable avec monsieur, madame ou mademoiselle. Par exemple, bonjour Monsieur Smith. Et en français?

PROFESSEUR Non. Simplement: "merci, Mademoiselle", ou "merci Paul" pour un ami.

UNE ETUDIANTE Un ami?

PROFESSEUR Oui, un ami, c'est un très bon° camarade. — good

UNE ETUDIANTE "Un ami" est masculin, n'est-ce pas°? Et pour une jeune fille, qu'est-ce que c'est? — *n'est-...* isn't it?

PROFESSEUR Pour une jeune fille, écoutez bien: "une amie". La lettre "e" est l'indication du féminin. Vous comprenez°? — *Vous...* You understand?

UN ETUDIANT (*intrigué*) Mais°, un homme, un groupe, un livre, un laboratoire.... Pourquoi? Pourquoi? — But

PROFESSEUR Oh, parce que...c'est comme ça. C'est comme° en latin. En général un nom masculin en latin est masculin aussi en français, et un nom féminin est féminin aussi en français. Voilà. C'est clair°? — as; clear

UNE ETUDIANTE (*perplexe*) Oh, oui! une table, une chaise, un vocabulaire, un problème, etc....c'est très clair!!

leçon 2

François et Français

prise de contact **Une offre irrésistible**

1 le présent du verbe **être**
tu ou **vous?**

2 le pluriel de l'article: **des**, indéfini et **les**, défini
de + article défini

3 le pluriel du nom et de l'adjectif

4 **c'est** ou **il est, elle est**
ce sont ou **ils sont, elles sont**

c'est + adjectif

5 le nombre cardinal: de 10 à l'infini
le nombre ordinal

6 **quel(le)**

7 les jours, les mois, les saisons, la date

lecture **Les mille et une surprises d'une langue**

FEVRIER

LUNDI	MARDI	MERCREDI	JEUDI	VENDREDI	SAMEDI	DIMANCHE
		1	2	3	4	5
6	7	8	9	10	11	12
13	14	15	16	17	18	19
20	21	22	23	24	25	26
27	28					

prise de contact

Une offre irrésistible

FRANÇOIS* Bonjour Véronique, ça va?

VERONIQUE Oui, très bien. Et toi°?

FRANÇOIS Oh! pas très bien.

VERONIQUE Pourquoi, pas très bien?

FRANÇOIS Je suis fatigué°.

VERONIQUE Hein°? Tu es° fatigué! Aujourd'hui c'est le premier jour° du week-end, et tu es fatigué?

FRANÇOIS Oui, je suis toujours° fatigué: le lundi°, le mardi, le mercredi, le jeudi, le vendredi, et même° le week-end.

VERONIQUE Mais alors°, tu es malade°! Quel dommage°!

FRANÇOIS Pourquoi? C'est un jour de repos°, n'est-ce pas?

VERONIQUE (*irritée*) Pourquoi? D'abord° parce que c'est samedi, c'est le mois° de février, c'est même le 4 février, le jour de la Sainte-Véronique...ensuite° parce que c'est la saison du patinage°, parce que voilà justement des tickets gratuits° pour le patinage...finalement parce que voilà Jean-Yves et Béatrice dans° la voiture° de Bruno. Ils sont° toujours contents° et décontractés°. Aujourd'hui nous sommes libres°—(*ironique*) mais Monsieur est fatigué!!

FRANÇOIS Fatigué, moi? Non, non! Je suis en pleine forme°. Jean-Yves et Béatrice sont des amis très sympa°. Les amis, c'est sensationnel! Vive° le week-end et vive la Sainte-Véronique!

= *vous* (fam.)
Je... I am tired
What? (fam.) / *Tu...* You are (fam.) / *premier...* first day
always / *le...* on Mondays
even
then / sick / *Quel...* What a pity!
rest
First
month
then / *saison...* ice-skating season
free of charge
in
= *auto* / *Ils...* They are / glad / relaxed
nous... we are free
en... in great shape
nice (= *sympathiques,* fam.)
Hurrah for

* **François** est la forme archaïque de **Français.**

OCTOBRE

Les jours diminuent de 1 h 47

☾	1	M	sᵉ Thérèse	EJ
	2	J	s Léger	
	3	V	s Gérard	
	4	S	s Franç. d'As.	
	5	D	sᵉ Fleur	
	6	L	s Bruno	41
	7	M	s Serge	
	8	M	sᵉ Pélagie	
●	9	J	s Denis	
	10	V	s Ghislain	
	11	S	s Firmin	
	12	D	s Wilfried	
	13	L	s Géraud	42
	14	M	s Juste	
	15	M	sᵉ Thér. d'Av.	
	16	J	sᵉ Edwige	
☽	17	V	s Baudouin	
	18	S	s Luc	
	19	D	s René	
	20	L	sᵉ Adeline	43
	21	M	sᵉ Céline	
	22	M	sᵉ Salomé	
○	23	J	s Jean de Ca.	
	24	V	s Florentin	
	25	S	s Crépin	
	26	D	s Dimitri	
	27	L	sᵉ Emeline	44
	28	M	s Simon	
	29	M	s Narcisse	
☾	30	J	sᵉ Bienvenue	
	31	V	s Quentin	

NOVEMBRE

Les jours diminuent de 1 h 19

	1	S	**TOUSSAINT**	
	2	D	**Défunts**	
	3	L	s Hubert	45
	4	M	s Charles Bo.	
	5	M	sᵉ Sylvie	
	6	J	sᵉ Bertille	
●	7	V	sᵉ Carine	
	8	S	s Geoffroy	
	9	D	s Théodore	
	10	L	s Léon	46
	11	M	**Victoire 1918**	
	12	M	s Christian	
	13	J	s Brice	
	14	V	s Sidoine	
☽	15	S	s Albert	
	16	D	sᵉ Marguerite	
	17	L	sᵉ Elisabeth	47
	18	M	sᵉ Aude	
	19	M	s Tanguy	
	20	J	s Edmond	
	21	V	**Présent. N-D**	
○	22	S	sᵉ Cécile	
	23	D	s Clément	
	24	L	sᵉ Flora	48
	25	M	sᵉ Cath. Lab.	
	26	M	sᵉ Delphine	
	27	J	s Séverin	
	28	V	s Jacq. de M.	
☾	29	S	s Saturnin	
	30	D	**Avent**	

Hiver : 21 décembre à 16 h 56 mn

DECEMBRE

Les jours diminuent de 14 mn

	1	L	sᵉ Florence	49
	2	M	sᵉ Viviane	
	3	M	s Fr.-Xavier	
	4	J	sᵉ Barbara	
	5	V	s Gérald	
	6	S	s Nicolas	
●	7	D	s Ambroise	
	8	L	**Im. Conc.**	50
	9	M	s Pierre Four.	
	10	M	s Romaric	
	11	J	s Daniel	
	12	V	sᵉ JF de Chant.	
	13	S	sᵉ Lucie	
	14	D	sᵉ Odile	
☽	15	L	sᵉ Ninon	51
	16	M	sᵉ Alice	
	17	M	s Judicaël	QT
	18	J	s Gatien	
	19	V	s Urbain	
	20	S	s Théophile	
○	21	D	s Pierre Can.	
	22	L	sᵉ Fr.-Xav.	52
	23	M	s Hartmann	
	24	M	sᵉ Adèle	
	25	J	**NOEL**	
	26	V	s Etienne	
	27	S	s Jean Apôt.	
	28	D	ss Innocents	
☾	29	L	s David	01
	30	M	s Roger	
	31	M	s Sylvestre	

Fêtes à souhaiter

DECEMBRE

14 Odile
15 Ninon
16 Alice
17 Judicaël
18 Gatien
19 Urbain
20 Théophile
21 Pierre
22 François
23 Hartmann
24 Adèle
25 Noël
26 Etienne
27 Jean
28 Innocents
29 David
30 Roger
31 Sylvestre

En France, une date importante pour une personne est le jour de la fête du prénom°. Par exemple le 22 décembre, fêtez° la Saint-François, nom d'un saint du calendrier chrétien.

first name / celebrate

Offrez des bonbons°, des chocolats, ou des fleurs°.

candies / flowers

1 Le présent du verbe **être**

Il **est** content mais elle **est** mécontente.
Les conversations **sont** intéressantes.
Vous **êtes** américains et nous **sommes** français.
Je **suis** l'ami de Frédéric et toi, tu **es** l'amie de Roland.
Monsieur, vous **êtes** vraiment très aimable.

SINGULIER	PLURIEL
je **suis**	nous **sommes**
tu **es** / vous **êtes**	vous **êtes**
il, elle **est**	ils, elles **sont**

Je, tu, il, elle, nous, vous, ils, elles sont des pronoms personnels *sujets*.

Tu ou **vous?** Employez le pronom **tu** avec un(e) camarade, un(e) ami(e), ou un membre de la famille (forme familière). Employez le pronom **vous** avec les autres personnes (forme de politesse). En particulier dites **vous** à votre professeur!

Remarquez

vous est singulier ou pluriel
ce sont est le pluriel de **c'est**
avec **tout le monde,** le verbe est au singulier:

EXEMPLE Tout le monde **est** occupé aujourd'hui.

▶ *Appliquez*

1. Vous ______ fatigué.
2. Nous ______ dans la salle de cours.
3. C'______ comme ça!
4. Ils ______ ensemble.
5. Tout le monde ______ présent.

(*réponses page 43*)

2 Le pluriel de l'article: **des,** indéfini et **les,** défini

L'article indéfini

C'est **un** mur. C'est **une** chaise.
C'est **un** autre mur. C'est **une** autre chaise.
Ce sont **des** murs. Ce sont **des** chaises.

SINGULIER		PLURIEL
masculin	*féminin*	*masculin et féminin*
un	une	des

L'article défini

Voilà des étudiants (étudiantes). Ce sont **les** étudiants (étudiantes) de Madame Duval.

SINGULIER		PLURIEL
masculin	*féminin*	*masculin et féminin*
le, l'	la, l'	les

de + article défini

C'est le cahier **du** jeune homme. **de + le = du**
C'est le cahier **de la** jeune fille.
C'est le cahier **de l'**étudiant(e).
Ce sont les cahiers **des** étudiants. **de + les = des**

Du et **des** sont des articles contractés.

Notez C'est l'auto **de** Monsieur Brown.
C'est l'adresse **de** Véronique.

Avec un nom de personne, employez **de** sans* article.

▶ *Appliquez*

1. C'est le bureau _____ docteur.
2. Ce sont les photos _____ jeune fille.
3. C'est le portefeuille _____ François.

* **sans ≠ avec**

4. Ce sont les bicyclettes ____ garçons.
5. C'est l'adresse ____ amie ____ Madame Chanel.

(*réponses page 43*)

Remarquez

des

est le pluriel de **un, une:**	est la contraction de **de** + **les:**
Voilà **des** exercices.	Voilà les exercices **des** étudiants.

▶ *Appliquez* Quel est le singulier?

1. Voilà des fenêtres.
2. Voilà les photos des amies de Bruno.
3. Ce sont les cours des étudiants.
4. Ce sont des crayons et des feuilles.

(*réponses page 43*)

3 Le pluriel du nom et de l'adjectif

Généralement **pluriel = singulier + *s***

EXEMPLES une question, des question**s**
un accent grave, des accent**s** grave**s**
le stylo, les stylo**s**
l'explication claire, les explication**s** claire**s**

Mais un mot en **s, x, z** au singulier est identique au pluriel:

EXEMPLES un étudiant françai**s**, des étudiants françai**s**
un cour**s** sérieu**x**, des cour**s** sérieu**x**

Notez une jeune fille, des jeunes filles
un jeune homme, des jeunes gens*

▶ *Appliquez* Quel est le pluriel?

1. C'est une clé. C'est la clé de l'auto du professeur.
2. Voilà un ticket gratuit. C'est le ticket du jeune homme.
3. C'est une adresse. C'est l'adresse de la jeune fille.

(*réponses page 43*)

* **des jeunes gens** = un groupe de garçons *ou* un groupe de garçons et de filles

4 C'est / ce sont ou il est, elle est / ils sont, elles sont

C'est un chapeau chinois. **Il est** extraordinaire.
Ce sont des notes. **Elles sont** dans le carnet de notes.
C'est Béatrice. **Elle est** très sympathique.
Il (Elle) est ingénieur. **C'est** un ingénieur remarquable.

Le pronom **il, elle, ils,** ou **elles,** remplace un nom spécifique de personne ou de chose, masculin ou féminin, singulier ou pluriel.

Employez

c'est, ce sont:	**il (elle) est, ils (elles) sont:**
+ article + nom (+ adjectif) + nom propre + article + nom de profession (+ adjectif)	+ adjectif (le sujet du verbe est spécifique) + nom de profession (sans article)

▶ *Appliquez*

—Madame Duval est française. _____ une Française typique.
—Pourquoi?
—_____ une question intéressante. Parce que...d'abord Duval est un nom français typique. (Dupont, Durand, _____ aussi des noms typiques.) Et _____ vivante et rapide.
—Oh, _____ des caractéristiques françaises? Les Français sont dynamiques?
—Oui, _____ généralement très vivants, avec des gestes rapides.

(*réponses page 43*)

Notez un(e) **F**rançais(e) (avec **f** majuscule = une personne française)
français(e) (avec **f** minuscule, adjectif)
le **f**rançais (avec **f** minuscule = la langue française)

c'est + adjectif (masculin singulier)

Les amis, **c'est** sensationnel.
Mlle Durand est très intelligente, **c'est** vrai!

Après **c'est,** l'adjectif est invariable (toujours masculin singulier).

5 Comptez de 10 à l'infini

Le nombre cardinal

10	11	12	13	14	15	16
dix	onze	douze	treize	quatorze	quinze	seize
		17	18	19		
		dix-sept	dix-huit	dix-neuf		

20	21	22	23	24
vingt	vingt et un	vingt-deux	vingt-trois	vingt-quatre
25	26	27	28	29
vingt-cinq	vingt-six	vingt-sept	vingt-huit	vingt-neuf

30 trente
31 trente et un
32 trente-deux
40 quarante
41 quarante et un
42 quarante-deux
50 cinquante
51 cinquante et un
52 cinquante-deux
60 soixante
61 soixante et un
62 soixante-deux
70 soixante-dix
71 soixante et onze
72 soixante-douze
80 quatre-vingts
81 quatre-vingt-un
82 quatre-vingt-deux
90 quatre-vingt-dix
91 quatre-vingt-onze
92 quatre-vingt-douze
100 cent
101 cent un (prononcez [sɑ̃ɛ̃])
102 cent deux
110 cent dix
111 cent onze
112 cent douze
120 cent vingt
121 cent vingt et un
122 cent vingt-deux
200 deux cents
201 deux cent un
300 trois cents
1.000 mille*
1.001 mille un
2.000 deux mille
10.000 dix mille
100.000 cent mille
1.000.000 un million
1.000.000.000 un milliard

Remarquez

le trait d'union (-) dans les nombres composés de 0 à 100:

EXEMPLES dix-sept trente-deux cent soixante-six

les nombres avec **et** (21, 31, 41, 51, 61, 71) excepté **81** **101** **91** **111**

EXEMPLE vingt et un

* Use a period (or nothing) instead of a comma for the thousands, and a comma instead of a period for the decimals: **10% (dix pour cent) = 0,1 (zéro virgule un).**

quatre-vingt**s** *mais* quatre-vingt-trois
huit cent**s** *mais* huit cent quatre

mille est invariable:

EXEMPLE cinq mille (5.000)

avec un article pluriel un nombre est invariable:

EXEMPLES les **quatre** saisons, les **sept** jours de la semaine

▶ *Appliquez* Ecrivez le nombre cardinal en toutes lettres.

1. 25
2. 57
3. 91
4. 188
5. 600
6. 169.241

(*réponses page 43*)

Le nombre ordinal

un nombre ordinal = nombre cardinal + **ième.** Exception: **1er**

1er premier, première
2e deuxième
(ou: second,-e [səgɔ̃])
3e troisième
4e quatrième
5e cinquième
6e sixième
7e septième
8e huitième
9e neuvième
10e dixième
11e onzième
17e dix-septième
21e vingt et unième

Remarquez

quatre → quatrième; onze → onzième (moins un **e** final)
les changements orthographiques pour **cinq → cinquième** et **neuf → neuvième**
premier, -ière ≠ dernier, -ière

EXEMPLES Lisez la phrase une **deuxième** fois, s'il vous plaît.
La **quatrième** édition du livre est excellente.
La **trentième** page, c'est la page avec le numéro trente.

▶ *Appliquez* Ecrivez le nombre ordinal correspondant.

1. douze
2. vingt-quatre
3. trente et un
4. mille

(*réponses page 43*)

Notez Voilà les **deux premières** pages du cahier. (*first two*)
Voilà les **quatre derniers** exercices de la leçon. (*last four*)

6 Quel, quelle quels, quelles

C'est un adjectif interrogatif ou exclamatif. Il s'accorde avec le nom.

Quel est le pluriel de "jeune homme"?
Quelle est la réponse?
Quels exercices sont écrits?
Quelles sont les quatre saisons?

Quel professeur!
Quelle activité!
Quels étudiants!
Quelles étudiantes!

7 Le temps passe vite!

Les jours, la semaine

Lundi, mardi, mercredi, jeudi et **vendredi** sont les jours de la semaine scolaire. **Samedi** et **dimanche,** à la fin de la semaine, sont des jours de repos. C'est le week-end. Les étudiants sont très occupés pendant le week-end. Alors le lundi, ils sont fatigués. Pauvre professeur!!

UNE SEMAINE

lundi
mardi
mercredi
jeudi
vendredi
samedi
dimanche

Remarquez

L'article **le** avec le nom du jour indique *une habitude:*

EXEMPLE Ils sont toujours fatigués **le lundi.** (*on Mondays*)

Dans un calendrier français, **lundi** est le premier jour de la semaine. Regardez le calendrier au commencement de la leçon.

Les mois, l'année

Le premier mois? C'est **janvier.** Le dernier mois? C'est **décembre.** Les autres mois sont: **février, mars, avril, mai, juin, juillet, août** ([u]), **septembre, octobre, novembre.**

Dites **en** avril, **en** juillet, etc.
en 1985

trois mois = un trimestre
six mois = un semestre
cent ans = un siècle:

EXEMPLE Nous sommes **au** vingtième siècle.

UNE ANNEE

janvier
février
mars
avril
mai
juin
juillet
août
septembre
octobre
novembre
décembre

Les saisons

Le printemps, l'été (m.), **l'automne** (m.) et **l'hiver** (m.) sont les quatre **saisons** (f.).

Quel trimestre est-ce maintenant, le trimestre d'automne, d'hiver, ou de printemps?

Dites **au** printemps, **en** été, **en** automne, **en** hiver

LES SAISONS
le printemps
l'été
l'automne
l'hiver

La date

Quel jour est-ce? —C'est lundi.
Quel jour sommes-nous? —Nous sommes lundi.

Quelle est la date? —C'est le 1er janvier 1999.*
C'est le jour de l'An. (*New Year's day*)
C'est la dernière année du vingtième siècle.

Et demain? —C'est le 2 janvier.
Et après-demain? —C'est le 3 janvier.
Quelle est la date de votre anniversaire? —C'est le 29 février.
Quelle est la date de la fête nationale américaine? —C'est le 4 juillet.

Remarquez

Pour le premier jour du mois, employez **premier:** le 1er juin *mais* le 2 juin.
Dites **le huit** et **le onze** (sans élision): le 8 mai, le 11 avril
En français, écrivez le jour, le mois, l'année: 6/5/45 = le 6 mai 1945

▶ *Appliquez* Quelle est la date?

1. 19/10/52
2. 1/6/63

(*réponses page 43*)

* mil(le) neuf cent quatre-vingt-dix-neuf
OU: dix-neuf cent quatre-vingt-dix-neuf

Le 14 juillet 1789
est une date importante
pour les Français.
Qu'est-ce que c'est?

EXERCICES ORAUX

I *Prononciation*

Le e final

Un **e** final est muet (pluriel **–es** aussi):

EXEMPLES article, groupe, livre, exercices, consonnes

La consonne finale

Une consonne finale est généralement muette:

EXEMPLES deux, toujours, salut, présent, anglais, chaud

mais elle est prononcée avec un **e** final:

EXEMPLES présente, anglaise, chaude

Les consonnes finales **c, f, l,** et **r** sont généralement prononcées:

EXEMPLES avec, neuf, appel, mur

Prononcez

intelligent, intelligente
excellent, excellente
gratuit, gratuite
surpris, surprise
français, française

Remarquez

La consonne finale de cinq [sɛ̃k], six [sis], huit [ɥit], dix [dis] n'est pas prononcée *devant une consonne:*

> cinq pages [sɛ̃paʒ], six livres [silivr]
> huit chaises [ɥiʃɛz], dix jours [diʒur]

Les voyelles nasales

Le symbole ~ est la marque d'une voyelle nasale: voyelle + **n** ou **m**.*

Ecoutez bien et répétez:
/ɛ̃/ hein, demain, un, lundi, impossible, sympathique, fin
/ɑ̃/ vendredi, Français, maintenant, ensemble, commencement
/ɔ̃/ bonjour, sont, nom, bonbon, non

Distinguez les sons: saint, sont, hein, en, non, un

II *Complétez avec la forme correcte du présent du verbe* **être.**

1. Vous _____ en forme en été.
2. Nous _____ des étudiants exceptionnels.
3. C'_____ une réponse logique.
4. Les mathématiques _____ simples!
5. Tu _____ surpris.
6. Je _____ timide.
7. Tout le monde _____ libre aujourd'hui.
8. Le ticket _____ gratuit.

III *Complétez avec un article,* **de** + *article défini, ou* **de.**

1. Aujourd'hui c'est vendredi. C'est _____ dernier jour _____ semaine et c'est aussi _____ dernier vendredi _____ mois _____ novembre. _____ étudiants sont fatigués; mais _____ samedi et _____ dimanche sont _____ jours _____ repos, alors ils sont libres.
2. _____ conversation est très animée. Voilà _____ question et _____ réponse, _____ autre question et _____ autre réponse.
3. _____ lecture _____ leçon 2 est amusante.
4. Quelle est _____ nationalité _____ président _____ université?
5. Le professeur est content parce que _____ prononciation _____ étudiants est excellente.

* **n** or **m** is not pronounced

6. Offrez toujours _____ fleurs pour _____ anniversaire. Aujourd'hui, c'est _____ anniversaire _____ Béatrice.

IV *Identifiez:* **des** *est le pluriel de* **un, une,** *ou la contraction de* **de les?**

1. Les jours **des** mois d'été sont agréables.
2. **Des** accents sont nécessaires en français.
3. Epelez les mots **des** phrases.
4. M. et Mme Dupont sont **des** amis de M. et Mme Duval.

V *Dites les phrases au pluriel.*

MODELE Je suis sérieux aujourd'hui.
Nous sommes sérieux aujourd'hui.

1. Quel jeune homme! Quelle jeune fille!
2. Elle est toujours occupée le lundi.
3. La rose est une fleur délicate.
4. Tu es en pleine forme mais je suis malade.
5. Voilà une voiture très rapide.
6. C'est le secrétaire de l'ambassadeur. Il est russe.

VI *Employez* **c'est** *ou* **ce sont** *et* **il est, elle est, ils sont** *ou* **elles sont.**

MODELE Le dernier exercice / difficile
C'est le dernier exercice. Il est difficile.

1. Une jeune fille / très vivante
2. Les premiers exercices du livre / simples
3. Mme Chanel / parfumée
4. Une coïncidence / bizarre
5. Les explications du professeur / claires
6. Une addition / correcte
7. Des mots / dans la phrase
8. La solution / parfaite
9. Les réponses / dans le cahier
10. Un jour de repos / agréable

VII *Construisez la phrase avec* **c'est** + *adjectif.*

MODELE Les amis (sensationnel)
Les amis, c'est sensationnel.

1. Le patinage (amusant)
2. Les anniversaires (agréable)
3. Le temps passe vite (vrai)
4. En France souhaitez la fête du prénom (important)
5. Les jours de repos (nécessaire)
6. Etre en pleine forme (formidable)

VIII *Qu'est-ce que c'est?*

MODELE Frédéric est...
Frédéric est un prénom.

1. Le français est...
2. Août est...
3. Durand est...
4. Trois mois est...
5. L'automne est...
6. Vingt est...
7. Mardi est...
8. Cent ans est...

IX *Comptez:* + (*plus*) − (*moins*) = (*égale*)

une addition	*une soustraction*
1. 15 + 15 =	1. 29 − 3 =
2. 14 + 2 =	2. 20 − 7 =
3. 10 + 11 =	3. 17 − 6 =
4. 21 + 60 =	4. 76 − 16 =

X *Comptez:*

1. de 100 à 110 2. de 990 à 1.000

Lisez les nombres:

1. 2.997,02
2. 208 + 123 = 331 3. 500.000 − 125.679 = 374.321

Lisez les dates:

1. 1/3/79 2. 16/8/65 3. 25/12/90

XI *Epelez:*

intéressant	par exemple	en particulier
sympathique	fête	un Français
adresse	siècle	un mot français
exercice	groupe	objet

XII *A votre tour.*

Changez les noms et la date d'*Une offre irrésistible* et présentez la Prise de contact avec un(e) autre étudiant(e).

XIII *Conversation par groupes de deux.*

—Quels sont les noms des jours de la semaine, des mois de l'année, des saisons?
—Quelle est la date?
—Quels sont les quatre premiers jours du mois de mai?
—Quelle est la date de l'anniversaire de Washington?
—Quelle est la date de Noël?
—Quelle est la date de la Saint-Valentin?
—Quel est le premier jour de l'année?
—Quelle est la date de la fête nationale française?
—Quelle est la date de votre anniversaire?
—Quel est votre numéro de téléphone?*

Continuez en conversation libre.

* In French, phone numbers are given as follows:
23-45-52 (vingt-trois, quarante-cinq, cinquante-deux)
982-46-38 (neuf cent quatre-vingt-deux, quarante-six, trente-huit)

EXERCICES ECRITS

A *Ecrivez un article indéfini, défini ou contracté.*

____ premier trimestre universitaire est agréable. Naturellement, c'est ____ commencement ____ cours, mais aussi le commencement ____ fêtes. ____ première fête est Halloween, à ____ fin ____ mois d'octobre. C'est ____ fête amusante pour ____ enfants. Ensuite, ____ dernier jeudi de novembre, c'est Thanksgiving. Voilà ____ fête typiquement américaine. Finalement, Noël est ____ autre grande fête. ____ trimestre d'automne est vraiment ____ trimestre varié.

B *Ecrivez les phrases au pluriel.*

1. C'est une université américaine.
2. Quel imbécile!
3. Tu es aimable avec tout le monde.
4. Vous êtes toujours décontracté!
5. Voilà la fenêtre de la salle de cours.
6. C'est l'activité principale du jour de repos.
7. Voilà une complication pour le pauvre étudiant.
8. Elle est avec une amie anglaise.
9. Je suis un jeune homme élégant et sérieux.
10. C'est un calendrier français.

C *Ecrivez:* **c'est, ce sont** *ou* **il est, elle est, ils sont, elles sont.**

1. Regardez Béatrice. ______ une jeune fille élégante.
2. Qu'est-ce que c'est? ______ le pull-over de Jean-Yves.
3. ______ des abréviations. ______ pratiques.
4. ______ une Française. ______ dynamique.
5. Voilà un drapeau. ______ américain.
6. "Liberté, Egalité, Fraternité", ______ la devise de la République française.
7. Voilà un carnet d'adresses. ______ généralement dans le sac de Véronique.
8. La Marseillaise, ______ l'hymne national français.
9. Voilà les exercices de François. ______ complètement finis.

10. Regardez les quatre bicyclettes. ______ probablement les bicyclettes de quatre étudiants du cours de français.

D C'est *ou* il est?

1. Voilà un jeune homme. ______ étudiant.
2. Nous sommes fatigués à la fin de la semaine, ______ normal.
3. ______ un docteur sympathique.
4. Voilà un homme politique. ______ aussi acteur.
5. Etre président d'une université, ______ difficile.

E *Ecrivez les nombres et les dates.*

1. 35
2. 61
3. 400
4. 580
5. 10.891
6. 13/9/75 C'est le...
7. 11/11/18 C'est le...

F *Complétez avec la forme correcte de* **quel.**

1. ______ questions bizarres!
2. ______ garçon impossible!
3. ______ sports amusants!
4. ______ leçon compliquée!
5. ______ subtilité!
6. ______ week-end!

G *Ecrivez les noms des jours de la semaine et des mois de l'année.*

H *Ecrivez les réponses aux questions suivantes.*

1. Quelle est la date?
2. Quel est le premier jour de la semaine en France?
3. Quelle est la date du premier jour du printemps?
4. Quelle est la saison parfaite pour le patinage?
5. Quel est le numéro de la page de l'exercice (en toutes lettres)?
6. En quel mois sommes-nous? En quelle année?

I *Traduction (facultatif).*

1. Here are free tickets.
2. We are free today.
3. Steven is in Mark's car.
4. What is the date?
5. January 1st is New Year's day.
6. Read the last three pages of the book.
7. You are in great shape on Saturdays.
8. Hurrah for the week-end!

lecture

Les mille et une surprises d'une langue

L'anglais est votre langue maternelle, mais l'italien, l'espagnol, le russe, l'allemand°..., ce sont des langues étrangères° pour vous. Chaque° langue est différente, avec des particularités d'orthographe°, de prononciation, de grammaire—et le français aussi naturellement.

German / *langues...* foreign languages
Each
spelling

Prenez° la question "Qu'est-ce que c'est?" Quelle complication! Pourquoi six mots, un trait d'union, deux apostrophes et quatorze lettres? En comparaison, "What is it" est très simple!

Take

Et maintenant, quelle est la prononciation de "monsieur" et de "femme", par exemple? Bizarre? Oui, mais écoutez la prononciation de "wood, flood, floor"! Bizarre, inexplicable°, et c'est un mystère pour les étudiants français!

unexplainable

L'article et l'adjectif sont variables en français. Quelle idée! "Une raquette verte, *des* raquettes vertes". En anglais? "A green racket, green rackets". Voilà, un "s", et c'est fini! Oui, oui, bien sûr°...Mais quelquefois° le pluriel est bizarre en anglais aussi, n'est-ce pas?—comme "goose, geese"—et pourquoi pas "boot, beet", "pool, peel", etc....?

bien... = *naturellement*
sometimes

Les expressions idiomatiques anglaises sont normales pour vous, mais elles sont amusantes° pour les Français parce qu'une traduction° littérale est impossible. "Once in a blue moon", qu'est-ce que c'est en français? Voyons°..."Une fois dans une lune bleue??" Non! C'est vraiment impossible! La solution: "Tous les trente-six du mois"!* Mais ça, maintenant, c'est drôle° pour vous. Ah, les langues étrangères....

amusing / translation
Let's see
= *amusant*

* Literally: *Every thirty-sixth of the month*

QUESTIONS SUR LA LECTURE

1. Le français, l'italien, l'espagnol, le russe et l'allemand, qu'est-ce que c'est pour les étudiants américains?
2. Quels sont les éléments de la question "Qu'est-ce que c'est"?
3. Quelles lettres sont spéciales dans la prononciation de "monsieur" et "femme"?
4. Quels mots sont variables en français et invariables en anglais?
5. Quel est l'équivalent de l'expression idiomatique anglaise "Once in a blue moon"?

CONSTRUCTION DE PHRASES

MODELES dernier: **Décembre est le dernier mois de l'année.**
l'hiver: **L'hiver est la saison du patinage.**

1. le vendredi
2. c'est, elle est
3. en automne
4. quelle
5. du
6. premier
7. tout le monde
8. vive...!

VOCABULAIRE

1. Donnez *un synonyme* de:
   amusant bien sûr une auto
2. Donnez *un antonyme* de:
   au commencement de explicable content
   premier possible variable

jouons avec les mots*

Voilà des définitions. Quels sont les mots?

Horizontalement

1. L'opposé de **monsieur**
2. Six mois
3. La saison après l'hiver
4. Le français est une ____.
5. Un synonyme d'**autos**

Verticalement

I. Le quatrième mois de l'année
II. Un très bon camarade est un ____.
III. L'opposé de **masculin**
IV. Pluriel de **un** ou **une**
V. Pluriel du deuxième jour de la semaine en France

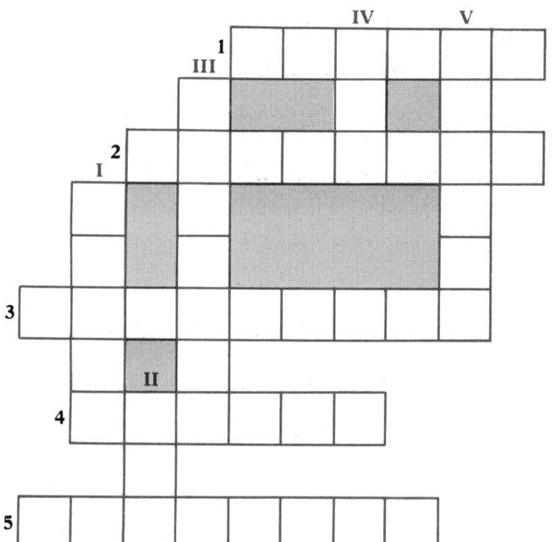

* *Let's play with words*

réponses aux *Appliquez*

Page 25

1. êtes 2. sommes 3. est 4. sont 5. est

Page 26

1. du 2. de la 3. de 4. des 5. de l', de

Page 27

1. Voilà une fenêtre.
2. Voilà la photo de l'amie de Bruno.
3. C'est le cours de l'étudiant.
4. C'est un crayon et une feuille.

Page 27

1. Ce sont des clés. Ce sont les clés des autos des professeurs.
2. Voilà des tickets gratuits. Ce sont les tickets des jeunes gens.
3. Ce sont des adresses. Ce sont les adresses des jeunes filles.

Page 28

C'est, C'est, ce sont, elle est, ce sont, ils sont

Page 30

1. vingt-cinq
2. cinquante-sept
3. quatre-vingt-onze
4. cent quatre-vingt-huit
5. six cents
6. cent soixante-neuf mille deux cent quarante et un

Page 30

1. douzième 2. vingt-quatrième 3. trente et unième 4. millième

Page 32

1. le dix-neuf octobre mil(le) neuf cent (*ou:* dix-neuf cent) cinquante-deux
2. le premier juin mil(le) neuf cent (*ou:* dix-neuf cent) soixante-trois

leçon 3

Ah! les cours de français!

prise de contact **Tout yeux, tout oreilles**

1 la négation **ne...pas...**

2 la forme interrogative du verbe **être:** avec l'inversion
avec **est-ce que...**

3 **où est...?** **où sont...?**
à + article défini

4 **il y a** **y a-t-il?** **(est-ce qu'il y a?)** **il n'y a pas de**
qu'est-ce qu'il y a?

5 l'adjectif (*suite*): adjectifs réguliers et irréguliers
de quelle couleur est...?
place de l'adjectif
de + adjectif + nom pluriel

6 **en quoi est...?**

lecture **Une situation pas ordinaire**

PARIS

prise de contact

Tout yeux, tout oreilles°

Tout... All eyes, all ears

C'est le début° de l'année universitaire. Voilà un cours de français, dans une salle d'un vieux bâtiment° du campus. Il y a° des livres sur° les tables et des sacs par terre°. La porte est fermée°. Une fenêtre est ouverte°.

= *commencement* / *vieux...* old building / *Il...* There are / on / *par...* on the floor / closed / ≠ *fermée*

Les jeunes gens sont assis°, excepté Jay qui est au tableau. Est-ce que tout le monde est° américain? Non, Ping est chinoise, Joseph est canadien, Parnian est iranienne, et Francisco est mexicain.

seated / *Est-ce...* Is . . . ?

Mais où° est M. Faure, le professeur? Il est debout° à gauche du° bureau. Le dessin° pour la leçon sur les prépositions est fini.

where / ≠ *assis* / *à...* on the left of / drawing

PROFESSEUR Merci, Jay, c'est un très joli° dessin. Vous êtes un artiste incomparable! (*aux étudiants*) Qu'est-ce que c'est?

pretty

DANIEL C'est un lac.

PROFESSEUR Qu'est-ce qu'il y a° sur le lac?

Qu'est-ce... What is there

VIRGINIE Il y a un bateau°.

boat

PROFESSEUR Où est le bateau exactement?

PING Il est au milieu du° lac.

= *au centre du*

PROFESSEUR Il y a aussi une maison°, une belle° maison, vous êtes d'accord°?

house / beautiful / *êtes...* agree

JOSEPH Oui, Monsieur, elle est ici°, entre° les arbres°.

here / between / trees

PROFESSEUR Y a-t-il° des fleurs près de° la maison?

Y... Are there / *près...*near

PARNIAN Non, Monsieur, parce qu'il n'y a pas de jardin°.

il... there is no garden

PROFESSEUR Où êtes-vous? Imaginez!

RICHARD Nous ne sommes pas dans le bateau, mais devant° la maison.

PROFESSEUR Le lac est calme. De quelle couleur° est-il?

ANTOINETTE (*sentimentale*) Il est bleu-vert. La couleur est indéfinissable. Oh! une promenade au bord du° lac! Les vacances°!*

PROFESSEUR Très bien, Antoinette. Félicitations°! Votre prononciation est excellente.

THOMAS Naturellement, avec un nom comme ça ce n'est pas étonnant°!

PROFESSEUR (*à Thomas*) Très spirituel°, Thomas! (*à Jacques*) Mais vous, Jacques, vous êtes bien silencieux° aujourd'hui!

JACQUES (*complètement surpris*) Comment°? Quoi°?

PROFESSEUR (*à Jacques*) Vous êtes dans la lune°! (*à Jay*) Effacez° le tableau, s'il vous plaît, et asseyez-vous°. (*aux étudiants*) Maintenant regardez autour de° vous. Il y a des tables, des chaises, des livres. Est-ce qu'il y a aussi un animal?

ETUDIANTS !!!

PROFESSEUR (*plein d'°imagination*) Chut°!...Oui, il y a un petit chien° français, Fifi. D'habitude°, il est là° sous° la chaise de Thomas. C'est un caniche°.

ETUDIANTS Qu'il est mignon°!!

in front of
De... What color
au... along / vacation
Congratulations!
surprising
witty
bien... quite silent
I beg your pardon / What? (fam.)
dans... absent-minded / Erase
sit down
autour... around
full of / Hush / dog
Usually / there / under
poodle
Qu'il... How cute he is!!

Le cours continue....Il est animé parce que le professeur est dynamique. Tout le monde est à l'aise°, décontracté. Malheureusement°, c'est déjà° la fin de l'heure. (*drin-n-g*) La cloche sonne°. Au revoir! A demain.

à... comfortable
Unfortunately / already / *cloche...* bell rings

* mot toujours pluriel

1 La négation **ne...pas...**

Je ne sais pas est une phrase négative. **Ne** est placé devant le verbe et **pas** après le verbe. Employez **n'** devant une voyelle ou un **h** muet.

ne (n') + verbe + pas

EXEMPLES Tu **n**'es **pas** un ami.
Ce **ne** sont **pas** des exercices écrits.
La différence **n**'est **pas** évidente.
Ce **n**'est **pas** la même chose.
Vous **n**'êtes **pas** toujours attentifs.

Forme négative du présent du verbe **être:**

je ne suis pas	nous ne sommes pas
tu n'es pas	vous n'êtes pas
il, elle n'est pas	ils, elles ne sont pas

Remarquez la forme négative de **c'est: ce n'est pas.**

▶ *Appliquez*

1. Nous sommes mécontents.
2. C'est une catastrophe.
3. Ils sont d'accord avec vous.
4. Ce sont des erreurs graves.
5. Une comédie est tragique.

(*réponses page 69*)

2 Voici la forme interrogative du présent du verbe **être:**

avec l'inversion du verbe et du pronom sujet	*avec* **est-ce que**
suis-je?	est-ce que je suis?
es-tu?	est-ce que tu es?
est-il (elle)?	est-ce qu'*il (elle) est?
sommes-nous?	est-ce que nous sommes?
êtes-vous?	est-ce que vous êtes?
sont-ils (elles)?	est-ce qu'ils (elles) sont?

* Ecrivez **est-ce qu'** devant une voyelle.

La réponse est affirmative: **oui,** ou négative: **non.**

EXEMPLES

Etes*-vous heureux?
Est-ce que vous êtes heureux? } Oui, je suis heureux.

Sommes-nous assis?
Est-ce que nous sommes assis? } Oui, nous sommes assis.

Est-ce un synonyme du mot?
Est-ce que c'est un synonyme du mot? } Non, c'est un antonyme.

Remarquez

les formes interrogatives de **c'est: est-ce**...? (Prononcez [es])
est-ce que c'est...?
la forme interrogative de **ce sont: est-ce que ce sont**...?
Avec **ce sont** employez toujours **est-ce que:**

EXEMPLE **Est-ce que** ce sont des vacances agréables?

Comparez

Qui est-ce? *et* Est-ce Virginie?
—C'est Virginie. —Oui, c'est Virginie.

Qu'est-ce que c'est? *et* Est-ce le stylo de Jacques?
—C'est le stylo de Jacques. —Oui, c'est le stylo de Jacques.

▶ *Appliquez* Formulez la question (ou les questions) pour chaque réponse.

1. Oui, c'est vrai.
2. C'est une composition.
3. Non, ce ne sont pas les réponses.
4. Non, je ne suis pas dans la lune.
5. C'est M. Faure.

(*réponses page 69*)

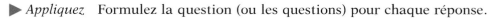

3 Où est...? Où sont...?

Où êtes-vous, Antoinette? —Je suis **là, à côté de** Jay.
Où est le professeur? —Il est **debout, en face de** Joseph, **près du** tableau.
Où sont les sacs des étudiants? —Ils sont **par terre, sous** les chaises.

---

* Accents are not necessary on capital letters: e.g., Vous **ê**tes, *but* **E**tes-vous?

Où est la serviette du professeur? —Elle est **sur** le bureau.
Où est le carnet de notes? —Il est **dans** la serviette du professeur.
Où est Jacques d'habitude? —Il est assis **derrière** Jay, **à droite de** Virginie et **à gauche de** Thomas. Il est **entre** Virginie et Thomas.
Et le bateau, où est-il? —Il est **au milieu (au centre) du** lac.
Où est la maison? —Elle est **là-bas, au bord du** lac. Regardez les arbres **autour de** la maison.

DES PREPOSITIONS	
dans	à côté de = près de
devant ≠ derrière	à droite de ≠ à gauche de
entre	au bord de
sur ≠ sous	au centre de = au milieu de
	autour de
	en face de

Une préposition est invariable et introduit un nom (ou un pronom):

Je suis **devant le bureau.**

Appliquez

1. (dans, autour de, à côté de, devant, derrière) la maison
2. (sur, au bord de, au centre de, au milieu de) le lac
3. (sur, sous, près de, entre, à droite de) les chaises

(*réponses page 69*)

DES ADVERBES				
debout*	ici	là	là-bas	par terre

Un adverbe est invariable et modifie un verbe. Il est généralement placé *après le verbe:*

Je suis assis **par terre.**

---

* **debout** (adverbe) ≠ **assis, -e** (adjectif):
Les jeunes filles ne sont pas **assises.** Elles sont **debout.**

à + article défini

Où est Jay? —Il est **au** laboratoire de français. — **à + le = au**
Où est Thomas? —Il est **à la** bibliothèque.
Où est Antoinette? —Elle est **à l'**opéra. — **à + les = aux**

Où sont Daniel et Jacques? —Ils sont **aux** sports d'hiver.

Au et **aux** sont des articles contractés.

▶ *Appliquez*

1. Les étudiants sont _____ université.
2. Parlez _____ jeunes gens et _____ jeunes filles.
3. Allez _____ tableau, s'il vous plaît.
4. Répondez correctement _____ question.

(*réponses page 69*)

4

Il y a (*there is, there are*) est une expression idiomatique qui présente l'existence d'une personne ou d'une chose; elle est employée avec un mot singulier ou pluriel.

EXEMPLES Dans le portefeuille de Francisco, **il y a** des photos, une carte d'identité, des cartes de crédit, et un carnet de chèques.
Dans chaque leçon, **il y a** des explications de grammaire, des exercices et des lectures.
Il y a un petit examen aujourd'hui. —Ah, oui?!

Formes interrogatives

avec l'inversion	*avec* **est-ce que**
y a-t-il?	**est-ce qu'il y a?**

Y a-t-il (Est-ce qu'il y a) des posters au département de français?

Forme négative

Il y a **un** calendrier au mur. Il **n**'y a **pas de** calendrier au mur.
Il y a **des** fautes dans votre dictée. Il **n**'y a **pas de** fautes dans votre dictée.

Avec les autres verbes:

Chantez **une** chanson. **Ne** chantez **pas de** chanson.
Ecrivez **des** exercices. **N**'écrivez **pas d**'exercices.

Notez avec le verbe **être:**

Ce sont **des** artistes. Ce ne sont **pas des** artistes.

Au négatif

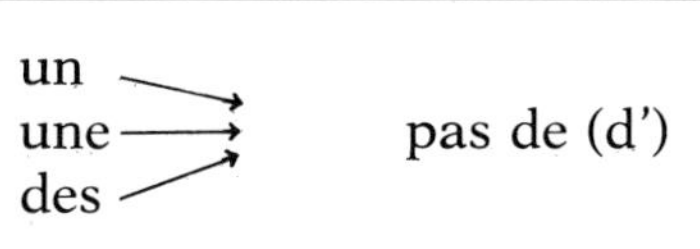

avec tous les verbes excepté le verbe **être**

▶ *Appliquez* Ecrivez à la forme négative:

avec le verbe **être**

1. C'est une expression idiomatique.
2. Tu es un garçon sérieux.
3. Nous sommes des camarades de chambre.
4. Ce sont des personnes sympathiques.

avec les autres verbes

5. Il y a un problème.
6. Il y a des erreurs.
7. Ecrivez des mots anglais.
8. Employez un article.

(*réponses page 69*)

Qu'est-ce qu'il y a...?

Qu'est-ce qu'il y a dans le sac de Virginie?
Il y a un portefeuille, des Kleenex, un carnet d'adresses, etc.

5 L'adjectif (*suite*)

Adjectifs réguliers (Voir Leçon 1, N° 3)

	masculin	*féminin*
singulier	petit	petite
pluriel	petits	petites

Adjectifs irréguliers

Voici quelques adjectifs irréguliers.

	Autres adjectifs
heureux, heureuse heureux, heureuses	malheureux, nerveux, sérieux, ennuyeux, joyeux, silencieux
sportif, sportive sportifs, sportives	attentif, naïf, négatif, positif, vif, neuf*
personnel, personnelle personnels, personnelles	exceptionnel, réel, maternel, spirituel
gros, grosse gros, grosses	bas, gras
premier, première premiers, premières	dernier, familier, régulier, cher [ʃɛr]
beau (bel**), belle beaux, belles	nouveau

fou, folle fous, folles	long, longue longs, longues	bon, bonne bons, bonnes
tout, toute tous, toutes	gentil, gentille gentils, gentilles	vieux (vieil), vieille vieux, vieilles

EXEMPLES

Quel **beau** caniche!
Il y a des exercices **écrits** dans le livre. Sont-ils **faciles** (≠ **difficiles**), **intéressants, variés?**
Le **petit** bureau du professeur est dans un bâtiment **neuf.**
Mme Gentil est quelquefois **furieuse,** mais c'est **exceptionnel!**
Quelle est la différence entre **content** et **heureux?** —Eh bien, vous êtes **content** d'une **bonne** note et vous êtes **heureux** avec des amis.
Regardez la robe **chic**† et **confortable**†† de l'étudiante!

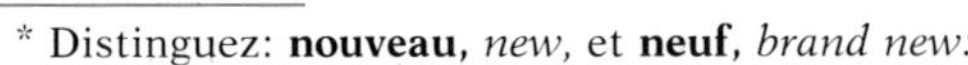

* Distinguez: **nouveau,** *new,* et **neuf,** *brand new:*
Votre **nouvelle** voiture est **neuve.**

** Employez **bel, nouvel, vieil** devant un nom ou adjectif masculin singulier qui commence par une voyelle ou un **h** muet:
un **bel** arbre, le **Nouvel** An, un **vieil** homme

† invariable au féminin

†† une chose est **confortable,** une personne est **à l'aise**

Vous êtes **gentille, charmante,** et très **optimiste.** —Bien sûr!!
Quelle **longue** histoire! Je suis **fatiguée** maintenant.
"**Cher** Papa: Je suis **pauvre** parce que la vie est **chère** à l'université..."
Le français est une langue **latine, précise, claire,** et aussi **sentimentale** et **romanesque.** —Vous exagérez un peu!

Remarquez

Richard et Jay sont **contents.** (*masculin pluriel*)
Virginie et Antoinette sont **contentes.** (*féminin pluriel*)
Richard, Jay, Virginie et Antoinette sont **contents.** (*masculin pluriel*)

masculin + féminin = masculin pluriel

De quelle couleur est (sont)...?

Voici des adjectifs de couleur:

blanc, blanche	rouge	vert,-e	brun,-e
noir,-e	bleu,-e	rose	blond,-e
beige	violet,-te	orange*	châtain**,-e
gris,-e	jaune	marron*	roux, rousse

Dites **une** couleur, *mais* **le** rouge, **le** noir, etc.

EXEMPLES **Le** rouge est **une** jolie couleur.
Le drapeau français est **bleu, blanc, rouge.**
De quelle couleur est la serviette? —Elle est **marron.**
De quelle couleur est la Maison-Blanche? —Elle est **blanche,** naturellement.
Jay est **brun.** Virginie est **blonde.** Daniel est **châtain.** Maude est **rousse.**
De quelle couleur est la blouse d'Antoinette? —Elle est **bleue. —Bleu clair** ou **bleu foncé? —Bleu clair.**

Notez L'adjectif de couleur est invariable avec un autre adjectif.

* **marron** (*brown*) and **orange** are invariable.
** *chestnut-brown*

Place de l'adjectif

En français un adjectif est généralement *placé après le nom.* Mais voici des adjectifs courants *placés avant le nom*:

autre	grand ≠ petit	gentil
beau ≠ vilain	bon ≠ mauvais	long
joli	jeune ≠ vieux	gros

EXEMPLES Voilà une **vilaine** robe **jaune.**
Il y a une **jolie** maison **verte** en face du théâtre.
Quel **bel** été!
Il y a une **autre grande** serviette **noire** derrière la chaise.
C'est un **long** cours **ennuyeux** (≠ **intéressant**).
Tu es un **petit** jeune homme **américain.**

de + adjectif + nom pluriel

Ce sont **des** photos. → Ce sont **de** jolies photos.
Voilà **des** adjectifs. → Voilà **d'**autres adjectifs.

Devant un adjectif, employez **de** (**d'**) à la place de **des** (pluriel de **un, une**).

Mais

C'est une jeune fille. Ce sont **des** jeunes filles.
C'est un jeune homme. Ce sont **des** jeunes gens.

▶ *Appliquez*

1. un livre (noir, gros)
2. l'homme (vieux, malade)
3. des tables (rond, petit)
4. une chose (autre, extraordinaire)
5. des jeunes gens (sympathique, grand)

(*réponses page 69*)

6 En quoi est (sont)...? pour un tissu, une matière

en coton	en métal	en cuir
en laine	en or	en plastique
en nylon	en fer	en bois
en velours	en verre	en papier

En quoi est la serviette du professeur, **en cuir** ou **en plastique?**
En quoi sont la blouse et le pantalon de Ping? —Ils sont **en coton.**
En quoi sont les pull-overs généralement? —Ils sont **en laine.**
En quoi est le bracelet de Parnian? —Il est **en or.**
En quoi est un fer à cheval? —Il est **en fer.**
En quoi est la table? —Elle est **en bois.**

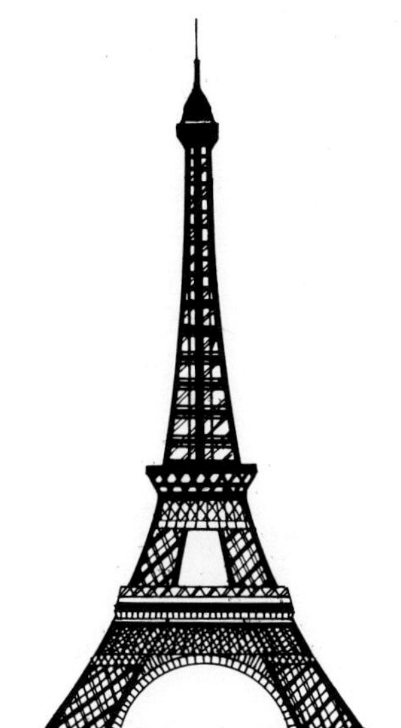

En quoi est la Tour Eiffel?
—Elle est **en acier.**

Am, stram, gram,
Pic et pic et colé gram,
Bourre et bourre et rata tam,
Am, stram, gram.
eeny meeny miny mo...

EXERCICES ORAUX

I *Prononciation*

La voyelle non nasale

Quand une voyelle + **n** ou **m** est suivie d'*une autre voyelle* ou d'*un autre* ***n*** *ou* ***m***, elle n'est pas nasale:

nasale	*non nasale* (+ *autre voyelle*)
un [ɛ̃]	u-ne [yn]
américain [amerikɛ̃]	américai-ne [amerikɛn]
féminin [feminɛ̃]	fémini-ne [feminin]
invariable [ɛ̃varjabl]	i-nexplicable [inɛksplikabl]
impossible [ɛ̃pɔsibl]	i-magination [imaʒinasjɔ̃]

nasale	*non nasale* (+ *autre* **n** *ou* **m**)
bon [bɔ̃]	bon-ne [bɔn]
an [ɑ̃]	an-née [ane]
nom [nɔ̃]	autom-ne [otɔn]
important [ɛ̃pɔrtɑ̃]	im-mense [im(m)ɑ̃s]

Prononcez:

américain, américaine	féminin, féminine	canadien, canadienne
mexicain, mexicaine	masculin, masculine	parisien, parisienne

Les semi-consonnes (ou semi-voyelles) /ɥ/, /w/, /j/

Les voyelles /y/, /u/ et /i/ peuvent se joindre à la voyelle suivante pour former une diphtongue avec elle. Phonétiquement ce sont alors des semi-consonnes (ou semi-voyelles): /ɥ/, /w/ et /j/ respectivement.

La semi-consonne /ɥ/

Prononcez:

/ɥi/ huit, gratuit, suis	/ɥɛ/ spirituel
/ɥe/ continuez	/ɥa/ nuage

La semi-consonne /w/

Prononcez:

/wa/ oiseau, voilà, pourquoi
/we/ jouer, souhaitez
/wi/ oui, Louis
/wɛ/ souhait
/wɛ̃/ moins, point

La semi-consonne /j/ apparaît avant ou après la voyelle.

Prononcez:

avant la voyelle	*après la voyelle*
/ja/ piano	/aj/ travail
/je/ cahier	/ɛj/ oreille
/jɛ/ voyelle, hier	/ij/ famille
/jœ/ meilleur	/œj/ feuille
/jø/ yeux, milieu	/uj/ nouille
/jo/ maillot	
/ju/ caillou	

avant et après la voyelle

/jɛj/ vieille

II *Dites les phrases au négatif.*

1. Je suis contente.
2. Nous sommes français.
3. Je suis d'accord avec vous.
4. Fifi est un chien américain.
5. C'est le week-end.
6. Il y a un dessin au tableau.
7. Il y a des vélos* dans la salle.
8. Il y a un professeur de mathématiques ici.

III *Etes-vous d'accord?*

1. Un anniversaire est une occasion ordinaire.
2. Vous êtes décontracté(e) le jour du premier examen de français.

---

* **un vélo = une bicyclette**

3. Il y a treize mois dans une année.
4. Il y a un bateau dans la Maison-Blanche.
5. Le quatre juillet, c'est la fête nationale française.

IV *Répondez aux questions affirmativement ou négativement.*

1. Sommes-nous au laboratoire en ce moment?
2. Sommes-nous à l'université chaque jour?
3. Etes-vous en vacances maintenant?
4. Etes-vous à l'aise?
5. Etes-vous intelligent(e)?
6. Etes-vous spirituel(le) en français?
7. Est-ce que l'imagination des étudiants est vive?
8. Est-ce que les discussions en groupes sont amusantes?
9. Est-ce que les dessins au tableau sont remarquables?
10. Est-ce que les étudiants sont attentifs?
11. Est-ce que vous êtes des étudiants riches? pauvres?
12. Est-ce qu'un millionnaire est pauvre?

V *Changez la préposition. Attention aux articles contractés.*

MODELE Le livre est *sous* la chaise. (près de)
Le livre est près de la chaise.

1. Il y a des fleurs *dans* le bâtiment. (derrière, devant, près de, autour de)
2. Le sac est *sur* la table. (à côté de, sous, devant, à gauche de)
3. Le professeur est *devant* les étudiants. (en face de, près de, à droite de, à côté de)
4. Nous sommes *derrière* le restaurant. (devant, à, dans, en face de)

VI *Regardez autour de vous et répondez aux questions.*

1. Où est la serviette du professeur?
2. Où est la porte de la salle?
3. Où sont les fenêtres?
4. Où êtes-vous assis?
5. Y a-t-il un crocodile sur votre chemise?
6. Qu'est-ce qu'il y a par terre?
7. Qu'est-ce qu'il y a dans votre sac?
8. Qu'est-ce qu'il y a dans votre portefeuille?
9. En quoi est le bureau du professeur?
10. De quelle couleur est la chemise de l'étudiant assis à côté de la porte?

VII *Voilà une réponse. Posez la question correspondante.*

MODELE Oui, c'est une femme sympathique.
Est-ce une femme sympathique?
OU **Est-ce que c'est une femme sympathique?**

1. Oui, c'est un drapeau français.
2. Il est bleu, blanc, rouge.
3. Non, il n'y a pas de Tour Eiffel à New York.
4. C'est Antoinette.
5. C'est une expression idiomatique.
6. La fenêtre est en bois et en verre.
7. Dans le sac de Thomas, il y a une orange.
8. Les réponses sont à la fin de la leçon.
9. Non, je ne suis pas fou.
10. Le bureau du professeur est là-bas.

VIII *Complétez la phrase avec* **Au contraire....**

MODELE L'histoire n'est pas ordinaire. Au contraire **elle est extraordinaire.**

1. La bibliothèque n'est pas petite. Au contraire...
2. L'exemple n'est pas bon. Au contraire...
3. La leçon n'est pas difficile. Au contraire...
4. Les étudiants ne sont pas vieux. Au contraire...
5. L'explication n'est pas ennuyeuse. Au contraire...
6. Le professeur n'est pas debout. Au contraire...

IX *Placez les adjectifs correctement avec le nom.*

MODELE Voilà un stylo. (bleu, joli)
Voilà un joli stylo bleu.

1. Il y a un chien dans le parc. (gris, gros)
2. Quelle robe! (beau, violet)
3. Nous sommes des étudiants. (sérieux, bon)

4. Voilà une histoire. (amusant, long)
5. Virginie est une jeune fille. (châtain clair, petit)
6. Il n'y a pas de livres. (autre, intéressant)

X *Epelez:*

intéressant, le coton, ensemble, répondez, professeur, calme, riche, confortable, vieille, quelquefois.

XI *Lisez le troisième paragraphe de la Lecture* Les mille et une surprises d'une langue (*Leçon 2, page 40*), *avec la ponctuation. Voici les signes de ponctuation:*

,	virgule (f.)	—	tiret (m.)
.	point (m.)	!	point d'exclamation (m.)
;	point-virgule (m.)	?	point d'interrogation (m.)
:	deux-points (m.)	( )	parenthèses (f.)
...	points de suspension (m.)	" "	guillemets (m.)

Dites: ouvrez la parenthèse (ou: les guillemets)
fermez la parenthèse (ou: les guillemets)

XII *A votre tour.*

Un(e) "artiste" de la classe prépare un autre joli dessin au tableau, comme dans la Prise de contact: *Tout yeux, tout oreilles.* Posez des questions sur le dessin. Employez les prépositions et les adverbes de la leçon.

XIII *Conversation par groupes de deux.*

Où est (sont)...? Y a-t-il...? Est-ce qu'il y a...? Qu'est-ce qu'il y a...? De quelle couleur est (sont)...? En quoi est (sont)...? Est-ce que...?
Continuez...

EXERCICES ECRITS

A *Voilà un texte optimiste. Ecrivez le texte au négatif.*

C'est un jour agréable. Nous sommes contents parce que le cours de français est extraordinaire. Les étudiants sont vivants et le professeur est amusant. Il y a des distractions et nous sommes très satisfaits.

B *Voilà un texte pessimiste. Ecrivez le texte au négatif.*

Le premier trimestre à l'université est difficile. Les étudiants sont pessimistes parce qu'il y a des examens ennuyeux. C'est un choc psychologique après l'école secondaire. La vie est compliquée.

C *Ecrivez des phrases négatives: trois avec le verbe* **être** *et trois avec* **il y a.**

MODELES **Ce n'est pas une catastrophe.**
Il n'y a pas de girafe dans la salle.

D [Révision du présent du verbe **être**] *Complétez.*

Chaque jour, nous ______ très vivants, excepté le lundi. Aujourd'hui c'______ lundi. Le professeur, M. Faure, ______ dynamique mais nous ne ______ pas en forme. Le professeur dit: "Bonjour tout le monde, comment allez-vous aujourd'hui?" Jacques répond: "Je ______ fatigué. Et vous, Monsieur, ______-vous aussi fatigué?" "Non, Jacques, mon week-end ______ toujours agréable et calme. Où ______-vous généralement pendant le week-end?" "Je ne sais pas...au concert, au restaurant, à une surprise-partie, dans une discothèque..." "Ah! maintenant je sais pourquoi les étudiants ______ fatigués le lundi. Ils ______ très occupés le samedi et le dimanche."

E *Complétez par un article défini. Attention à la contraction avec* **de** *et* **à.**

A ______ université, le département de chimie est près de ______ département de philosophie. ______ proximité de ______ deux départements est explicable. ______ ressemblance entre ______ deux bâtiments est d'abord dans ______ construction extérieure. ______ chimistes sont au milieu de ______ produits chimiques, à ______ laboratoire. ______ philosophes sont au milieu de ______ livres de philosophie, à ______ bibliothèque. ______ expériences sont quelquefois dangereuses: toutes ______ expériences, chimiques et philosophiques!

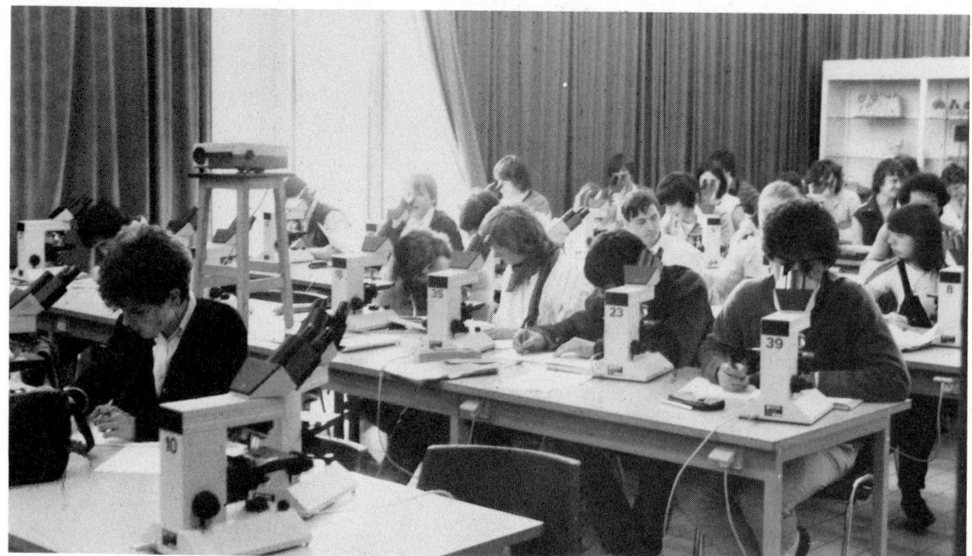

F *Voilà la réponse. Ecrivez la question correspondante.*

MODELE C'est Virginie.
Qui est-ce?

1. Le lac est bleu-vert.
2. Nous sommes à la discothèque.
3. Oui, il y a généralement une carte d'identité dans un portefeuille.
4. La Tour Eiffel est en acier.
5. C'est une histoire drôle.
6. Oui, je suis sentimental.
7. Il y a un morceau de craie par terre.
8. C'est le camarade de chambre de Joseph.

G *Complétez avec* **il y a** *ou* **il est.**

1. A la fin de la leçon _____ une lecture.
2. _____ en vacances.
3. Sur la table de Virginie _____ un sac de bonbons.
4. _____ un examen aujourd'hui mais _____ facile.
5. _____ une grande différence entre une comédie et une tragédie.

H *Ecrivez l'adjectif à la forme correcte dans la phrase.*

1. Voilà des jeunes filles _____. (roux)
2. Est-ce que les amies de Ping sont _____? (sportif)
3. Dites: "_____ fête!" à François le jour de la Saint-François et "_____ anniversaire" le jour de son anniversaire. (bon, joyeux)
4. Virginie est _____ (absent) aujourd'hui. C'est _____! (étonnant)
5. Un _____ homme est assis sur une chaise _____. (vieux, bas)
6. Ecrivez une _____ composition. (long)
7. Les feuilles des arbres sont _____. (vert)
8. La grammaire et le vocabulaire sont _____. (intéressant)
9. Antoinette est _____ de Jay. (fou)
10. L'imagination est _____ dans un cours de français. (important)

I *Placez les adjectifs dans la phrase. Attention à l'accord.*

MODELE Il y a des feuilles. (blanc, grand)
Il y a de grandes feuilles blanches.

1. C'est un jeune homme. (sportif, grand)
2. Voilà une blouse. (nouveau, bleu clair et marron)
3. C'est une Ferrari. (rapide, petit)
4. Ecrivez des phrases. (intéressant, autre)
5. C'est une femme. (riche, vieux)
6. Ce sont des exercices. (mauvais, écrit)

J *Traduction (facultatif).*

1. There is a house near the lake. Is it big? No, it is small but comfortable.
2. Where are Mr. and Mrs. Gentil? They are comfortable in a little white house.
3. What is a Rolls-Royce (f.) made of? —It is made of metal, glass, leather, and gold.
4. What color is an orange (f.)? —What a question! First, it is green, then yellow, then...

lecture

Une situation pas ordinaire

vues... seen from the outside	En général les salles de cours vues du dehors° ne sont pas très
inside	différentes les unes des autres. Mais à l'intérieur° il y a beaucoup
beaucoup... many / school subject	de° choses particulières à chaque matière°.
chemistry	Dans le laboratoire de chimie°, par exemple, il y a une grande
de... of all colors	quantité de liquides et de solides de toutes les couleurs°, beaucoup
bottles	de petites bouteilles° de formes bizarres et une douzaine de becs
une... a dozen Bunsen burners	Bunsen°.
when	La salle de mathématiques n'est pas facile à identifier quand° il n'y a pas de problèmes au tableau, mais généralement il y a des équations algébriques, avec des lettres à côté des nombres; alors
obvious	c'est évident°.
	La salle de biologie? Elle n'est pas toujours agréable parce qu'il y a quelquefois un petit animal...ou deux!
rather	Et là, qu'est-ce que c'est? Je ne sais pas. C'est assez° austère. Il n'y a pas d'accessoires, pas de posters, mais il y a une phrase au
"The art of thinking"	tableau: "L'art de penser°". Oh, alors, c'est une salle de philosophie.
noise	Attention, chut...pas de bruit°!
	Mais écoutez là-bas, en face du laboratoire. Quelle animation! Qu'est-ce qu'il y a dans le cours de français? Une fête? Non, c'est une improvisation théâtrale: tout le monde est acteur. Il y a aussi
gifted / mind	un directeur. C'est Albert. Il est doué° pour le théâtre. L'esprit°
sharp / numerous	d'Albert est vif°. Il y a de nombreuses° choses invisibles pour les autres, mais vraiment réelles dans l'imagination d'un bon directeur. Sous la direction d'Albert, David, Julie et Grégoire sont des acteurs excellents.

DAVID	Regardez! Il y a un gros lion affamé° à côté du sac de Julie.	hungry
JULIE	Et il y a un sandwich au beurre de cacahuètes°, des chips et une pomme° rouge dans le sac.	peanut butter / apple
GREGOIRE	Eh, Julie! Quel est le déjeuner° habituel d'un lion?	lunch
JULIE	Oh, mon Dieu°! Je ne sais pas!	heavens!
DAVID	Ce n'est pas grave, Julie, parce que le lion est en plastique.	
JULIE	Heureusement!!!	

Maintenant il y a beaucoup de gens° curieux près de la porte ouverte. Tout le monde est fasciné: le président de l'université, l'entraîneur de football°, la bibliothécaire° et les employés de la cafétéria. Le public est très satisfait. C'est une bonne distraction°. Bravo pour le cours de français!

people
soccer coach / librarian
amusement

QUESTIONS SUR LA LECTURE

1. Qu'est-ce qu'il y a dans un laboratoire de chimie?
2. Quels sont les deux éléments d'une équation algébrique?
3. Est-ce que la salle de biologie est agréable? Pourquoi?
4. Qu'est-ce qu'il y a sur le tableau de la salle de philosophie?
5. Qu'est-ce qu'il y a dans le cours de français?
6. Est-ce que le lion est terrible? Pourquoi?
7. Quelles personnes y a-t-il dans le public?

CONSTRUCTION DE PHRASES

1. confortable
2. par terre, entre
3. il n'y a pas de
4. là, au milieu de
5. là-bas, près de
6. debout, à gauche de
7. être d'accord

VOCABULAIRE

1. Donnez *un synonyme* de:
   au centre de   une erreur   à côté de   une bicyclette
2. Donnez *un antonyme* de:
   fermé   devant   bon   grand   facile
   à gauche de   sur   jeune   ennuyeux   heureux

COMPOSITION

Ecrivez une description amusante du cours de français I: Où est la salle? Comment est-elle? Qu'est-ce qu'il y a à l'intérieur? Quel jour est-ce? Où êtes-vous assis(e)? Etes-vous à l'aise, vivant(e), timide, nerveux(euse), content(e)? etc.

jouons avec les mots

Quel désordre! Quel est le message?

sont, sur, confortables, à l'aise, les étudiants, au milieu de, assis, en métal, des chaises, les couleurs, la salle, toutes, de

Guide Sujet: *Les étudiants*
Sont-ils à l'aise?
Dans quelle position sont-ils?
Où sont-ils?
Sur quoi sont-ils?
Comment sont les chaises?
En quoi sont-elles?
De quelle couleur sont-elles?

réponses aux *Appliquez*

Page 49

1. Nous ne sommes pas mécontents.
2. Ce n'est pas une catastrophe.
3. Ils ne sont pas d'accord avec vous.
4. Ce ne sont pas des erreurs graves.
5. Une comédie n'est pas tragique.

Page 50

1. Est-ce vrai? *ou* Est-ce que c'est vrai?
2. Qu'est-ce que c'est?
3. Est-ce que ce sont les réponses?
4. Etes-vous (Es-tu) dans la lune? *ou* Est-ce que vous êtes (tu es) dans la lune?
5. Qui est-ce?

Page 51

1. dans la maison, autour de la maison, à côté de la maison, devant la maison, derrière la maison
2. sur le lac, au bord du lac, au centre du lac, au milieu du lac
3. sur les chaises, sous les chaises, près des chaises, entre les chaises, à droite des chaises.

Page 52

1. à l'
2. aux, aux
3. au
4. à la

Page 53

1. Ce n'est pas une expression idiomatique.
2. Tu n'es pas un garçon sérieux.
3. Nous ne sommes pas des camarades de chambre.
4. Ce ne sont pas des personnes sympathiques.
5. Il n'y a pas de problème.
6. Il n'y a pas d'erreurs.
7. N'écrivez pas de mots anglais.
8. N'employez pas d'article.

Page 56

1. un gros livre noir
2. le vieil homme malade
3. de petites tables rondes
4. une autre chose extraordinaire
5. de grands jeunes gens sympathiques

leçon 4

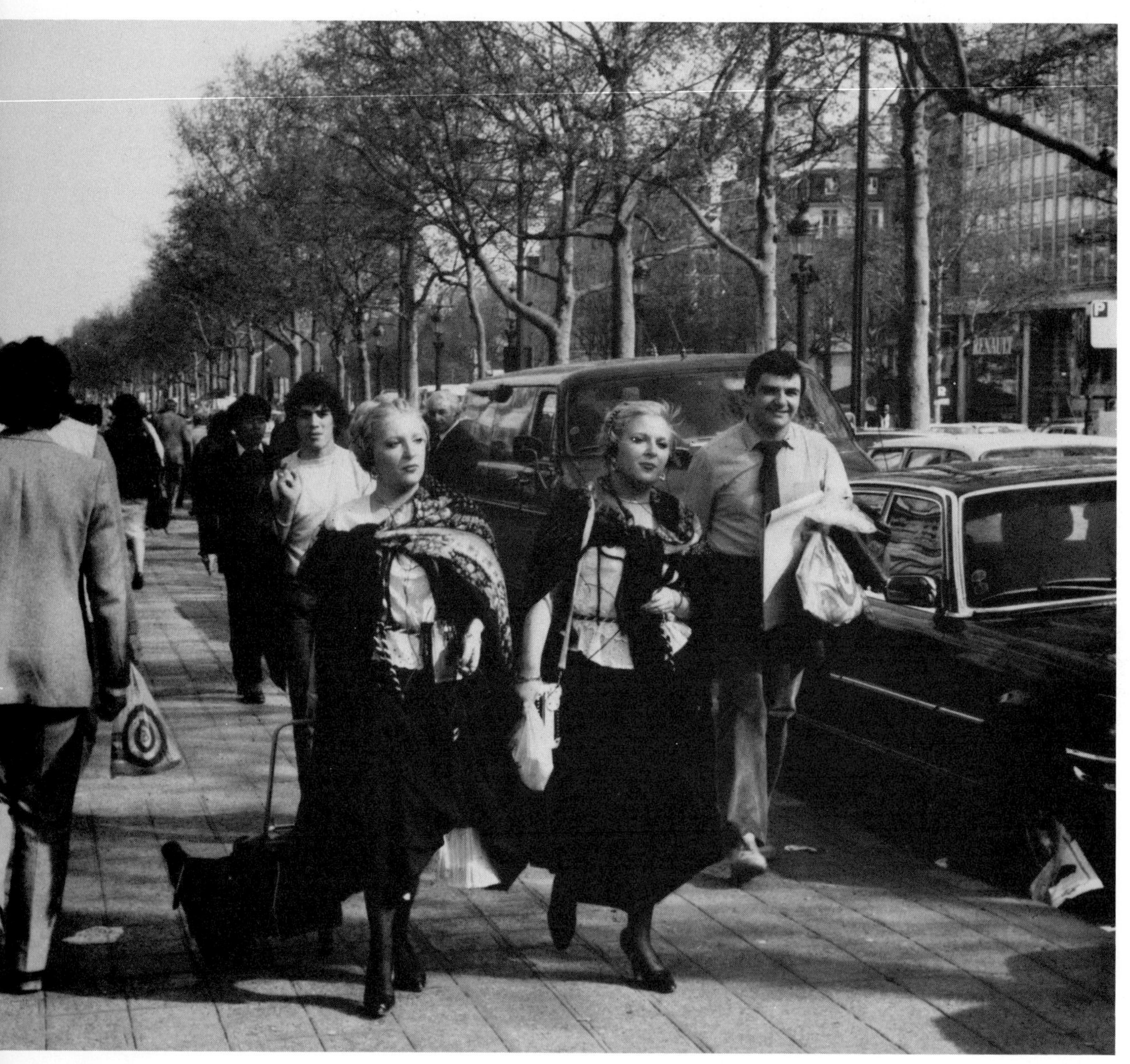

Personnes et personnalités

prise de contact **Mais...qu'est-ce que j'ai?**

1 l'adjectif possessif: **mon, ton, son, notre, votre, leur**, etc.

2 le présent du verbe **avoir**

3 l'interrogation (*suite*)

4 les parties du corps

5 les expressions idiomatiques avec **avoir**

6 la parenté

lecture **L'esprit de famille**

BIOLOGIE

prise de contact

Mais...qu'est-ce que j'ai°?

qu'est-... what's the matter with me?

MOI J'ai tout° pour° être heureux. Tout le monde est gentil avec moi: ma famille, mes amis, mes profs°....Mon travail° à l'université va° bien. Et pourtant° j'ai le cafard° du matin au soir°. Qu'est-ce que j'ai donc?

everything / (in order) to
= *professeurs* (fam.) / work
is going / yet / *J'ai...* I have the blues / *du...* from morning till night

M.X. Il y a certainement une bonne raison. Est-ce que vous êtes en bonne santé°?

en... in good health

MOI Oui, d'habitude j'ai faim°, j'ai soif°. J'ai chaud° en été. J'ai froid° en hiver. Je suis tout à fait° normal.

j'ai... I'm hungry / I'm thirsty / I'm hot
I'm cold / *tout...* = *complètement*

M.X. Avez-vous assez d'argent° pour vos études°?

assez... enough money / studies

MOI Pour mes études, oui, mais pas pour le cinéma, le restaurant, le ski, le golf, l'opéra...Et je n'ai pas de chance° dans mes jeux° favoris.

je... I am not lucky / games

M.X. Ce n'est pas grave, au contraire: "Heureux au jeu, malheureux en amour."* Vous avez sûrement une petite amie°?

petite... girlfriend

MOI Non...

M.X. Mais pourquoi? Avec vos grands yeux° gris, votre nez droit° et vos cheveux° châtain foncé, vous avez l'air° très romantique.

eyes/nez... straight nose
hair / *avez...* look

MOI Vraiment? Mais vous savez°, je suis égoïste.

vous... you know

M.X. Tout le monde a ses défauts°. D'après° Flaubert:** "Etre bête°, égoïste, et avoir une bonne santé, voilà les trois conditions voulues° pour être heureux."

ses... his faults / According to
dumb
= *nécessaires*

MOI Je suis en bonne santé et égoïste, mais je ne suis pas bête...

M.X. Quel âge avez-vous°? dix-sept ans? dix-huit ans?

Quel... How old are you?

MOI Dix-huit ans† dans une semaine. Quelle veine°! C'est l'âge du permis de conduire°.

= *chance* (fam.)
permis... driver's license

---

* *"Lucky at cards, unlucky in love."*
** French writer (1821–1880)
† legal age for driving in France

à... in my opinion / if — M.X. Enfin une réaction positive! Ecoutez, à mon avis°, si° vous êtes malheureux, c'est votre faute°. Vous avez tout pour être heureux mais vous n'avez pas le sens de l'humour.

c'est... it's your fault

Vous... You're right / J'ai... I'm ashamed — MOI Vous avez raison°. J'ai honte° de mon attitude. Que je suis bête!...Eh? Je suis bête. Voilà la troisième condition de Flaubert. Le bonheur° n'est peut-être° pas loin°.

Happiness / perhaps / far away

1 L'adjectif possessif

C'est le stylo de Claire. C'est **son stylo.** (*her pen*)
C'est le stylo de Philippe. C'est **son stylo.** (*his pen*)

L'adjectif possessif **son** est masculin singulier parce que **stylo** est masculin singulier. Le genre du possesseur ne détermine pas le genre de l'adjectif possessif, contrairement à l'anglais.

	SINGULIER		PLURIEL
	masculin	*féminin*	*masculin et féminin*
(je)	mon	ma	mes
(tu)	ton	ta	tes
(il, elle)	son	sa	ses
(nous)	notre	notre	nos
(vous)	votre	votre	vos
(ils, elles)	leur	leur	leurs

Remarquez

son, sa, ses pour *un* possesseur
leur, leurs pour *deux* possesseurs, ou plus

EXEMPLES Joël est dans **sa** maison avec **ses** amis et **son** chien.
M. et Mme Beauchamp sont dans **leur** maison avec **leurs** amis et **leur** chien.

mon, ton, son, devant un mot féminin qui commence par une voyelle ou un **h** muet (pour l'euphonie*):

* harmonieuse succession des voyelles et des consonnes

EXEMPLES **Son** amie est très gentille.
Voici **mon** autre composition.

Prononcez: notre [nɔtr] , nos [no]
votre [vɔtr] , vos [vo]

▶ *Appliquez*

1. *Je* suis paresseux. _____ notes sont mauvaises. C'est _____ faute.
2. *Les étudiants* sont occupés pendant le week-end; _____ activités sont variées.
3. *Michel* (à Agnès): "Où est _____ vélo?"
4. *Vous* comprenez bien _____ leçon.
5. *Nous* sommes conscients de _____ qualités et de _____ défauts.
6. Voici *Jean-Paul.* _____ affaires sont sous _____ chaise.
7. *Nicolas* a une auto. _____ auto est rapide. C'est une voiture de sport.*

8. *Gilles,* la longueur de _____ composition est insuffisante.
9. Ce sont _____ cheveux!!
10. Est-ce la bicyclette de _____ ami?

(*réponses page 93*)

2 Le présent du verbe **avoir**

Je suis malade. J'**ai** la grippe.
Vous n'**avez** pas le sens de l'humour, malheureusement.
Luc, tu n'**as** pas ta raquette de tennis? C'est dommage!

* Employez **sportif, sportive** pour une personne, **de sport** pour une chose.

Ils **ont** quinze jours* de vacances. Et vous?
Est-ce que nous **avons** cours lundi?
—Oui, il y **a** toujours cours le lundi.

j'**ai**	nous **avons**
tu **as**	vous **avez**
il, elle **a**	ils, elles **ont**

Au négatif

je n'ai pas, tu n'as pas, il (elle) n'a pas, etc.

EXEMPLES J'ai soif. Je **n'**ai **pas** soif.
J'ai **des** défauts. Je n'ai **pas de** défauts. (Voir Leçon 3, N° 4)

A l'interrogatif

avec l'inversion	*avec* **est-ce que**
ai-je?	est-ce que j'ai?
as-tu?	est-ce que tu as?
a-**t**-il (elle)?	est-ce qu'il (elle) a?
avons-nous?	est-ce que nous avons?
avez-vous?	est-ce que vous avez?
ont-ils (elles)?	est-ce qu'ils (elles) ont?

Remarquez le **t** entre les deux voyelles à la troisième personne du singulier.**

Notez l'expression: **Qu'est-ce que j'ai (tu as,...)** *What's the matter with me, you,* etc.

3 L'interrogation (*suite*)

Avec l'inversion du verbe et du pronom sujet

Vous avez un sandwich. Avez-**vous** un sandwich?

Quand le sujet du verbe est *un pronom,* inversez le verbe et le pronom.

Vos amis sont aimables. **Vos amis** sont-**ils** aimables?

* = *deux semaines*
** to avoid a hiatus: two vowels in a row

Quand le sujet du verbe est *un nom,* le nom reste à sa place; inversez le verbe et le pronom qui représente le nom.

▶ *Appliquez*

1. Vous êtes timide.
2. Il a l'esprit vif.
3. Hélène est à la maison.
4. Tu es naïf.
5. Les fleurs ont de belles couleurs.
6. Les surprises-parties sont amusantes.

(*réponses page 93*)

Notez

Dans une phrase interrogative négative, placez **pas** après l'inversion:

Vous **n**'avez **pas** de sandwich.	**N**'avez-vous **pas** de sandwich?
Vos amis **ne** sont **pas** aimables.	Vos amis **ne** sont-ils **pas** aimables?*

Avec est-ce que, sans inversion

Vous avez un sandwich.	**Est-ce que** vous avez un sandwich?
Vos amis sont aimables.	**Est-ce que** vos amis sont aimables?

Avec n'est-ce pas, expression interrogative invariable

Ton exercice est fini, **n'est-ce pas?**
Vous n'êtes pas heureux, **n'est-ce pas?**

Avec le ton de la voix

Tu es fatigué?

Avec comment, où, quand, pourquoi

Après l'adverbe interrogatif, la phrase est à la forme interrogative:

avec l'inversion	*avec* **est-ce que**
Où **êtes-vous** maintenant?	Où **est-ce que** vous êtes maintenant?
Pourquoi le cahier **est-il** fermé?	Pourquoi **est-ce que** le cahier est fermé?

---

* La réponse affirmative à une question négative est **si,** au lieu de **oui: Si, ils sont aimables.**

▶ *Appliquez* Employez **est-ce que** à la place de l'inversion.

1. Pourquoi avez-vous un fer à cheval?
2. Où y a-t-il une cafétéria?
3. Quand êtes-vous dans la lune?
4. Comment sont-ils?

(*réponses page 93*)

4 Les parties du corps

La Vénus de Milo est une statue antique grecque. Où est-elle? Elle est au Louvre, un musée de Paris. En quoi est-elle? Elle est en marbre.

A-t-elle l'air majestueux? Regardez la position de sa tête. Son visage est calme et expressif. Admirez ses cheveux séparés au milieu, ses oreilles, son front, ses yeux, son nez, ses joues, sa bouche et son menton.

Admirez aussi le mouvement de son cou et de ses épaules.

A-t-elle des bras? Non, elle n'a pas de bras, alors elle n'a pas de mains et elle n'a pas de doigts.

Où sont ses jambes? Elles sont sous un joli vêtement drapé, mais le bout de ses pieds est visible sur son piédestal.

Elle est très célèbre.

Remarquez

J'**ai la** bouche ouverte. Tu **as une** jolie voix.

Avec le verbe **avoir,** n'employez pas l'adjectif possessif pour les parties du corps. Employez l'article défini ou indéfini.

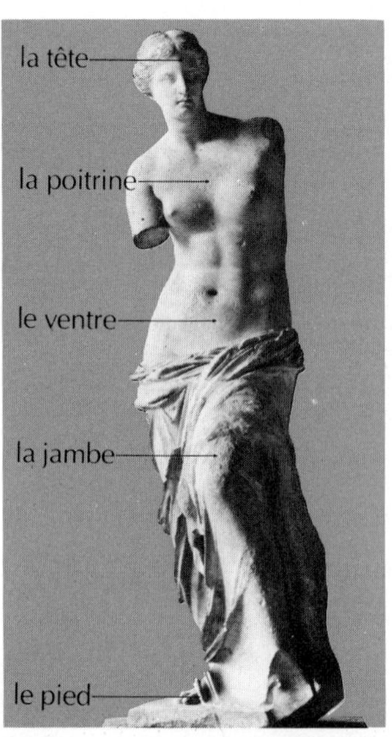

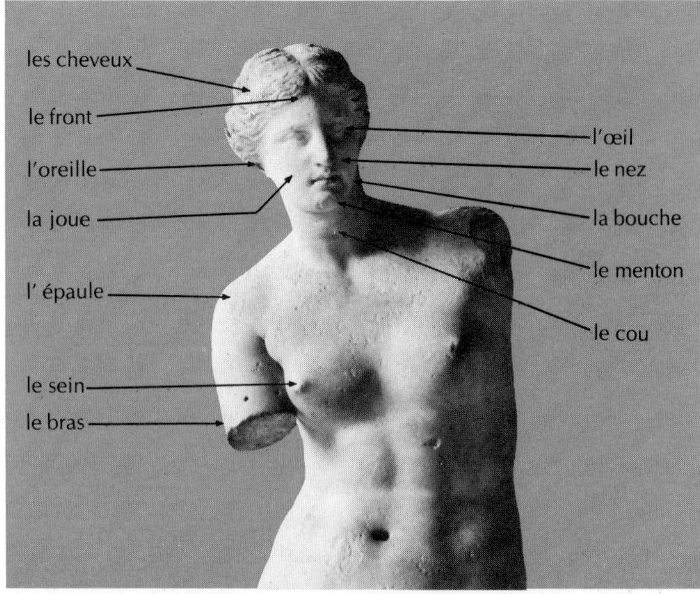

5 Les expressions idiomatiques avec **avoir**

l'âge

Quel âge avez-vous? —J'ai 18 ans. (*I am 18.*)
Quatre-vingts ans, c'est un bel âge!
Tu as vingt et un ans? Moi aussi. Nous avons le même âge.

Le mot **ans** est nécessaire pour indiquer l'âge.

avoir chaud, froid = avoir une sensation de chaud ou de froid:

J'ai chaud en été. J'ai froid en hiver.
J'ai très chaud après un match de tennis.

Notez **être chaud, froid** = une observation:

Ma soupe est froide.

avoir faim, soif

J'ai faim, je voudrais* un sandwich.
J'ai très faim, je voudrais deux sandwichs.
J'ai soif, je voudrais un verre de Coca-Cola.

avoir sommeil

J'ai sommeil dans un cours ennuyeux et aussi le lundi après un week-end chargé.

avoir mal à

Quelquefois j'ai mal à la tête, aux dents, aux yeux, à la gorge, aux pieds, au dos, etc.

Remarquez l'article défini et non le possessif.

avoir peur (de)

Avez-vous peur des serpents? des pieuvres?
J'ai peur d'être malade le jour de l'examen.

avoir raison, tort (de)

C'est vrai. Vous avez raison.
Tu as tort d'être impatient.

* *I would like*

Notez *Une personne* a raison ou tort. *Une réponse* est correcte ou incorrecte.

avoir l'air (de)

+ adjectif	Marie a l'air heureuse
	OU Marie a l'air heureux.
	Les exercices ont l'air difficiles.
+ **de** + nom	Il n'a pas l'air d'un idiot.
+ **de** + infinitif	Vous avez l'air d'être satisfaits.

avoir bon (mauvais) caractère

Il a mauvais caractère. C'est pourquoi il n'a pas de petite amie.

avoir honte (de)

Après une mauvaise action, j'ai honte. J'ai des remords.

avoir hâte de

Elle a hâte d'avoir dix-huit ans.

avoir besoin de indique une nécessité, **avoir envie de** indique un désir

+ **de**	+ nom au sens général	J'ai besoin **de** repos. J'ai envie **de** champagne.
	+ nom pluriel	J'ai besoin **d'**idées. J'ai envie **de** fruits.
	+ infinitif	J'ai besoin **de** parler avec vous. J'ai envie **d'**être avec mes amis.
+ **d'un(e)**	+ nom qui représente une unité	J'ai besoin **d'un** vélo. J'ai envie **d'une** pomme.
	(au négatif: **ne...pas... de...**)	Je **n'**ai **pas** besoin **de** vélo. Je **n'**ai **pas** envie **de** pomme.
+ **du, de la, des**	+ nom spécifique	J'ai besoin **de la** feuille qui est dans ma serviette. J'ai envie **des** bonbons qui sont sur la table.

▶ *Appliquez*

1. Elle a envie ____ avoir un caniche.
2. Les gens ont besoin ____ imagination.
3. As-tu besoin ____ bande magnétique (f.) de la leçon 12?
4. Il a envie ____ bananes.
5. Nous n'avons pas besoin ____ bateau.
6. J'ai envie ____ bon bonbon.

(*réponses page 93*)

6 La parenté

Arthur est *le fils*° de M. et Mme Jean-Pierre Drapeau. C'est *un enfant*° *adopté* mais il n'est pas *fils unique*°. Il a *une sœur*°, Blanche, et *un frère*°, Edmond. Edmond est le "bébé" de la famille parce qu'il est *né*° cinq ans après Blanche. Arthur est *l'aîné*°.

son / child / *fils...* only son / sister / brother / born / oldest

M. et Mme Drapeau ont-ils *leurs parents? Le père*° de M. Drapeau est *mort*°; alors *sa mère*° est *veuve*°. Les enfants vont souvent chez* *leur grand-mère paternelle* et *leurs grands-parents maternels*. Les grands-parents ne sont pas très vieux et ils sont toujours heureux avec *leurs petits-enfants*°.

father / ≠ *né* / mother / widow / grandchildren

M. Drapeau a un frère, Alex. Il est *marié* et ses deux enfants sont encore *célibataires*°. Les relations entre M. Drapeau et *sa belle-sœur*° Jeanne ne sont pas très bonnes parce qu'elle est jalouse. Alors Mme Drapeau va rarement chez *son beau-frère*° Alex, et ses enfants vont rarement chez *leur oncle*. Il y a quelquefois des difficultés entre *parents*° dans les familles.

single / sister-in-law / brother-in-law / relatives

Mme Drapeau a une sœur, Charlotte. Elle est *divorcée*. Elle a aussi deux enfants, Albert et Albertine, qui sont *jumeaux*°. Ils ont dix ans. *L'ex-beau-frère* de Mme Drapeau est désagréable. Mme Drapeau va souvent chez sa sœur, *son neveu*° et *sa nièce*. Arthur, Blanche et Edmond vont souvent chez *leur tante*° Charlotte et *leurs cousin* et *cousine*.

twins / nephew / aunt

* *at the home of*

husband — *Le mari*° de Mme Drapeau est colonel. Mme Drapeau est *maîtresse de maison*° et mère de famille. Les Drapeau* sont *un ménage*° heureux. La famille a des problèmes, naturellement. La perfection n'existe pas, n'est-ce pas?

maîtresse... housewife

couple

* Un nom de famille n'a pas d'**s** au pluriel.

Arbre généalogique

Remarquez les différences

les parents (pluriel): *father and mother*
un (des) parent(s) (singulier ou pluriel): *relative(s)*

un fils [fis]: *a son*
un petit garçon: *a little boy*

un petit-fils: *a grandson*
un arrière-petit-fils: *a great-grandson*

une fille: *a girl* ou *a daughter*
une petite fille: *a little girl*

une petite-fille: *a granddaughter*
une arrière-petite-fille: *a great-granddaughter*

une jeune fille: *a young woman*

une femme: *a woman* ou *a wife*

un beau-père: *a father-in-law* ou *a stepfather*

les enfants appellent leurs parents **Papa** et **Maman.***

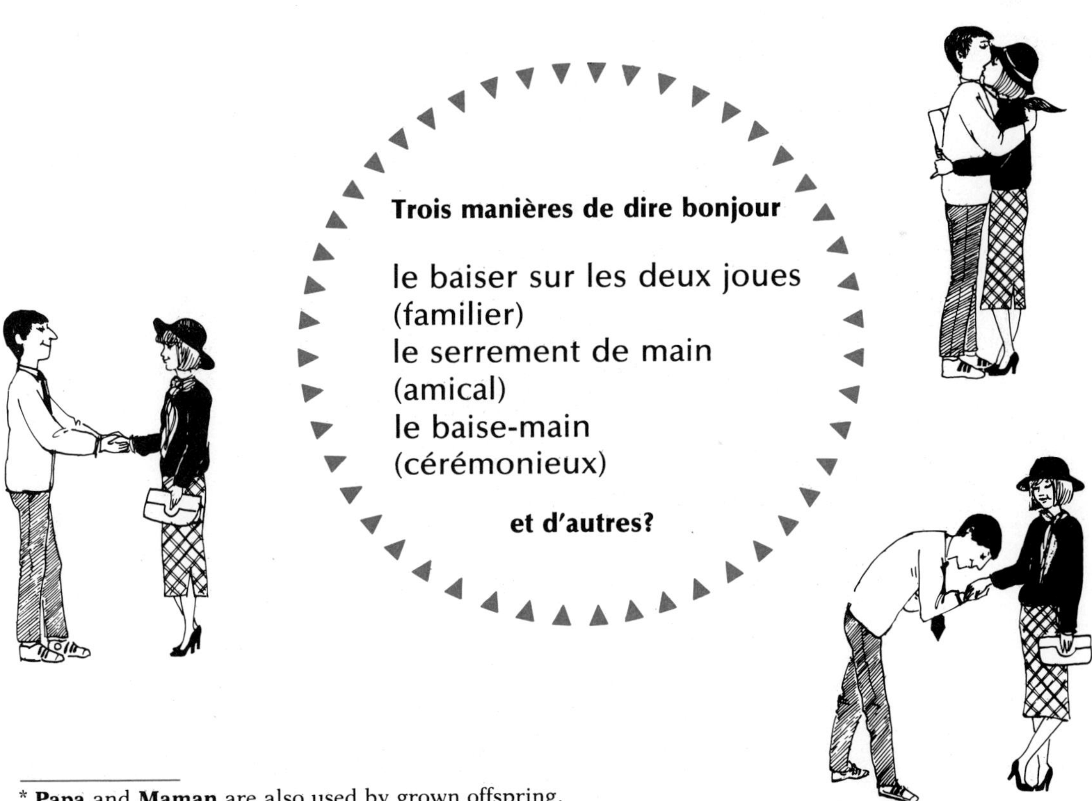

Trois manières de dire bonjour
le baiser sur les deux joues (familier)
le serrement de main (amical)
le baise-main (cérémonieux)
et d'autres?

* **Papa** and **Maman** are also used by grown offspring.

EXERCICES ORAUX

I *Prononciation*

Les consonnes

Ecoutez et répétez:

/p/ pardon, serpent, cape
/b/ bâtiment, debout, jambe
/d/ droit, piédestal, ronde
/t/ Thomas, menton, pente
/k/ quatre, d'accord, physique
/g/ garçon, figure, langue
/f/ faim, philosophie, veuf
/v/ votre, vivant, veuve
/s/ souhaits, leçon, place
/z/ zéro, désastre, chaise
/ʒ/ joli, imaginez, rouge
/ʃ/ chaud, acheter, bouche
/l/ livre, personnalité, appel
/r/ rose, bras, ouvert
/m/ mais, famille, comme
/n/ nom, manière, jeune
/ɲ/ gnôle, mignon, campagne

La lettre r*

/r/ gratuit, très, français, repos, ironique, pourquoi, parce que, libre, voiture, mercredi, bravo!

La lettre s. Les sons /s/, /z/

Un **s** entre deux voyelles se prononce /z/:
chaise [ʃɛz], désert, poison
Dans les autres cas, prononcez /s/:
assez [ase], artiste, dessert, poisson

---

* In order to pronounce the French **r**, move the back of the tongue toward the soft palate. (Don't roll up the tip of your tongue. Keep it against your lower teeth.)

La liaison

Généralement la consonne finale d'un mot est muette, mais elle se prononce dans certains cas devant une voyelle initiale ou un **h** muet:

C'est‿un animal.　　un‿homme

Dans une liaison, **s, x** → /z/ :

Nous sommes‿ensemble.　　Joyeux‿anniversaire!

d → /t/ :

Je suis malheureux quand‿il y a un grand‿exercice.

Attention Il n'y a pas de liaison entre la conjonction **et** et la voyelle suivante:

et//après le cours　　et//un livre

Lisez un‿œil [ɛ̃nœj], des‿yeux [dezjϕ]
C'est‿un professeur.
Les‿étudiants sont‿assis.
Un chien n'est pas‿un grand‿animal.
Vous‿êtes‿un‿artiste.
Il y a six‿étudiants.

Distinguez ils sont [ilsɔ̃], ils‿ont [ilzɔ̃]
elles sont, elles‿ont

II *Complétez avec l'adjectif possessif convenable.*

1. Je suis à la maison avec _____ parents, _____ frère et _____ sœur. Je ne sais pas où est _____ petite chienne.
2. Voilà la sœur aînée de Luc et voilà _____ autre sœur.
3. M. et Mme Dutour sont chez _____ fille qui a deux enfants. Mme Dutour est contente quand elle est chez _____ fille. M. Dutour est très patient avec _____ petits-enfants.
4. Le livre de Joëlle est sur _____ chaise. _____ sac est par terre. _____ autres affaires sont sur _____ table.
5. Voilà la police. Avez-vous _____ carte d'identité?

III *Complétez la phrase. Employez un adjectif possessif ou un article.*

1. M. Durand est veuf; _____ femme est morte.
2. Vous avez _____ yeux bleus.
3. Les Michelet sont en vacances; _____ maison est fermée.

4. Tu es malade, tu as ____ front chaud.
5. Elle a ____ joli sourire.

IV *Le verbe* **avoir:** *Répondez affirmativement ou négativement et expliquez la situation.*

MODELE Avez-vous un hélicoptère?
Non, je n'ai pas d'hélicoptère mais j'ai un vélo.

1. Avez-vous cours le dimanche?
2. Avez-vous des posters amusants?
3. Avez-vous une belle-sœur?
4. Avez-vous mal à la tête?
5. Nicolas a-t-il sa voiture de sport aujourd'hui?
6. Est-ce que j'ai toujours raison?
7. Y a-t-il des statues au laboratoire?
8. Avez-vous peur de vos professeurs?
9. Est-ce que le président a une raquette de tennis?
10. Avez-vous sommeil maintenant?

V *Mettez les phrases à la forme interrogative, avec l'inversion et aussi avec* **est-ce que.**

MODELE Nous avons très chaud.
Avons-nous très chaud?
Est-ce que nous avons très chaud?

1. Elle est veuve.
2. Vous avez faim et soif.
3. C'est intéressant.
4. Il a une jambe cassée.
5. Ton professeur est dans son bureau.
6. Il y a une erreur.

VI *Changez la question avec* **est-ce que** *ou l'inversion, et posez-la à un(e) autre étudiant(e).*

MODELE Quand avez-vous mal à la tête?
Quand est-ce que vous avez mal à la tête?
J'ai mal à la tête quand il y a un examen de français.

1. Comment êtes-vous physiquement?
2. Où est-ce que nous sommes?
3. Quand avez-vous le cafard?
4. Pourquoi est-ce qu'il y a un gâteau dans le réfrigérateur?

VII *Employez l'expression* **avoir besoin de.**

MODELE Un carnet de notes est nécessaire pour le professeur.
Le professeur a besoin d'un carnet de notes.

1. Des amis sont nécessaires pour Philippe.
2. Une voiture est nécessaire pour Françoise.
3. Le talent est nécessaire pour un artiste.
4. Etre présents au cours est nécessaire pour les étudiants.
5. Le carnet de chèques de son père est nécessaire pour Nicolas.
6. Une explication n'est pas nécessaire pour vous.

VIII Qui est-ce?

MODELE La femme de votre père, qui est-ce? (ma mère)
C'est ma mère.

1. le frère de votre mère?	a. leur fils
2. le père de votre père?	b. ma nièce
3. les filles de votre oncle?	c. mon beau-frère
4. la femme de votre oncle?	d. ma belle-mère
5. les deux autres filles de vos parents?	e. mon grand-père
6. la fille de votre frère?	f. mon oncle
7. la mère de votre mère?	g. ma grand-mère
8. la mère de votre mari (ou femme)?	h. sa femme
9. le mari de votre sœur?	i. leur petit-fils (ou petite-fille)
10. votre mère pour votre père?	j. ma tante
11. votre frère pour vos parents?	k. mes cousines
12. vous pour vos grands-parents?	l. mes sœurs

Quel casse-tête!

IX *A votre tour.*

Préparez un dialogue entre vous et votre conseiller (*advisor*) d'après la Prise de contact: *Mais...qu'est-ce que j'ai?* Expliquez vos difficultés. Quels sont ses conseils?

Ou: Faites votre description physique.

X *Conversation par groupes de deux.*

—Quel âge as-tu? En quelle année es-tu né(e)?
—Quel est ton nom de famille? ton prénom?
—Es-tu en bonne santé?

—As-tu bon ou mauvais caractère? As-tu le sens de l'humour?
—As-tu des frères et des sœurs? Quel âge ont-ils?
—As-tu beaucoup de parents: des oncles, des tantes, des grands-parents paternels ou maternels...?
—Es-tu marié(e)? célibataire?
—As-tu un beau-frère ou une belle-sœur?
—Quelle est la profession de ton père? de ta mère? [ingénieur, docteur, secrétaire, journaliste, acteur (actrice), avocat(e), employé(e) de banque]
Continuez...

EXERCICES ECRITS

A *Complétez avec l'adjectif possessif ou un article.*

1. Le bébé est mignon avec ____ petite figure ronde.
2. L'athlète a ____ bras musclés.
3. Monsieur, est-ce que ____ exercice est correct?
4. J'ai la grippe. J'ai mal à ____ gorge et à ____ tête, et j'ai froid dans ____ dos.
5. Frédéric a ____ cheveux blonds mais ____ moustache est rousse.
6. Les amis de David sont gentils. ____ familles sont gentilles aussi.
7. A ____ avis, est-ce que j'ai raison?
8. La grand-mère est heureuse avec ____ petits-enfants.

B *Ecrivez les phrases au pluriel.*

MODELE Ma sœur est intelligente.
Mes sœurs sont intelligentes.

1. Mon cousin est blond.
2. Votre frère est-il célibataire?
3. Il y a une faute dans son exercice écrit.
4. Leur tante a une grande maison.
5. Notre professeur n'a pas de difficultés.

C *Mettez à la forme interrogative. Variez les formes: avec l'inversion,* **n'est-ce pas,** *ou* **est-ce que.**

1. M. Drapeau est marié.
2. Elle a de grands yeux marron.
3. Nous avons cours le jeudi.
4. Ce n'est pas sa nièce.
5. Il y a un drapeau devant la maison.
6. Tu as quinze jours de vacances.

D *Voilà la réponse. Quelle est la question? (Employez* **où, quand, comment,** *ou* **pourquoi**.*)*

MODELE Le cours est fini quand la cloche sonne.
Quand le cours est-il fini?
Quand est-ce que le cours est fini?

1. Mon amie est heureuse quand elle est dans un musée.
2. Elle est grande, brune et grosse.
3. Il a mal aux jambes parce qu'il est debout toute la journée.
4. Vous êtes dans la lune.

E *Description de la Victoire de Samothrace.*

Ecrivez un paragraphe d'après le modèle (Voir N° 4).

Vocabulaire utile: une statue grecque, le corps, le mouvement, un vêtement drapé, une tête, un bras, une aile.

F *Utilisez une expression idiomatique avec* **avoir.**

1. J'______ quand la fenêtre est ouverte.
2. La petite fille ______ dans l'obscurité.
3. Quand nous sommes très fatigués, nous ______ vacances.
4. Je voudrais une bouteille d'eau minérale; j'______.
5. Après une très longue promenade, nous ______ aux pieds.
6. Elle n'est pas très jeune; elle ______ cinquante ______.
7. ______-vous généralement ______ ou ______ dans une discussion avec vos parents?
8. Qu'est-ce qu'il a? Il ______ nerveux aujourd'hui.

G *Traduction (facultatif).*

1. How old is he? —He is forty-three.
2. Their grandmother is not in good health. She looks tired.
3. Are mothers-in-law always right?
4. What's the matter with me? I have a headache, a toothache, and my feet hurt. I am hungry and thirsty, and I have no friends.

lecture

L'esprit° de famille

spirit

Napoléon Bonaparte est né en Corse, à Ajaccio, en 1769. C'est le deuxième fils d'une famille de huit enfants. Son père est avocat°.

lawyer

A l'origine la Corse est italienne, mais en 1768 elle est vendue° à la France; Napoléon est donc° français. C'est un élève° brillant dans les écoles militaires. A seize ans il est sous-lieutenant° d'artillerie, huit ans après il est général, et à vingt-sept ans il est à la tête de l'armée française dans la campagne° d'Italie. Dans sa carrière les victoires sont nombreuses.

sold / therefore / pupil, (here) cadet / second lieutenant / = *expédition militaire*

En 1796 le général Bonaparte épouse° Joséphine de Beauharnais. Le 18 mai 1804 il est nommé empereur. Il s'appelle Napoléon 1er et est très puissant°. Après treize ans de mariage avec Joséphine, ils n'ont toujours° pas d'enfants. Napoléon a besoin d'un fils pour sa succession, alors il divorce. Un an après il épouse Marie-Louise, la fille de François II, empereur d'Autriche°. Elle a dix-neuf ans, il a quarante et un ans. En 1811 ils ont un enfant, Napoléon II ou "l'Aiglon°", c'est-à-dire° le petit aigle. (Le grand aigle, c'est Napoléon, naturellement!)

marries / powerful / still / Austria / Eaglet / that is to say

Après la défaite° de Waterloo en 1815, Napoléon est en exil à Sainte-Hélène et il meurt° en 1821. L'Aiglon est presque° toujours chez son grand-père l'empereur d'Autriche. Il n'est pas en bonne santé et meurt en 1832, à l'âge de vingt et un ans.

defeat / dies / almost

Au moment de sa gloire la France a de nouvelles possessions qui ont besoin d'un roi° ou d'une reine°. Napoléon a quatre frères et trois sœurs. Il a l'esprit de famille. La solution est évidente!

king / queen

Son frère aîné, Joseph, est roi de Naples, ensuite roi d'Espagne. Lucien est président du Conseil et prince de Canino. Marie-Anne-

Elisa est princesse de Plombino. Louis, roi de Hollande, est le père du futur Napoléon III. Marie-Pauline, après un remariage, est duchesse de Guastalla. Caroline-Marie-Annonciade, femme de Murat, maréchal° de France et roi de Naples, est reine de Naples. Enfin° Jérôme est roi de Westphalie, puis maréchal de France aussi.

field marshal / = *Finalement*

...Aujourd'hui il y a des descendants des Bonaparte. Le prince Napoléon, né en 1914, a un fils et deux filles.

QUESTIONS SUR LA LECTURE

1. Napoléon est-il un bon élève? Dans quelles sortes d'écoles?
2. Quel âge a-t-il quand il est dans la campagne d'Italie?
3. Qui est sa première femme? Pourquoi un divorce est-il nécessaire?
4. Quelle est la différence d'âge entre Napoléon et Marie-Louise?
5. Qui est l'Aiglon?
6. Napoléon a-t-il l'esprit de famille? Illustrez.

CONSTRUCTION DE PHRASES

1. avoir mal à
2. c'est ma (votre, etc.) faute
3. avoir l'air
4. qu'est-ce que tu as (vous avez, etc.)
5. à mon (votre, etc.) avis
6. leurs

VOCABULAIRE

1. Donnez *un antonyme* de:

avoir chaud	avoir bon caractère
une qualité	être né
avoir raison	une victoire

2. Donnez *l'opposé* de:

un fils	célibataire
un oncle	maternel
une femme	une belle-mère
une nièce	un frère

3. Nommez *10 parties du corps.*

COMPOSITION

Votre famille ou une autre famille: description générale, description d'un membre particulier [il (elle) a les cheveux...il (elle) est (profession)...est gai(e), triste, gentil(le), etc.]. (*Consultez le vocabulaire du N° 6.*)

jouons avec les mots

Horizontalement:

1. Le fils de votre frère ou de votre sœur
2. Une expédition militaire
3. Comme le vêtement de la Vénus de Milo
4. Le féminin de **fou**
5. Entre les bras et le cou
6. Titre de Murat et Jérôme (Bonaparte)
7. Profession du père de Napoléon
8. Titre de Marie-Anne-Elisa

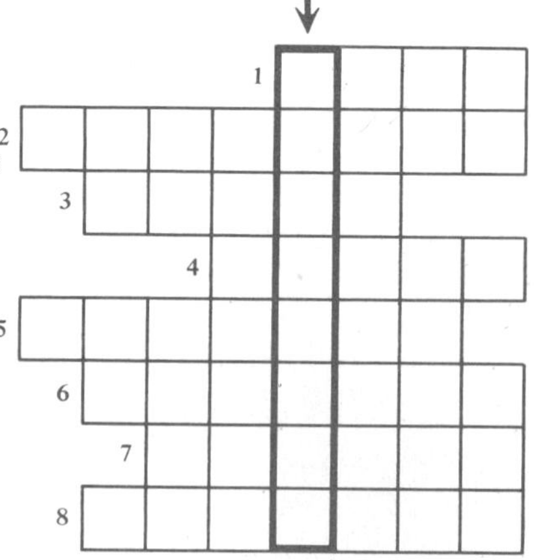

Verticalement:

Qui est-ce?

réponses aux appliquez

Page 75

1. Mes, ma
2. leurs
3. mon
4. votre
5. nos, nos
6. Ses, sa
7. Son
8. votre
9. ses
10. ton (votre)

Page 77

1. Etes-vous timide?
2. A-t-il l'esprit vif?
3. Hélène est-elle à la maison?
4. Es-tu naïf?
5. Les fleurs ont-elles de belles couleurs?
6. Les surprises-parties sont-elles amusantes?

Page 78

1. Pourquoi est-ce que vous avez un fer à cheval?
2. Où est-ce qu'il y a une cafétéria?
3. Quand est-ce que vous êtes dans la lune?
4. Comment est-ce qu'ils sont?

Page 81

1. d'
2. d'
3. de la
4. de
5. de
6. d'un

leçon 5

Activités à toute heure

prise de contact **Allées et venues**

1 **quelle heure est-il?**

2 **on**

3 **aller** (**à, chez, en,** ou **au, aux**)

4 les verbes réguliers en **er**
particularités de certains verbes en **er**

5 construction de quelques verbes en **er** (+ nom, + infinitif)

6 l'adverbe: formation et place

7 le pluriel des mots en **eau** et **al**

lecture **Un matin comme les autres**

prise de contact

Allées et venues°

Allées... Coming and going

C'est samedi. La famille Montblanc est en pleine activité. Tout le monde est à la maison sauf° M. Montblanc. Il est médecin° et le samedi matin il va° à l'hôpital. Pendant° la semaine sa femme enseigne° à l'université.

= *excepté* / = *docteur*
goes / During
teaches

DIDIER Maman, est-ce que le déjeuner° est prêt°? Je meurs de faim°.

lunch / ready / = *J'ai très faim* (fam.)

LA MERE Oui, il est prêt. Tu arrives au bon moment. S'il te plaît, appelle° ton frère et ta sœur. Ils sont en haut° dans leur chambre° en train de préparer° leurs examens de fin d'année.*

call / *en...* upstairs / room
en... preparing

DIDIER (*va à l'escalier*°) Pierre-Jean, Florence. A table, à *ta-a-able*...! (*pas de réponse*) ou on déjeune° sans *vous-ou-ous!*

stairs
on... we will have lunch

PIERRE-JEAN ET FLORENCE Voilà, voilà, on arrive.

PIERRE-JEAN Oh! Je suis en retard°. J'ai un match de tennis à deux heures° et il est déjà une heure moins le quart!

en... late
à... at 2 o'clock

LA MERE Mais non, Pierre-Jean. Ta montre° avance°. Il est seulement midi et demi°. Mange un peu° et va à ton match tranquillement.

watch / is fast
12:30 P.M. / *Mange...* Eat a little

PIERRE-JEAN Oh là là! Heureusement que° je suis en forme. Mon adversaire Dominique est un grand champion. D'ailleurs° il joue° aussi au rugby et au volley-ball.

Heureusement... Lucky that
Besides / plays

DIDIER Ton Dominique, est-ce qu'il joue au football?

PIERRE-JEAN Non, il n'aime pas° le football.

n'... does not like

DIDIER Ben°, il n'a pas l'air intéressant, ton copain°. Moi, je préfère le football au tennis et au rugby.

Well! = *Eh Bien* (fam.)) / = *camarade* (fam.)

* In France, it is common for college students to live at home.

Tu... You bet (fam.) / TV — armchair / he

PIERRE-JEAN Tu parles°! Tu aimes regarder le football à la télé°, assis dans un fauteuil° confortable. Mais lui°, c'est un vrai sportif.

DIDIER Tu exagères et...

Look! / is home

LA MERE Vous deux, pas de dispute....Tiens°, voilà papa. Il rentre° du travail.

Darling — available

PAPA Bonjour, tout le monde. Chérie°, les enfants, la voiture est disponible° tout l'après-midi.

stay

LA MERE Merci, tu es gentil, mais je reste° à la maison.

PIERRE-JEAN Et moi, je n'ai pas besoin de voiture. Je vais à mon match à bicyclette.

Chouette... Oh, boy! (fam.) — *maillot...* bathing suit / to buy / records — *allons...* go to the city / around

FLORENCE La voiture est disponible? Chouette alors°! J'ai besoin d'un maillot de bain° et j'ai envie d'acheter° des disques°. Alors, après le déjeuner, je téléphone à ma copine* Valérie, nous allons en ville° et nous rentrons vers° sept heures. Ça va?

above all / come back / *à...* on time

LA MERE Bien sûr, Florence, mais surtout° reviens° à l'heure°. Tu sais que ton père et moi nous sommes invités à dîner à huit heures** chez les Reynaud. D'accord?

---

* féminin de **copain**
** En France on dîne vers huit heures.

1 Quelle heure est-il?

Regardez les aiguilles de l'horloge.

Il est six heures du matin. Je suis déjà debout.

Il est trois heures de l'après-midi. Je suis très occupé(e).

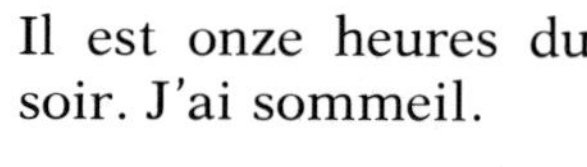

Il est onze heures du soir. J'ai sommeil.

Il est midi.
C'est l'heure du déjeuner.

Il est minuit.
C'est l'heure du repos.

Il est deux heures dix.

Il est une heure et quart.

Il est quatre heures et demie.

Il est sept heures moins vingt.

Il est huit heures moins le quart.

Remarquez

Le mot **heure(s)** est toujours nécessaire pour indiquer l'heure, excepté avec **midi** et **minuit:**

EXEMPLE Il est trois heures.

heure est féminin; **midi** et **minuit** sont masculins:

EXEMPLE Il est une heure et demie. Il est midi et demi.

demi est invariable devant le nom: **une demi-heure.**

▶ *Appliquez* Quelle heure est-il?

1. 1:00 A.M.
2. 5:30 P.M.
3. 9:15 P.M.
4. 12:10 P.M.
5. 11:35 A.M.

(*réponses page 119*)

Termes relatifs à l'heure

Dans une heure il y a soixante *minutes*. Dans une minute il y a soixante *secondes*. Regardez votre *montre* (une montre "montre" l'heure!). *Quelle heure est-il?* —Il est cinq heures deux. —Votre montre ne *marche* pas° bien; elle *avance* de deux minutes parce que cinq heures *sonnent* maintenant, mais ma montre *retarde*°.

ne... doesn't work
≠ *avance*

A quelle heure° est votre cours de français? —Il est à dix heures. —Arrivez-vous généralement *en avance*°, *à l'heure*, ou *en retard?* —J'arrive toujours en avance. J'arrive à dix heures moins cinq. —Et le professeur? —Il arrive à dix heures *juste*°.

A... At what time
≠ *en retard*
sharp

Le cours *dure*° cinquante minutes, de dix heures à onze heures moins dix.

lasts

A quelle heure préférez-vous avoir votre cours de français? —A dix heures. A neuf heures, c'est trop *tôt*°. A onze heures, j'ai faim. Après le déjeuner, c'est trop *tard*°.

early
≠ *tôt*

A quelle heure rentrez-vous à la maison quand vous avez *un rendez-vous*°? —Je rentre à minuit, quelquefois *vers* deux heures du matin.

date

Avant* midi c'est le *matin*. Après midi c'est *l'après-midi*. De cinq heures à dix heures du soir c'est *le soir*. De dix heures du soir à six heures du matin c'est la *nuit*°.

night

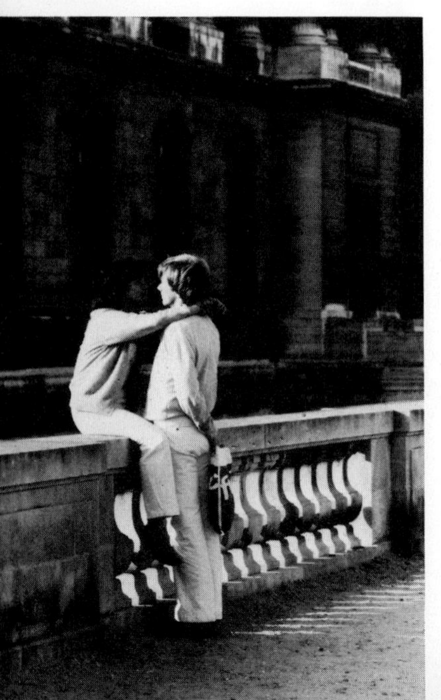

Notez Pour les horaires officiels (trains, restaurants, théâtres, etc.) utilisez de 0 à 24 heures:

EXEMPLE 18 h 30 = 6 heures et demie du soir

Expressions

le matin (*in the morning*); l'après-midi (*in the afternoon*); le soir (*in the evening, at night*):

EXEMPLE **Le matin** je suis en forme. Je suis à la bibliothèque **le soir.**

un rendez-vous (*a date* ou *an appointment*)

---

* Comparez: **avant** midi, **avant** le verbe (*before*, to express time or order)
devant le tableau (*before, in front of*, to express location)

2 On = quelqu'un, des gens, tout le monde, nous, vous: *One, people, we..*

Quand **on** est jeune, **on** est très actif.
En France **on** mange bien. La cuisine est excellente.

On est un pronom indéfini *sujet* du verbe. Le verbe est à la troisième personne du singulier.

3 Aller

Bonjour cher ami, comment **allez**-vous? —Je **vais** très bien, merci.
Où **va**-t-il? —A une conférence.
Où **allez**-vous pendant le week-end? —Nous **allons** à la montagne, à la plage, ou à la campagne.
Où **vont**-ils le dimanche? —A l'église, chez des parents, ou au cinéma.

Voici le présent du verbe **aller:**

je **vais**	nous **allons**
tu **vas**	vous **allez**
il, elle, on **va**	ils, elles **vont**

à + un endroit (*a place*):
Je vais **à** l'hôpital.

chez + une personne:
Je vais **chez** le docteur.

à, en, au (aux) + nom de ville, de pays, de province ou de continent:

Où est le musée du Louvre? Il est **à** Paris. Paris est **en** France.
Le Mont-Saint-Michel est-il **en** Bretagne ou **en** Normandie?
L'Ethiopie est **en** Afrique.
Téhéran est **en** Iran.
Toronto est **au** Canada.
Philadelphie est **aux** Etats-Unis.

Employez

à + nom de ville	**en** + nom féminin de pays, de province ou de continent, *ou* nom masculin singulier avec voyelle initiale	**au, aux** + nom de pays masculin (singulier ou pluriel)

Remarquez

Le nom d'une ville a quelquefois un article:

> Je vais **au** Havre. (Le Havre est un port français.)
> Allez-vous **à la** Nouvelle-Orléans pour le Mardi gras?

Un pays, une province, ou un continent avec un **e** final est féminin (exceptions: le Mexique, le Zaïre):

noms féminins	*noms masculins*
l'Allemagne, l'Amérique, l'Angleterre, l'Argentine, la Belgique, la Champagne, la Chine, l'Espagne, l'Europe, la France, la Hollande, l'Irlande, l'Italie, la Suisse, etc.	le Brésil, le Canada, le Danemark, les Etats-Unis, le Japon, le Pérou, le Portugal, le Vietnam, etc.

Pour un état américain, utilisez **dans l'état de** quand vous n'êtes pas sûr de la préposition à employer:

> dans l'est [ɛst]: en Caroline du nord, dans l'état de New York
> dans l'ouest [wɛst]: en Californie, dans l'état de Washington
> dans le sud [syd]: au Texas, en Louisiane
> dans le nord [nɔr]: en Illinois, dans l'état de Minnesota

Pour une île, dites: **à** Cuba, **à** la Martinique, **à** Hawaii (dans les îles Hawaii), **en** Corse, **en** Sicile, **en** Sardaigne

de (origine)...**à (en, au, aux)** (destination)...:

> Voilà un homme d'affaires très occupé. Il arrive **de** Paris et maintenant il va **à** Mexico, capitale du Mexique, puis **en** Bolivie.

à, en + un moyen de transport:

à pied, **à** bicyclette, **à** moto, **à** cheval (quand on est *sur*...)
en auto (voiture), **en** autobus (bus), **en** autocar (car),* **en** bateau, **en** hélicoptère, **en** avion, **en** train, **en** fusée (quand on est *dans*...)

Je vais à l'université **à** bicyclette ou **en** voiture.

Notez

Une personne voyage **en avion.**
Un paquet, une lettre vont **par avion.**

▶ *Appliquez*

1. Je suis ____ Nice et je vais ____ mes parents.
2. Allez-vous au travail ____ autobus, ____ train, ou ____ moto?
3. Elle va ____ le coiffeur le samedi.
4. Son paquet arrive ____ bateau.
5. Londres est ____ Angleterre et Lisbonne est ____ Portugal.
6. Ils vont ____ la pharmacie et moi je vais ____ ma cousine.
7. Le Maroc est ____ Afrique du nord.
8. La Suède et la Norvège sont ____ Scandinavie. (*réponses page 119*)

4 Les verbes en **er**

Il y a *trois* catégories de verbes réguliers: les verbes en **er,** en **ir,** et en **re.**

Les verbes en **er** sont les verbes de la première conjugaison. Ils sont très nombreux. (Le verbe **aller** est irrégulier.)

Parlez-vous anglais** couramment? —Naturellement, et vous?
Aimez-vous le sport? —Oui, j'**adore** la boxe.
Travaillez-vous beaucoup? —Oui, je **travaille** dur. Je **prépare** les exercices et les questions sur la lecture.
Est-ce que vous **regardez** la télévision? —Non, mais j'**écoute** des émissions de radio ou des disques.
Chantez-vous une chanson pendant le cours? —Non, nous ne **chantons** pas de chanson.
Comptez-vous en français? —Oh oui! de zéro à l'infini.

* un (auto)bus: *a (city) bus;* un (auto)car: *a bus between cities* (Exemple: Greyhound)
** Pour une langue un article n'est pas nécessaire avec le verbe **parler,** mais il est nécessaire avec les autres verbes:
Je parle français. *Mais:* J'étudie **le** français.

Votre famille **habite**-t-elle en ville ou à la campagne? —En ville.
Est-ce que j'**explique** la leçon clairement? —On **pense** que oui.
Voilà les ordres du professeur: "**Ecoutez, prononcez, appliquez, remplacez, comparez, remarquez, demandez, montrez, parlez**..." Alors j'**écoute**, tu **prononces**, il (elle) **applique**, etc.

Voici le présent:

parl er	
je parl **e**	nous parl **ons**
tu parl **es**	vous parl **ez**
il, elle, on parl **e**	ils, elles parl **ent**

Je parle:
I speak,
I am speaking,
I do speak

parl est le radical et **e, es, e, ons, ez, ent,** sont les terminaisons.

Les terminaisons **e, es, ent** sont muettes.

Lisez: je parle, tu parles, il parle, ils parlent [parl]
j'étudie,* tu étudies, il étudie, ils‿étudient [etydi]
je continue, tu continues, il continue, ils continuent [kɔ̃tiny]

▶ *Appliquez*

1. préparer: nous ______
2. détester: il ______
3. discuter: vous ______
4. jouer: elle ______
5. pleurer: je ______
6. crier; tu ______

(*réponses page 119*)

Notez Avec **je,** employez **est-ce que** (et non l'inversion) à l'interrogatif:

Est-ce que je parle clairement?

Particularités de certains verbes en er

Aux 4 terminaisons muettes (je, tu, il, ils) du présent:

Sur un **e** qui précède la consonne finale du radical de l'infinitif, *on met un accent grave:*

ach**e**ter [aʃte]: j'ach**è**te [ʒaʃɛt], tu ach**è**tes, il ach**è**te, ils ach**è**tent

---

* Généralement employez **étudier** + objet direct: Paul étudie la philosophie.
I study three hours a day = Je **travaille** trois heures par jour.

on change un accent aigu en accent grave:

préf**é**rer [prefere]: je préf**è**re [ʒəprefɛr], tu préf**è**res, il préf**è**re, ils préf**è**rent

quelquefois on double la consonne:

appe**l**er [aple]: j'appe**ll**e [ʒapɛl], tu appe**ll**es, il appe**ll**e, ils appe**ll**ent
je**t**er [ʒəte]: je je**tt**e [ʒəʒɛt], tu je**tt**es, il je**tt**e, ils je**tt**ent

Dans les verbes en **ayer, oyer, uyer,** *changez* **y** *en* **i:**

pa**y**er: je pa**i**e, tu pa**i**es, il pa**i**e, ils pa**i**ent
envo**y**er: j'envo**i**e, tu envo**i**es, il envo**i**e, ils envo**i**ent

A la 1ère personne du pluriel (nous) du présent:

Pour conserver le son /s/ des verbes en **cer** et le son /ʒ/ des verbes en **ger,** *on met une cédille sous le* **c** à la forme **nous** des verbes en **cer:**

Aujourd'hui nous commen**ç**ons une autre leçon.

et *on met un* **e** *après le* **g** à la forme **nous** des verbes en **ger:**

Nous voya**ge**ons en été. Nous allons dans beaucoup d'endroits.

▶ *Appliquez*

1. (lever) Je/Nous ______ souvent la main en classe.
2. (répéter) Je/Nous ______ les mots.
3. (manger) Je/Nous ______ des sandwichs.
4. (appeler) Tu/Vous ______ des copains et des copines au téléphone.

5. (lancer) Tu/Vous ______ le ballon aux enfants.
6. (essayer) Tu/Vous ______ la robe rouge.

(*réponses page 119*)

5 Construction de quelques verbes en **er**

J'**écoute** la radio.
Je **regarde** le tableau.
Je **cherche** mon pull-over.

écouter, *to listen to* regarder, *to look at* chercher, *to look for*	+ objet direct

Elle joue **au** tennis, **au** bridge.

Elle joue **du** piano.

jouer **à** { + un sport + un jeu (de cartes, etc.)	jouer **de** + un instrument de musique

Ils aiment **le** café mais ils n'aiment pas **le** thé.
Tu préfères **le** jazz mais j'adore **la** musique classique.

aimer préférer adorer détester } + article défini + nom au sens général

Nous espérons **danser** à la discothèque samedi soir.
J'adore **nager** à la piscine municipale.

aimer préférer adorer détester espérer } + infinitif

Notez Quand deux verbes sont consécutifs, le deuxième est à l'infinitif.

6 L'adverbe

Formation

Certains adverbes sont formés sur l'adjectif:

féminin de l'adjectif + ment

masculin	*féminin*	*adverbe*
heureux	heureuse	heureusement
général	générale	généralement
naturel	naturelle	naturellement
particulier	particulière	particulièrement
doux	douce	doucement

Les adjectifs en **ant** → **amment** [amɑ̃]: constant → constamment
en **ent** → **emment** [amɑ̃]: récent → récemment

▶ *Appliquez*

1. spécial
2. sûr
3. évident
4. sérieux
5. habituel
6. terrible

(*réponses page 119*)

Place

Placez généralement l'adverbe *après le verbe:*

EXEMPLES Didier aime **bien** le football.
Elle parle **doucement.**
"Les absents ont **toujours** tort".* (proverbe)

Avec un verbe au négatif, placez l'adverbe après **pas:**

Ils ne sont **pas très** contents.

ou devant **pas** pour des adverbes comme **généralement, probablement:**

Je ne suis **généralement pas** au laboratoire le dimanche.

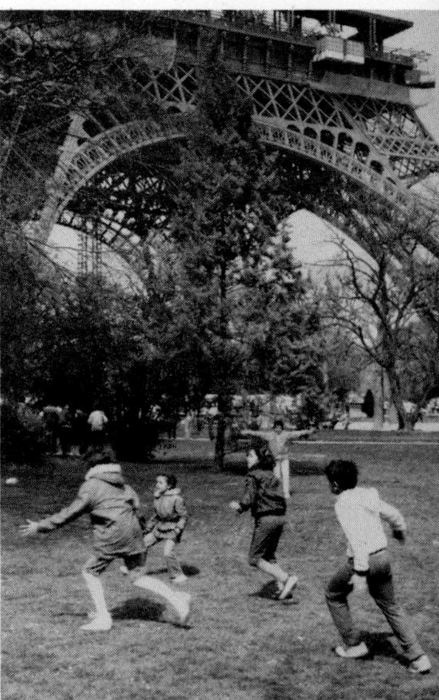

Voici quelques autres adverbes:

antonymes	*synonymes*
bien ≠ mal	d'abord = premièrement
tôt ≠ tard	vite** = rapidement
en haut ≠ en bas	

* *"The absent are always in the wrong."*
** **Vite** est un adverbe, **rapide** est un adjectif:
Tu parles très **vite.** Quel esprit **rapide!**

souvent, *often, many times:*

Tu es **souvent** en retard.

beaucoup, *much, very much:*

Merci **beaucoup.**

d'abord, puis, et puis, ensuite, enfin (finalement) indiquent une succession d'actions:

Je vais **d'abord** à mon cours d'histoire, **puis** à mon cours de français. **Ensuite** je déjeune. Et **finalement** je travaille à la bibliothèque.

donc indique une conséquence:

J'ai besoin de distractions. Je suis **donc** normal.

alors indique un résultat, une conclusion:

Il est malade aujourd'hui; **alors** il est absent.

7 Le pluriel des mots en **eau** et **al**

un nouv**eau** chap**eau** de nouv**eaux** chap**eaux**	(*mais:* une nouvelle robe de nouvelles robes)
un homme brut**al** des hommes brut**aux**	(*mais:* une femme brutale des femmes brutales)

les terminaisons **eau** → **eaux**, **al** → **aux** *au masculin pluriel*

Exceptions final(s), fatal(s):

un examen final, des examens finals

▶ *Appliquez*

1. un journal local ______
2. un coup fatal ______
3. une personne matinale ______
4. le thème principal ______

(*réponses page 119*)

ACCENT?

oui	*non*
à	a
là	la
où	ou
sûr	sur

Remarquez la différence!

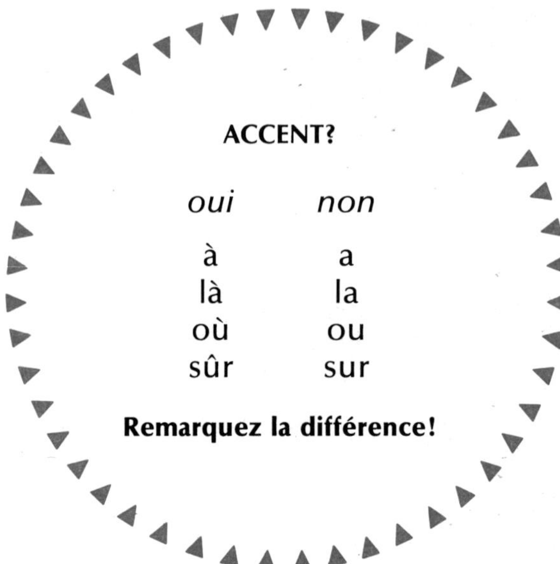

EXERCICES ORAUX

I *Prononciation*

La lettre c

c + e, i, y ç + a, o, u	/s/	cent, ici, bicyclette, race français, leçon, reçu
cu + e, i c + a, o, u	/k/	cueillir, cuisine carte, chocolat, culture

Prononcez

/k/ , /s/	commencement, capacité, concentration
/ks/	(cc + e, i) accent, accident

La lettre g

g + e, i, y ge + a, o, u	/ʒ/	âge, girafe, gymnastique géant, Georges, voyageons
gu + e, i, y g + a, o, u	/g/	fatigué, guide, Guy garçon, gorge, virgule

L'h muet ou aspiré

Un **h** est muet ou aspiré. Dans les deux cas il n'est pas prononcé:

hein [ɛ̃], souhaitez [swete], sympathique [sɛ̃patik]

Mais avec l'**h** initial, il y a une différence à l'intérieur d'un groupe de mots:

Quand l'**h** est *muet*, il y a élision et liaison:

l'homme, l'heure, l'hymne, une herbe, des histoires

Quand l'**h** est aspiré, l'élision et la liaison sont impossibles:

il est haut [ilɛo], en haut [ɑ̃o], les huit pages [leɥipaʒ], la haine [laɛn], le héros [ləero]

Notez L'**h** aspiré est généralement indiqué par un astérisque dans les dictionnaires: *héros (n.m.)

L'accentuation

L'accent final

Accentuez la dernière syllabe articulée d'un mot, ou d'un groupe de mots prononcés sans pause (groupe rythmique):

bonjour   c'est comme ça   je ne sais pas

L'accent d'insistance est d'ordre émotif. Il est consonantique:

C'est abominable.

Notez L'accent final et l'accent d'insistance sont indépendants l'un de l'autre:

C'est désastreux.

L'intonation

Dans une phrase déclarative, l'intonation est montante puis descendante:

J'ai besoin de ta bicyclette.

Dans une phrase interrogative:

avec réponse **oui** ou **non,** l'intonation est montante:

Est-ce que vous avez votre stylo?

avec un adverbe interrogatif, l'intonation est descendante:

Pourquoi? Pourquoi est-il là?

Application (de la Prise de contact: *Une offre irrésistible,* page 23):

L'accent final: Bonjour Véronique. C'est le mois de février. Le vendredi.

L'accent d'insistance: Nous sommes libres...mais Monsieur est fatigué.

Les amis, c'est sensationnel!

L'intonation: Pourquoi? C'est un jour de repos, n'est-ce pas?
(+ l'accent)

D'abord parce que c'est samedi, c'est le mois de février, c'est même le 4 février, le jour de la Sainte-Véronique...ensuite parce que c'est la saison du patinage, parce que voilà justement des tickets gratuits pour le patinage...finalement parce que voilà Jean-Yves et Béatrice dans la voiture de Bruno.

II *Quelle heure est-il?*

III *Est-ce que tout le monde va bien? Expliquez votre réponse.*

MODELE Comment va votre camarade de chambre?
Il ne va pas bien, il est très fatigué.

1. Comment allez-vous?
2. Comment vont vos parents?
3. Comment va votre petit(e) ami(e)?
4. Comment va l'Oncle Sam?
5. Comment vont les relations internationales?
6. Comment va l'hypocondriaque?

IV *Répondez:* **(à, en, au, aux?)**

MODELE Où est Paris?
Paris est en France.

1. Où est la Tour Eiffel?
2. Où est le château Frontenac?
3. Où sont les états de Wyoming, Texas, Maine et Montana?
4. Où est la statue de la Liberté?
5. Où est Des Moines?
6. Où sont l'Italie, la France et l'Espagne?
7. Où est Baton Rouge?
8. Où sont les Pyramides?
9. Où est Acapulco?
10. Où est la statue de la Vénus de Milo?
11. Où sont les Californiens?
12. Où sont les Bostoniens?

V **Aller à** *ou* **aller chez?** *Attention à la contraction de l'article.*

MODELE Elle _____ _____ le concert le samedi soir.
Elle va au concert le samedi soir.

1. Elles _____ _____ le lit tôt.
2. Nous _____ _____ l'église.
3. Je _____ _____ le pharmacien.
4. _____-il _____ les Jeux Olympiques?
5. Quand tu as mal aux yeux tu _____ _____ l'ophtalmologiste.

VI *Les moyens de transport.*

MODELE Comment va-t-on d'un cours à un autre?
On va à pied ou à bicyclette.

1. Comment va-t-on de New York à Philadelphie?
2. Comment allez-vous à la montagne?
3. Comment l'homme d'affaires va-t-il de San Francisco à Los Angelès?
4. Comment un cowboy va-t-il au travail?
5. Comment la police observe-t-elle les voitures sur les autoroutes?
6. Comment les astronautes vont-ils sur la lune?
7. Comment le malade va-t-il à l'hôpital? (une ambulance)
8. Comment les lettres vont-elles d'Afrique au Japon?

VII *Répondez aux questions.*

1. Est-ce que nous étudions la leçon numéro 10?
2. A quelle heure cherchez-vous votre livre de français le dimanche soir?
3. Est-ce que vous écoutez les conseils de vos amis?
4. Continuez-vous votre travail quand le téléphone sonne?
5. Jette-t-on ses affaires par terre quand on est furieux?
6. Préférez-vous la danse aux exercices de grammaire?
7. Est-ce que vous voyagez en fusée?
8. Est-ce que j'emploie un vocabulaire poétique en classe?
9. Quels morceaux de musique jouez-vous?
10. Dans quel pays, dans quelle ville espérez-vous aller?

VIII **Jouer à** *ou* **jouer de?**

1. Billie Jean King joue ____ tennis.
2. Un organiste joue ____ orgue.
3. Les enfants jouent ____ balle.
4. Jean-Pierre Rampal joue ____ flûte.
5. Mon camarade de chambre joue ____ tuba (m.).
6. Les "Géants" jouent ____ base-ball.
7. Les Espagnols jouent ____ castagnettes.
8. Bobby Fisher joue ____ échecs.
9. Et vous?...

IX *Complétez les phrases. Employez le verbe entre parenthèses.*

MODELE Le soir je... (regarder)
Le soir je regarde un film à la télévision.

1. Vous êtes ennuyeux. Vous... (répéter)
2. Ils sont sportifs. Ils... (jouer)
3. En été nous... (aimer)
4. J'ai un problème de maths. Je... (chercher)
5. Elle a envie d'aller en ville. Elle... (appeler)
6. Il y a un examen demain. Tu... (espérer)

X *Formez l'adverbe.*

MODELE long → **longuement**

1. actif	3. patient	5. réel	7. régulier
2. unique	4. nerveux	6. bruyant	8. égal

XI *Mettez l'adverbe à la place correcte.*

1. Mon travail commence à huit heures. (toujours)
2. Les avions arrivent à leur destination. (vite)
3. Vous comprenez notre situation. (mal)
4. Il voyage en été. (quelquefois)
5. Tu n'es pas content. (probablement)
6. Vas-tu au cinéma? (aussi)
7. La voiture marche aujourd'hui. (bien)
8. Nous allons en ville. (souvent)

XII *A votre tour.*

Présentez la Prise de contact: *Allées et venues* avec quatre autres camarades.

XIII *Conversation par groupes de deux. Demandez à votre camarade:*

MODELE s'il (si elle) va au cinéma.
Vas-tu au cinéma?

à quelle heure sont ses cours.
à quelle heure il (elle) déjeune, il (elle) dîne et il (elle) va au lit.
s'il (si elle) a des rendez-vous.
s'il (si elle) pratique un sport; quel jour et à quelle heure.
s'il (si elle) joue d'un instrument de musique.
quelles distractions il (elle) a.
si ses parents habitent en ville ou à la campagne.
s'il (si elle) préfère aller à la montagne, à la campagne ou à la plage.
Continuez...

EXERCICES ECRITS

A *Quelle heure est-il? Il est:*

1. 4:30 P.M.
2. 12:30 A.M.
3. 2:45 P.M.
4. 5:20 A.M.
5. 19 h 55
6. 13 h 10

B *Complétez avec une préposition et l'article quand il est nécessaire.*

1. La Riviera est _____ Italie et la Côte d'Azur est _____ France.
2. Le pont "Golden Gate" est _____ San Francisco, _____ Californie.
3. Houston est _____ Texas.
4. Allez-vous quelquefois _____ Europe?
5. Le Caire est _____ Egypte.

6. Le Chili est ____ Amérique du sud.
7. Les Moscovites sont ____ Moscou et les Londoniens sont ____ Londres.
8. Les montagnes Rocheuses vont ____ Alaska ____ Mexique.

C *Ecrivez les verbes en* **er** *à la forme correcte.*

1. ____ (Chanter)-vous quelquefois *la Marseillaise?**
2. Nous ne ____ (corriger) pas les exercices.
3. Florence____ (acheter) un maillot de bain et des disques.
4. Quelles matières ____ (étudier)-tu?
5. Il ____ (jeter) son argent par les fenêtres.
6. Pierre-Jean ____ (manger) très vite pour être à l'heure.
7. Tu ____ (préférer) la cuisine de ta mère.
8. Nous ____ (commencer) notre match de tennis à deux heures.
9. Ils ____ (dîner) à huit heures chez les Reynaud.
10. ____(Aimer) -il la musique? Je ____ (penser) que non.
11. Nous ____ (changer) de salle après chaque cours.
12. Les enfants ____ (employer) leur imagination quand ils ____ (jouer).

D *Ecrivez au singulier.*

1. Nous étudions constamment des sujets intéressants.
2. Vous appelez vos copines au téléphone.
3. Ils continuent leurs exercices oraux.
4. Nous employons de bonnes expressions.
5. Fêtez-vous les anniversaires de vos cousins?
6. Nous ne prononçons pas les consonnes finales.

E *Ecrivez au pluriel.*

1. Je place bien mon capital.
2. Le roi habite dans un château.
3. Vas-tu quelquefois chez ton professeur?
4. Je ne possède pas de cheval.
5. Le millionnaire paie-t-il ses dettes?
6. Tu envoies un chèque à ta tante.

* Voir Appendice V.

F *Complétez la phrase avec l'adjectif entre parenthèses ou l'adverbe correspondant, d'après le cas.*

MODELES Il travaille ______. (sérieux)
Il travaille sérieusement.

Vous avez raison, c'est ______. (évident)
Vous avez raison, c'est évident.

1. ______, j'accepte votre proposition. (personnel)
2. Il est mort d'une manière ______. (horrible)
3. Nous sommes ______ d'accord. (entier)
4. Votre montre marche ______ bien. (parfait)
5. Mon travail est ______ long. (terrible)
6. Elle va ______ à son bureau. (rapide)
7. Leur situation n'est pas ______. (normal)
8. Parlez plus ______. (doux)

G *Traduction (facultatif).*

1. At what time are you going to the doctor? — At 12:30 P.M.
2. How do they go to the mountains? On horseback or by plane? —Usually by bus.
3. Why does he always play the trumpet when his roommate is going to bed?
4. Descartes thinks, therefore he is.
5. I always look for my friends in the evening because I like to talk.
6. One hates to listen to a boring conversation.

lecture

Un matin comme les autres

Il est sept heures et une nouvelle journée commence chez les Berthier. Mme Berthier ne travaille pas. Elle préfère le rôle de maîtresse de maison et ce n'est pas toujours facile. Chaque minute compte. Maintenant elle prépare le café dans la cuisine° et de son poste d'observation dirige° les opérations.

Pourquoi Alain ne mange-t-il pas? Parce qu'il rêve°, comme

kitchen
directs
dreams

toujours! Il n'aime pas beaucoup l'école° et tous les jours° il espère être malade, un peu, pas trop, juste assez pour rester à la maison et jouer avec son chien.

school / *tous...* every day

Et Jean-Claude? Il jette ses affaires sur son lit, marche° comme un éléphant, tourne° et retourne° comme un lion en cage et finalement décide de déjeuner. C'est sa mère qui suggère l'idée du petit déjeuner°. Le matin Jean-Claude n'a pas d'idées.

walks
turns / turns around
petit... breakfast

Hélène demande avec impatience: "Où est ma jupe° rouge? Qui° touche toujours à mes vêtements°?..." Comme d'habitude elle exagère, elle rouspète°; alors Mme Berthier abandonne la cuisine pour chercher la jupe rouge. Elle essaie° de garder° son calme et elle trouve° immédiatement la jupe en question. Mais c'est trop tard parce que tout à coup° Hélène change d'avis°. Elle préfère sa robe bleue.

skirt
Who / clothes
protests (fam.)
tries / to keep
finds
tout... suddenly / *change...* changes her mind

Les activités du matin n'ennuient pas° Mme Berthier. Elles évitent° la monotonie, et exigent° de sa part un esprit vif et un certain sens diplomatique.

n'... do not bother / prevent
demand

Mais où est donc° Monsieur Berthier? Il est dans une autre pièce° et ne participe pas aux activités matinales de la famille. C'est un homme d'affaires sérieux. A sept heures du matin il organise mentalement sa journée.

Mais... Where on earth is / room

Il est maintenant huit heures. Après beaucoup d'agitation, Alain, Jean-Claude et Hélène sont à l'école. M. Berthier est au bureau. La maison retrouve° son calme, le chien retourne dans son panier°. Et Mme Berthier pousse un soupir de soulagement°: un autre matin de passé, et une autre victoire remportée°.

regains / goes back to his basket
pousse... sighs with relief
won

QUESTIONS SUR LA LECTURE

1. A quelle heure la famille Berthier commence-t-elle sa journée?
2. Quelles sont les activités de Mme Berthier?
2. Pourquoi Alain espère-t-il être malade?
4. Enumérez les actions de Jean-Claude.
5. Pourquoi Hélène n'est-elle pas satisfaite?

6. M. Berthier participe-t-il aux activités matinales? Pourquoi?
7. Où sont les Berthier à huit heures?
8. Comment commence la journée chez vous?

CONSTRUCTION DE PHRASES

1. parler (+ langue)
2. marcher (2 sens)
3. jouer à
4. aller chez
5. un rendez-vous (2 sens)
6. vite
7. avant, devant
8. en avance

VOCABULAIRE

Donnez *un antonyme* de:

un matin	après	bien
le jour	être malade	tôt
midi	détester	l'est
en retard	retarder (une montre)	le nord

COMPOSITION

1. Une journée typique à l'université: votre emploi du temps et vos distractions.
2. Comparez les activités de la famille Montblanc et de la famille Berthier. Quelles sont les différences entre les jours et les heures des activités, les personnalités des membres de chaque famille, etc.? (Consultez le vocabulaire du N° 1.)
3. Imaginez une histoire d'après la bande dessinée.

Vocabulaire utile:

a. un arbre, une voiture, un escargot, fumer
b. être en panne, un moteur, réparer
c. un cheval, avoir une idée
d. le soleil, briller, tirer, surpris, content

poème

CHANSON

Quel jour sommes-nous
Nous sommes tous les jours
Mon amie
Nous sommes toute la vie
Mon amour
Nous nous aimons[1] et nous vivons[2]
Nous vivons et nous nous aimons
Et nous ne savons pas ce que c'est que[3] la vie
Et nous ne savons pas ce que c'est que le jour
Et nous ne savons pas ce que c'est que l'amour.

Paroles, Jacques Prévert

[1] We love each other [2] we live [3] And we do not know what is

réponses aux *Appliquez*

Page 99

1. Il est une heure du matin.
2. Il est cinq heures et demie de l'après-midi.
3. Il est neuf heures et quart du soir.
4. Il est midi dix.
5. Il est midi moins vingt-cinq.

Page 103

1. à, chez
2. en, en, à
3. chez
4. par
5. en, au
6. à, chez
7. en
8. en

Page 104

1. nous préparons
2. il déteste
3. vous discutez
4. elle joue
5. je pleure
6. tu cries

Page 105

1. lève, levons
2. répète, répétons
3. mange, mangeons
4. appelles, appelez
5. lances, lancez
6. essaies, essayez

Page 107

1. spécialement
2. sûrement
3. évidemment
4. sérieusement
5. habituellement
6. terriblement

Page 108

1. des journaux locaux
2. des coups fatals
3. des personnes matinales
4. les thèmes principaux

leçon 6

La nature

prise de contact **Une vue d'avion**

1 l'adjectif démonstratif: **ce, cet, cette, ces**

2 le comparatif de l'adjectif, de l'adverbe et du nom

3 les pronoms personnels toniques: **moi, toi, lui, elle, nous, vous, eux, elles**

4 les verbes réguliers en **ir**

5 **quel temps fait-il?**

6 les verbes irréguliers **ouvrir, partir, venir**

lecture **En plein air**

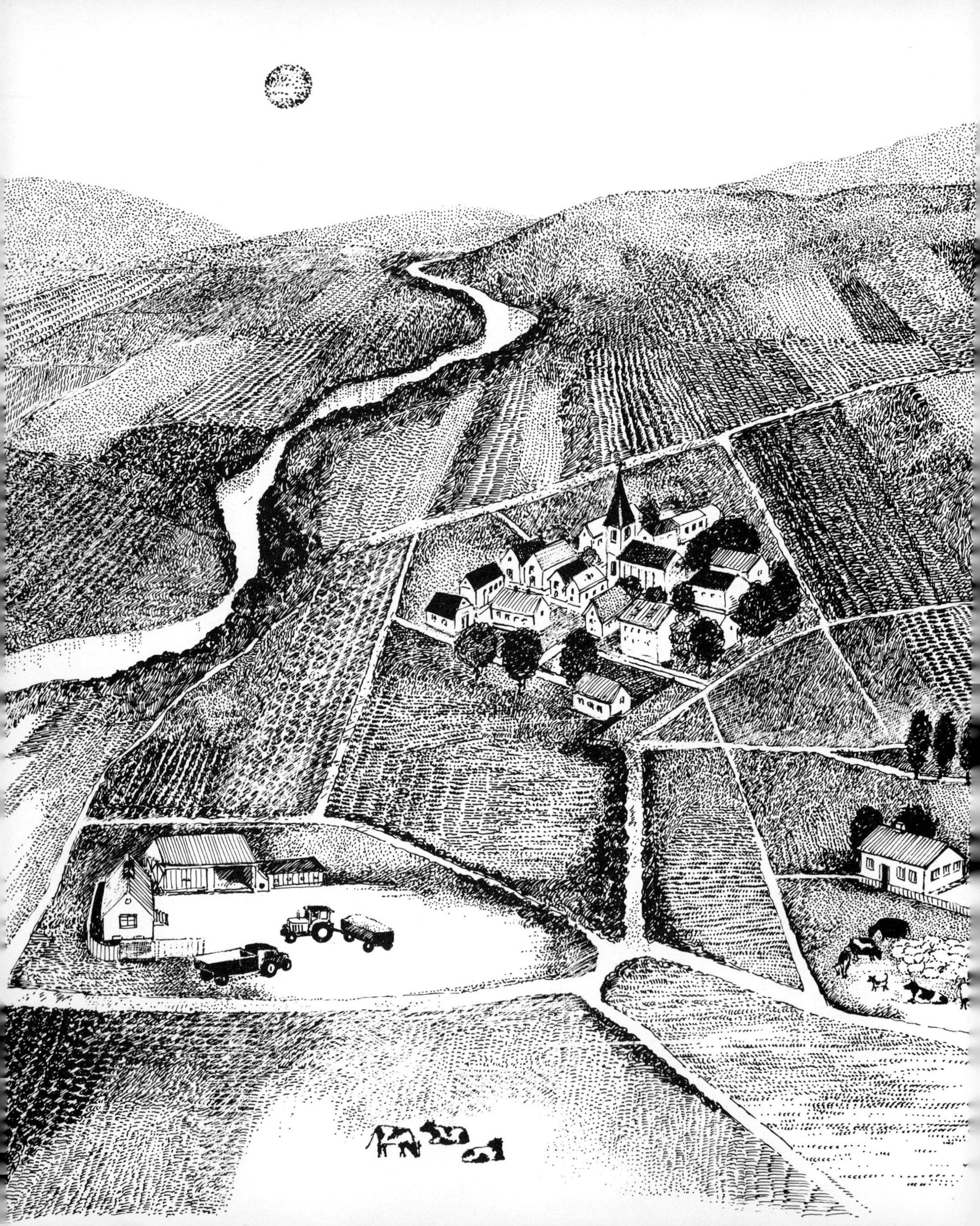

prise de contact

Une vue° d'avion

view

Il fait jour° à nouveau°. Les passagers sont fatigués après une nuit bien courte° et un voyage bien long. Ah! L'hôtesse arrive avec un petit déjeuner continental.

Il... It's daylight / *à...* again
≠ *longue*

Mon voisin°, muet° pendant tout le voyage, regarde le paysage° par la fenêtre, ouvre de grands yeux° et remarque soudain°:

neighbor / mute / landscape
ouvre... stares with amazement / suddenly

MON VOISIN Voilà la côte°, nous sommes au-dessus de° la France!

coast / *au-...* above

MOI (*amusée*) C'est la première fois° que vous venez° en France?

time / come

MON VOISIN Oui, et quel temps° clair pour l'arrivée!

weather

MOI C'est vrai, il n'y a pas un seul nuage° et le soleil brille° déjà.

cloud / *soleil...* sun shines

MON VOISIN Oh! Tous ces° petits champs°! On dirait° un damier° multicolore! Quelle différence avec le Canada! Est-ce que toutes les fermes° sont petites?

these / fields / *On...* It looks like / checkerboard
farms

MOI Non, nous approchons de la région parisienne et là les exploitations° sont plus grandes que dans le reste de la France.

= *fermes*

MON VOISIN Et dans les petites fermes y a-t-il encore des vaches°, des porcs, des poules°?

cows
hens

MOI Oui, mais la différence, c'est que maintenant le tracteur remplace les chevaux et les bœufs°. De plus° il y a des coopératives agricoles qui achètent pour leurs adhérents des machines très modernes.

oxen / *De...* Moreover

MON VOISIN C'est intéressant, tout ça. Est-ce que les agriculteurs sont prospères?

MOI L'Etat soutient les prix pour faire face à° la concurrence° étrangère et au Marché Commun,* mais souvent le travail agricole est peu rentable° pour les petits producteurs.

faire... to face / competition
peu... not very profitable

MON VOISIN Ils protestent?

MOI Oui, quand ils sont trop° mécontents, et d'une façon spectaculaire, avec destruction de récoltes° et déversement° de produits

too
crops / dumping

---

* *Common Market*

road / sad — sur la route°. C'est triste°! Il y a aussi le problème de l'exode
toward — continu des enfants d'agriculteurs vers° la ville.

MON VOISIN La production diminue alors?

à... because of — MOI Non, au contraire, elle augmente à cause de° la modernisation.

MON VOISIN Tiens, voilà le signal lumineux. "Attachez vos ceintures°"; "Défense de fumer°".
seat belts / *Défense...* No smoking

to land / a few — MOI Oui, nous allons atterrir° à Charles de Gaulle* dans quelques° minutes. Bon séjour°!
Bon... Have a good stay!

* l'aéroport principal de Paris

1 L'adjectif démonstratif

J'admire souvent **ce** paysage.
Regardez **cet** arbre splendide.
Vous ne dansez pas **cette** danse moderne?
Ces vêtements sont trop grands pour vous.
Aimez-vous **ces** pommes vertes?

SINGULIER		PLURIEL
masculin	*féminin*	*masc. et fém.*
ce, cet	cette	ces

Employez **cet** devant un mot masculin singulier qui commence par une voyelle ou un **h** muet.

Mettez **-ci** et **-là** (*this, that*) après le nom pour faire la distinction entre deux noms:

Cette fleur-**ci** est rouge et **cette** fleur-**là** est bleue.

ce matin, **cet** après-midi, **ce** soir:

Il y a un bon programme à la télé **ce** soir. (*this evening, tonight*)

▶ *Appliquez* Ecrivez 1 et 2 au pluriel et 3 et 4 au singulier.

1. Cet homme aime cette femme et cet enfant.
2. Cette règle-ci est pour ce jeu-là.
3. Ces exercices sont à la fin de ces leçons.
4. Ces heures-là ne sont pas pratiques pour aller à ces concerts.

(*réponses page 139*)

2 Le comparatif de l'adjectif, de l'adverbe et du nom

Le comparatif est employé pour comparer deux personnes, deux objets, ou deux groupes.

L'adjectif

(la Seine, la Loire)	La Loire est **plus** longue **que** la Seine. La Seine est **moins** longue **que** la Loire.
(une robe, une autre robe)	Cette robe-ci est **aussi** jolie **que** cette robe-là.

plus	+ adjectif + **que**	*comparatif de supériorité*
moins	+ adjectif + **que**	*comparatif d'infériorité*
aussi	+ adjectif + **que**	*comparatif d'égalité*

Le comparatif de supériorité de l'adjectif **bon** est **meilleur,–e:**

Il est en **meilleure** santé **que** sa femme.

Mais les deux autres comparatifs sont réguliers:

Il est en **moins bonne** santé **que** sa femme.
Il est en **aussi bonne** santé **que** sa femme.

Notez l'expression invariable **bon marché** (≠ **cher,–ère**):

EXEMPLES Une Renault est **meilleur marché (moins chère)** qu'une Mercédès.
Une Mercédès est **moins bon marché (plus chère)** qu'une Renault.

L'adverbe

EXEMPLES Carine marche **plus** vite **que** Nathalie.
Carine marche **moins** vite **que** Nathalie.
Carine marche **aussi** vite **que** Nathalie.

Le comparatif de supériorité de l'adverbe **bien** est **mieux:**

Anne travaille **mieux que** Charlotte.

Les deux autres comparatifs sont réguliers:

Anne travaille **moins bien (aussi bien) que** Charlotte.

▶ *Appliquez*

1. un château / une maison (grand)
2. une colline / une montagne (haut)
3. un fruit mûr / un fruit vert (bon)
4. un kilomètre / mille mètres (long)
5. le professeur parle français / l'étudiant parle français (facilement)

(*réponses page 139*)

Expressions

aimer mieux = préférer:

J'aime mieux l'été que l'hiver.

tant mieux (*so much the better*) ≠ **tant pis** (*so much the worse*):

Le voyage est terminé. Tant mieux!

Le nom

EXEMPLES Il a **plus de** force que **nous.**
Vous avez **moins de** travail **que** lui.
Il y a **autant de** soleil en Floride **qu**'en Californie.

plus de	+ nom + **que**	*comparatif de supériorité*
moins de	+ nom + **que**	*comparatif d'infériorité*
autant de	+ nom + **que**	*comparatif d'égalité*

▶ *Appliquez*

1. J'ai dix oranges / vous avez vingt oranges
2. Jean a trois livres / Jeanne a trois livres
3. Carole a beaucoup d'assurance / Agnès a très peu d'assurance

(*réponses page 139*)

3 Les pronoms personnels toniques

Employez un pronom personnel tonique:

(je)	**moi**
(tu)	**toi**
(il)	**lui**
(elle)	**elle**
(nous)	**nous**
(vous)	**vous**
(ils)	**eux**
(elles)	**elles**

après le **que** *d'une comparaison:*

Vous êtes plus intelligent que **moi.**

Est-elle aussi grande que Philippe? —Oui, elle est aussi grande que **lui.**

après *une préposition:*

Allez-vous au cinéma avec vos amis? —Oui, je vais souvent au cinéma avec **eux.**

Etes-vous toujours assis près de Florence? —Oui, je suis toujours assis près d'**elle.**

▶ *Appliquez*

1. Alain est plus fort que *ses camarades.*
2. Vous travaillez plus dur qu'*elles et moi.*
3. Allez à la campagne sans *votre amie.*
4. Ils sont debout derrière *les autres personnes.*

(*réponses page 139*)

4 Les verbes réguliers en **ir**

Ce sont les verbes de la deuxième conjugaison.

Le cours commence à dix heures et il **finit** à onze heures moins dix.
Réfléchissez-vous mieux dans le calme ou dans le bruit?
Nous **choisissons** un sujet de composition et nous **remplissons** trois pages entières.
Les ouvriers **bâtissent** une maison.
Je **réussis** assez bien les soufflés.
Un chien **obéit** à son maître.

Voici le présent:

fin ir	
je fin **is**	nous fin **iss ons**
tu fin **is**	vous fin **iss ez**
il, elle, on fin **it**	ils, elles fin **iss ent**

Une grande partie des verbes en **ir** sont formés sur *des adjectifs*. Ils indiquent une transformation:

(rouge)	Je **rougis** facilement parce que je suis timide.
(grand)	Les enfants **grandissent** vite.
(vert)	L'herbe pousse au printemps; la nature **verdit.**
(vieux)	Nous **vieillissons** un peu chaque jour.
(sale)	Le jardinage **salit** les mains.

▶ *Appliquez*

1. Je ______ (finir) mon travail à onze heures du soir.
2. Nous ______ (réfléchir) beaucoup.
3. Ils ______ (applaudir) à la fin de la conférence.
4. ______ (Nourrir)-vous bien vos animaux?
5. Elle ______ (grossir) facilement mais elle ______ (maigrir) difficilement.

(*réponses page 139*)

Quel... What is the weather like?

5 Quel temps fait-il° en France?

au printemps

Il... It's fairly nice / *Il...* It rains / showers / umbrella / wet

Il fait assez beau°. Il fait doux. Il fait du soleil. Il pleut° de temps en temps. Il y a des averses°. On a besoin d'un parapluie° ou on est mouillé°.

en été

dry / sky / heat / thunderstorms / lightning / thunder / drops / *il...* it hails / *l'arc...* rainbow

Il fait beau et sec°. Le ciel° est bleu. Le soleil brille. Quelle chaleur°! Il fait quelquefois trop chaud. Quand il fait humide, il y a des orages° avec des éclairs° et du tonnerre°. Il pleut à grosses gouttes° et il grêle° quelquefois. Il n'y a pas de tornades. Oh, regardez l'arc-en-ciel°!

en automne

raincoat

Il fait frais et gris. Il y a des nuages. Il pleut souvent. On porte un imperméable°

et des bottes°. Il fait quelquefois du brouillard° et du vent°, mais il n'y a pas d'ouragans°.

boots / fog / wind
hurricanes

en hiver

Il fait froid. Il y a des tempêtes. Le vent souffle° fort. Il pleut beaucoup. Il neige° à la montagne. Quand il gèle°, il y a de la glace°. Il fait mauvais. Les jours sont courts et les nuits sont longues.

blows
Il... It snows / *il...* it freezes
ice

Mais: "Après la pluie, le beau temps!"* proverbe

Ouvrir, partir, venir

Ce sont des verbes irréguliers.

Les verbes **ouvrir, couvrir, cueillir, découvrir, offrir, souffrir:**

> **Ouvrez-vous** la fenêtre quand il fait froid?
> Je **couvre** mon livre de français avec une couverture rouge.
> Nous **cueillons** les fruits quand ils sont mûrs.
> **Découvrez**-vous toujours la vérité?
> Qu'est-ce que vous **offrez** à votre petit(e) ami(e) pour son anniversaire?
> On **souffre** quand on a mal aux pieds.

Ces verbes ont les terminaisons des verbes en **er** au présent:

ouvr ir	
j' ouvr**e**	nous ouvr**ons**
tu ouvr**es**	vous ouvr**ez**
il, elle, on ouvr**e**	ils, elles ouvr**ent**

Les verbes **partir, mentir, sentir, sortir:**

> Tu **pars** de la maison à huit heures moins le quart.
> Vous ne **mentez** pas, vous dites toujours la vérité.
> Ce parfum **sent** bon.
> Les étudiants **sortent** rapidement du cours quand la cloche sonne.

* *"Every cloud has a silver lining."*

part ir	
je par**s**	nous part**ons**
tu par**s**	vous part**ez**
il, elle, on par**t**	ils, elles part**ent**

De même:

dormir je dors, nous dor**m**ons: Ils **dorment** de dix heures à sept heures.

servir je sers, nous ser**v**ons: Tu **sers** toujours de bonnes quiches.

Les verbes **venir, revenir, devenir, tenir:**

"Allô! Oui, **venez** de bonne heure.*"
A quelle heure **reviens**-tu ce soir?
Les cerises **deviennent** rouges au soleil.
On **tient** un morceau de craie à la main quand on est au tableau.

ven ir	
je vien**s**	nous ven**ons**
tu vien**s**	vous ven**ez**
il, elle, on vien**t**	ils, elles vienn**ent**

Notez la différence entre **revenir,** *to come back, to return,* et **retourner,** *to go back, to return:*

Il **revient** de Paris ce soir.
Je **retourne** chez le dentiste demain.

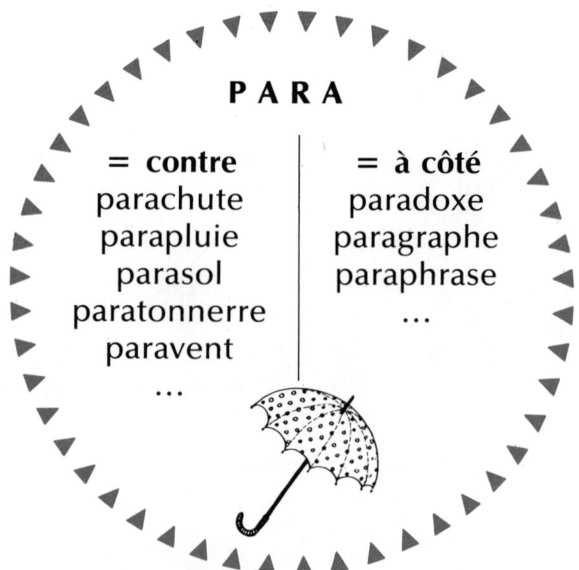

PARA
= contre
parachute
parapluie
parasol
paratonnerre
paravent
...
= à côté
paradoxe
paragraphe
paraphrase
...

* **de bonne heure = tôt**

EXERCICES ORAUX

I *Substituez un adjectif démonstratif:* **ce, cet, cette,** *ou* **ces** *à l'article.*

MODELE Nous aimons *les* gâteaux.
Nous aimons ces gâteaux.

1. J'aime *un* paysage avec *des* montagnes.
2. Admirez *l'*arc-en-ciel.
3. *Les* tigres sont féroces.
4. *Un* chimpanzé est aussi intelligent qu'*une* personne.
5. Regardez *la* jeune fille aux cheveux roux.
6. J'ai peur *des* orages.

II *Comparez.*

MODELE la Tour Eiffel / la tour de Pise (haut)
La Tour Eiffel est plus haute que la tour de Pise.
OU **La tour de Pise est moins haute que la Tour Eiffel.**

1. une famille de deux enfants / une famille de six enfants (grand)
2. une photo en couleurs / une photo en noir et blanc (joli)
3. les hélicoptères / les fusées (aller vite)
4. 60 minutes / une heure (long)
5. Alain / le père d'Alain (âgé)
6. je dessine / Picasso dessine (bien)
7. les sacs en cuir / les sacs en plastique (bon marché)
8. mon frère mange beaucoup / je mange beaucoup aussi (pop-corn)

III *Remplacez les mots en italique par un pronom personnel tonique:* **moi, toi, lui,** *etc.*

1. Anne est plus gentille que *Nathalie.*
2. Bruno va au restaurant avec *ses copains.*
3. Tout le monde est assis sauf *Pierre-Jean et toi.*
4. Cet après-midi, je vais chez *les amies de Christine.*
5. Je suis moins patient que *mon camarade de chambre.*

IV *Répondez aux questions et expliquez votre réponse.*

MODELE Réussissez-vous à vos examens?
Oui, je réussis à mes examens parce que je travaille beaucoup.

1. Rougissez-vous souvent?
2. A quelle heure finissez-vous votre travail?

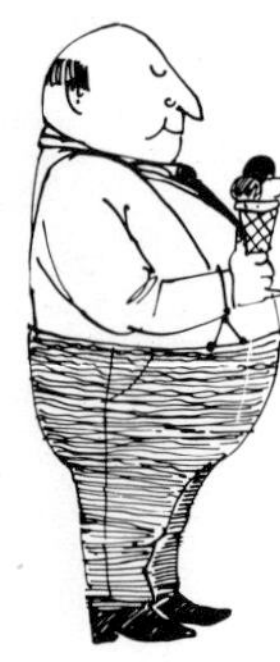

3. Pourquoi pâlissez-vous quand le professeur pose une question?
4. Quand l'herbe jaunit-elle?
5. Réfléchissez-vous beaucoup?
6. Grossissez-vous facilement?

V *Quel temps fait-il aujourd'hui? (Employez toutes les expressions de temps possibles. Voir N° 5.)*

VI *Ecoutez la question du professeur. Répondez et posez la même question à un(e) camarade. (Employez* **tu**.*)*

1. Sortez-vous souvent le vendredi soir?
2. Offrez-vous des fleurs à votre dentiste?
3. Quand est-ce que vous ouvrez votre livre de français?

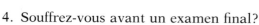

4. Souffrez-vous avant un examen final?
5. Découvrez-vous de nouvelles choses dans vos cours?
6. Mentez-vous à votre meilleur(e) ami(e)?
7. Tenez-vous votre stylo de la main gauche ou de la main droite?
8. Dormez-vous à la bibliothèque? et au labo(ratoire)?

VII *Terminez les phrases suivantes.*

1. Nous ne dormons pas pendant le cours parce que...
2. En automne il fait gris parce que...
3. Il y a toujours un arc-en-ciel quand...
4. Je travaille moins que mon (ma) camarade de chambre parce que...
5. Je ne brunis pas, mais je rougis quand...
6. Le samedi est plus agréable que le lundi parce que...

VIII *A votre tour.*

Vous êtes en avion et vous allez atterrir. Le temps est clair. A quelle ville arrivez-vous? Faites la description du paysage. Utilisez la Prise de contact: *Une vue d'avion.*

IX *Conversation par groupes de deux ou trois.*

Demandez à un(e) camarade:

quel temps il fait dans son état et s'il y a une différence entre le nord et le sud, ou l'est et l'ouest.

s'il (si elle) aime aller à la campagne, à la montagne, et pourquoi.
s'il (si elle) a un animal favori: un chien, un cheval, un serpent, etc.*
Continuez...

EXERCICES ECRITS

A La syllabation orthographique

Voici les règles:

Coupez devant une consonne:

u-ne fa-ci-li-té

Séparez deux consonnes consécutives:

par-tie rug-by

Quand la deuxième consonne d'un groupe de deux est un **l** ou un **r**, les deux consonnes sont dans la même syllabe:

ta-ble pa-trie

ch est inséparable:

cho-se bou-che

gn est généralement indivisible:

ma-gni-fi-que mi-gnon

Quand deux consonnes sont identiques, coupez entre les deux consonnes:

let-tre ap-pel

Une syllabe contient toujours une voyelle, ou un groupe de voyelles qui peut être transcrit par un ou plusieurs symboles vocaliques: **ou** /u/, **eau** /o/, **oi** /wa/.

au-jour-d'hui [o-ʒur-dɥi] la-voir [la-vwar]

Un **é** est toujours à la fin d'une syllabe:

thé-â-tre

Coupez les mots suivants en syllabes:

forêt acheter adulte oncle sauvage froide
poisson montagne aigle probablement réellement

* There is no equivalent for the word *pet* in French.

B *Complétez avec l'adjectif démonstratif convenable:* **ce, cet, cette,** *ou* **ces.**

1. _____ concert est gratuit. Tant mieux!
2. _____ église est très vieille.
3. J'aime bien _____ état parce qu'il y a des parcs nationaux.
4. _____ gens-là sont gentils, en particulier _____ femme et _____ homme.
5. _____ animal est doux.
6. _____ omelette est excellente. En fait tout est bon dans _____ restaurant.
7. Il aime mieux _____ fermes parce qu'elles sont plus modernes.
8. Ma sœur est malade. Pour _____ raison elle ne travaille pas aujourd'hui.
9. _____ auto-ci est plus jolie que _____ autos-là.
10. _____ cheval est rapide, mais _____ autre cheval est plus calme.

C *Faites des comparaisons.*

MODELE Le bébé est _____ les autres enfants de la famille. (jeune)
Le bébé est plus jeune que les autres enfants de la famille.

1. Le directeur de la banque est _____ vous. (riche)
2. Une blouse de Macy's est _____ une robe de Dior. (bon marché)
3. Le mois de mars est _____ le mois de janvier. (long)
4. La dixième leçon est _____ la première. (facile)
5. Un étudiant courageux parle _____ un étudiant timide. (souvent)
6. La lune donne _____ le soleil. (lumière)

D *Remplacez le mot en italique par un pronom tonique:* **moi, toi, lui,** *etc.*

1. Je suis plus bavard que *mon voisin.*
2. Pour *ces paysans,* la production agricole est peu rentable.
3. L'agriculteur travaille-t-il moins dur que *sa femme?*
4. L'hôtesse parle avec *les passagers.*
5. La terre fournit beaucoup de bonnes choses pour *vous et moi.*

E *Faites des comparaisons. Utilisez un pronom tonique.*

MODELE Elle est grande. Odile est plus grande.
Odile est plus grande qu'elle.

1. Je suis sérieux. Le professeur est plus sérieux.
2. Jacques et son cousin sont intelligents. Einstein est plus intelligent.
3. Tu calcules vite. Une calculatrice calcule plus vite.
4. Elles sont sportives. Leur grand-mère est sportive aussi.
5. Nous écoutons attentivement. Tu écoutes moins attentivement.

F *Ecrivez la forme correcte du verbe (verbes réguliers en* **ir**).

Pour transformer la maison de M. et Mme Cartier, des ouvriers _____ (agrandir) la cuisine et _____ (bâtir) deux autres chambres. Un décorateur _____ (embellir) le salon. Il _____ (réfléchir) longuement, _____ (choisir) des lampes, des tableaux modernes et des objets d'art. Les Cartier admirent le résultat. Ils _____ (applaudir) mais ils _____ (pâlir) quand il est question de payer...

G *Ecrivez la phrase au pluriel.*

1. Il réussit toujours à ses examens.
2. Elle applaudit quand le concert finit.
3. Tu réfléchis à cette histoire.
4. J'accomplis une mission dangereuse.
5. Tu obéis à tes parents.
6. Je remplis ce questionnaire.

H *Ecrivez le verbe entre parenthèses à la forme correcte du présent (verbes irréguliers en* **ir**).

1. Le bébé _____ (dormir) maintenant.
2. Je _____ (partir) dans une demi-heure.
3. Pourquoi _____ (ouvrir)-tu de grands yeux?
4. Nous _____ (cueillir) des fleurs dans les champs.
5. On _____ (souffrir) quelquefois dans la vie.

6. Ils ______ (venir) avec nous au théâtre, n'est-ce pas?
7. ______ (Tenir) -vous bien le cheval?
8. Les roses ______ (sentir) bon.

I *Traduction (facultatif).*

1. A green apple is better than a green banana.
2. A horse walks faster than a cow.
3. What is the weather like in Florida? —It is warmer than in Siberia.
4. In the Fall, trees turn yellow and it often rains.
5. John goes out with her tonight.
6. People do not get old as fast as animals. So much the better!

lecture

En... Outdoors

En plein air°

strength / such / wild

Images de liberté, de force °: tels° sont les animaux sauvages°. Mais est-ce la réalité?

Evidemment non dans les cirques et les parcs zoologiques où on regrette la présence des cages et les reproductions plus ou moins adroites° de milieux° soi-disant° naturels.

skillful / surroundings / so-called

aim

= *pour*

Et dans les parcs nationaux, alors? Là, le but° est différent: protéger les animaux et éduquer les hommes afin de° transmettre intact aux générations futures un héritage irremplaçable. Les animaux sont dans leur habitat naturel, en liberté dans de vastes territoires. Cette liberté est contrôlée, mais la nature est chez elle et l'homme est seulement son invité.

Quant... As for / live

Quant aux° animaux sauvages qui vivent° dans nos forêts, ils sont vraiment libres, mais leur vie n'est pas toujours facile.

roe deer

proud / quick / legs (of animals)

stag

Regardons, par exemple, le chevreuil°. Il a l'air noble, timide et fier°. Il est vif° et ses pattes° sont fines et musclées. Il est plus délicat que le cerf°.*

* Prononcez [sɛr].

Un des dangers pour lui est le manque° de protection en automne. Il y a peu de° feuilles sur les arbres, et les chasseurs° choisissent cette saison pour chasser les animaux sauvages. L'ouverture° de la chasse est en septembre. Un autre danger est l'hiver qui est quelquefois mortel° pour lui. La neige embellit la forêt, mais elle recouvre° aussi les plantes. Comment le chevreuil réussit-il à manger? Est-ce qu'il meurt de faim?

lack
peu... few / hunters
opening
deadly
covers up

Non, il y a maintenant des sociétés qui protègent les animaux sauvages dans beaucoup de pays d'Europe. Dans des clairières° bien choisies, les amis des animaux remplissent de nourriture° de nombreux abris°. Très vite les chevreuils découvrent ces abris où ils viennent manger sans peur parce qu'il n'y a pas de chasseurs, seulement des gardes forestiers°.

Les chevreuils bâtissent des gîtes° secrets, loin des hommes. Cependant° ils vont aussi dans les prairies° avec les vaches et les chevaux. Mais ils sont très attentifs, et, quand il y a un bruit inhabituel, ils bondissent° vers la forêt, légers°, avec élégance et souplesse.

clearings
food
shelters
gardes... forest rangers
lairs
However / meadows
leap / light

QUESTIONS SUR LA LECTURE

1. Où et comment les animaux sauvages vivent-ils?
2. Comment est le chevreuil?
3. Pourquoi la vie des chevreuils est-elle difficile pendant la saison froide?
4. Certains hommes établissent un système de protection pour les animaux sauvages. Décrivez ce système.
5. Y a-t-il une protection pour les animaux sauvages aux Etats-Unis? Où en particulier?
6. Pour vous, la chasse est-elle un sport ou une activité barbare?

CONSTRUCTION DE PHRASES

1. obéir à
2. mieux
3. revenir
4. ces
5. lui
6. aussi...que...
7. tant pis!
8. autant de...que...

VOCABULAIRE

1. Donnez *un antonyme* de:

    commencer   long   froid   près de   tant pis
    maigrir   entrer   gai   sec   domestique

2. Citez *dix termes* relatifs au temps.

COMPOSITION

1. Choisissez un animal sauvage ou domestique. Comment est-il? Où habite-t-il? Quel est son mode de vie? Protégez-vous les espèces animales qui sont en voie de disparition?
2. Comparez deux personnes, deux objets, deux endroits, deux saisons, etc.
3. Faites la description de votre paysage préféré. Où est-il? Est-ce le matin ou le soir? etc.
4. "Après la pluie, le beau temps", c'est-à-dire: la joie vient après la tristesse. Etes-vous d'accord avec le proverbe? Dans votre vie fait-il souvent beau, pleut-il souvent? Donnez des exemples.

poème *

IL PLEUT

Averse averse averse averse averse averse
pluie ô pluie ô pluie ô! ô pluie ô pluie ô pluie!
gouttes d'eau gouttes d'eau gouttes d'eau gouttes d'eau
parapluie ô parapluie ô paraverse ô!
paragouttes d'eau paragouttes d'eau de pluie
capuchons[1] pèlerines[2] et imperméables
que[3] la pluie est humide et que l'eau mouille et mouille!
mouille l'eau mouille l'eau mouille l'eau mouille l'eau
et que c'est agréable agréable agréable
d'avoir les pieds mouillés et les cheveux humides
tout humides d'averse et de pluie et de gouttes
d'eau de pluie et d'averse et sans un paragoutte
pour protéger les pieds et les cheveux mouillés
qui ne vont plus friser[4] qui ne vont plus friser
à cause de l'averse à cause de la pluie
à cause de l'averse et des gouttes de pluie
des gouttes d'eau de pluie et des gouttes d'averse
cheveux désarçonnés[5] cheveux sans parapluie

L'Instant fatal, Raymond Queneau

[1] hoods   [2] capes   [3] how   [4] are no longer going to curl   [5] staggered, topsy turvy

réponses aux *Appliquez*

Page 124

1. Ces hommes aiment ces femmes et ces enfants.
2. Ces règles-ci sont pour ces jeux-là.
3. Cet exercice est à la fin de cette leçon.
4. Cette heure-là n'est pas pratique pour aller à ce concert.

Page 126

1. Un château est plus grand qu'une maison.
   ou: Une maison est moins grande qu'un château.
2. Une colline est moins haute qu'une montagne.
   ou: Une montagne est plus haute qu'une colline.
3. Un fruit mûr est meilleur qu'un fruit vert.
   ou: Un fruit vert est moins bon qu'un fruit mûr.
4. Un kilomètre est aussi long que mille mètres.
   ou: Mille mètres sont aussi longs qu'un kilomètre.
5. Le professeur parle français plus facilement que l'étudiant.
   ou: L'étudiant parle français moins facilement que le professeur.

Page 126

1. J'ai moins d'oranges que vous.
   ou: Vous avez plus d'oranges que moi.
2. Jean a autant de livres que Jeanne.
   ou: Jeanne a autant de livres que Jean.
3. Carole a plus d'assurance qu'Agnès.
   ou: Agnès a moins d'assurance que Carole.

Page 127

1. qu'eux 2. que nous 3. elle 4. elles

Page 128

1. finis
2. réfléchissons
3. applaudissent
4. Nourrissez
5. grossit, maigrit

leçon 7

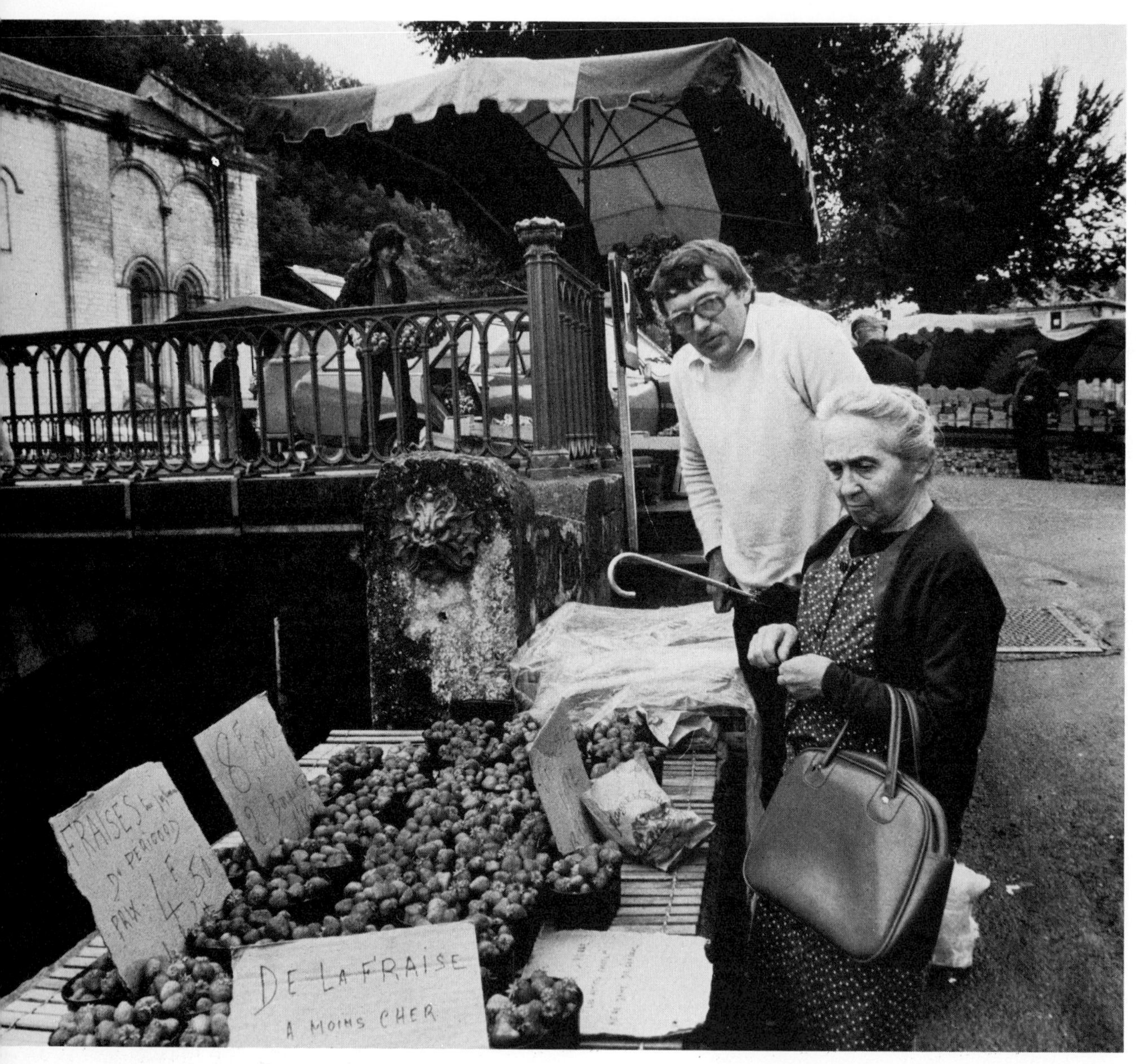

Il faut manger pour vivre...

chez René
chez René

prise de contact

Bon appétit!

"Chez René" est un restaurant situé rue° Victor Hugo, une rue à grande circulation°. Entre midi et une heure les trottoirs étroits° sont pleins de monde°. Attention aux automobilistes pressés°!

street
traffic / *trottoirs...* narrow sidewalks
pleins... crowded / in a hurry

Un couple entre dans ce restaurant,* bien connu° pour sa bonne cuisine pas trop chère.

bien... well-known

LE MAITRE D'HOTEL° (*deux menus à la main*) Par ici°, Madame, Monsieur, j'ai une bonne table pour vous. Suivez°-moi, s'il vous plaît.

maître... head waiter / *Par...* This way
Follow

ELLE Joseph, regarde ce gros type° à droite qui mord° à pleines dents dans son poulet°. Et le couteau° et la fourchette°, alors? Quel goinfre°!

= *homme* (fam.) / bites
chicken / knife / fork
guzzler (fam.)

LUI Avance donc°. J'ai faim.

Avance... Move along

Une fois° assis, ils commandent° leur déjeuner: le menu le moins° copieux parce qu'ils sont au régime° pour rester minces°: pas de pain°, pas de sauces°, pas de gâteaux°.

Once / order
the least / *au...* on a diet / thin
bread / gravy / cakes

Un garçon° stylé et adroit circule entre les tables. Il porte° un grand plateau° avec du saucisson sec°, un poisson° avec de la salade et des tranches° de citron°, plusieurs sortes de fromage°: du gruyère, du camembert et du fromage de chèvre°, et des fruits de saison: des pommes, des oranges et du raisin°.

waiter / carries
tray / *saucisson...* salami / fish
slices / lemon / cheese
goat
grapes

Au milieu de la salle Vincent Robinson finit son repas° avec sa collègue de bureau Martine Hébert.

meal

* Traditionally the French eat their main meal at noon.

Je... I have just thought of something	VINCENT Je viens de penser à quelque chose°, Martine. Tu sais que
take / *formation...* continuing education	je suis° un cours de formation continue° et que je vais être
être... to get a raise	augmenté° le mois prochain.
	MARTINE Oui, je sais.
	VINCENT Encore un an, et je vais même avoir une promotion.
ne... don't you do	Pourquoi ne fais-tu pas° comme moi?
en... in addition to	MARTINE Oh! quatre soirs par semaine en plus de° mon travail c'est
too much / part-time	trop°...peut-être en janvier, à mi-temps°.
ça... it's really worth it (fam.)	VINCENT Tu sais, ça vaut vraiment le coup°!
Il... We must / = *travail* (fam.)	MARTINE Oui, c'est possible...Allez! Il faut° retourner au boulot°.
Wait! / check	VINCENT Attends°! (*au garçon*) Garçon, l'addition°, s'il vous plaît.
I am going to	MARTINE Je vais° payer avec un chèque de restaurant.*
= *D'accord* / *laisse...* leave a tip	VINCENT Entendu°. Je laisse un pourboire°.
included	MARTINE Non, le service est compris°.

* Companies without eating facilities give couponlike checks to their employees, at a discount.

I Le futur proche et le passé récent

Je **vais** travailler cet après-midi. (*I am going to work . . .*)

C'est *le futur proche:* le présent du verbe **aller** + infinitif

Je **viens de** voir un bon film. (*I just saw . . . , I have just seen . . .*)

C'est *le passé récent:* le présent du verbe **venir** + **de** + infinitif

Avec l'expression **il y a: il va y avoir...** (*futur proche*)
il vient d'y avoir... (*passé récent*)

▶ *Appliquez*

futur proche

1. ______-vous travailler au laboratoire aujourd'hui?
2. Nous n'______ pas partir ce soir. Il ______ pleuvoir.
3. Ils ______ entrer dans la maison.
4. Il ______ y avoir un examen écrit.

passé récent

1. Oui, parce que nous ______ finir la Leçon 6.
2. On ______ annoncer une tempête à la radio.
3. Ils ______ arriver.
4. Mais nous ______ avoir un examen oral! (*réponses page 163*)

2 Les verbes réguliers en **re**

Ce sont les verbes de la troisième conjugaison. Ils ne sont pas nombreux.

J'**attends** mes amis; ils sont en retard.
Ecoutez! **Entendez**-vous ce bruit?
Est-ce que tu **réponds** aux lettres de tes amis généralement?
Quand nous allons à Paris, nous **descendons** toujours dans le même hôtel.
Le beurre et la glace **fondent** au soleil.
Dans un bureau de tabac, on **vend** des cigarettes, des cartes postales et des journaux.

Voici le présent:

vend re	
je vend **s**	nous vend **ons**
tu vend **s**	vous vend **ez**
il, elle, on vend	ils, elles vend **ent**

▶ *Appliquez*

1. Le professeur _____ (rendre) les copies rapidement.
2. Nous _____ (vendre) notre voiture à notre voisin.
3. Elle _____ (perdre) beaucoup de temps dans les grands magasins.
4. Ils n'_____ (attendre) pas la fin de l'heure.
5. La pêche n'est pas bonne aujourd'hui. Le poisson ne _____ (mordre) pas.

(*réponses page 163*)

On dit **rendre visite à** (ou **aller voir, venir voir**) une personne
mais **visiter** un endroit, un musée, une ville, etc.

EXEMPLES Quand je retourne à la maison, je rends visite à mes grands-parents.

L'été prochain, je vais visiter l'Espagne.

rendre (+ adjectif), *to make:*

Votre visite rend Stéphanie heureuse.

3 Il faut

Il faut indique la nécessité, l'obligation:

> **Il faut** un maillot de bain pour aller à la plage.
> **Il faut** mourir un jour.
> **Il** ne **faut** pas parler anglais dans un cours de français. (*One must not*)

Employez

il faut	+ nom + infinitif

il est impersonnel

4 Les expressions de quantité

+ *nom singulier*	+ *nom pluriel*
beaucoup de (d')	
une grande quantité	*un grand nombre*
Il faut **beaucoup de** patience pour surmonter cet obstacle.	Il rencontre **beaucoup de** gens.
assez de (d')	
une quantité suffisante	*un nombre suffisant*
Il y a **assez de** lait pour aujourd'hui.	Il n'y a pas **assez d'**oignons pour faire la soupe.
trop de (d')	
une quantité excessive	*un nombre excessif*
Vous buvez **trop de** bière. Vous allez être ivre.	Avons-nous **trop d'**examens?
tant de (d')	
une si grande quantité	*un si grand nombre*
Il montre **tant de** sensibilité!	Pourquoi avez-vous **tant de** livres?

peu de (d')

une quantité minime	*un nombre minime*
J'ai **peu de** sympathie pour lui.	Il y a **peu de** risques dans cette profession.

un peu de (d')	**quelques**
une petite quantité	*un petit nombre*
Donnez-moi **un peu d**'espoir.	Voici **quelques** boîtes de conserve.

Autres expressions

Je demande **un verre d**'eau, tu manges **une cuillerée de** confiture, il avale **un morceau de** gâteau, elle désire **une tasse de** thé, on boit **une bouteille de** champagne, nous offrons **un bouquet de** roses, vous jetez **un tas de** choses dans la corbeille, ils ont un portefeuille **plein d**'argent, elles ont des fauteuils **couverts de** coussins.

Combien d'autres expressions de quantité y a-t-il?

une livre de, un kilo de, un litre de, une boîte de, une tranche de, etc.
une dizaine de (environ dix), **une centaine de, un millier de,** etc.

Notez Il n'y a pas d'article après une expression de quantité.

Exception:

La plupart des restaurants sont pleins de monde à midi. (*Most of the*)

▶ *Appliquez* Traduisez les mots entre parenthèses.

1. Il y a ______ taches sur ma blouse. (a few)
2. Coupez ______ pain, s'il vous plaît. (a slice of)
3. Vous passez ______ temps à ce travail. (too much)
4. Elle a ______ amis. (few)
5. Je voudrais ______ poulet. (a big piece of)
6. ______ menus faut-il? (How many)

(*réponses page 163*)

5 Boire, faire, mettre, prendre, suivre, vivre

Ce sont des verbes irréguliers.

Nous **buvons** un verre de coca-cola et elle **boit** une tasse de café.
Avec la farine on **fait** le pain.
Elle **met** ses chaussures à talons hauts.
Je **prends** l'autobus à huit heures.
Ce trimestre je **suis** un cours d'économie.
Ils **vivent** comme des rois.

boire		**faire**	
je boi**s**	nous buv**ons**	je fai**s**	nous fais**ons** [fəzɔ̃]
tu boi**s**	vous buv**ez**	tu fai**s**	vous fait**es**
il, elle, on boi**t**	ils, elles boiv**ent**	il, elle, on fai**t**	ils, elles f**ont**
mettre		**prendre (apprendre, comprendre, surprendre)**	
je met**s** [mɛ]	nous mett**ons**	je prend**s**	nous pren**ons**
tu met**s**	vous mett**ez**	tu prend**s**	vous pren**ez**
il, elle, on met	ils, elles mett**ent**	il, elle, on prend	ils, elles prenn**ent**
suivre		**vivre**	
je sui**s**	nous suiv**ons**	je vi**s**	nous viv**ons**
tu sui**s**	nous suiv**ez**	tu vi**s**	vous viv**ez**
il, elle, on sui**t**	ils, elles suiv**ent**	il, elle, on vi**t**	ils, elles viv**ent**

On dit **prendre une décision,** *to make a decision:*

Je vais **prendre une décision** importante demain.

PETIT DEJEUNER COMPLET

Chambre N°_____	Date_____________

	Café	Noir au Lait	Préférence en confitures°
	Thé	Nature Citron° au Lait°	
	Chocolat		

jams
lemon
milk

SUPPLEMENTS

	Orange pressée	6	
	Pamplemousse° pressé	6	grapefruit
	Oeuf coque° (2 pièces)	8	soft-boiled egg
	Oeuf au plat° (2 pièces)	8	sunny side up
	Oeuf brouillé° (2 pièces)	8	scrambled
	Oeuf au bacon (2 pièces)	14	
	Oeuf au jambon° (2 pièces)	14	ham
	Yaourt°	5	yogurt
	Fromages assortis	8	
	Fruits de saison	8	

6 Du, de la, de l'

Je mets **du** beurre et **de la** confiture sur mon pain.
Vous avez **de la** chance.*
J'ai **de l'**argent dans mon portefeuille.

L'article partitif indique une quantité indéterminée ou une partie d'une chose (*some*).

* **avoir de la chance:** *to be lucky* or *to have good luck*
Bonne chance! *Good luck!*

Formes:

MASCULIN	FEMININ
du de l'	de la de l'

Remarquez

De l' est employé devant un nom qui commence par une voyelle ou un **h** muet.

Des est partitif seulement avec un nom toujours pluriel:

des vacances, des épinards

On dit **faire du (de la)** + sport

Elle fait du golf.

mais Elle joue* au golf. (Voir Leçon 5, page 106.)

▶ *Appliquez*

1. Au dîner, je prends** ____ soupe, et ____ poulet froid ou ____ jambon. Je bois ____ vin rosé.
2. Nous aimons parler à Luc. Il a ____ esprit.
3. La météo† annonce ____ pluie.
4. Tu mets ____ sel, ____ poivre et ____ moutarde sur ton steak, n'est-ce pas?
5. Dans le réfrigérateur, il y a ____ lait, ____ jus d'orange, ____ œufs et ____ confiture.
6. Vous faites ____ jogging et ____ natation. (*réponses page 163*)

Récapitulation des articles

L'hiver, **une** soupe bien chaude est agréable. (*article indéfini*)

{ **La** soupe est bonne pour **la** santé. (*article défini, nom au sens général*)
{ **La** soupe de ma mère est particulièrement bonne. (*article défini, nom déterminé*)

Je mange **de la** soupe. (*article partitif*)

---

* Employez **jouer à** seulement pour un sport qui est **un jeu:** golf, basket-ball, etc.

** Ici **prendre** signifie *to have.* On dit aussi: **prendre un repas, un petit déjeuner.** Mais employez les verbes **déjeuner** à midi et **dîner** le soir.

† Le bulletin météorologique

7 L'article dans la phrase négative (*fin*)

	avec le verbe **être**	*avec les autres verbes*
l'article défini	Je suis **le** professeur. Je **ne** suis **pas le** professeur. Ce sont **les** numéros des pages. Ce **ne** sont **pas les** numéros des pages.	Nous avons **la** clé du paradis. Nous **n'**avons **pas la** clé du paradis. Il aime **les** gâteaux à la crème. Il **n'**aime **pas les** gâteaux à la crème.
l'article indéfini	C'est **une** coïncidence. Ce **n'**est **pas une** coïncidence. Vous êtes **des** athlètes. Vous **n'**êtes **pas des** athlètes.	Tu as **une** fourchette. Tu **n'**as **pas de** fourchette. Elles vendent **des** vêtements. Elles **ne** vendent **pas de** vêtements.
l'article partitif	C'est **du** jambon. Ce **n'**est **pas du** jambon. C'est **de l'**ambition. Ce **n'**est **pas de l'**ambition.	Il y a **de la** neige sur la montagne. Il **n'**y a **pas de** neige sur la montagne. Je prends **de l'**aspirine. Je **ne** prends **pas d'**aspirine.
	au négatif	
	pas de changement des trois articles	*l'article défini ne change pas, mais* **un, une** → **pas de (d')** **du, de la, de l'** → **pas de (d')** **des** → **pas de (d')**

▶ *Appliquez* Mettez au négatif.

1. Ils font des cadeaux à leurs amis.
2. C'est une personne très adroite.
3. Nous avons le temps d'aller au marché.
4. Il y a du désordre dans ton bureau.
5. Je prends de la soupe à midi.

(*réponses page 163*)

LE PETIT DEJEUNER FRANÇAIS?

Un café au lait:

lait chaud
+
café chaud
avec un ou deux croissants

EXERCICES ORAUX

I *Prononciation*

Le e caduc

/ə/ ne se prononce pas toujours dans un groupe de mots. Phonétiquement, il dépend de la règle des trois consonnes. Il tombe généralement *après une seule consonne prononcée:*

EXEMPLES	la fénêtré	[lafnɛtr]	(**f** est devant **e**)
	samédi	[samdi]	(**m** devant **e**)
	tout lé mondé	[tulmɔ̃d]	(**l** devant **e**)
	pas dé problèmé	[padprɔblɛm]	(**d** devant **e**)

Il est généralement maintenu *après deux ou plusieurs consonnes prononcées* (pour éviter la rencontre de trois consonnes dans la même syllabe):

EXEMPLES	uné fenêtré	[ynfənɛtr]	(**n, f** sont devant **e**)
	un portefeuillé	[œ̃pɔrtəfœj]	(**r,t** devant **e**)
	vendredi	[vɛ̃drədi]	(**d,r** devant **e**)

Lisez:

Quel est lé numéro dé téléphoné d'Etienné?
Je* né suis pas uné reiné.
Est-cé le vélo dé Thomas?

t + i + voyelle

Généralement **t** + **i** + voyelle se prononce /sj/:

EXEMPLES sensation [sɑ̃sasjɔ̃], conversation, exception, négation
patience [pasjɑ̃s], initiative [inisjativ]

excepté après un **s**: question [kɛstjɔ̃]

A la fin d'un mot, **tie** se prononce /si/ ou /ti/ et correspond à *cy* et *ty* en anglais, respectivement:

démocratie [demɔkrasi], modestie [modɛsti]

Lisez:

Quelle animation! Quelle réception!
C'est un dîner substantiel.
Voilà une lettre initiale.

Il entre dans la diplomatie.
C'est une partie de l'exercice.

II *Mettez au futur proche et puis au passé récent.*

MODELE Nous dormons huit heures.
Nous allons dormir huit heures.
Nous venons de dormir huit heures.

1. Je vais à la campagne.
2. Vous goûtez la sauce.
3. Tu apprends la vérité et tu protestes.
4. Je mets un pull-over.
5. Il y a un grand repas en son honneur.

III *Répondez aux questions.*

Verbes réguliers
1. Est-ce que le chocolat rend les gens malades?
2. Descend-on plus vite à pied ou en ascenseur?
3. Le docteur vend-il des médicaments?
4. Perdez-vous souvent votre temps?
5. Perdez-vous quelquefois la tête?
6. Attendez-vous une lettre de votre petit(e) ami(e)?

* Prononcez /ə/ dans la première syllabe d'un énoncé.

Verbes irréguliers

1. Qu'est-ce que vous prenez pour votre petit déjeuner?
2. Qu'est-ce que vous mettez sur votre pain grillé?
3. Buvez-vous de l'eau Perrier?
4. Faites-vous de la mayonnaise?
5. Suivez-vous un régime?
6. Vivez-vous pour manger?

IV *Substituez le verbe* **faire** *au verbe* **jouer** *et vice versa. Attention à la préposition.*

1. Je joue au tennis et au basket-ball.
2. Vous faites souvent du football.
3. Nicolas va faire du rugby l'année prochaine.
4. Tu joues au volley-ball, n'est-ce pas?

V *Employez l'expression de quantité convenable.*

1. Je mange *un nombre excessif de* bananes.
2. Ils ont *une quantité suffisante d'*argent.
3. Il y a *une grande quantité de* gens sur le quai.
4. Nous allons inviter *un petit nombre d'*amis à dîner.
5. Il y a *un nombre minime de* fruits en hiver.
6. Pourquoi ai-je *une si grande quantité de* travail aujourd'hui?

VI *Mettez une expression de quantité.*

1. Nous allons acheter une ____ œufs, un ____ lait, une ____ farine, une petite ____ rhum pour faire des crêpes. Mais je n'ai pas ____ argent. Et toi?
2. Moi? Regarde! Mon porte-monnaie est énorme. Il est ____ argent.

VII *Mettez l'article correct (défini, indéfini, ou partitif).*

1. Pour réussir dans ____ vie, on dit qu'il faut ____ ambition, ____ persévérance, ____ courage et ____ idées originales. J'ai toutes ces qualités bien sûr, mais je n'ai pas ____ chance, je n'ai pas ____ sens des affaires, je n'ai pas ____ capitaux... Il va me falloir ____ miracle!
2. Pour faire ____ bonne sauce au chocolat, il faut ____ chocolat, évidemment, ____ eau (mais pas beaucoup), ____ lait, ____ beurre ou ____ margarine, et ____ œuf. (En réalité, il faut seulement ____ jaune d'œuf, et, avec ____ blanc, on fait ____ petite meringue.) ____ sauce au chocolat est très bonne sur ____ glace à ____ vanille.

VIII *Complétez avec l'article nécessaire (défini, indéfini, ou partitif) ou* **de**.

Popeye mange toujours ______ épinards. C'est pourquoi il a ______ énergie et aussi ______ force. ______ légumes sont bons pour ______ santé. Si vous ne mangez pas ______ épinards, ______ grande quantité de vitamines donne aussi ______ bon résultat, mais ce n'est pas ______ même chose. Il y a ______ gens qui ne comprennent pas cela; mais ______ autres personnes comprennent que ______ légumes frais sont meilleurs. Pour Popeye, il n'y a pas ______ doute.

IX *Mettez la phrase à la forme négative.*

1. Les chiens aiment les hommes en uniforme.
2. Les voisins sont toujours des amis.
3. Les astronautes envoient des cartes postales.
4. Les égoïstes invitent des amis chez eux.
5. Il faut prendre du café pour bien dormir.

X *A votre tour.*

Vous êtes au restaurant avec un(e) ami(e). Voilà le menu (regardez le menu, page 156). Le garçon arrive. Commandez votre repas.

XI *Conversation par groupes de deux ou trois.*

Parlez de la fête de *Thanksgiving*. Qui est chez vous? Qu'est-ce que vous mangez ce jour-là? *Vocabulaire utile:* une dinde (*turkey*), de la sauce de canneberges (*cranberry sauce*), des patates douces (*sweet potatoes*), une tarte à la citrouille (*pumpkin pie*).
A quelle heure prenez-vous vos repas? Est-ce qu'on mange bien au restaurant universitaire? Qu'est-ce que vous aimez? Qu'est-ce que vous détestez?
Continuez...

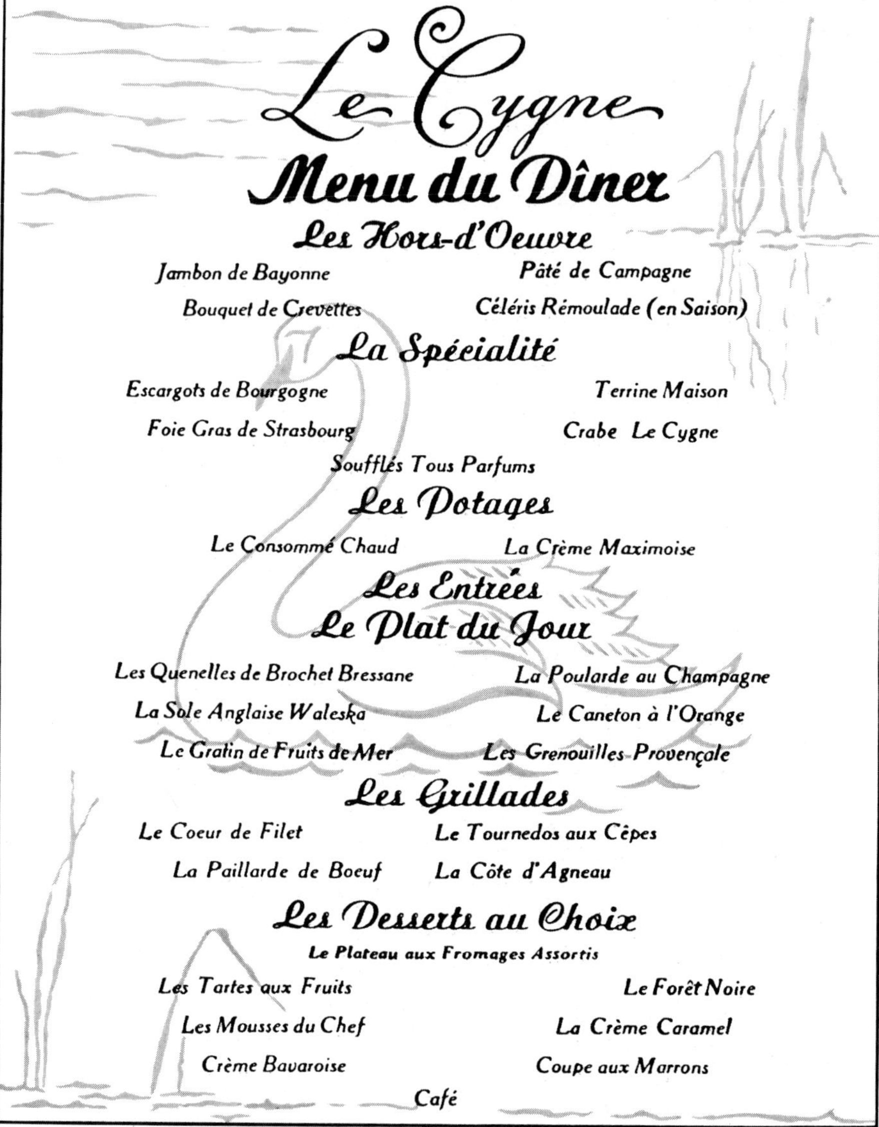

Le Cygne
Menu du Dîner
Les Hors-d'Oeuvre
Jambon de Bayonne
Pâté de Campagne
Bouquet de Crevettes
Céléris Rémoulade (en Saison)
La Spécialité
Escargots de Bourgogne
Terrine Maison
Foie Gras de Strasbourg
Crabe Le Cygne
Soufflés Tous Parfums
Les Potages
Le Consommé Chaud
La Crème Maximoise
Les Entrées
Le Plat du Jour
Les Quenelles de Brochet Bressane
La Poularde au Champagne
La Sole Anglaise Waleska
Le Caneton à l'Orange
Le Gratin de Fruits de Mer
Les Grenouilles Provençale
Les Grillades
Le Coeur de Filet
Le Tournedos aux Cèpes
La Paillarde de Boeuf
La Côte d'Agneau
Les Desserts au Choix
Le Plateau aux Fromages Assortis
Les Tartes aux Fruits
Le Forêt Noire
Les Mousses du Chef
La Crème Caramel
Crème Bavaroise
Coupe aux Marrons
Café

EXERCICES ECRITS

A *Ecrivez au futur proche.*

Bientôt nous *faisons* une grande excursion. Nous *prenons* beaucoup de bonnes choses à manger et Bernard *achète* les boissons. Notre destination *est* le lac Tahoe, comme d'habitude. *Il y a* des vues magnifiques. Agnès et

Bernard *choisissent* l'itinéraire et moi je *suis* leurs indications. Il *faut* faire attention à ne pas avoir d'accident sur la route. Arrivés à destination, nous *fêtons* la fin de l'année universitaire par un bon pique-nique.

B *Identifiez le futur proche ou le passé récent et mettez le verbe au présent.*

MODELE Ma tante va être en retard. (*futur proche*)
Ma tante est en retard.

1. Il va faire chaud au mois d'août.
2. Je ne vais pas boire d'alcool.
3. Nous venons de prendre une grande décision.
4. Il vient d'y avoir une épidémie.
5. Elle ne va pas ouvrir cette lettre.
6. Va-t-elle mettre ce chapeau ridicule?

C *Mettez le verbe au présent.*

1. Je n'______ (entendre) pas bien. Je suis un peu sourd.
2. Elle ______ (suivre) la recette de son livre de cuisine très précisément.
3. ______ (Perdre)-tu la tête quand tu es très pressé?
4. Quand vous ______ (prendre) un livre, est-ce que vous ______ (remettre) ensuite le livre à sa place?
5. Les poules ______ (pondre) des œufs.
6. Il ______ (vivre) en ville et il ______ (faire) sa cuisine tout seul.

D *Remplacez l'article partitif par l'expression de quantité donnée.*

MODELES Des restaurants sont ouverts très tard. (Peu de)
Peu de restaurants sont ouverts très tard.

Il y a des fautes dans ma dictée. (plusieurs*)
Il y a plusieurs fautes dans ma dictée.

1. J'ai du travail. (beaucoup de)
2. Nous avons de l'eau minérale. (un peu de)
3. Tu fais du bruit. (trop de)
4. Je voudrais du pain. (un morceau de)
5. Lisez-vous des magazines? (quelques)
6. Les gens disent la vérité. (La plupart de)

E *Complétez avec l'article nécessaire: défini, indéfini, partitif, ou* **de.**

1. Y a-t-il ______ gruyère dans ______ réfrigérateur?
2. Comme dessert, je voudrais ______ fruits: ______ raisin, ______ pomme ou ______ orange. Je ne mange pas ______ gâteaux pour rester mince.

---

* Remarquez **quelques:** *some, a few;* **plusieurs:** *several.*

3. En France, on boit généralement _____ vin, _____ bière ou _____ eau minérale.
4. Tout le monde aime _____ poulet.
5. Pour _____ déjeuner, nous avons _____ melon comme entrée, puis _____ poisson avec _____ carottes comme plat de résistance, _____ salade, enfin _____ fromage. Nous ne prenons pas _____ dessert.
6. Dans _____ livres de cuisine, il y a _____ recettes qui sont compliquées.
7. Pour être en bonne santé, il faut faire _____ gymnastique.
8. Passez-moi _____ sel, s'il vous plaît.
9. Faut-il _____ neige pour faire _____ ski nautique? Non, il ne faut pas _____ neige. Il faut _____ eau.
10. Où est _____ pourboire du garçon?

F *Ecrivez à la forme négative.*

1. Vous aimez le lait, alors vous buvez du lait.
2. Les oranges sont des légumes.
3. Claire a de l'assurance.
4. Quand il y a de la neige, les skieurs vont à la montagne.
5. Je mets de la glace sur la tarte.

G *Traduction (facultatif).*

1. Is she going to make a good chocolate sauce?
2. My little brother has just opened the refrigerator. Is he looking for a piece of cake?
3. Usually the French do not eat eggs for breakfast. They drink coffee with milk and often eat one or two croissants.
4. On Sundays we have less work, more rest, and we do not have as many problems as on Mondays.
5. It is necessary to make a decision. Good luck!

lecture

Les courses au retour des vacances

ANNE-MARIE Christine, je vais faire les courses° ce matin. Tu viens avec moi? — *faire...* to go shopping

CHRISTINE Oui, avec plaisir. Dans quels magasins° allons-nous? — stores

ANNE-MARIE Tu sais, il y a un nouveau supermarché dans le quartier°. Il est très grand et très moderne, et on dit que tout est moins cher dans les grandes surfaces.* — neighborhood

CHRISTINE Oui, je sais, mais je préfère les petits commerçants°. Ils sont plus aimables. Et puis nous avons le temps ce matin. — *petits...* shopkeepers

* **grandes surfaces:** expression utilisée pour les supermarchés et les hypermarchés

Let's go / grocery store *au..* at the corner of	ANNE-MARIE C'est vrai, tu as raison. Allons° d'abord à l'épicerie° au coin de° la rue Voltaire et de l'avenue de la République.
	A l'épicerie
	ANNE-MARIE ET CHRISTINE (*à l'épicière*) Bonjour, Madame.
	MME LECLERC Bonjour, Mesdemoiselles.* Vous désirez?
sucre... sugar cubes	ANNE-MARIE Je voudrais du sucre en morceaux°. Une boîte d'un kilo, s'il vous plaît.
	MME LECLERC Voilà, Mademoiselle. Et avec ça?
Oil / noodles	CHRISTINE De l'huile°, une livre de farine et un paquet de nouilles°.
	MME LECLERC Bien, Mademoiselle. Pour l'huile, un litre ou un demi-litre?
French fries	CHRISTINE Deux litres parce que nous allons faire des frites°.
produits... cleaning aids	MME LECLERC Avez-vous besoin de produits d'entretien°?
empty soap / *eau...* bleach / *poudre...* detergent	ANNE-MARIE Oui, nous revenons de vacances et la maison est vide°. Voyons...du savon°, de l'eau de Javel° et de la poudre à laver°, s'il vous plaît.
C'est... That's all?	MME LECLERC Voilà. C'est tout°?
Je... I think so / *Ça...* How much is it?	CHRISTINE Je pense que oui°. Ça fait combien°?
	MME LECLERC Voici le total.
	ANNE-MARIE Voilà, Madame.
c'est... that's right	MME LECLERC Merci, c'est juste°. Au revoir, Mesdemoiselles.
	ANNE-MARIE ET CHRISTINE Au revoir, Madame.
	Maintenant elles sont dehors
sac... shopping bag / heavy	CHRISTINE Je vais mettre les produits d'entretien dans mon sac à provisions°, ça va être moins lourd° pour toi.
meat butcher's shop	ANNE-MARIE Oui, merci. Il ne faut pas oublier la viande°. Voilà justement la boucherie°.
	A la boucherie
= *Messieurs et Mesdames* (fam.)	ANNE-MARIE ET CHRISTINE Bonjour, Messieurs Dames°.
C'est... Whose turn is it?	LE BOUCHER Bonjour, Mesdemoiselles...C'est à qui le tour°?

* pluriel de **Mademoiselle**

ANNE-MARIE A nous, je pense. Je voudrais un rôti de bœuf° bien tendre, sans gras°, quatre escalopes de veau° et deux biftecks°, s'il vous plaît. — *rôti...* roast beef / fat / *escalopes...* veal cutlets / steaks

LE BOUCHER Bien, Mademoiselle. Attention pour le rôti: une demi-heure de cuisson° à four° très chaud, c'est assez. — cooking / oven

ANNE-MARIE Bien, merci. C'est tout pour aujourd'hui.

LE BOUCHER Au revoir, Mesdemoiselles. A la prochaine fois°! — *A...* See you next time!

Devant la charcuterie° — pork butcher's shop

CHRISTINE J'aime bien la charcuterie°. Regarde, Anne-Marie: du pâté de foie°, du jambon, des hors-d'œuvre variés... — cold cuts / *pâté...* liver pâté

ANNE-MARIE Ecoute! Non! Il faut toujours faire la queue° ici. — *faire...* wait in line

CHRISTINE D'accord. Tant pis!

C'est jeudi, et la place du marché° est très animée. Là, sur des tréteaux°, les marchands proposent des légumes° et des fruits, des poulets, du poisson, etc. Il y a aussi des fleurs, et la crémerie étale° tout un choix° de fromages, du beurre frais, du lait homogénéisé ou écrémé°. Les deux jeunes filles achètent quelques produits laitiers° et une douzaine d'œufs. — market(place) / stands / vegetables / displays / choice / skimmed / *produits...* dairy products

CHRISTINE Et le pain?

ANNE-MARIE Ah oui! Vite chez le boulanger°. Qu'est-ce qu'on prend? Une baguette? — Baker

pastry — CHRISTINE Oui. Et aussi de la pâtisserie°. J'adore les éclairs, les
pies / napoleons — tartes°, les babas, les millefeuilles°, les...
that is! — ANNE-MARIE ...les gâteaux, quoi°! Avons-nous assez d'argent pour
so — ça? Et ce n'est pas tellement° indispensable.
CHRISTINE Pas indispensable, le dessert! J'ai de l'argent. Je vais
c'est... that's my business — payer. Les gâteaux, c'est mon affaire°.

QUESTIONS SUR LA LECTURE

1. Pourquoi Christine préfère-t-elle les petits commerçants?
2. Qu'est-ce qu'on peut acheter à l'épicerie?
3. Quelles sortes de viande le boucher vend-il?
4. Qu'est-ce qu'il y a à la charcuterie?
5. Qu'est-ce qu'on trouve au marché?
6. Quelle est la dernière boutique où vont Anne-Marie et Christine? Qu'est-ce que Christine va acheter?
7. Y a-t-il un marché en plein air dans votre ville?
8. Préférez-vous aller dans une grande surface ou chez les petits commerçants?

CONSTRUCTION DE PHRASES

1. rendre visite à
2. venir de (+ infinitif)
3. aller (+ infinitif)
4. il faut (+ article partitif)
5. rendre (+ adjectif)
6. prendre une décision
7. faire attention à
8. beaucoup de

VOCABULAIRE

1. Donnez *un antonyme* de:

   plein — acheter — poser une question — gras
   monter — trouver — maladroit — léger

2. Nommez quelques spécialités françaises.

COMPOSITION

1. Imaginez votre repas d'anniversaire idéal.
2. Aujourd'hui vous allez faire les courses. Allez-vous au supermarché ou dans d'autres magasins? Quels achats allez-vous faire?
3. Quelles sont les différences entre un petit déjeuner français et un petit déjeuner américain?
4. "Il faut manger pour vivre et non vivre pour manger." Illustrez cette phrase. Est-elle vraie pour vous? et pour d'autres personnes?

poème

LE PELICAN

Le capitaine Jonathan
Etant[1] âgé de dix-huit ans,
Capture un jour un pélican
Dans une île d'Extrême-Orient.

Le pélican de Jonathan,
Au matin, pond un œuf tout blanc
Et il sort un pélican
Lui ressemblant[2] étonnamment.

Et ce deuxième pélican
Pond, à son tour, un œuf tout blanc
D'où sort, inévitablement,
Un autre qui en fait autant[3].

Cela peut[4] durer pendant très longtemps
Si l'on ne fait pas d'omelette avant.

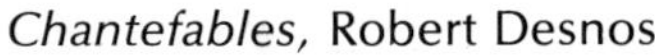

Chantefables, Robert Desnos

[1] being [2] resembling him [3] which does likewise [4] can

réponses aux *Appliquez*

Page 144

1. Allez, venons de
2. allons, va, vient d'
3. vont, viennent d'
4. va, venons d'

Page 145

1. rend 2. vendons 3. perd 4. attendent 5. mord

Page 148

1. quelques
2. une tranche de
3. trop de
4. peu d'
5. un gros morceau de
6. Combien de

Page 150

1. de la, du, du, du
2. de l'
3. de la
4. du, du, de la
5. du, du, des, de la
6. du, de la

Page 151

1. Ils ne font pas de cadeaux à leurs amis.
2. Ce n'est pas une personne très adroite.
3. Nous n'avons pas le temps d'aller au marché.
4. Il n'y a pas de désordre dans ton bureau.
5. Je ne prends pas de soupe à midi.

leçon 8

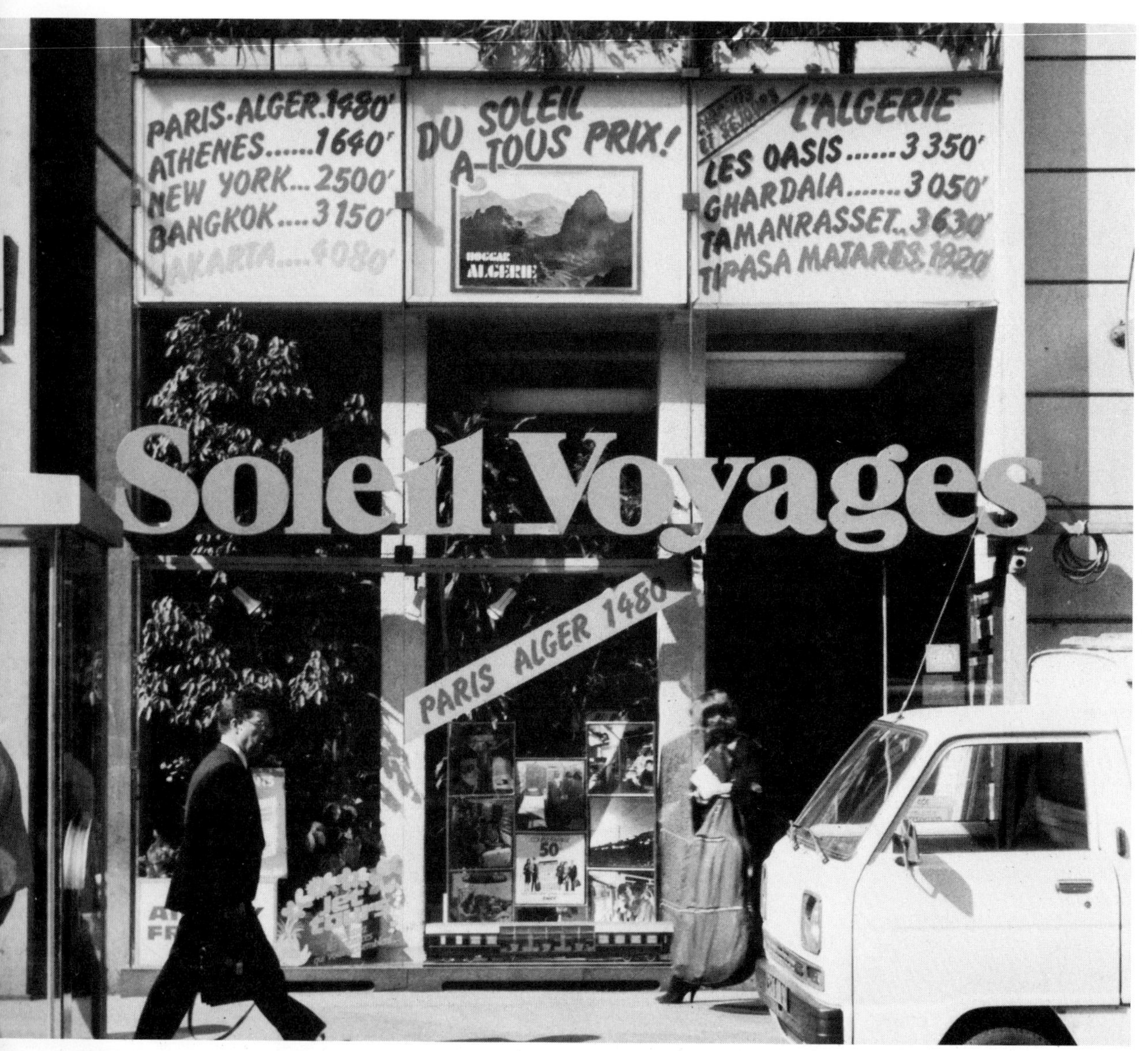
PARIS-ALGER.1480'
ATHENES.......1640'
NEW YORK... 2500'
BANGKOK.....3150'
DU SOLEIL
A TOUS PRIX!
HOGGAR
ALGERIE
L'ALGERIE
LES OASIS.......3 350'
GHARDAIA........3 050'
TAMANRASSET..3 630'
TIPASA MATARES 1920'
Soleil Voyages
PARIS ALGER 1480
50

Partir, c'est mourir un peu

prise de contact **Attention au départ!**

1 **falloir, mettre, prendre, passer** (+ durée de temps)

2 les pronoms personnels objets directs: **me, te, le, la, nous, vous, les**

3 l'adjectif **tout,–e**

4 le superlatif de l'adjectif, de l'adverbe, et du nom

5 les verbes irréguliers **croire, dire, écrire, lire, rire**

6 les pronoms relatifs **qui, que, où**

lecture **"Le voyage"**

SNCF
QUAI No 3
ARRIVEES
RIS(LYON)-
05 ROME
BILLETS
1
KETS
DE
UAI
SNCF
BOISSONS
TABAC

prise de contact

Attention au départ!

Le va-et-vient des halls de gares° est perpétuel. On pose continuellement des questions aux employés de la S.N.C.F.:* "Où est la voie° numéro 5?" "Est-ce que le train pour Dijon est en gare?" "Où est la première classe?" ...On va chercher ses bagages° à la consigne° ou on patiente dans la salle d'attente°. Il y a la queue aux guichets° pour prendre un billet aller° ou aller et retour°, pour réserver une place en wagon-lit°, ou pour avoir un simple renseignement.

stations / track / luggage / lockers / *salle*... waiting room / ticket windows / one way / *aller*... round trip / sleeping car

Le train de 14 h 05 en direction de Lyon est sur la voie numéro 3. Il va partir dans deux minutes et demie.** Des gens arrivent au dernier moment, énervés° parce qu'ils ont peur de le manquer°. Naturellement, s'ils sont en retard, c'est la faute du taxi, du métro°, ou des feux rouges°. Quelle cohue°! Regardez: un monsieur perd son chapeau, une dame tombe au milieu de ses valises° qui sont trop lourdes pour elle, tandis qu°'un porteur aide une autre dame qui a seulement un sac à main et un caniche! Voilà un buffet roulant°: "Deux sandwichs, des chips et une limonade, s'il vous plaît!"

nervous / *le*... to miss it / subway / *feux*... red lights / crowd / suitcases / *tandis*... while / on wheels

La plupart des voyageurs sont maintenant installés dans leurs compartiments. D'autres, debout dans le couloir° de leur voiture°, disent au revoir par la fenêtre aux amis ou aux parents qui, grâce à° un ticket de quai°, restent près d'eux jusqu'à la dernière minute. Il y a de l'émotion dans les séparations et on pleure° un peu.

corridor / railway car / *grâce*... thanks to / platform ticket / cries

Combien de temps faut-il° pour aller de Paris à Lyon? Avec le T.G.V.† qui est le train le plus rapide du monde, il faut à peine°

does it take / *à*... hardly

* Société Nationale des Chemins de fer
** Les trains sont toujours à l'heure en France.
† **T.G.V. = Train à Grande Vitesse**

deux heures. Et pour aller jusqu'à° Rome? Là, il faut beaucoup plus de temps qu'avec l'avion, mais c'est bien moins cher et tout de même° agréable.*

Attention au départ! Le train démarre° silencieusement. On fait encore des signes d'adieu°. Surtout, envoyez des cartes postales!

Et bon voyage!

as far as: jusqu'à
tout... all the same: tout de même
starts: démarre
farewell: adieu

* Le train est un moyen de transport très populaire en France.

1 **Falloir, mettre, prendre, passer** (+ durée de temps)

Il faut beaucoup de temps pour passer à la douane. (*It takes*)

Je **mets** une heure pour aller en ville. (*It takes me*)
(sujet: une personne)

Le bateau **met** cinq jours à traverser l'Atlantique. (*It takes the boat*)
(sujet: un moyen de transport)

Ce voyage (Ce travail, etc.) **prend** une semaine. (*This trip, this job, etc., takes*)

Nous **avons passé** trois jours **à** préparer notre départ. (*We spent . . . preparing*)

2 Les pronoms personnels objets directs

Voici une phrase simple:

L'enfant regarde **la télévision.**
sujet du verbe *objet direct du verbe*

Il n'y a *pas de préposition* entre le verbe et son objet direct.

(je)	**me (m')**
(tu)	**te (t')**
(il, elle)	**le, la (l')**
(nous)	**nous**
(vous)	**vous**
(ils, elles)	**les**

sont les pronoms personnels *objets directs.* Ils remplacent des noms de personnes ou de choses masculins ou féminins, singuliers ou pluriels, objets directs du verbe.

EXEMPLES Cherchez-vous **votre ticket?** —Oui, je **le** cherche.
Regardez-vous **cette carte?** —Oui, je **la** regarde.
Ecoutez-vous **les nouvelles** à la radio?—Oui, je **les** écoute.
Est-ce que vos amis **vous** aident souvent? —Oui, ils **nous** aident.
Est-ce que tu **m'**attends? —Oui, je **t'**attends.
Avez-vous envie de voir **la ville de Lyon?** —Oui, j'ai envie de **la** voir.
Voilà les valises. **Les** prenez-vous avec vous? —Non, je ne **les** prends pas avec moi.

Le pronom objet direct est placé *immédiatement devant* le verbe (à l'affirmatif, au négatif ou à l'interrogatif).

m', t', l', sont employés à la place de **me, te, le,** ou **la,** devant un verbe qui commence par une voyelle ou un **h** muet.

Un pronom objet direct remplace un nom précédé d'*un article défini,* d'*un adjectif possessif* ou *démonstratif.*

Le pronom objet direct est placé *devant l'infinitif* quand il remplace l'objet direct de l'infinitif.

Remarquez

Les pronoms **le** et **les** n'ont pas de contraction avec les prépositions **à** et **de:**

J'ai envie de voir **ce film.** J'ai envie **de le** voir.

Placez le pronom objet direct devant **voici** ou **voilà.**

Voilà **Roland. Le** voilà.

▶ *Appliquez*

1. Je voudrais *ces chaussures de ski.*
2. Aimez-vous lire *le journal?*
3. Voilà *ma sœur.*
4. Quittez*-vous *la maison?*
5. Je ____ apprécie mais vous ne ____ appréciez pas.
6. Tu ne prends pas *ton parapluie?*
7. Il faut ouvrir *les valises* à la douane.

(*réponses page 187*)

Notez Etes-vous **discret?** —Oui, je **le** suis.

Savez-vous **que je pars demain?** —Oui, je **le** sais.

Le remplace aussi un adjectif ou une proposition.

3 Tout, toute tous, toutes

Tout le monde est là.
Toute la famille est réunie.
Tous mes frères et sœurs sont bruyants.
Toutes ces personnes troublent mon repos.

Employez l'adjectif **tout,–e** avec un article, un adjectif possessif ou démonstratif (+ nom). Il s'accorde avec le nom.

Avant un examen je travaille **toute la nuit.** (= la nuit entière)
Nous allons à nos cours **tous les jours.** (= chaque jour)
Tous mes amis partent en vacances. (= La totalité de mes amis)

Notez **tout le temps** = constamment.

Tu répètes **tout le temps** la même chose. C'est inutile!

* **Quitter** (*to leave*) est toujours accompagné d'un objet direct.

▶ *Appliquez*

1. ______ les photos du voyage sont bonnes.
2. ______ nos projets sont raisonnables.
3. Venez-vous ______ les semaines?
4. Nous allons voyager ______ la journée.
5. ______ ce compartiment est réservé.

(*réponses page 187*)

4 Le superlatif

Le superlatif est employé pour comparer *plus de* deux personnes, choses ou groupes.

L'adjectif

La Loire est **le plus** grand fleuve **de** France.
Voilà la rue **la moins** animée **de** Paris.

le (la, les) plus + adjectif + **de** (*superlatif de supériorité*) **le (la, les) moins** + adjectif + **de** (*superlatif d'infériorité*)

Je vais parler **au** plus grand jeune homme **du** groupe.
Parlez **des** plus beaux musées **des** Etats-Unis.

Le, la, les se contractent avec les prépositions **à** et **de.**

Vous êtes **le** plus **grand** artiste du monde.
Vous êtes **l**'artiste **le** plus **célèbre** du monde.

Quand l'adjectif précède le nom, le superlatif précède aussi le nom, et il y a seulement **un** article.

Quand l'adjectif suit le nom, le superlatif suit aussi le nom, et il y a **deux** articles.

Le superlatif de supériorité de **bon** est: **le (la, les) meilleur(–e, –s, –es)**

Voilà **la meilleure** composition.

L'adverbe

L'article est invariable (toujours masculin singulier):

C'est Irène qui apprend ses leçons **le plus vite.**

Le superlatif de supériorité de **bien** est **le mieux.**

C'est lui qui chante **le mieux.**

Le nom

C'est toi qui as **le plus (le moins) d**'argent.

▶ *Appliquez*

supériorité 1. Vous êtes la personne / sensible / la famille.
2. Il vient du pays / grand / Afrique.
3. C'est elle qui parle / bien.

infériorité 4. C'est l'exposé / bon / tout le trimestre.
5. Ce sont ces étudiants-là qui travaillent / dur.

(*réponses page 187*)

5 Croire, dire, écrire, lire, rire

Ce sont des verbes irréguliers.

Croyez-vous son histoire? —Oui, je la **crois** parce que je suis naïf.
Comment **dit**-on "dumb things"? —On **dit** "des bêtises" ou "des sottises".
Ecrivez-vous des romans? —Non, j'**écris** seulement des contes.
Lisez-vous des magazines? —Oui, je **lis** une revue littéraire.
Riez-vous souvent? —Oui, j'adore les histoires drôles.

croire		**dire**	
je crois**s**	nous croy**ons**	je dis	nous dis**ons**
tu crois	vous croy**ez**	tu dis	vous dit**es**
il, elle, on croi**t**	ils, elles croi**ent**	il, elle, on dit	ils, elles dis**ent**
écrire		**lire**	
j'écri**s**	nous écriv**ons**	je li**s**	nous lis**ons**
tu écri**s**	vous écriv**ez**	tu li**s**	vous lis**ez**
il, elle, on écri**t**	ils, elles écriv**ent**	il, elle, on li**t**	ils, elles lis**ent**
rire			
je ri**s**	nous ri**ons**		
tu ri**s**	vous ri**ez**		
il, elle, on ri**t**	ils, elles ri**ent**		

La vache qui rit · The laughing cow

6 Qui, que, où

L'enfant regarde **une image.** / **L'image** est dans son livre.
L'enfant regarde l'image **qui** est dans son livre.

Un pronom relatif représente un nom qui précède (c'est son antécédent). Il est sujet ou objet du verbe qui le suit. Il établit une relation entre deux propositions. C'est le premier mot de la proposition relative.

Il y a des parents **qui** sont très exigeants.

Le restaurant **qui** a une terrasse est au bout de la rue.

Voilà des jeunes gens **que** j'aime bien.

La sauce **qu**'elle fait est trop épaisse.

La maison **où** ce compositeur est né attire les touristes.

Le 31 mars 1685 est la date **où** il est né.

Qui représente une ou des personnes, une ou des choses; c'est **le sujet** du verbe qui suit. **Qui** ne change pas devant une voyelle ou un **h** muet.

Que (ou **qu'**) représente aussi une ou des personnes, une ou des choses; c'est **l'objet direct** du verbe qui suit. Employez **qu'** devant une voyelle ou un **h** muet.

Où représente un endroit (*where*) ou une expression de temps (*when*).

▶ *Appliquez*

1. Voilà une personne ______ écoute bien les conseils.
2. La boîte de chocolats ______ elle offre est chère.
3. Il y a des fleurs exotiques dans le parc ______ les enfants jouent.
4. Voilà le train ______ nous allons prendre.
5. C'est Monsieur Le Calvé ______ on demande au téléphone.
6. 1965, c'est l'année ______ elle est née.
7. Regardez les gens ______ passent.
8. Vous dormez au moment ______ il faut partir.

(*réponses page 187*)

Prononcez /vɛr/
Quelle est
la différence entre:
verre, vert, vers, vers, ver et vair?
verre ▶ un verre de vin
vert ▶ une couleur
vers ▶ vers (cinq heures)
vers ▶ un vers (de poésie)
ver ▶ un ver de terre
vair ▶ une fourrure

EXERCICES ORAUX

I *Prononciation*

Le son /ɛ/

Prononcez /ɛ/:

è et **ê**:

lève   tête

e + consonne prononcée à l'intérieur de la même syllabe:

ter-re [tɛr]   ques-tion [kɛs-tjɔ̃]

De même:

e devant un **x**:

exercice [ɛg-zɛr-sis]   réflexion [re-flɛk-sjɔ̃]

généralement **ai** et **ei**:

chaise [ʃɛz]   neige [nɛʒ]

et, ais, ait, à la fin d'un mot:

paquet [pakɛ]   billet [bijɛ]   serais [sərɛ]   allait [alɛ]

Lisez les phrases suivantes:

Je mets une veste de laine parce qu'il neige.
[ʒəmɛzynvɛstədəlɛnparskilnɛʒ]

Elle est très sévère avec ses étudiants.
[ɛlɛtrɛsevɛravɛksezetydiɑ̃]

Tu cherches une fontaine avec de l'eau claire et fraîche.
Vraiment tu exagères!
Il faut un ticket de quai pour l'accès aux quais.

Notez Un accent circonflexe indique quelquefois la disparition d'un **s** ancien:

un hôtel, une côte, un vêtement, un hôpital, une tempête, une île, une pâtisserie

II *Partez-vous en voyage?*

1. Combien de temps mettez-vous généralement à faire vos préparatifs?
2. Combien de temps faut-il pour aller de chez vous à l'aéroport?
3. Combien de temps votre avion met-il pour arriver à destination?
4. Combien de temps votre voyage prend-il en tout?
5. Combien de temps passez-vous à dire au revoir quand vous partez?

III *Répondez à la question. Remplacez les mots en italique par un pronom et continuez la phrase.*

MODELE Est-ce que vous faites *votre travail* sérieusement?
Oui, je le fais très sérieusement parce que mon professeur est strict.

1. Ecoutez-vous *les nouvelles* à la radio?
2. Attendez-vous *votre ami(e)* quand il (elle) est en retard?
3. Avez-vous *votre chapeau rose et violet* aujourd'hui?
4. Etes-vous *heureux* (*heureuse*)?
5. Croyez-vous *ces gens-là*?
6. Lisez-vous *les romans d'Agatha Christie*?
7. Comprenez-vous *la théorie des ensembles*?
8. Aimez-vous faire *cet exercice*?

IV *Ajoutez une forme de l'adjectif* **tout** *au nom de la phrase.*

1. Mes aventures sont mauvaises.
2. Les photos sont réussies.
3. Je n'aime pas cette cohue.
4. Les porteurs de cette gare sont occupés.

5. Je viens de quitter mes amis.
6. Les étudiants sont présents aujourd'hui.

V *Répondez aux questions avec un superlatif de supériorité et d'infériorité.*

MODELE Ce garçon est-il courageux? (famille)
Oui, c'est le garçon le plus courageux de la famille.
Non, c'est le garçon le moins courageux de la famille.

1. Cette rue est-elle large? (la ville)
2. Ces laboratoires sont-ils modernes? (l'université)
3. Ce restaurant est-il bon? (le quartier)
4. Cet homme est-il honnête? (la mafia)
5. Ces voitures sont-elles chères? (la compagnie GM)

VI *Identifiez l'antécédent du pronom relatif, sa fonction, et complétez la phrase avec* **qui** *ou* **que.**

MODELE Le bâtiment _____ est en face a besoin d'être réparé.
antécédent: **bâtiment** *fonction: sujet de* **est**
Le bâtiment qui est en face a besoin d'être réparé.

1. Voilà un exercice _____ n'est pas difficile.
2. Le sport _____ il préfère est le tennis.
3. Les animaux _____ sont à la ferme sont des animaux domestiques.
4. Il y a des gens _____ n'aiment pas le cinéma mais _____ le théâtre intéresse.

VII *Complétez les phrases avec* **qui, que,** *ou* **où.**

1. Le train _____ part à trois heures est un rapide.
2. Le voyage _____ tu vas faire est assez fatigant.
3. Aimez-vous les omnibus, ces trains _____ stoppent dans toutes les gares?
4. Je visite le pays _____ je suis né(e).
5. La dame _____ tombe a beaucoup de valises.
6. Il part de la maison à l'heure _____ son train démarre.
7. Je suis fatigué par le va-et-vient _____ il y a dans cette gare.
8. Il y a un porteur _____ promène un caniche!

VIII *Dans chaque phrase, substituez les mots entre parenthèses aux mots en italique et employez le pronom relatif qui convient:* **qui, que,** *ou* **où.**

MODELE Voici un dessin *qui est moderne.* (tout le monde déteste)
Voici un dessin que tout le monde déteste.

1. Voilà des gens *qui parlent.* (j'attends, elle invite chez elle, sont sincères)
2. Voilà un cours *que j'aime.* (est intéressant, je dors, il adore)
3. C'est un arbre *qui est grand.* (j'admire, a de grosses branches, les oiseaux chantent)
4. Il y a des jours *qui sont agréables.* (je suis fatigué, on déteste, passent vite)

IX *Donnez une définition avec un pronom relatif.*

MODELE Un voyageur
C'est une personne qui voyage en train ou en autobus.

1. une gare
2. une valise
3. un départ
4. un porteur
5. une carte postale
6. un passager

X [Révision du présent des verbes] *Complétez avec la forme correcte du présent des verbes entre parenthèses.*

LE TOUR DE FRANCE

C'est un événement° sportif très important pour les Français. Chaque année, en juillet, des coureurs° cyclistes (faire) le tour de la France. Ils (partir) du vélodrome de Paris, par exemple, et (rouler) chaque jour. Le groupe (comprendre°) des Français, des Belges, des Hollandais, des Espagnols, des Italiens... Chaque jour le coureur qui fait la meilleure moyenne° au classement général (porter) un maillot° jaune. On le (voir) facilement quand il (passer) dans le peloton°. Les étapes° "contre la montre" (demander) un grand effort. Quand les coureurs (traverser) les montagnes, ils (monter) très haut et (redescendre) à une vitesse° vertigineuse. Ils (prendre) les tournants° très rapidement!

event / racers / to include / average / jersey / = *groupe principal* / laps / speed / turns

Une caravane les (suivre). Voilà une voiture qui (faire) de la publicité pour une marque° de pneus°. Voilà une autre voiture qui (contenir) les pièces nécessaires aux réparations des vélos qui (tomber) en panne°. Les coureurs (attraper°) les boissons° que les gens (tendre°) à leur passage. Ils (ne pas* avoir) le temps de manger sur la route mais ils (dîner) copieusement le soir.

brand / tires / *tomber...* to break down / to catch / beverages / to hold out

* Remarquez **ne pas** devant un infinitif.

A l'arrivée finale, on (offrir) des fleurs au gagnant° et il (embrasser°) une jolie fille. Cette année c'(être) encore le même coureur qui (gagner) le Tour. Quelques coureurs (ne pas finir) la course°. Ils (abandonner) avant la fin. Il (falloir) une résistance physique exceptionnelle pour participer à cette course.

winner · to kiss · race

A votre avis, (être)-ce le meilleur moyen° de voir le pays?

way

XI *A votre tour.*

Vous partez en avion. A quel aéroport êtes-vous? Décrivez le va-et-vient des passagers, comme dans la Prise de contact: *Attention au départ.*

XII *Conversation par groupes de deux ou trois.*

Demandez à un(e) camarade:

s'il (si elle) lit beaucoup.
s'il (si elle) écrit souvent, et à qui.
s'il (si elle) dit tous ses secrets à son (sa) petit(e) ami(e).
s'il (si elle) croit en Dieu.
s'il (si elle) pleure quand il (elle) quitte ses amis(es).
Continuez...

EXERCICES ECRITS

A *Complétez avec* **il faut** *ou une forme de* **mettre, prendre** *ou* **passer.**

1. Le voyage New York-Paris ______ six heures.
2. Il ______ vingt-quatre heures à la terre pour tourner autour de son axe.
3. Combien de temps ______ -il pour écrire une composition?
4. Ce travail ______ seulement quelques minutes.
5. L'avion ______ moins de temps que le train pour traverser les Etats-Unis.
6. Nous ______ des heures à jouer à ce jeu stupide.

B *Ecrivez le pronom objet direct qui correspond aux mots en italique.*

1. *J'*imite Carine mais elle ne ______ imite pas.
2. Allez-vous faire *cette promenade?* Les Cartier vont ______ faire.
3. *Nous* expliquons ce problème à Hervé, mais il ne ______ écoute pas.
4. Etes-vous *prêt?* —Moi, je ne ______ suis pas.
5. Voilà *les amis des Reynaud.* ______ aimez-vous?
6. *Vous* me parlez mais je ne _____ entends pas.

C *Complétez le paragraphe avec un pronom personnel objet direct:* **me, te, le, la, nous, vous,** *ou* **les.**

UN CONGE DE QUATRE JOURS

Un jour férié, le 14 juillet, approche. C'est la fête nationale et cette année c'est un jeudi. Il y a quatre jours de congé. Les Sébastien vont _____ passer à la campagne. _____ voilà dans leur voiture prêts à traverser la ville pour arriver à l'autoroute. M. Sébastien est impatient. Les arrêts aux feux rouges _____ énervent. Il y a beaucoup de circulation dans les rues à deux voies. Encore un feu; il _____ passe et arrive sur l'autoroute.

M. Sébastien roule assez vite mais d'autres voitures _____ dépassent quand même, alors il accélère et il _____ double à son tour. La limitation de vitesse est de 90 km/heure et il _____ oublie. Ses enfants sont contents et il _____ est aussi. Mais la police arrive et elle _____ arrête. Maintenant M. Sébastien est de très mauvaise humeur. Il sort ses papiers et il _____ montre à l'agent sans dire un mot. Vivent les vacances, n'est-ce pas?

D *Mettez l'adjectif* **tout** *à la forme convenable.*

1. ______ les gens ne sont pas idéalistes.
2. Mon chien aime ______ le monde.
3. Il dort ______ la nuit dans le train.

4. _____ ses valises sont lourdes.
5. Il faut travailler _____ les jours.

E *Répondez aux questions. Employez un superlatif.*

MODELE Ce cycliste est-il rapide? (le peloton)
Oui, c'est le cycliste le plus rapide du peloton.
OU **Non, c'est le cycliste le moins rapide du peloton.**

1. Cette violoniste est-elle bonne? (l'orchestre)
2. Est-ce que Lisbonne est une belle ville? (le Portugal)
3. Vos professeurs sont-ils stricts? (l'université)
4. Ces politiciens sont-ils libéraux? (le Congrès)
5. Cette maison est-elle bien située? (le quartier)

F *Ecrivez les phrases au pluriel.*

MODELE Elle le met sur la table.
Elles les mettent sur les tables.

1. Je crois que tu l'aimes.
2. Tu me dis une bêtise.
3. Elle écrit un bel article.
4. Ris-tu quand tu regardes un film amusant?
5. Il lit le journal quand il pleut.

G *Mettez les deux phrases ensemble en employant* **qui, que,** *ou* **où.**

MODELE Voilà la fontaine. Je cherche cette fontaine.
Voilà la fontaine que je cherche.

1. Voilà un avion. Cet avion arrive de Paris.
2. Vous avez une voiture. Cette voiture ne marche pas bien.
3. Je voudrais acheter le tableau. Elle aime ce tableau.
4. Je vais enlever la tache. Tu viens de faire cette tache sur ta robe.
5. Vous choisissez le moment. Je finis mon travail à ce moment-là.
6. Voilà le magasin. J'achète mes magazines dans ce magasin.
7. C'est un quartier. Tout le monde déteste ce quartier.
8. Il faut suivre la rue. Cette rue est devant vous.

H *Mettez le pronom relatif qui convient.*

Voilà l'agence de voyages _____ je vais d'habitude. Il y a toujours un employé _____ comprend exactement mes désirs. Les conseils _____ il me donne sont excellents parce qu'il a l'expérience _____ il faut. Au moment _____ j'entre dans cette agence, je sais que mon voyage commence bien!

I *Finissez la phrase en employant un pronom relatif.*

MODELE Il a tout le bonheur...
Il a tout le bonheur qu'il désire.

1. L'avion est un moyen de transport...
2. Il y a des guichets...
3. Est-ce le train...
4. Il va y avoir de l'émotion le jour...
5. Le buffet roulant est une petite voiture...

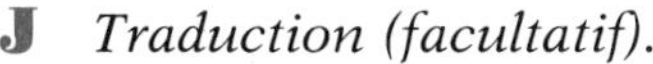

J *Traduction (facultatif).*

1. All the travelers are not on time all the time.
2. The round trip takes two hours.
3. These tourists are going to Cannes. But they are at "la gare du Nord." They are not going to find their train in this station.
4. Shakespeare is the best student in the class, but not in music. Caruso sings best.
5. During a long trip, people spend their time reading and sleeping.

lecture

"Le voyage"

Personnages:

KIKI-LA-DOUCETTE, chat* LUI
TOBY-CHIEN, grand chien ELLE

Dans un compartiment de première classe, Kiki-la-Doucette,
Toby-Chien, Elle et Lui sont à leur place. Le train roule° vers les — travels
montagnes lointaines°, vers l'été libre. Toby-Chien regarde vers la — distant
fenêtre. Kiki-la-Doucette, invisible dans un panier clos°, sous l'im- — = *fermé*

* This cat has a feminine name even though it is a male.

médiate protection de Lui, ne parle pas. Il y a déjà dans le wagon une vingtaine de journaux ouverts par Lui pendant qu'° Elle rêve, et sa pensée va vers sa maison basse, cachée° sous la vigne° et le jasmin.

pendant... while
hidden / vines

TOBY-CHIEN Comme cette voiture va vite! Ce n'est sans doute pas le même cocher° que d'habitude. Je ne remarque pas les chevaux, mais ils sentent mauvais et ils fument° noir. Allons-nous bientôt arriver, ô Toi silencieuse? Et tu ne me regardes pas.

coachman
smoke

Pas de réponse. Toby-Chien est énervé et souffle par le nez.

ELLE Chut!...

TOBY-CHIEN Je ne dis presque rien°. Allons-nous bientôt arriver?

nothing

Il tourne la tête vers Lui qui lit un livre, et pose une patte discrète au bord de son genou.

LUI Chut!...

TOBY-CHIEN (*résigné*) Je n'ai pas de chance. Personne° ne me parle. C'est un peu ennuyeux ici et je ne connais pas° assez cette voiture. Je suis fatigué. Quelle longue journée! (*Toby-Chien va au panier qui renferme° le chat.*) Il y a une petite ouverture. Je le vois...Des pointes de moustache comme des aiguilles° blanches...Oh! quel œil! Reculons°...J'ai un peu peur. Un chat n'est jamais° tout à fait enfermé°...Il souffre sans doute. Peut-être que si je parle doucement...(*Il appelle, très courtois.*) Chat!

Nobody
je... I do not know
= *contient*
needles
Let's step back / never
locked up

KIKI-LA-DOUCETTE (*comme un animal sauvage*) Khhhhhhh...

TOBY-CHIEN (*un pas° en arrière°*) Oh! Tu dis un vilain° mot; ta figure est terrible. Tu as mal quelque part°?

step / *en...* backward / bad
quelque... somewhere

KIKI-LA-DOUCETTE Va-t'en°. Je suis le martyr. Va-t'en, je répète, ou je souffle du feu° sur toi.

Va-... Go away
fire

TOBY-CHIEN (*candide*) Pourquoi?

KIKI-LA-DOUCETTE Parce que tu es libre, parce que je suis dans ce panier, parce que ce panier est dans une voiture infecte° et qui me secoue°, et parce que leur sérénité à Eux m'exaspère.

loathsome
me... shakes me up

TOBY-CHIEN Si tu veux°, je vais regarder dehors, et après je vais te raconter° les choses qu'il y a? — want / to tell

KIKI-LA-DOUCETTE Tout est également odieux pour moi.

TOBY-CHIEN (*revient*) Je n'ai rien vu°... — *Je...* I saw nothing

KIKI-LA-DOUCETTE (*amer*°) Merci tout de même. — bitter

TOBY-CHIEN Je n'ai rien vu de descriptible. Des choses vertes qui passent si vite et si près de nous...c'est comme une gifle° dans les yeux. La terre descend, ou bien nous montons, je ne sais pas exactement. Il y a en bas, très loin, des pelouses° vertes, étoilées de marguerites° blanches, qui sont peut-être des vaches... — slap / lawns / *étoilées..* spangled with daisies

KIKI-LA-DOUCETTE (*amer*) Ou autre chose°. — *autre...* something else

TOBY-CHIEN Cela ne t'amuse pas?

Arrêt° *du train. Un employé sur le quai:* "Aoua, aouaoua, éouau...ouain!" — Stop

TOBY-CHIEN (*affolé*°) On crie! Il y a un malheur. Courons°! — frantic / Let's run!

Il gratte° *désespérément la portière*° *fermée.* — scratches / = *porte d'un train*

ELLE (*ensommeillée*°) Mon petit Toby, comme tu es ennuyeux. — sleepy

TOBY-CHIEN (*affolé*) Pourquoi restes-tu tranquille et assise, ô Toi l'inexplicable? Ne remarques-tu pas ces cris? Ils deviennent plus faibles...Le malheur va plus loin.

Le train repart...On parle de manger. Le panier est ouvert, Kiki-la-Doucette avance avec précaution...

KIKI-LA-DOUCETTE ...Oh, je n'ai pas peur. Ils sont là tous les deux, et le Chien, avec des figures de tous les jours...J'ai mal à l'estomac.

yawns *Il bâille°. Arrêt du train. Un employé sur le quai:* "Aaa, oua, aouaoua, oua..."

TOBY-CHIEN (*affolé*) On crie! Il y a encore un malheur! Courons!

tiring KIKI-LA-DOUCETTE Mon Dieu, comme ce chien est fatigant°! S'il y a
so? un malheur, et alors°? D'ailleurs, je ne le crois pas. Ce sont des cris d'homme, et les hommes crient pour le seul plaisir d'entendre leur voix.

TOBY-CHIEN (*calmé*) J'ai faim. Va-t-on manger?...Je ne sais pas l'heure, mais j'ai bien l'impression...

Finalement on déjeune. Toby-Chien trouve qu'il n'y a pas assez à manger. Kiki-la-Doucette accepte le blanc de poulet et commence
to purr *presque à ronronner° par inadvertance.*

TOBY-CHIEN C'est déjà fini?...Dis, Chat, tu ne manges pas mal pour un martyr.

grief KIKI-LA-DOUCETTE (*qui ment*) C'est à cause de mon chagrin °...Maintenant je vais essayer de dormir...Un beau rêve peut-être, et je
flowery cushion vais retourner à la maison, à mon coussin fleuri°, un cadeau de Lui...Home, sweet home!...Ah, c'est trop triste!

une... a careful and gloomy grooming *Il commence une toilette minutieuse et funèbre°. Arrêt du train. Un employé sur le quai:* "Aaa...ouain, aouaou..."

j'en... I have had it TOBY-CHIEN On crie! Il y a un malh...Ah! zut, j'en ai assez°.

worried LUI (*inquiet°*) Nous allons changer de train dans dix minutes. Comment faire pour le chat?...

ELLE On va voir. Avec de la viande dans le panier?

LUI Ou peut-être avec des caresses?...

ELLE Ecoute, Kiki, il faut comprendre la vie. Nous allons changer de train et un employé épouvantable° va venir et il va dire des choses blessantes° pour toi et toute ta race. Obéis, ou alors je vais te donner une fessée°...

dreadful
choses... cutting remarks
spanking

A la grande surprise d'Elle et de Lui, le chat, admirable de quiétude insultante, entre dans son panier. Lui et Elle font une tête°...

font... pull a long face

TOBY-CHIEN (*avec l'à-propos° qui le caractérise*) J'ai envie de faire pipi.

aptness

d'après *Dialogue de bêtes,* Colette*

---

* romancière française (1873–1954)

QUESTIONS SUR LA LECTURE

1. Dans quelle voiture les animaux pensent-ils être? En réalité quel moyen de transport est-ce?
2. Le chat et le chien aiment-ils le voyage? Pourquoi?
3. Pourquoi le chat accepte-t-il moins bien la situation?
4. Lui et Elle sont-ils conscients des sentiments des animaux?
5. Quel paysage le chien voit-il quand il regarde dehors?
6. Quand l'employé de gare crie, qu'est-ce que le chien pense? Qu'est-ce que l'employé crie en réalité?
7. Est-ce que l'histoire finit bien pour les quatre personnages?
8. Voyagez-vous quelquefois avec votre animal favori? Est-ce pratique?

CONSTRUCTION DE PHRASES

1. au moment où
2. mettre (+ durée de temps)
3. les (pronom personnel)
4. passer (du temps) à (+ inf.)
5. que (pronom relatif)
6. toute

VOCABULAIRE

1. Donnez *un synonyme* de:
   démarrer des bêtises dire
   connu stopper clos penser
2. Donnez *un antonyme* de:
   sentir bon l'arrivée énervé
   large le bonheur la joie

COMPOSITION

1. Faites la description d'un voyage. Quel moyen de transport employez-vous? Aimez-vous aller loin? Préférez-vous voyager seul(e) ou en groupe? Descendez-vous dans un hôtel ou faites-vous du camping?
2. Que faites-vous pendant vos vacances d'été? Visitez-vous un endroit nouveau ou rendez-vous visite à des parents ou à des amis?

LA CARTERIE

Hallmark

Une carte Hallmark vous aide à:

Prêter[1] l'oreille
Accueillir[2] un étranger
Réchauffer[3] le cœur
Tendre[4] la main
Apaiser[5] un chagrin
Graver[6] un moment
Envoyer un baiser[7]
Remonter le moral

Vivifier des relations
Oublier une détresse
Surprendre un enfant

Sécher les yeux
Eteindre une inquiétude[8]
Nouer des liens[9]
Tomber amoureux[10]
Instituer une tradition
Marquer votre affection
Effacer[11] une querelle
Noyer les rancunes[12]
Tomber les obstacles
Souhaiter ce qui convient le mieux[13]

Hallmark...Pour partager[14] ensemble ce qu'il y a de mieux

---

[1] to lend [2] to greet [3] to warm up [4] to extend [5] to appease [6] to engrave
[7] a kiss [8] to dim a worry [9] to tie bonds [10] to fall in love [11] to erase
[12] to drown grudges [13] what is the most suitable [14] to share

réponses aux *Appliquez*

Page 170

1. Je les voudrais.
2. Aimez-vous le lire?
3. La voilà.
4. La quittez-vous?
5. Je vous (l', les) apprécie mais vous ne m'(l', les) appréciez pas.
6. Tu ne le prends pas?
7. Il faut les ouvrir à la douane.

Page 171

1. Toutes
2. Tous
3. toutes
4. toute
5. Tout

Page 172

1. Vous êtes la personne la plus sensible de la famille.
2. Il vient du plus grand pays d'Afrique.
3. C'est elle qui parle le mieux.
4. C'est le moins bon exposé de tout le trimestre.
5. Ce sont ces étudiants-là qui travaillent le moins dur.

Page 173

1. qui
2. qu'
3. où
4. que
5. qu'
6. où
7. qui
8. où

leçon 9

Entre la hutte et le dôme géodésique

prise de contact **La maison transparente**

1 les pronoms personnels objets indirects: **me, te, lui, nous, vous, leur**
les pronoms **y, en**

2 les verbes irréguliers **vouloir, pouvoir, recevoir, voir**

3 **ne...que...**

4 l'impératif

5 **peut-être (que)**

6 **il est** + adjectif + **de** + infinitif
verbe + **de** + infinitif

7 **parce que, à cause de, car**

lecture **"Une machine à demeurer"**

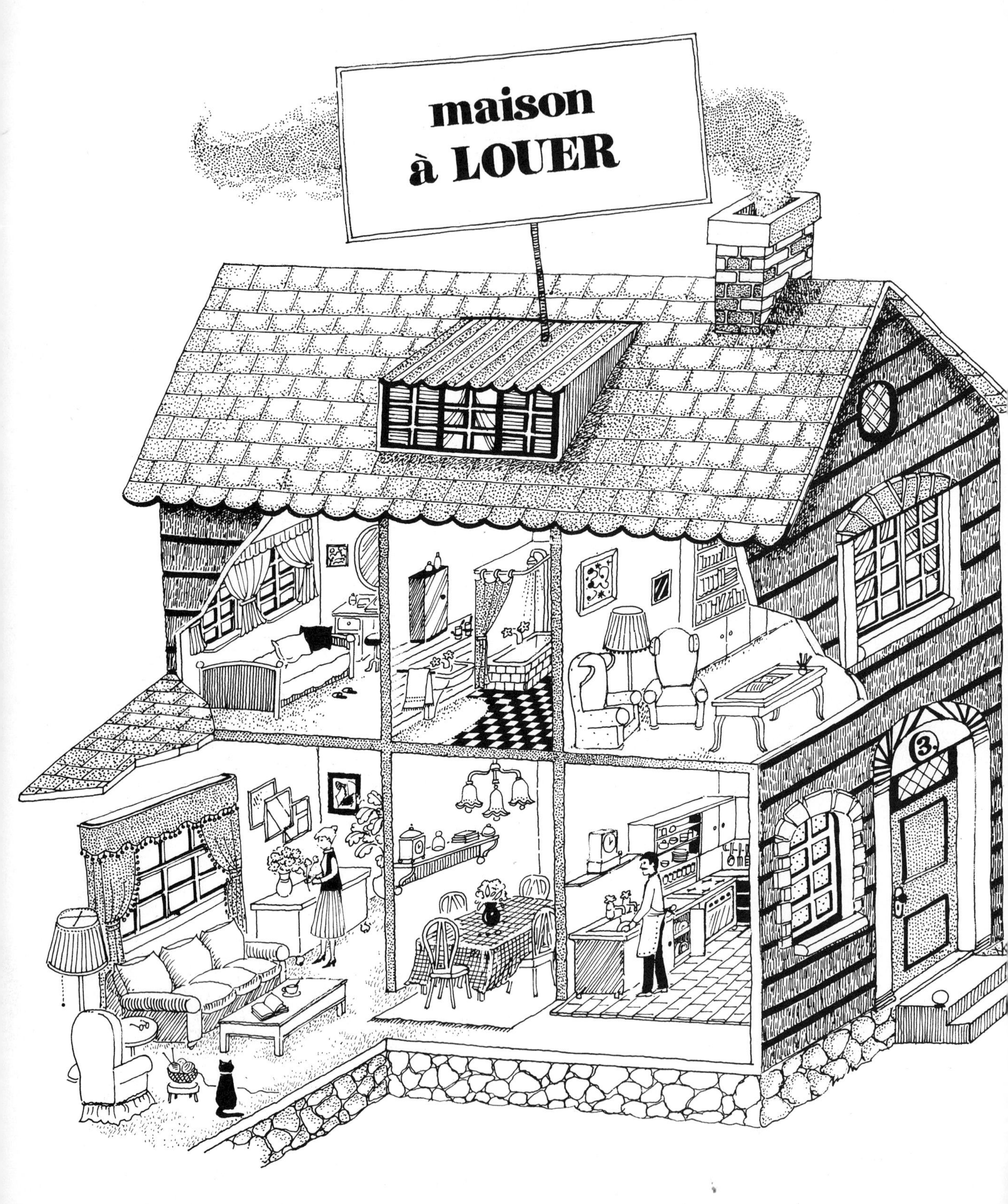
maison
à LOUER
3.

prise de contact

La maison transparente

Pourquoi suis-je dans cette banlieue° de Paris? Eh bien, je suis agent immobilier° et j'ai l'autorisation des propriétaires°, les Aubrion, de faire visiter leur maison qui est à louer°. Mes clients° ne sont libres que° le soir car° ils sont étudiants.

suburb
real estate / owners
à... for rent / customers
ne...que... = *seulement* / = parce que

Nous voilà directement dans la cuisine. Il y a une cuisinière° à gaz, de nombreux placards° et un réfrigérateur. Il y a aussi un lave-vaisselle° où M. Aubrion met les assiettes, les verres, les couverts°* et les casseroles°.

stove
cupboards
dishwasher / silverware
(sauce)pans

Deux autres pièces° occupent le rez-de-chaussée:** la salle à manger° et la salle de séjour°. On peut° facilement recevoir trois ou quatre personnes dans la salle à manger. Entrons dans° la salle de séjour. Elle a une large° fenêtre. Le canapé° et le fauteuil ont l'air très confortables. Un tapis° épais° recouvre le plancher°. Une grosse lampe est allumée° dans un coin°.

rooms
salle... dining room / *salle...* living room / can
Entrons... Let's enter
wide / sofa
rug / thick / floor
lit / corner

Maintenant montons au premier étage.† Voici la bibliothèque avec ses étagères° remplies° de livres.

shelves / filled

Ensuite c'est la salle de bains° où nous remarquons la douche° au-dessus de la baignoire°.

salle... bathroom / shower
bathtub

Enfin voilà la chambre à coucher°. Il n'y a qu'une chambre? Non, il y en a une autre très petite sous le toit°, que nous ne visitons pas parce qu'elle est en désordre°.

chambre... bedroom
roof
en... a mess

La visite est terminée, l'agent immobilier repart. Jean-Mathieu, Régis et Serge ont une décision à prendre.

---

* = **fourchettes, couteaux et cuillères**
** **le rez-de-chaussée,** *first floor*
† **le premier étage,** *second floor*

JEAN-MATHIEU Je la trouve bien, moi, cette maison, et vous deux? Elle est bien située, tout près de Châtenay-Malabry.

moped — REGIS Avec ton Solex° et mon cyclomoteur, il nous faudra peu de temps pour aller à Centrale.* Et toi, Serge, qu'est-ce que tu en penses?

SERGE Pour moi, c'est parfait aussi. La maison est à cinq minutes d'une station du RER.**

rent / affordable — JEAN-MATHIEU Le loyer° est un peu cher mais partagé en trois c'est tout à fait abordable°.

attic / flush (fam.) — REGIS Peut-être que je vais prendre la chambre mansardée°. Je suis le moins argenté°!

SERGE Si tu veux. Et moi je vais transformer la bibliothèque en chambre.

JEAN-MATHIEU Bon, c'est décidé! Nous la prenons.

fellows (fam.) / are moving — REGIS Eh, les gars°, savez-vous pourquoi les Aubrion déménagent°??

---

* **L'Ecole Centrale,** Grande Ecole d'ingénieurs
** **Réseau Express Régional** (extension du métro parisien)

1 Les pronoms personnels objets indirects

Considérez la phrase suivante:

Le professeur rend **la composition** **à l'étudiant.**

la composition: *objet direct du verbe*
à l'étudiant: *objet indirect du verbe, introduit par la préposition* **à**

(je)	**me (m')**
(tu)	**te (t')**
(il, elle)	**lui**
(nous)	**nous**
(vous)	**vous**
(ils, elles)	**leur**

sont les pronoms personnels *objets indirects.* Ils remplacent **à** + *un nom de personne.*

Parlez-vous **à M. Chabert** avant le cours? —Non, je **lui** parle après le cours.
Répondez-vous **à Mlle Legrand** en français? —Bien sûr, je **lui** réponds en français.
Téléphonez-vous souvent **à vos amis?** —Je **leur** téléphone de temps en temps.
Est-ce que tu **me** dis toute la vérité? —Non, je ne **te** dis pas toute la vérité.
Vous faut-il quelque chose? —Oui, il **nous** faut de la tranquillité.

Le pronom objet indirect est placé *immédiatement avant* le verbe (à l'affirmatif, au négatif, ou à l'interrogatif).

Lui et **leur** sont employés pour le masculin et le féminin.

Leur n'a pas d'**s**.

Remarquez **me, te, nous, vous** sont directs ou indirects.

Voici des verbes construits avec **à** + *nom de personne:*

obéir à parler à	plaire à répondre à	ressembler à téléphoner à
demander (quelque chose) à dire (quelque chose) à donner (quelque chose) à écrire (quelque chose) à poser une question à		

▶ *Appliquez* Pronom personnel objet direct ou indirect?

Quand Patrice est avec son ami Dominique, il ____ parle de ses cours et il ____ pose des questions sur un tas de choses. Dominique ne ____ écoute pas bien, alors il ____ donne des réponses bizarres. Patrice n'aime pas ça. L'attitude de Dominique ____ dérange. Alors va-t-il ____ garder comme ami? (*réponses page 213*)

Les pronoms y et en

y remplace:

à + *nom de chose:*

Jouez-vous **au bridge?**
—Oui, j'**y** joue un peu.

une préposition (excepté **de**) + *nom de lieu* (*there*):

M. Aubrion est-il **dans la cuisine?**
—Oui, il **y** est.

en remplace:

un (**une, des, du, de la, de l', de**) + *nom de chose:*

Jouez-vous **de la flûte?**
—Oui, j'**en** joue un peu.

un nom après *un nombre* ou *une expression de quantité* (le nombre ou l'expression de quantité sont répétés):

Ecrivez-vous **beaucoup de lettres?**
—Oh! oui, j'**en** écris **beaucoup.**

As-tu **un crayon?**
—Oui, j'**en** ai **un.**
—Non, je n'**en** ai pas. (Le nombre **un** disparaît au négatif.)

de + *nom de lieu* (*from there*):

Venez-vous **de la banque?**
—Oui, j'**en** viens.

—Est-ce qu'un train peut cacher un autre train?
—Oui,

▶ *Appliquez* **lui, leur, y** ou **en?**

Jean-Pierre va à la bibliothèque. Il ____ va avec Stéphanie. En route, ils rencontrent Irène, une copine, qui ____ dit bonjour. Stéphanie ____ demande de venir avec eux. Elle accepte et ils décident de jouer aux cartes. Comme il ____ faut un jeu de cartes, Jean-Pierre va ____ chercher un dans sa chambre. Tous les trois sont contents. Ça ____ plaît de jouer aux cartes. Ils ____ jouent très bien.

(*réponses page 213*)

Apprenez les constructions suivantes:

entrer (dans, à)	≠ sortir (de)
arriver (à)	≠ partir (de)

J'entre **dans le bâtiment, au laboratoire.** J'**y** entre.
Je sors **de la cafétéria.** J'**en** sors.
J'arrive **à Chicago.** J'**y** arrive.
Je pars **de Chicago.** J'**en** pars.

▶ *Appliquez* Substituez les verbes entre parenthèses puis remplacez par un pronom.

Elle *arrive* à son appartement. Elle *y* arrive.
(entrer, sortir, partir)

(*réponses page 213*)

Attention au verbe **penser à:**

EXEMPLES Pensez-vous **à votre carrière?** —Oui, j'**y** pense.
Pensez-vous **à Marie?** —Oui, je pense à **elle.**

Avec un nom de personne, employez un pronom tonique. N'employez pas de pronom personnel objet indirect.

2 Vouloir, pouvoir; recevoir, voir

Ce sont des verbes irréguliers.

> **Veux**-tu du Pepsi?
> **Voulez**-vous déménager? —Non, je suis très bien chez moi.
> "Quand on **veut**, on **peut**."* —proverbe **(= être capable de)**
> **Pouvez**-vous boire de la bière?** **(= avoir la permission de)**

Remarquez

la construction **vouloir** / **pouvoir** } + *infinitif*

l'expression **vouloir dire (= signifier):**

> Qu'est-ce que ce mot **veut dire**?

vouloir		**pouvoir**	
je veu**x**	nous voul**ons**	je peu**x**	nous pouv**ons**
tu veu**x**	vous voul**ez**	tu peu**x**	vous pouv**ez**
il, elle, on veu**t**	ils, elles veul**ent**	il, elle, on peu**t**	ils, elles peuv**ent**

Recevez-vous beaucoup d'amis dans votre salon?
Je **reçois** un peu de courrier tous les jours.
Nous **apercevons** la montagne par temps clair.
Regardez par la fenêtre. Qu'est-ce que vous **voyez**?
—Je **vois** la voiture de mes voisins.

recevoir (apercevoir)		**voir**	
je reçoi**s**	nous recev**ons**	je voi**s**	nous voy**ons**
tu reçoi**s**	vous recev**ez**	tu voi**s**	vous voy**ez**
il, elle, on reçoi**t**	ils, elles reçoiv**ent**	il, elle, on voi**t**	ils, elles voi**ent**

* *"Where there is a will, there is a way."*
** En France il n'y a pas de restriction d'âge pour la consommation d'alcool.

3 Ne...que...

Est-ce que je peux loger chez vous? —Non, nous **n**'avons **qu**'un studio.
(= nous avons seulement un studio)
Le propriétaire **ne** vient **que** quand un locataire déménage.
Il n'y a pas de toilettes* au premier étage; il **n**'y en a **qu**'au rez-de-chaussée.

ne (n')...que (qu')... = seulement

Remarquez

Ne...que... est restrictif; ce n'est pas une négation.
Placez **ne** devant le verbe et **que** à la place du mot **seulement.**

▶ *Appliquez*

1. Ce logement a seulement trois pièces.
2. Je vois les autres locataires seulement quand je sors.
3. Vous allez venir seulement à trois heures!

(*réponses page 213*)

4 L'impératif

Parlez français. **Mange** ta soupe. **Allons** dîner au restaurant.
Ne **soyons** pas impatients. Ne **dites** pas de bêtises.

L'impératif exprime un ordre, une suggestion, une invitation. Les formes de l'impératif sont les trois formes **(tu, nous, vous)** du présent de l'indicatif, sans le pronom sujet.

Verbes réguliers

	parler	**finir**	**vendre**
(tu parles)	parl**e**	finis	vends
(nous parlons)	parlons	finissons	vendons
(vous parlez)	parlez	finissez	vendez

* Les W.C. sont généralement séparés de la salle de bains.

Verbes irréguliers

	aller	**prendre**	**lire**
(tu vas)	va	prends	lis
(nous allons)	allons	prenons	lisons
(vous allez)	allez	prenez	lisez

Notez

Les verbes en **er** perdent le **s** de la deuxième personne du singulier du présent.

parlons: *let's talk.*

Trois verbes ont un impératif *irrégulier:*

être	**avoir**	**savoir**
sois	aie	sache
soyons	ayons	sachons
soyez	ayez	sachez

Interjections Faites attention, **voyons!** (*come now*)
Tiens! Je suis étonnée! (*Really! Look here!*)
Dites donc, il faut partir. (*Say!*)

▶ *Appliquez* Quel est l'impératif correspondant?

1. tu travailles
2. nous ne sommes pas
3. vous savez
4. tu vas
5. tu réfléchis
6. Traduisez: *let's leave*

(*réponses page 213*)

5 Peut-être (que)

Les prix des appareils électriques sont **peut-être** dans le catalogue.
Peut-être que les prix des appareils électriques sont dans le catalogue.
Peut-être les prix des appareils électriques **sont-ils** dans le catalogue.

Remarquez les trois possibilités avec cette expression:

après le verbe
au commencement de la phrase avec **que,** sans inversion du verbe et du sujet (c'est la forme la plus employée en conversation)
au commencement de la phrase, avec inversion du verbe et du pronom sujet.

▶ *Appliquez* Donnez les trois possibilités.

Il y a des locations ici. (peut-être)

(*réponses page 213*)

Voulez-vous louer un appartement?

Il existe à
MONTMARTRE
des appartements
EXTRAORDINAIRES
dans une demeure 18e siècle
au milieu d'un PARC
EXCEPTIONNEL
Visites sur rendez-vous :
500.75.49
SIMER 70, avenue Victor-Hugo 75016 PARIS

COTE D'AZUR
— CANNES CROISETTE
Face Festival, studio gd standing
NICE PROMENADE
Deux pièces dernier étage
profonde terrasse solarium
privatif
— PROCHE MONACO
Face mer, deux pièces neuf
60 m2, terrasse 20 m2
piscine, accès direct plage

PROMOTION MOZART
Hôtel Méridien, NICE
Tél. : 82.25.47
40, av. Auber, NICE
Tél. : 87.08.62
Télex : Immozar 461.491 F

6 **Il est** + adjectif + **de** + infinitif verbe + **de** + infinitif

Il est important **de** finir ce travail ce soir.
Vous êtes fou **de** penser cela.
Je n'ai pas le temps **de** vous voir.
Tu oublies toujours **de** fermer ta porte à clé.

Beaucoup de verbes et d'expressions sont suivis de **de** + *infinitif*.

il (impersonnel) + **être** + adjectif **être** (+ adjectif de sentiment) **avoir le temps, l'intention** **oublier, essayer, décider, finir***	+ **de** + infinitif

* Voir Appendice N° II pour liste complète.

7 Parce que, à cause de, car

Employez: **parce que (qu')** + sujet + verbe
à cause de (d') + nom ou pronom

EXEMPLES Je suis en retard **parce qu**'il pleut.
Je suis en retard **à cause de** la pluie.

▶ *Appliquez*

1. Je pleure ______ je suis triste.
2. Elle est en colère ______ vous.
3. Il ne loue pas cette maison ______ le loyer est trop cher.
4. Nous n'avons pas d'électricité ______ une panne.

(*réponses page 213*)

car = parce que

Le docteur va venir **car (parce que)** Stéphanie est malade.

Mais n'employez pas **car:** au commencement d'une phrase
après **et, ou, mais, aussi**

EST-CE QUE ÇA EXISTE?
French fries? ▶ les frites
French toast? ▶ le pain perdu
French dressing? ▶ la vinaigrette (huile, vinaigre, sel et poivre)

EXERCICES ORAUX

I *Prononciation*

Le son /e/

Prononcez /e/ dans les cas suivants:
un **é** (**e** accent aigu):
en été, la réalité, un congé, une entrée
la conjonction **et:**
vous et moi
er à la fin d'un infinitif, d'un nom ou d'un adjectif (**r** n'est pas prononcé):
aimer, travailler, parler, jouer; le dîner, un danger; léger, premier

Exception Le **r** final de la plupart des mots monosyllabiques et de quelques mots dissyllabiques est prononcé:
cher [ʃɛr], la mer, l'hiver

es dans un mot monosyllabique:
mes [me], tes, ses, les, ces
ez à la fin d'une forme verbale, d'un nom, ou d'une préposition:
vous parlez, le nez [ne], chez

Lisez. Distinguez les sons /ə/, /e/, /ɛ/
les propriétaires, j'espère, une étagère
[leprɔprijetɛr], [ʒɛspɛr], [ynetaʒɛr]

il met les assiettes, les verres, les fourchettes, les cuillers (cuillères)
[ilmɛlezasjɛt], [levɛr], [lefurʃɛt], [lekɥijɛr]

dans le lave-vaisselle.
[dɑ̃ləlavvɛsɛl]

la cuisinière marche à l'électricité
le premier étage, la dernière pièce

II *Répondez aux questions. Remplacez les mots en italique par un pronom personnel objet indirect, ou* **y** *ou* **en.** (*D'après la Prise de contact:* La maison transparente.)

1. *Combien de pièces* y a-t-il dans la maison?
2. Est-ce que M. Aubrion parle *à sa femme?*
3. La cuisine est-elle *au premier étage?*
4. Y a-t-il *un canapé* dans le salon?
5. Voyez-vous *un coussin* sur le canapé?
6. Apercevez-vous *des étagères* dans la bibliothèque?
7. Est-ce que l'agent immobilier fait visiter la chambre mansardée *à ses clients?*
8. Est-ce que la maison plaît *aux trois jeunes gens?*

III *Complétez la phrase d'après le modèle.*

MODELE *Je t'*écris et...
Je t'écris et tu m'écris.

1. *Tu lui* (fém.) parles et...
2. *Elles nous* téléphonent et...
3. *Il me* plaît et..., je crois!
4. *Je vous* dis bonjour et...
5. *Vous* allez *nous* écrire et...

IV *Complétez avec la forme correcte du présent du verbe entre parenthèses.*

UN CADEAU D'ANNIVERSAIRE

LA MERE Laurent, qu'est-ce que tu (vouloir) pour ton anniversaire?
LAURENT Je vais avoir dix-huit ans. Je (pouvoir) passer mon permis de conduire. Pourquoi pas une voiture?
LA MERE Tu sais bien que nous (ne pas pouvoir) acheter de voiture. Il y a des parents qui (pouvoir) le faire, mais pas nous.
LAURENT Il y a pourtant une petite Renault qui me (plaire) bien.
LA MERE Mais tu n'en as pas besoin. On (voir) ton lycée de la fenêtre.
LAURENT Mes copains (recevoir) de beaux cadeaux pour leur anniversaire, et moi alors! J'en (vouloir) aussi.
LA MERE Ce n'est pas une raison. Mais pose la question à ton père, si tu (vouloir).

V *Ecoutez la question du professeur. Répondez-y et posez-la ensuite à un(e) camarade (employez* **tu***).*

1. Qu'est-ce que vous voulez? une tasse de café? du thé glacé? du Pepsi-Cola?
2. Qu'est-ce que vous voulez faire ce soir? aller à une conférence? travailler à la bibliothèque? faire de l'auto-stop? jouer au ping-pong?
3. Pouvez-vous parler quand le dentiste examine vos dents? pendant un examen? quand vous dînez?
4. Est-ce que vous pouvez fumer pendant vos cours?
5. A qui pensez-vous le plus souvent?

VI *Substituez* **ne...que...** *à* **seulement.**

1. La maison a *seulement* un étage.
2. Les chambres sont utilisées *seulement* le soir.
3. Il y a *suelement* une salle de bains.
4. La famille est dans le salon *seulement* quand il y a des invités.

VII *Mettez les impératifs au singulier.*

1. Allez à la cuisine et prenez un verre.
2. Ouvrez le frigidaire et sortez une bouteille de lait.
3. Versez du lait dans le verre et buvez le lait.
4. Mettez du beurre ou de la confiture sur une tranche de pain.
5. Mangez la tartine.
6. Maintenant montez dans votre chambre et dormez bien.

VIII *Complétez avec la préposition* **de** *quand c'est nécessaire.*

VERSAILLES

UN FRANÇAIS Vous voulez ____ visiter le château de Versailles? Il faut d'abord ____ aller à Versailles, une petite ville à l'ouest de Paris.

UN TOURISTE Comment peut-on ____ y aller?

LE FRANÇAIS Il est possible ____ y aller en train ou en autobus.

LE TOURISTE A-t-on le temps ____ voir tout le château en une journée?

LE FRANÇAIS Oui, mais essayez ____ ne pas passer trop de temps dans vos endroits préférés.

LE TOURISTE Je ne veux pas ____ oublier ____ visiter les beaux jardins mais ils sont grands. Je voudrais aussi ____ voir les Grandes Eaux.

LE FRANÇAIS Vous allez être obligé ____ revenir pour cela parce qu'on ne peut les voir que certains jours.

LE TOURISTE C'est dommage, mais j'ai l'intention ____ revenir bientôt. Je suis content ____ avoir l'occasion ____ visiter ce beau château. Au revoir et merci pour les renseignements.

IX **Parce que** *ou* **car?**

______ la cuisine ne fait que quatre mètres carrés, et aussi ______ elle aime travailler seule, Madame Aubrion prépare les repas sans l'aide de sa famille. C'est mieux pour tout le monde ______ Monsieur Aubrion préfère lire le journal avant le dîner. Mais, tout n'est pas parfait pour Monsieur Aubrion ______ il est chargé de faire la vaisselle...

X *A votre tour.*

Avec deux camarades vous cherchez un appartement ou une maison. Où? Comment est-il (elle)? Combien de pièces vous faut-il?, etc. Utilisez la Prise de contact: *La maison transparente.*

XI *Conversation par groupes de deux ou trois.*

Demandez à votre camarade:

où est sa chambre, et dans quelle résidence universitaire.
s'il l'aime ou s'il veut déménager.
si elle est différente de sa chambre à la maison.
comment est la maison de ses parents.
Continuez...

EXERCICES ECRITS

A *Répondez aux questions avec un pronom, affirmativement ou négativement.*

1. Allez-vous *au lit* de bonne heure?
2. Avez-vous *beaucoup d'ennemis?* Combien?
3. Aimez-vous *la glace à la vanille?*
4. Mangez-vous *de la glace à la vanille?*
5. Mangez-vous *un cornet de glace à la vanille?*
6. Parlez-vous *aux gens que vous n'aimez pas?*
7. Pensez-vous souvent *à vos amis?*
8. Pensez-vous aussi *à vos vacances?*

B *Voilà une réponse. Ecrivez une question en remplaçant le sujet par le pronom indiqué et l'objet par un pronom objet.*

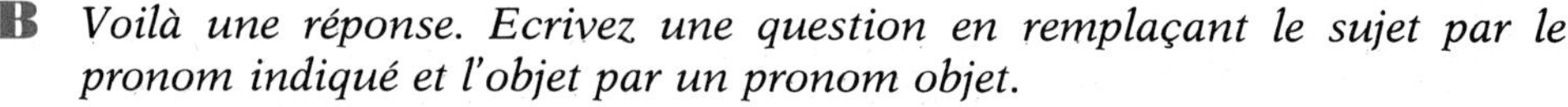

MODELE Je vois *la maison.* (tu)
La vois-tu aussi?

1. Marie veut *des vacances.* (vous)
2. Tu pars *à la campagne.* (il)

3. L'architecte préfère *les bâtiments modernes.* (tu)
4. Nous parlons *à nos amis.* (elles)
5. Mon frère dort *dans un fauteuil.* (vous)

C *Complétez avec le verbe à la forme convenable.*

UN APPARTEMENT A LOUER

Je cherche un logement. En voilà un mais il n'a que deux pièces et j'en _____ (vouloir) un de trois pièces. De plus le loyer est cher. Je ne _____ (pouvoir) pas payer cette somme élevée. Maintenant je _____ (vivre) dans une maison avec quelques camarades. Ils sont trop bruyants, alors je _____ (vouloir) déménager. Mais je ne _____ (voir) pas de locations convenables. Où vais-je trouver un appartement à louer, et dans un immeuble où les locataires ne _____ (recevoir) pas d'amis continuellement?

D *Mettez* **ne...que...** *dans la phrase.*

MODELE Il y a du poulet pour le déjeuner.
Il n'y a que du poulet pour le déjeuner.

1. Je prends des fruits.
2. Elle sourit quand elle est avec lui.
3. Vous avez le temps, il est six heures moins dix.
4. Tu pars à la campagne la semaine prochaine.
5. Elle vit pour ses enfants.
6. Ça coûte cent cinquante francs.

E *Ecrivez les verbes à l'impératif* **(vous).** *Attention à l'adjectif possessif.*

UNE SOIREE AVEC DES AMIS

1. Nettoyer la maison et mettre la table.
2. Dîner avec ses amis dans la salle à manger.
3. Aller au salon après le dîner.
4. Servir le café.
5. Mettre du sucre dans son café.
6. Boire son café.
7. Avoir une conversation animée avec ses amis.
8. Passer une bonne soirée.
9. Dire au revoir à ses invités.
10. Et maintenant, débarrasser la table et faire la vaisselle.

F *Mettez les verbes de cette recette à l'impératif* **(vous).**

LES CREPES

Préparation: 10 minutes *Cuisson:* 3 minutes par crêpe
Ingrédients:
250 gr. de farine
1/2 litre de lait 1 cuillerée à soupe d'huile
2 œufs 1 pincée° de sel

pinch

Mettre la farine dans un grand bol. *Faire* un puits°; *casser*° les œufs entiers dans le puits, *ajouter* l'huile, le sel et un peu de lait. *Mélanger*° les ingrédients avec une cuiller en bois et *travailler* énergiquement la pâte° pour la rendre légère. *Mouiller* progressivement avec le lait. *Vérifier* alors si la pâte coule° comme un ruban. *Parfumer* à volonté (rhum, fleur d'oranger, citron, etc.). Puis *laisser*° reposer une heure. *Beurrer* la poêle° légèrement et *mettre* à feu vif. *Verser*° un peu de pâte et *étendre*° régulièrement. *Retourner* la crêpe quand elle est dorée° et détachée des bords. *Faire* cuire° sur le deuxième côté. *Sucrer*°. *Plier*° ou *rouler* la crêpe. *Manger* chaud.

hole / to break
To mix
batter
flows
to let / skillet
To pour / to spread
golden / To cook
To put sugar / To fold

Et maintenant bon appétit!

G *Ecrivez votre recette favorite. Employez l'impératif avec* **vous.**

H *Ecrivez un petit paragraphe à l'impératif avec* **tu.**

Sujet: Donnez des conseils à un(e) étudiant(e) qui arrive au campus pour la première fois.

I *Ajoutez* **peut-être** *et donnez les trois possibilités.*

Mes voisins sont des bandits.

J *Complétez avec la préposition* **de,** *quand c'est nécessaire.*

1. Est-il important ____ apprendre les verbes irréguliers par cœur?
2. Etes-vous content ____ ces résultats?
3. Voudrais-tu ____ me dire la date de l'examen?
4. Vous pouvez ____ monter par ici.
5. N'oubliez pas ____ mettre de l'eau dans la casserole.
6. Elle sait ____ faire la cuisine mais elle n'a pas le temps ____ la faire.
7. Il est fou ____ vouloir ____ lui acheter une voiture.
8. Je vais ____ essayer ____ faire des crêpes d'après la recette de la leçon.

K *Remplacez les mots en italique par* **à cause de** + *nom.*

MODELE Je l'aime *parce qu'il est sincère.*
Je l'aime à cause de sa sincérité.

1. Il n'est pas content *parce qu'elle est absente.*
2. Nous t'admirons *parce que tu es courageux.*
3. Nous ne pouvons pas partir à sept heures *parce que nous dînons.*
4. Elles sont fatiguées *parce qu'elles travaillent.*

L *Traduction (facultatif).*

1. When you cannot buy a house, it is necessary to rent one.
2. His parents receive a letter from him only when he needs money.

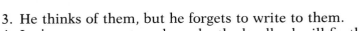

3. He thinks of them, but he forgets to write to them.
4. Let's pay our rent, and maybe the landlord will fix the shower.
5. This bedroom is always a mess.
6. They like the house because of its modern kitchen.

lecture

Une... A machine for living

"Une machine à demeurer°"

food
non... either

Une maison "est une machine à demeurer. Bains, soleil, eau chaude, eau froide, température à volonté, conservation des mets°, hygiène, beauté par proportion." Cette définition d'une maison n'est pas ordinaire. Mais Le Corbusier n'est pas ordinaire non plus°.

en... as an
nom... maiden name

D'origine suisse, il est né en 1887 et est mort en 1965. Son vrai nom est Charles Edouard Jeanneret. En 1916 il vient en France. En 1922, quand il devient, en tant qu°'architecte, le partenaire de son cousin l'ingénieur Pierre Jeanneret, il prend le nom de jeune fille° de sa mère: Le Corbusier.

himself

Il est difficile de connaître la personnalité du Corbusier, parce qu'il ne parle pas de lui-même°. Mais quand il lui faut défendre ses idées, ses principes, ses convictions, il n'hésite pas. Comme pour tous les innovateurs, les difficultés sont nombreuses.

painter
writer / = *être sous*

Il est important de savoir que Le Corbusier est aussi peintre° et écrivain°. En peinture, il subit° l'influence du Purisme (évolué du Cubisme). En 1920, il fonde avec Ozenfant la revue "l'Esprit Nouveau". Il y expose ses théories sur l'architecture, les développe entre 1920 et 1925, et arrive ainsi à l'idée de "la machine".

unites / laws
to store

Avec passion, il établit la base de ses théories par une étude attentive du monde, une observation directe, surtout visuelle. Il réunit° la réalité contemporaine, l'héritage de la tradition et les lois° de la nature. Il fait la différence entre "regarder" et "voir", comme il aime dire. C'est une distinction méticuleuse: "regarder", pour lui, consiste à prendre des notes, collectionner, emmagasiner°; et "voir" signifie comprendre, percevoir ou établir des relations. C'est seulement après cela qu'il peut "inventer" et "créer".

Unité d'Habitation, Marseille

Notre-Dame du Haut, Ronchamp

apartment buildings / pillars
concrete
reinforced

Souvent ses immeubles° reposent sur des piliers°, ou pilotis, en béton°. Ils ne sont pas au bord des rues, mais au milieu d'espaces verts. Il y a des terrasses sur les toits qui sont des solariums et des terrains de jeux. Il utilise beaucoup de béton armé° aux textures variées et de grandes surfaces de verre qui font des jeux de lumière. Les immeubles forment des unités résidentielles qui sont rationnelles, pratiques, fonctionnelles. C'est maintenant un style international.

Le terme "machine à demeurer" apparaît d'abord dans "l'Esprit Nouveau" en 1921, et scandalise tout le monde. Cependant Le Corbusier y voit une façon pratique de construire des habitations qui utilisent l'espace au maximum et permettent la circulation entre les piliers de base des immeubles. "La machine", avec ses divisions entre niveau du sol° et niveau supérieur, est un bon "instrument de rénovation urbaine" parce qu'elle distingue et réunit à la fois les deux grandes fonctions d'une ville: échange et interaction d'un côté°, habitation et commodités de l'autre.

niveau... ground level

d'un... on the one hand

Les œuvres du Corbusier sont très nombreuses, et on les trouve dans le monde entier. On peut voir sur les photos des bâtiments de styles différents parce qu'ils sont destinés à des usages différents, mais on y trouve toujours des structures linéaires, une grande simplicité de forme, une heureuse harmonie dans l'ensemble des matériaux et l'utilisation parfaite de la lumière du soleil et de la nature environnante°.

= *qui est autour*

QUESTIONS SUR LA LECTURE

1. Pour Le Corbusier, quels sont les éléments indispensables d'une maison?
2. Expliquez la différence entre "regarder" et "voir", d'après Le Corbusier.
3. Quels sont les détails qui caractérisent ses immeubles?
4. Pourquoi dit-il que "la machine" est "un bon instrument de rénovation urbaine"?
5. Quand vous regardez les photos, vous pensez sans doute à un autre grand architecte: Frank Lloyd Wright (1869–1959). Qu'est-ce que vous savez de lui?

CONSTRUCTION DE PHRASES

1. ne...que...
2. penser à
3. peut-être que
4. y
5. il est + adjectif + de (+ infinitif)
6. à cause de

VOCABULAIRE

1. Donnez *un synonyme* de:
   signifier désirer parce que seulement
2. Donnez *un antonyme* de:
   entrer dans étroit partir de en ordre
3. Citez *10 termes* relatifs à une maison: pièces, meubles, etc.

COMPOSITION

1. Faites la description de la maison de vos rêves. (Je voudrais...) Où est-elle? Combien d'étages a-t-elle? Quel est son style? Combien de pièces a-t-elle? Y a-t-il des meubles pratiques? etc.
2. Faites la description de votre résidence universitaire. Y êtes-vous bien? Y mangez-vous bien? etc.

jouons avec les mots

Mots de la famille des verbes **louer** et **loger.**

1. Payer pour habiter dans une maison qui n'est pas à vous.
2. La somme d'argent qu'il faut payer au propriétaire.
3. Habiter chez quelqu'un pendant un peu de temps.
4. Appartements ou maisons qui sont à louer.
5. La personne qui loue un appartement, ou une maison pour y habiter.
6. Endroits où on habite: appartements, chambres, studios, etc.

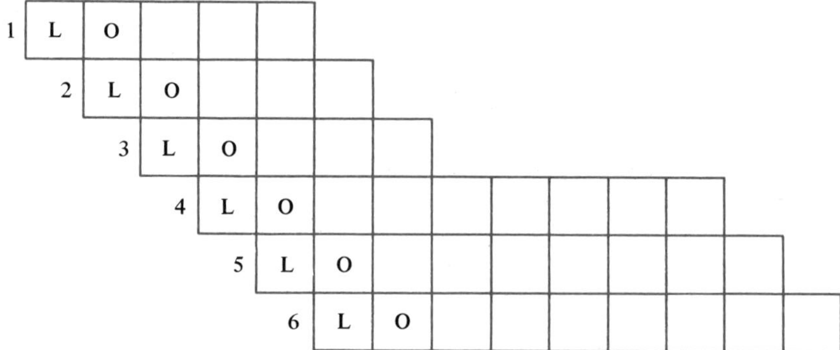

réponses aux *Appliquez*

Page 193

lui, lui, l', lui, le, le

Page 195

y, leur, lui, leur, en, leur, y

Page 195

Elle entre dans son appartement. Elle y entre.
Elle sort de son appartement. Elle en sort.
Elle part de son appartement. Elle en part.

Page 197

1. Ce logement n'a que trois pièces.
2. Je ne vois les autres locataires que quand je sors.
3. Vous n'allez venir qu'à trois heures!

Page 198

1. travaille
2. ne soyons pas
3. sachez
4. va
5. réfléchis
6. partons

Page 199

Il y a peut-être des locations ici.
Peut-être qu'il y a des locations ici.
Peut-être y a-t-il des locations ici.

Page 200

1. parce que
2. à cause de
3. parce que
4. à cause d'

leçon 10

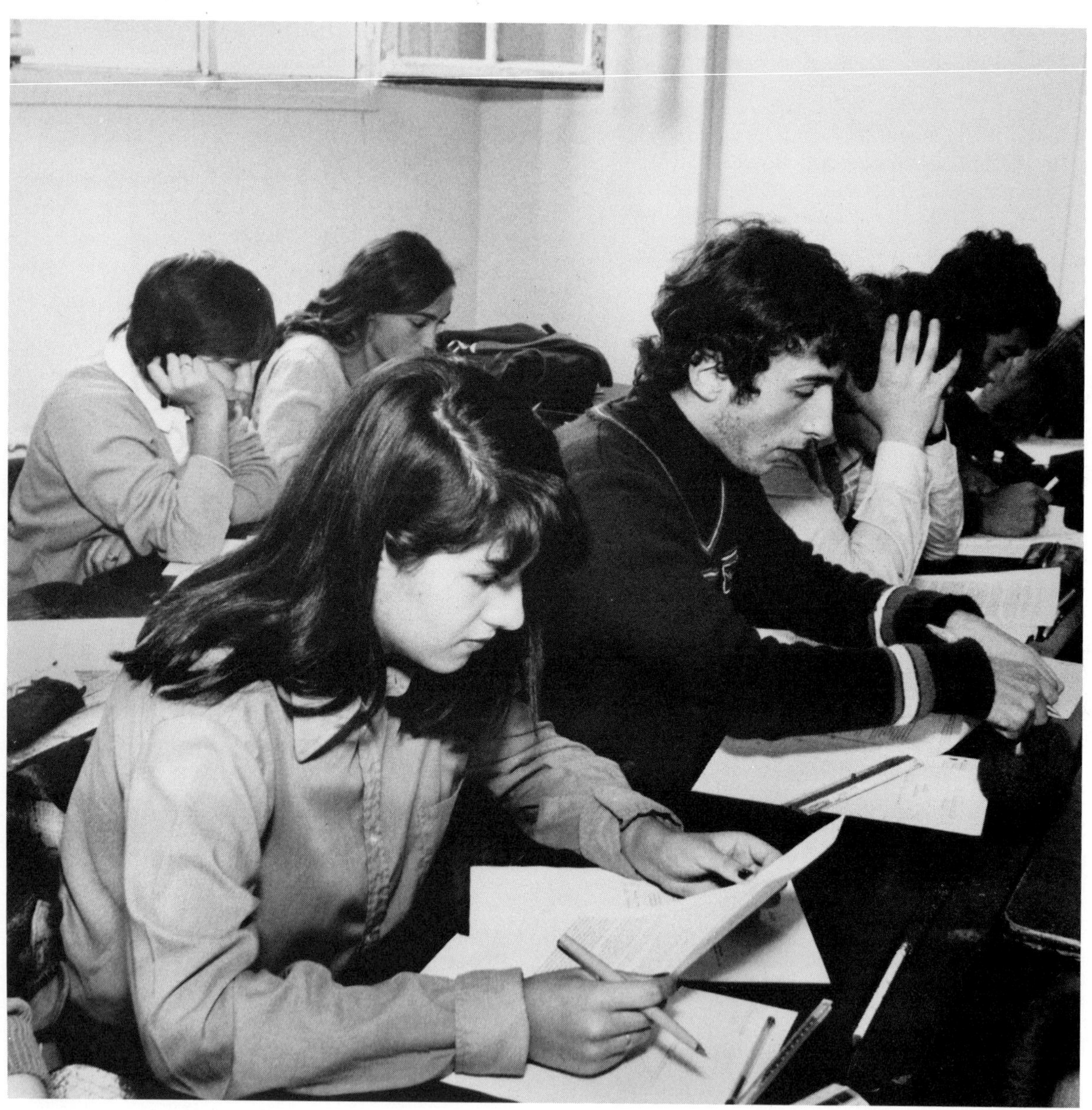

Joies et désagréments des études

CAFE
CAFE
UNIVERSITÉ
DE
Viviane

prise de contact

Panique avant un examen

Les cours terminés, les étudiants bavardent° à la sortie de la faculté°. Christian, Roland et Viviane parlent des examens qui approchent.

chat / university

CHRISTIAN Je ne sais pas comment je vais pouvoir réviser° trois matières en un mois. C'est toujours la même chose, tous les ans je veux commencer mes révisions pendant les vacances de Noël mais...chaque fois je pars faire du ski. En plus j'ai manqué° quelques cours et maintenant je suis bien ennuyé°.

to review / missed / worried

VIVIANE Ecoute! Je suis allée° à tous les cours, je peux te prêter° mes notes si tu veux.

went / lend

CHRISTIAN Sans blague!° Viviane, tu me sauves la vie! J'ai bien fait° de t'en parler. Je ne savais pas° ce que° j'allais faire.

Sans... No kidding! (fam.) / *J'ai*... I was right / *Je*... I did not know / *ce*... what

VIVIANE Mais, tu sais, je te conseille° de commencer bientôt. J'ai vu° les sujets d'examen de l'année dernière et ils étaient vachement° durs.

advise / *J'ai*... I saw / = *très* (fam.)

ROLAND Ça oui alors!° M. Laguillière est très exigeant° et il ne donne pas beaucoup de bonnes notes.

Ça... That's for sure! (fam.) / demanding

CHRISTIAN Remarque, tout ce que° je demande, c'est de ne pas avoir de note éliminatoire. Avec une note médiocre je peux encore rattraper° ma moyenne à la session de Juin. Mais je ne veux pas travailler tout l'été et repasser° mes examens en Septembre.

tout... all that / bring up / to take again

ROLAND Dites, c'est bien beau° de discuter de tout ça mais j'en ai marre° d'attendre! Tu prends le métro avec moi, Viviane?

c'est... that's all very nice / = *j'en ai assez* (fam.)

VIVIANE Non, je prends le bus, c'est plus pratique et c'est direct. A demain.

CHRISTIAN Au revoir vous deux, et encore merci!

A la librairie° de la "fac°", la vente des livres pour les cours des facultés de lettres, de droit° et de médecine ne cesse pas°. De temps en temps des livres d'occasion° permettent aux étudiants d'économiser un peu d'argent. On sent que l'atmosphère intellectuelle règne partout°, même au café où les discussions philosophiques, ou autres, ont lieu° par petits groupes autour des tables. On prend quelque chose: un citron pressé, une orangeade, un coca, un café. On mange un peu aussi. Et on discute, on discute, on discute...

bookstore / = *la faculté* (fam.)
law school / *ne*... does not stop
livres... used books
everywhere
ont... take place

1 Texte A: le passé composé

Je suis satisfait parce que j'**ai fait** beaucoup de choses aujourd'hui. Ce matin j'**ai travaillé** pendant quatre heures. Et puis j'**ai pris** l'autobus pour aller en ville. J'**ai acheté** des livres d'occasion. Soudain j'**ai eu** faim et j'**ai décidé** d'aller dans un café. J'y **ai rencontré** un ami. Nous **avons mangé** un croque-monsieur et puis il **est parti.** Alors je **suis revenu** chez moi. Ensuite j'**ai écrit** une lettre à mes parents. J'**ai réparé** ma bicyclette. J'**ai téléphoné** deux fois à un camarade. Enfin je **suis allé** dîner à huit heures.

Le passé composé est employé pour *une action accomplie* (faite et terminée) dans le passé. C'est un temps composé (2 mots).

Forme:

le présent de **avoir** (ou **être**) + le participe passé du verbe

↑	↑	
avoir (ou **être**) s'appelle *l'auxiliaire*	*verbes réguliers* **parler → parl é** **finir → fin i** **vendre → vend u**	*verbes irréguliers* **dire → dit** **prendre → pris** (*Voir tableau page 219*)

parler	
j'ai parlé	nous avons parlé
tu as parlé	vous avez parlé
il, elle, on a parlé	ils, elles ont parlé

j'ai parlé:
I spoke
I did speak
I have spoken

Notez les participes passés des verbes en **er** à particularités:

j'achète	acheter → j'ai **acheté**
j'appelle	appeler → j'ai **appelé**
je répète	répéter → j'ai **répété**

Verbes conjugués avec être

Un petit nombre de verbes sont conjugués avec **être.** Voici la liste:

aller ≠ venir	devenir
arriver ≠ partir	passer
entrer ≠ sortir	rentrer
monter ≠ descendre	rester
mourir ≠ naître	retourner
	tomber

Leur participe passé s'accorde avec *le sujet du verbe:*

Elle est allé**e** au marché.

aller	
je suis allé(e)	nous sommes allés(es)
tu es allé(e)	vous êtes allé(e,s,es)
il, elle, on est allé(e)	ils, elles sont allés(es)

Participes passés de quelques verbes irréguliers:

avoir → eu	mettre → mis	prendre → pris
dire → dit	mourir → mort	sortir → sorti
écrire → écrit	naître → né	suivre → suivi
être → été	ouvrir → ouvert	tenir → tenu
faire → fait	partir → parti	venir → venu
lire → lu	pouvoir → pu	voir → vu

Remarquez

avoir et **être** sont conjugués avec l'auxiliaire **avoir:**

j'**ai** eu, j'**ai** été.

▶ *Appliquez*

1. (remarquer) j'______
2. (obéir) il ______
3. (rendre) tu ______
4. (faire) vous ______
5. (arriver) elle ______
6. (écrire) ils ______
7. (rester) je ______
8. (lire) il ______

(*réponses page 235*)

Dans un temps composé, c'est l'auxiliaire qui est conjugué. Les règles pour la place *de la négation, des pronoms* et *de l'adverbe* sont donc appliquées à l'auxiliaire:

Je **n**'ai **pas** parlé.
Avez-**vous** entendu?
Ils **lui** ont téléphoné.
Nous avons **bien** écouté.

▶ *Appliquez*

1. (partir, elles) ______?
2. (bien parler) il ______
3. (ne pas comprendre) tu ______
4. (lui dire) je ______

(*réponses page 235*)

2 Texte B: l'imparfait

Maintenant je suis une personne très respectable, je pense! Mais ma mère me dit que quand j'**étais** petit, j'**avais** mauvais caractère. Je **pleurais** chaque fois que je **voulais** des jouets. Je n'**aimais** pas ma sœur parce que mes parents **semblaient** la préférer. A l'âge de sept ans je **travaillais** mal à l'école. Bref, mes parents **trouvaient** que je leur **causais** beaucoup de soucis.

L'imparfait est employé pour *une description* ou *une habitude* dans le passé quand l'action est *dans son développement.* C'est un temps simple (1 mot).

Forme: à la terminaison **ons** de la 1ère personne du pluriel **(nous)** du présent du verbe, substituez les terminaisons:
ais, ais, ait, ions, iez, aient

(nous parl ons)	**parler**	
	je parl **ais**	nous parl **ions**
	tu parl **ais**	vous parl **iez**
	il, elle, on parl **ait**	ils, elles parl **aient**

je parlais:
I spoke
I was speaking
I used to speak

La formation de l'imparfait est *régulière* pour tous les verbes, réguliers et irréguliers:

EXEMPLES boire → je buvais — finir → je finissais
comprendre → je comprenais — mettre → je mettais
faire → je faisais [fəzɛ] — répondre → je répondais

excepté le verbe **être:**

j'ét**ais**	nous ét**ions**
tu ét**ais**	vous ét**iez**
il, elle, on ét**ait**	ils, elles ét**aient**

Remarquez

étudier: *présent* → nous étud**i**ons — *imparfait* → nous étud**ii**ons
voir: *présent* → nous vo**y**ons — *imparfait* → nous vo**yi**ons

il faut → **il fallait**
il pleut → **il pleuvait**

▶ *Appliquez*

1. (faire) je ______
2. (dire) il ______
3. (rougir) tu ______
4. (être) nous ______
5. (vendre) elles ______
6. (apprécier) vous ______

(*réponses page 235*)

3 Le passé composé ou l'imparfait?

Le passé est exprimé principalement par *le passé composé* et *l'imparfait.* La forme, *I spoke,* commune aux deux temps indique qu'un choix est nécessaire entre les deux temps.

Employez

le passé composé (Texte A)	*l'imparfait* (Texte B)
pour **une action terminée** à un moment *indéterminé* du passé: j'**ai pris** l'autobus à un moment *précis* du passé: soudain j'**ai eu** faim je **suis allé** dîner à huit heures	pour **une action non terminée** (*flashback*) à un moment *indéterminé* du passé: quand **j'étais** petit à un moment *précis* du passé: à l'âge de sept ans je **travaillais** mal à l'école
pour une **série d'actions terminées:** nous **avons bavardé,** il **est parti,** je **suis revenu,** j'**ai écrit** une lettre, j'**ai réparé** ma bicyclette	
pour **une action accomplie dans des limites précises:** **j'ai travaillé** pendant quatre heures	
pour **une action répétée un nombre déterminé de fois:** j'**ai téléphoné** deux fois à un camarade	pour **une action répétée un nombre indéterminé de fois (habitude):** chaque fois que je **voulais** des jouets
	pour **la description** d'une situation, d'une personne ou d'une chose, d'un état mental, du temps, etc.: j'**avais** mauvais caractère je n'**aimais** pas ma sœur
	pour un verbe **qui dépend d'un autre verbe au passé:** mes parents **trouvaient** que je leur **causais** beaucoup d'ennuis
sont toujours à l'imparfait dans le passé	le futur proche: **aller** (+ *infinitif*) J'**allais partir** quand vous êtes arrivé. le passé récent: **venir de** (+ *infinitif*) Je **venais de finir** mon travail quand tu es entré.

Notez

Certains mots indiquent *le passé:*
ce matin, hier (≠ demain), **la semaine dernière, autrefois,** etc.

Des mots comme: **soudain(ement), tout à coup, subitement,** demandent généralement *le passé composé.*

Des mots comme: **habituellement, d'habitude, tous les jours,** demandent généralement *l'imparfait.*

▶ *Appliquez* Mettez les verbes entre parenthèses au passé composé ou à l'imparfait.

M. X. Pourquoi êtes-vous si nerveux? Avez-vous des soucis? Expliquez-moi la raison de votre anxiété.

M. Y. Eh bien, voilà. C'est stupide, mais je viens d'être la victime d'un vol°. — theft

M. X. Qu'est-ce que ce voleur ______ (prendre) dans votre maison?

M. Y. Il ______ (aller) directement dans ma chambre. Il ______ (ouvrir) tous les tiroirs°. Il ______ (mettre) toutes mes affaires en désordre. — drawers

M. X. Comment savez-vous qu'il ______ (commencer) par votre chambre?

M. Y. J'______ (être) en train de prendre une douche et je ______ (entendre) du bruit.

M. X. Oh, mon Dieu! Vous ______ (avoir peur)?

M. Y. Oui, mais je ______ (continuer). Qu'est-ce que je ______ (pouvoir) faire d'autre?

M. X. Est-ce que vous ______ (sortir) de la douche finalement?

M. Y. Non, parce que j'______ (être) tout nu° et je ______ (ne pas avoir) de vêtements à côté de moi. — naked

M. X. Qu'est-ce qu'il ______ (faire) après?

M. Y. Il ______ (venir) un instant dans la salle de bains et il me ______ (dire) bonjour. Il ______ (ajouter) qu'il me ______ (remercier) beaucoup.

M. X. Hein??

M. Y. Oui, et puis il ______ (partir). Voilà l'histoire.

M. X. Mais qu'est-ce qu'il ______ (voler)?

M. Y. Mon chapeau, une veste°, une chemise°, une cravate°, un pantalon°, des chaussettes° et une paire de chaussures°. — jacket / shirt / tie / pants / socks / shoes

M. X. Il a donc la même taille° que vous. Vous allez le retrouver facilement. Il ______ (avoir) peut-être besoin de nouveaux vêtements quand il ______ (arriver) chez vous! — size

(*réponses page 235*)

4 Connaître, savoir

Ce sont des verbes irréguliers.

Je **connais** votre père mais je ne **sais** pas où il travaille.
Connaissez-vous Lille? —Non, mais je **sais** que c'est une grande ville.
Qu'est-ce que vous **savez** faire? —Je **sais** nager, jouer au golf, etc.
Connais-tu ce poème? —Oui, je le **sais** même par cœur.

connaître		**savoir**	
je connais	nous connaissons	je sais	nous savons
tu connais	vous connaissez	tu sais	vous savez
il, elle, on connaît	ils, elles connaissent	il, elle, on sait	ils, elles savent

participe passé: **connu**

participe passé: **su**

On connaît, *is acquainted with:*
une personne, un lieu
une science, un poème, une langue, une date, etc.

On sait (parce qu'on a appris) un poème, une langue, etc.
On sait faire quelque chose (+ infinitif)
On sait que, où, pourquoi, comment, etc. (+ sujet + verbe)

▶ *Appliquez*

1. Est-ce que tu _____ mon copain?
2. Je ne _____ pas faire de ski.
3. Nous _____ bien votre ville.
4. Ils _____ sa situation et ils _____ qu'elle n'est pas bonne.
5. Vous ne _____ pas pourquoi il est parti?

(*réponses page 235*)

5 Les études

On *fait ses études* à l'université. On y est *étudiant.* On *étudie* la philosophie, la physique, etc. On *travaille* plusieurs heures par jour. On *apprend* les matières que les professeurs *enseignent.*

scholarship / tuition

Une bourse° aide à payer *les frais d'inscription*° et les autres frais, par exemple les livres (les manuels, les bouquins°), le logement, la nourriture, etc.

= *livres* (fam.)

On *suit des cours*° obligatoires ou facultatifs. Quelquefois on *laisse tomber*° un cours avant la fin du trimestre ou du semestre.

takes classes
drops

On *passe un examen*°. Quand on le *rate*° (ou *loupe*), on a une mauvaise note.* On a quelquefois des *échecs* (on *échoue* ≠ on *réussit*). On *est reçu*° ou *recalé*° (*collé*°) au baccalauréat.

takes an exam / flunks (fam.)
passes / fails / fails (fam.)

Quand on réussit à un examen (à *une épreuve*°, ou à *une interrogation écrite*°), c'est qu'on a eu une bonne note. Si on *triche*° à l'examen, on a une note qu'on ne mérite pas.

test
quiz / cheats

On vit dans *une résidence universitaire.* (Ne dites pas *dortoir,* c'est un endroit où l'on dort seulement.) On mange au *restaurant universitaire* ou dans une cafétéria, etc.

Quand on *a terminé ses études*°, on reçoit un diplôme.

has graduated

---

* On dit: **avoir** une note:
J'ai eu un A en français.

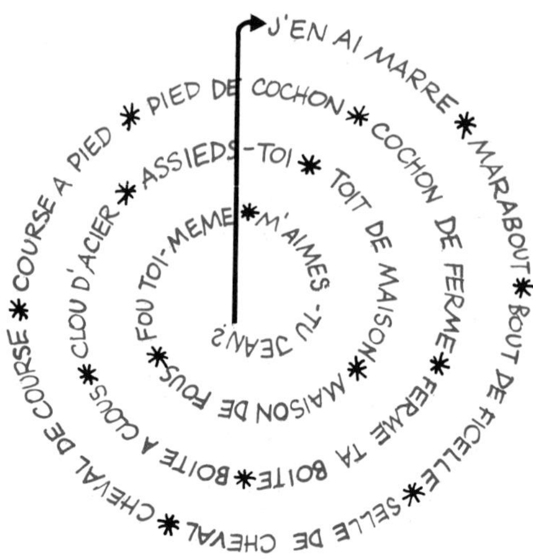

EXERCICES ORAUX

I *Prononciation*

La lettre **x** a des sons différents:

/s/ six [sis], soixante [swasɑ̃t], Bruxelles [brysɛl]
/ks/ exception [ɛksɛpsjɔ̃], excellent [ɛkselɑ̃]
/gz/ exemple [ɛgzɑ̃pl], exercice [ɛgzɛrsis]
/z/ dixième [dizjɛm], deux artistes [døzartist]

Le tréma (¨) est un signe placé sur un **e** ou un **i** pour prononcer deux voyelles consécutives séparément. Il est sur la deuxième voyelle:

No-ël   na-ïf   les Cara-ïbes

Comparez **ai-gu** (masculin) et **ai-guë** (féminin).

Avec le tréma, on garde le son **u** du masculin: **aigu** [egy], **aiguë** [egy]
(Sans le tréma, prononcez: **aigue** [ɛg])

II *Mettez les verbes au passé composé. Attention aux verbes conjugués avec* **être.**

1. Le professeur enseigne la biologie aux étudiants.
2. Tu finis ton travail à l'heure.
3. Vends-tu tes vieux livres?
4. Vous êtes malade avant les examens.
5. Les enfants ont des vacances.

6. J'écris une dissertation.
7. Elle fait son droit.
8. Les étudiants lisent-ils la "Lecture"?
9. Je le comprends bien.
10. Vous ne partez pas tout de suite après la conférence?
11. Nous allons à la Sorbonne.
12. Ils restent à la maison.

III *Mettez les verbes à l'imparfait.*

1. Je vais au lit à onze heures.
2. Nous finissons notre travail.
3. Vous ne faites pas la sieste.
4. Ils aiment le hockey sur glace.
5. Elle répète toujours la même chose.
6. Il rend les devoirs le lundi.
7. Vous partagez mon point de vue.
8. Nous disons la vérité.
9. Etes-vous au courant de la situation?
10. Nous étudions le français.

IV *Mettez les phrases au passé. Choisissez le passé composé ou l'imparfait.*

1. Il (partir) en France parce qu'il (vouloir) voir le Louvre.
2. Le téléphone (sonner) quand je (être) en train de travailler.
3. Je (faire) de la danse pendant quatre ans quand j'(être) jeune.
4. Le professeur nous (dire) qu'il (falloir) travailler dur.
5. Nous (aller) déjeuner quand soudain Viviane (arriver).
6. Il (venir de) finir son cours quand la lampe lui (tomber) sur la tête.
7. Il (ne pas venir) sous prétexte qu'il (avoir) mal à la tête.
8. Hier soir quand il y (avoir) une panne d'électricité, nous (être) en train de regarder la télévision.

V *Répondez aux questions.*

1. Qu'est-ce que vous faisiez hier à huit heures du soir?
2. Qu'est-ce que vous avez fait samedi entre dix heures et midi?
3. Etes-vous rentré(e) tard hier soir?
4. Avez-vous appris une nouvelle intéressante récemment?
5. Pourquoi n'êtes-vous pas venu(e) au cours hier?
6. Saviez-vous que les étudiants français discutaient après les cours?
7. Quand vous étiez petit(e), causiez-vous beaucoup de soucis à votre famille?

8. Avez-vous raté un examen le trimestre dernier?
9. Avez-vous eu une note que vous ne méritiez pas?
10. Quel cours facultatif avez-vous déjà suivi?

VI *Mettez le passage suivant au passé.*

Quand je (être) petit, je (aller) en vacances chez mes grands-parents tous les étés. Ils (avoir) une jolie maison à la campagne. Je (aimer) beaucoup être chez eux. Mais un été, un de mes amis me (inviter) à passer le mois d'août avec lui au bord de la mer. Je (accepter) son invitation avec joie. Nous (partir) ensemble de Paris. Nous (voyager) en train. Quand nous (arriver) à Saint-Malô, ses parents (venir) nous chercher à la gare. Leur maison (être) à côté de la plage. Tous les jours nous (pouvoir) aller dans l'eau. Le soir nous (faire) une promenade en ville. Cet été-là je (passer) les vacances les plus extraordinaires de ma vie!

VII *A votre tour.*

Vous avez manqué des cours importants (dans votre spécialisation). L'examen approche. Heureusement, vous rencontrez un(e) camarade. Va-t-il (elle) vous aider? Est-ce que votre professeur est exigeant? Improvisez un dialogue. Relisez d'abord la Prise de contact: *Panique avant un examen.*

VIII *Lisez puis discutez.*

Si tu vas passer une ou plusieurs années dans une université américaine, je t'envie°. La jeunesse goûte° là quatre années de bonheur. Chez nous elle ne continue ses études après le lycée que pour se préparer à une carrière et pour acquérir une culture. Tel est aussi le but° de l'étudiant américain, mais il veut surtout passer de beaux jours dans un décor agreste°, souvent dans la société permanente de belles jeunes filles. Le campus, ce terrain planté d'arbres où sont construits les bâtiments, gothiques ou coloniaux, de l'université est presque toujours un parc admirable. Quoi de plus parfait que Princeton, sinon Oxford et Cambridge...

Que vas-tu y apprendre? L'anglais, ou plus exactement l'américain, la vie sociale, et des techniques. L'apprentissage° de la vie en démocratie est plus important, dans les universités américaines, que les études proprement dites°. Tu vas y voir les étudiants organisés en société, préparant des élections, discutant des projets

envy / enjoys

goal

rustic

apprenticeship

proprement... properly so-called

et s'administrant eux-mêmes selon les règles de la méthode parlementaire...

Si tu manques° d'argent, travaille de tes mains dans tes heures libres et gagne ta vie°. Tes camarades vont te respecter.

lack

gagne... earn a living

Extrait de *Conseil à un jeune Français partant pour les Etats-Unis,*
André Maurois (1885–1967)

Maintenant conversation par groupes de deux ou trois.

Comment Maurois a-t-il décrit les universités américaines?
Qu'est-ce qu'on pouvait apprendre dans ces universités?
Etes-vous d'accord avec l'auteur? Pourquoi avez-vous choisi l'université où vous êtes? Les universités ont-elles changé?
Comment avez-vous l'intention de passer vos "quatre années de bonheur"?
Continuez...

EXERCICES ECRITS

A *Mettez le passage suivant au passé.*

Cendrillon ______ (être) une belle jeune fille qui ______ (vivre) très tristement. Il ______ (ne pas y avoir) d'espoir pour elle. Mais un soir, sa marraine la fée ______ (arriver). Elle ______ (habiller) Cendrillon d'une belle robe et d'un coup de baguette magique elle ______ (créer) une voiture luxueuse tirée par six chevaux. Sa marraine lui ______ (demander) de rentrer avant minuit. Malheureusement Cendrillon ______ (laisser) passer l'heure et soudain tout ______ (redevenir) comme avant. Mais un événement important ______ (aller) rendre ses mauvaises sœurs encore plus jalouses! Un prince ______ (aimer) Cendrillon et la ______ (épouser). Finalement elle ______ (avoir) une vie heureuse.

B *Lisez d'abord le passage en entier et puis mettez-le au passé.*

LA RENTREE DES CLASSES

C'est la rentrée des classes. Comme tous les ans, les enfants qui vont à l'école pour la première fois ont peur et pleurent. Les plus grands, qui en ont déjà l'habitude, arrivent avec leurs camarades.

Quand la cloche sonne, les instituteurs viennent chercher les petits pour les conduire à leur salle de classe. Quelques élèves ne veulent pas entrer dans l'école. Finalement leurs mères réussissent à leur donner du courage et ils entrent.

Hier c'...

C *Complétez avec un temps du passé.*

Quand Anne ______ (arriver) à sa voiture, elle ______ (découvrir) qu'elle ______ (ne pas avoir) ses clés. Alors elle ______ (retourner) chez elle et elle ______ (chercher) dans tous les coins de la maison mais sans résultat. Inquiète, elle ______ (appeler) son frère au téléphone et lui ______ (demander) s'il ______ (savoir) où elles ______ (être). Il lui ______ (répondre) qu'il ______ (ne pas le savoir), mais il lui ______ (dire) de regarder dans le garage. Les clés y ______ (être). Finalement elle ______ (pouvoir) partir faire ses courses.

D *Savoir ou connaître?*

1. ______-vous la différence qu'il y a entre savoir et connaître?
2. On m'a dit que le vert m'allait bien mais je ne ______ pas si c'est vrai.
3. Tu ______ les enfants. Tu ______ qu'ils sont quelquefois difficiles.
4. ______-vous l'île de la Martinique?
5. C'est difficile à faire, tu ______.
6. Est-ce que vous ______ le président de l'université de Columbia?
7. Il ______ pourquoi il est malade.
8. Vous ne ______ pas lire!

E *Finissez les phrases avec un verbe au passé.*

1. Quand vous avez annoncé cette nouvelle, nous...
2. Il a laissé tomber le cours parce que...
3. Vous ne connaissiez pas l'algèbre quand...
4. Ils ont triché sous prétexte que...
5. A l'école secondaire, je choisissais toujours des matières faciles parce que...
6. Tu as eu une bourse parce que...

F *Traduction (facultatif).*

1. The day I (m.) went to school for the first time, I was afraid.
2. I thought that the school was a horrible place.
3. Suddenly I saw my friend Shelly. She was alone and she also looked sad.
4. She came near me and then we went together into the classroom.
5. The teacher was wearing a purple jacket and a green tie.
6. Here and there I learned a few little things and I decided to stay in school. That is why I am going to be a teacher. (Last week I bought a purple jacket.)

lecture

Socrate, Pagnol et Lagneau

C'était un homme très corpulent: de larges épaules, une figure grasse et rose, une belle barbe blonde et vaguement ondulée. Il portait un veston° noir et, à sa boutonnière°, un ruban violet: les Palmes académiques!* Espoir et rêve de mon père, qui pensait les obtenir au jour de sa retraite°. J'étais fier, mais un peu inquiet, d'avoir un professeur qui portait une décoration si importante.

jacket
buttonhole
retirement

A voix très basse, j'ai demandé à mon voisin:

—Tu le connais déjà?

—Non, mais je sais qu'il s'appelle Socrate.**

Ce nom m'a intrigué: je savais qu'il y avait déjà eu° un Socrate, un poète grec, qui marchait de long en large° sous des platanes° avec ses amis, et qui était mort en buvant° une tisane de ciguë° (que je prononçais "sigue").

il... there had already been
de... up and down / plane trees
en... by drinking / *tisane...* poison hemlock tea [sigy]

Il y avait un grand silence, parce qu'on ne le connaissait pas; en ce premier jour, nous étions presque tous dépaysés° et solitaires.

out of our element

M. Socrate a commencé par nous dicter la liste des livres nécessaires. Elle remplissait toute une page, et cet assortiment était certainement très cher. Mais je n'étais pas inquiet, car grâce à ma bourse, ils étaient gratuits pour moi.

Après la dictée des livres, M. Socrate est allé au tableau, et y a écrit la déclinaison de "Rosa la Rose". Pendant qu'il calligraphiait le mot "ablatif", mon voisin m'a demandé:

—Comment t'appelles-tu?

Je lui ai montré mon nom sur la couverture de mon cahier.

Il l'a regardé une seconde, a cligné de l'œil°, et m'a dit finement°:

a... winked / subtly

* Décoration donnée par l'Etat aux écrivains, professeurs, etc., les plus remarquables.
** Nickname given to the Latin teacher

—Est-ce Pagnol?*

= *très content* / *trait...* stroke of wit

J'étais ravi° de ce trait d'esprit°, qui était encore nouveau pour moi. J'ai demandé à mon tour:

—Et toi?

bêlement... quavering bleat
adjusted / = *la force*
s'est... turned around all at once
rires... stifled laughter / recognized / culprit

Pour toute réponse, il a fait un petit bêlement chevrotant°. Mais il a mal réglé° la puissance° de son émission, et toute la classe l'a entendu. M. Socrate s'est retourné d'un bloc°, dans un murmure de rire étouffés°, et il a reconnu° le coupable° à sa confusion:

—Vous là-bas, comment vous appelez-vous?

s'est... got up

Mon voisin s'est levé°, et a dit clairement:

—Lagneau.**

= *subjugués*

Il y a encore eu quelques rires étouffés, mais M. Socrate les a domptés° d'un seul regard, et a dit avec force:

—Comment?

—Lagneau, a répété mon voisin. Jacques Lagneau.

M. Socrate l'a regardé une seconde, puis sur un ton sarcastique:

bleat

—Et c'est parce que vous vous appelez Lagneau que vous bêlez° en classe?

---

* [ɛspaɲɔl] Même prononciation que **espagnol**
** Même prononciation que **l'agneau** (*lamb*)

Cette fois, toute la classe a éclaté de rire°, à gorge déployée°. — *a...* burst out laughing / *à...* uproariously

M. Socrate n'a pas paru fâché° d'une hilarité qui célébrait sa spirituelle question, et il souriait lui-même lorsque° Lagneau (qui ne savait pas que certaines questions n'ont pas besoin de réponse) s'est levé à nouveau, les bras croisés, et a dit humblement: — *n'a...* did not seem upset; = *quand*

—Oui, M'sieur.

Sa réponse était sincère, car c'était bien pour me dire qu'il s'appelait Lagneau qu'il avait bêlé trop fort.

La classe a ri de plus belle°: mais M. Socrate n'a pas apprécié un effet comique non provoqué par lui, et a pris cette réponse pour une impertinence. C'est pourquoi il a foudroyé les élèves* d'un regard sévère°, puis, tourné vers Lagneau, il a dit: — *a...* laughed all the more; *il...* he cast the students a withering look

—Monsieur, je ne veux pas attrister° cette première classe de latin. Je ne vous inflige° donc pas la punition que mérite votre insolence. Mais je vous préviens°: cette indulgence ne va pas durer. Asseyez-vous. — = *rendre triste*; inflict; warn

D'après *Le temps des secrets,* Marcel Pagnol

* Au lycée, on dit **élèves,** et non **étudiants**

QUESTIONS

1. Qui est M. Socrate? Qui est Socrate?
2. Décrivez le professeur. Qu'est-ce qu'il porte à sa boutonnière?
3. Pourquoi y avait-il un grand silence au début de la classe?
4. Comment s'appelle le narrateur? Expliquez le trait d'esprit de son camarade.
5. Pourquoi Lagneau a-t-il bêlé?
6. Quelle a été la réaction du professeur?
7. Par quoi a été provoqué le changement d'attitude de M. Socrate?
8. Avez-vous eu un cours particulièrement comique?

CONSTRUCTION DE PHRASES

1. faire ses études
2. tout à coup (+ verbe au passé)
3. connaître
4. passer un examen

5. d'habitude (+ verbe au passé)
6. savoir (+ infinitif)
7. avoir lieu
8. étudier

VOCABULAIRE

1. Donnez *un synonyme* de:
   affreux   un livre   une épreuve   une inquiétude
2. Donnez *un antonyme* de:
   réussir à un examen   habillé   obligatoire
   demain   la semaine prochaine
3. Citez *une dizaine* de termes relatifs aux études.

COMPOSITION

1. Quelle personne a eu beaucoup d'influence sur vous? un membre de votre famille, un(e) ami(e), un professeur, etc.? Expliquez.
2. Quand vous aviez dix ans, vous avez eu une expérience mémorable à l'école. Racontez.
3. Votre premier trimestre (ou semestre) à l'université a-t-il été difficile? Avez-vous eu des surprises, bonnes et mauvaises? Est-ce que la transition de l'école secondaire à la vie du campus a été sans incident? Expliquez.

poème

LE CIEL EST PAR-DESSUS LE TOIT...

Le ciel est, par-dessus[1] le toit,
Si bleu, si calme!
Un arbre, par-dessus le toit,
Berce[2] sa palme.

La cloche, dans le ciel qu'on voit
Doucement tinte.[3]
Un oiseau sur l'arbre qu'on voit
Chante sa plainte.[4]

[1] over [2] sways [3] tinkles [4] complaint

Mon Dieu, mon Dieu, la vie est là,
  Simple et tranquille.
Cette paisible rumeur[5]-là
  Vient de la ville.

—Qu[6]'as-tu fait, ô toi que voilà[7]
  Pleurant sans cesse,[8]
Dis, qu'as-tu fait, toi que voilà,
  De ta jeunesse?

Sagesse, Paul Verlaine

[5] murmur   [6] What   [7] you who are here   [8] without ceasing

réponses aux *Appliquez*

Page 220

1. j'ai remarqué
2. il a obéi
3. tu as rendu
4. vous avez fait
5. elle est arrivée
6. ils ont écrit
7. je suis resté(e)
8. il a lu

Page 220

1. sont-elles parties?
2. il a bien parlé
3. tu n'as pas compris
4. je lui ai dit

Page 221

1. je faisais
2. il disait
3. tu rougissais
4. nous étions
5. elles vendaient
6. vous appréciiez

Page 223

a pris
est allé
a ouvert
a mis
a commencé
étais
(j')ai entendu
avez eu peur
(j')ai continué
pouvais
êtes sorti
étais
n'avais pas
a fait
est venu
m'a dit
a ajouté
remerciait
est parti
a volé
avait
est arrivé

Page 224

1. connais
2. sais
3. connaissons
4. connaissent, savent
5. savez

LA FRANCE

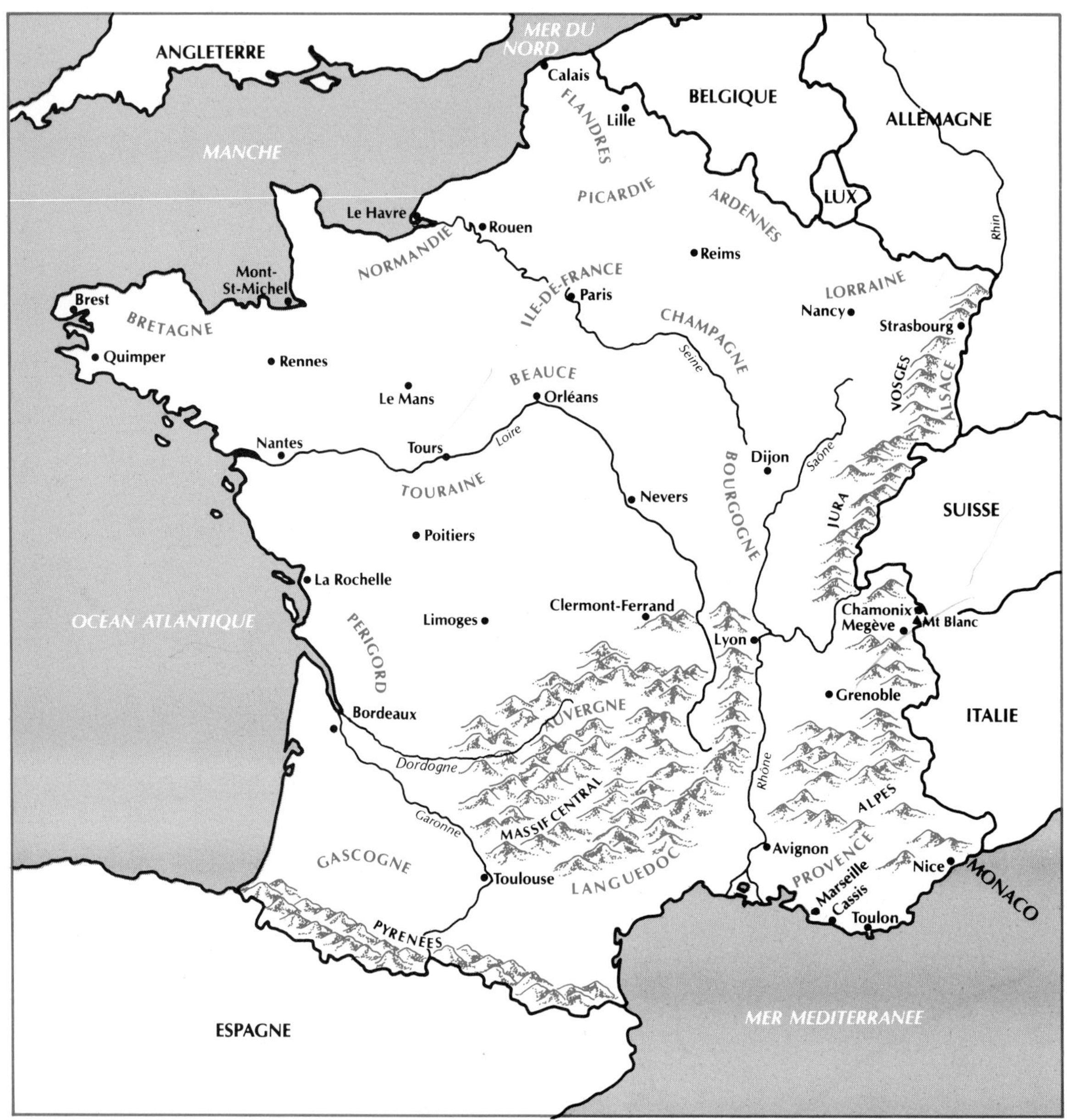
MER DU NORD
ANGLETERRE
Calais
BELGIQUE
FLANDRES
Lille
ALLEMAGNE
MANCHE
LUX
PICARDIE
ARDENNES
Le Havre
Rouen
Rhin
Reims
NORMANDIE
Mont-St-Michel
ILE-DE-FRANCE
LORRAINE
Brest
Paris
Nancy
BRETAGNE
CHAMPAGNE
Strasbourg
Quimper
Rennes
Seine
BEAUCE
VOSGES
ALSACE
Le Mans
Orléans
Nantes
Tours
Loire
Dijon
Saône
TOURAINE
BOURGOGNE
Nevers
SUISSE
JURA
Poitiers
La Rochelle
Clermont-Ferrand
Chamonix
Mt Blanc
OCEAN ATLANTIQUE
PERIGORD
Limoges
Megève
Lyon
Grenoble
Bordeaux
AUVERGNE
ITALIE
Dordogne
Rhône
MASSIF CENTRAL
ALPES
Garonne
Avignon
GASCOGNE
PROVENCE
Nice
Toulouse
LANGUEDOC
Marseille
MONACO
Cassis
Toulon
PYRENEES
ESPAGNE
MER MEDITERRANEE

PORTRAIT DE LA FRANCE

Dans l'optique américaine, la France est un petit pays. La superficie des Etats-Unis est approximativement dix-sept fois la superficie de la France. Par contre, pour l'Europe, après la Russie, la France est un grand pays.

Quelquefois on l'appelle "l'Hexagone", parce qu'elle a la forme d'un hexagone presque régulier. Du nord au sud et de l'est à l'ouest il y a à peu près la même distance: environ 1.000 kilomètres.

La France est délimitée par des frontières naturelles ou conventionnelles avec les pays voisins. Au nord-est, on trouve la Belgique, le Luxembourg et l'Allemagne occidentale; à l'est, le Rhin, le Jura et les Alpes séparent la France respectivement de l'Allemagne, de la Suisse et de l'Italie; au sud-est, il y a la mer Méditerranée, puis au sud-ouest les Pyrénées entre l'Espagne et la France; enfin à l'ouest, l'océan Atlantique et au nord-ouest la Manche. Il y a cinq frontières naturelles sur les six côtés de l'hexagone: la France a une position géographique privilégiée.

Les plus vieilles montagnes sont *le Massif Central* et *les Vosges.* Elles datent de l'ère primaire (comme les Monts Appalaches aux Etats-Unis).

A l'époque tertiaire apparaissent *les Pyrénées, le Jura* et *les Alpes.* Les Pyrénées sont difficiles à traverser. Il y a quelques cols, comme le célèbre col de Roncevaux où Roland et une partie de l'armée de Charlemagne ont trouvé la mort. Dans les Alpes, Chamonix et Megève sont les centres principaux du ski français. Le Mont-Blanc, où la neige est éternelle, a 4.807 mètres* d'altitude. Pour aller au sommet, on utilise le téléphérique de l'aiguille du Midi. Sous le Mont-Blanc, un tunnel relie la France à l'Italie.

En France, les grottes et les cavernes sont nombreuses. Certaines sont accessibles aux touristes (comme les cavernes de Carlsbad aux Etats-Unis). On descend en ascenseur et on va en bateau sur des rivières souterraines. D'autres grottes, comme Lascaux en Dordogne, sont maintenant fermées au public pour protéger les fresques murales. Elles datent d'environ vingt mille ans avant Jésus-Christ.

Quatre grands fleuves et leurs affluents arrosent la France:

La Seine est régulière et navigable jusqu'à Paris qui est le premier port de France. Elle prend sa source dans un plateau de Bourgogne. Autour de Paris elle fait de nombreux méandres. Elle débouche dans la Manche par un large estuaire. Le Havre, grand port commercial et maritime, se trouve sur cet estuaire.

La Loire est longue, elle a environ 1.000 kilomètres (mais le Mississippi a quatre fois sa longueur!). Sa source est dans le Massif Central. Elle coule ensuite vers le nord, puis se dirige vers l'ouest. Quelques-uns des plus beaux châteaux de France se trouvent dans la vallée de la Loire. Ce n'est un fleuve navigable qu'après Nantes, dans son estuaire. Elle se jette dans l'Atlantique.

* 15,770 feet

La Garonne n'est pas longue. Elle prend sa source en Espagne, dans les Pyrénées, et a des affluents assez importants. Elle va au nord jusqu'à Toulouse, puis au nord-ouest vers l'Atlantique. Après Bordeaux elle rejoint la Dordogne. Là, les deux cours d'eau forment la Gironde qui est vraiment un bras de mer. La Garonne n'est pas navigable.

Le Rhône prend sa source en Suisse. Il mesure 812 kilomètres et les 522 derniers kilomètres coulent en France. Il traverse le Jura puis à Lyon il tourne brusquement vers le sud. Il forme un delta et débouche dans la mer Méditerranée. Le delta du Rhône est une région très pittoresque. C'est la Camargue. Il n'y a pas beaucoup de végétation parce que le terrain est marécageux. C'est une "réserve naturelle". Au nord de la Camargue on cultive le riz, et au sud il y a des taureaux et des chevaux sauvages. Ils sont gardés par des hommes qui ressemblent à des "cow-boys": les gardians. Le Rhône a un grand débit d'eau: il est rapide et tumultueux; il n'est donc pas facilement navigable, mais il convient bien aux aménagements hydro-électriques.

Il y a beaucoup d'autres cours d'eau moins importants, des lacs et des canaux.

Le climat de la France est tempéré et varié. Il pleut souvent, surtout en Bretagne. Près de l'océan la température est modérée grâce au Gulf Stream. A Paris, l'automne et le printemps sont agréables; en hiver il neige quelquefois, mais jamais longtemps; en été il y a des orages et il fait assez chaud. Dans les régions montagneuses, les étés sont chauds et orageux et les hivers sont rigoureux. La région méditerranéenne a des étés chauds et secs, et des hivers tièdes—mais attention au mistral, vent violent qui souffle du nord dans la vallée du Rhône.

La France a 3.000 kilomètres de côtes. C'est le seul pays ouvert sur les quatre grandes mers d'Europe: la mer du Nord et la Manche, l'océan Atlantique et la Méditerranée.

La côte française de la mer du Nord est droite et basse, avec des dunes. Pour aller en Angleterre on traverse la Manche en bateau, ou en aéroglisseur. On traverse à la nage aussi! C'est un grand exploit sportif. Cette côte est *la Côte d'Opale.*

La côte de Normandie a de hautes falaises de craie. C'est la côte du débarquement du 6 juin 1944. Il y a une presqu'île et l'île du Mont-Saint-Michel avec son abbaye du douzième siècle. C'est *la Côte de Nacre.*

La côte de Bretagne est surtout en granit, et très découpée. On trouve de petites plages entre de nombreux rochers. La mer est très verte. C'est *la Côte d'Emeraude.*

Au bord de l'océan Atlantique, après les derniers rochers de Bretagne, il y a une magnifique station balnéaire: La Baule. Sa plage de 6 kilomètres de sable dur et fin va jusqu'à l'estuaire de la Loire. La côte continue avec des dunes, des forêts de pins maritimes, et finalement des rochers près de la frontière espagnole. C'est *la Côte d'Argent.*

La côte méditerranéenne est divisée en deux parties: la première est rocheuse puis sableuse bordée d'étangs. C'est *la Côte Vermeille.* La deuxième partie, très célèbre, commence après le delta du Rhône et se prolonge jusqu'à la riviera italienne, avec Saint-Tropez, Cannes, Nice. C'est *la Côte d'Azur.*

Avec ce petit portrait de la France, vous remarquez la grande variété des paysages et du climat français. Quelle est votre préférence? Il y a certainement une région à votre goût!

leçon 11

Souvenirs de voyage

prise de contact **Vous voilà de retour!**

1 le passé composé et l'imparfait (*fin*)

2 l'accord du participe passé des verbes conjugués avec **avoir**

3 le plus-que-parfait

4 l'impératif + pronom

5 **amener, apporter, emmener, emporter**
entendre (parler de, dire que), il paraît que

6 le pronom relatif **dont**

7 la négation: **ne...plus (pas encore, jamais, nulle part, non plus, ni)**

lecture **De surprise en surprise**

Hector Berlioz
YVES SAINT LAURENT
Dior
POUILLY FUISSE
1970
Paté
Jean-Dominique Ingres

prise de contact

Vous voilà de retour!

MME LOVE (*avide de savoir*) J'ai entendu dire que vous étiez rentrée° et je voulais être la première à avoir de vos nouvelles°. Avez-vous fait un bon voyage? Avez-vous rapporté° des souvenirs?

MME RICH (*superficielle*) Oui, merci. J'ai acheté un foulard° dans la boutique d'Yves Saint Laurent, le couturier. Regardez comme il est joli! J'ai aussi rapporté un pull-over avec l'initiale de Cardin, et même de l'argenterie°.

MME LOVE C'est magnifique! Il paraît° que ces articles sont chers. Est-ce vrai?

MME RICH Oui, mais on dépense° toujours plus qu'on ne* veut en voyage. Les vitrines° sont si tentantes°!

MME LOVE Et les spécialités gastronomiques? Avez-vous aimé les huîtres°, les escargots°, le foie gras?

MME RICH Oui, beaucoup, surtout avec un bon vin blanc. Cependant j'ai préféré les plats° aux sauces délicatement épicées°, en particulier un canard° à l'orange et un coq au vin qui étaient délicieux.

MME LOVE Je ne suis pas encore° allée en France mais j'espère y aller un jour. Je voudrais rencontrer des Français pour connaître leur mode de vie et leurs idées. Avez-vous logé chez des Français?

MME RICH Non, j'étais dans un hôtel très chic.

MME LOVE C'est dommage...Je voudrais aussi connaître un peu mieux la musique et la peinture françaises. Ah! Berlioz** et sa Symphonie Fantastique! Et Ingres† avec son Odalisque! A propos°, savez-vous l'origine et le sens° de l'expression "violon d'Ingres"?

J'ai... I heard that you were back
avoir... to hear from you
Avez... Did you bring back
scarf
silverware
= *On dit*
spends
shop windows / tempting
oysters / snails
dishes / spiced
duck
pas... not yet
A... By the way
meaning

* Ici **ne** est employé après une comparaison. Ce n'est pas une négation.
** Compositeur français (1803–1879)
† Peintre français (1780–1867)

MME RICH ??

MME LOVE Non? Eh bien, voilà: ce peintre jouait du violon, on emploie donc cette expression pour parler d'un passe-temps° favori.

hobby

MME RICH Ah oui?...Vous savez, je ne tiens plus debout° après ce long voyage.

Je... I can't stand up anymore

MME LOVE J'espère que je ne vous ai pas fatiguée avec mon bavardage.°

chattering

MME RICH Non, non, vous ne me fatiguez jamais. Attendez une seconde! J'ai pensé à vous. Voilà un flacon° de parfum.

= *une petite bouteille*

MME LOVE Oh, ce parfum-là! J'en voulais justement et je n'en trouvais nulle part°. Merci beaucoup. Vous êtes trop gentille. A bientôt.

nulle... nowhere

1 Passé composé ou imparfait? (*fin*)

A cette époque-là j'**ai fait** beaucoup de bêtises.
A cette époque-là je **faisais** beaucoup de bêtises.

Avec une expression de temps comme: **à cette époque-là, la semaine dernière, pendant les vacances,** etc., le choix entre le passé composé et l'imparfait dépend de *l'attitude* considérée:

Si ce temps passé est vu dans *sa totalité,* employez *le passé composé* qui exprime une action faite et terminée.

Si ce temps passé est vu *dans son développement* (*flashback*), employez *l'imparfait* qui est utilisé pour une description ou une habitude sans limites précises.

2 L'accord du participe passé des verbes conjugués avec **avoir**

Voilà les fleurs **que** vous m'avez donné**es**; je **les** ai mis**es** dans ce vase.
Quels sujets de conversation as-tu choisi**s**?

Le participe passé d'un verbe conjugué avec **avoir** s'accorde avec *l'objet direct du verbe s'il précède le verbe.* Voilà les 3 cas:

le pronom relatif **que** (**qu'**)
le pronom personnel objet direct: **la, les**
l'adjectif **quel**

Notez

Il n'y a pas d'accord avec **en:**

Avez-vous préparé **de la sauce vinaigrette?** —Oui, j'**en** ai préparé.

été, participe passé du verbe **être,** est invariable:

Quels enfants **ont été** malades?

▶ *Appliquez*

1. Quels souvenirs avez-vous _____ (acheter)?
2. Je ne comprends pas l'explication que le professeur a _____ (donner).
3. Je n'ai pas votre composition; l'avez-vous _____ (faire)?
4. Elle a offert des chocolats à tout le monde; vous en avez probablement _____ (avoir) aussi.
5. Ne jetez pas les lettres qu'il vous a _____ (écrire).
6. L'argenterie qu'elle a _____ (rapporter) est très belle.

(*réponses page 265*)

Quelques verbes conjugués avec avoir ou être

Parmi les verbes conjugués avec **être,** six verbes: **monter, descendre, rentrer, sortir, passer, retourner** ont quelquefois un objet direct. Ils sont alors transitifs et conjugués avec **avoir.**

Comparez: Elle **est** mont**ée** dans sa chambre.

Elle **a** monté **ses valises** dans sa chambre.
Elle **les a** mont**ées** dans sa chambre.

▶ *Appliquez*

1. Ils _____ (rentrer) à onze heures hier soir.
2. Ils _____ (rentrer) la voiture dans le garage.

3. Elle ______ (passer) vous voir mais vous n'étiez pas là.
4. Avez-vous aimé les vacances que vous ______ (passer) au bord de la mer?

(*réponses page 265*)

3 Le plus-que-parfait

Elle a rapporté les livres que tu lui **avais prêtés** la semaine dernière.
Elle voulait te dire au revoir mais tu **étais** déjà **parti.**

Le plus-que-parfait est un temps employé pour une action passée *antérieure à une autre action passée.* C'est un temps composé (2 mots).

Forme: *l'imparfait* de **avoir** ou **être** + le participe passé du verbe

parler	
j'avais parlé	nous avions parlé
tu avais parlé	vous aviez parlé
il, elle, on avait parlé	ils, elles avaient parlé
aller	
j'étais allé(e)	nous étions allés(es)
tu étais allé(e)	vous étiez allé(e,s,es)
il, elle, on était allé(e)	ils, elles étaient allés(es)

j'avais parlé: *I had spoken*

La forme négative, l'accord du participe passé, la place du pronom et de l'adverbe, etc., sont les mêmes que pour le passé composé.

▶ *Appliquez*

1. Tu ______ (ne pas comprendre) ça, malheureusement!
2. Je ______ (décorer) le salon en bleu, blanc et rouge sans consulter mon mari.
3. Les touristes ______ (voir) le Louvre à toute vitesse.
4. Pierre ______ (tomber) sur une grosse pierre.
5. Il y ______ (avoir) une exposition d'art japonais.
6. Ils ______ (partir) avant la nuit.

(*réponses page 265*)

Voici quelques autres **participes passés** irréguliers:

battre → battu	peindre → peint	valoir → valu
boire → bu	plaire → plu	vivre → vécu
croire → cru	pleuvoir → plu	vouloir → voulu
falloir → fallu	recevoir → reçu	

4 L'impératif + pronom

Donnez-**lui** un pourboire.
Dites-**moi** où vous allez.
Il faut aller au concert. Vas-**y**.
Parle de ton travail. Parles-**en**.

A l'impératif affirmatif, placez le pronom *après le verbe.*

Notez

Il y a un trait d'union entre le verbe et le pronom.
me, te → moi, toi
Avec **y** et **en,** gardez le **s** de la forme **tu** du présent des verbes en **er** pour l'euphonie.

Ne **lui** donnez pas de pourboire.
Ne **me** dites pas où vous allez.
Il ne faut pas aller au concert. N'**y** va pas.
Ne parle pas de ton travail. N'**en** parle pas.

A l'impératif négatif, le pronom est à sa place habituelle *avant le verbe.*

▶ *Appliquez*

1. N'allons pas *à la conférence.*
2. Mélangez *les ingrédients.*
3. Travaille *dans ta chambre.*
4. Brûle *tes vieux journaux.*
5. Téléphonez *à vos amis.*
6. Améliore *ton accent.*

(*réponses page 265*)

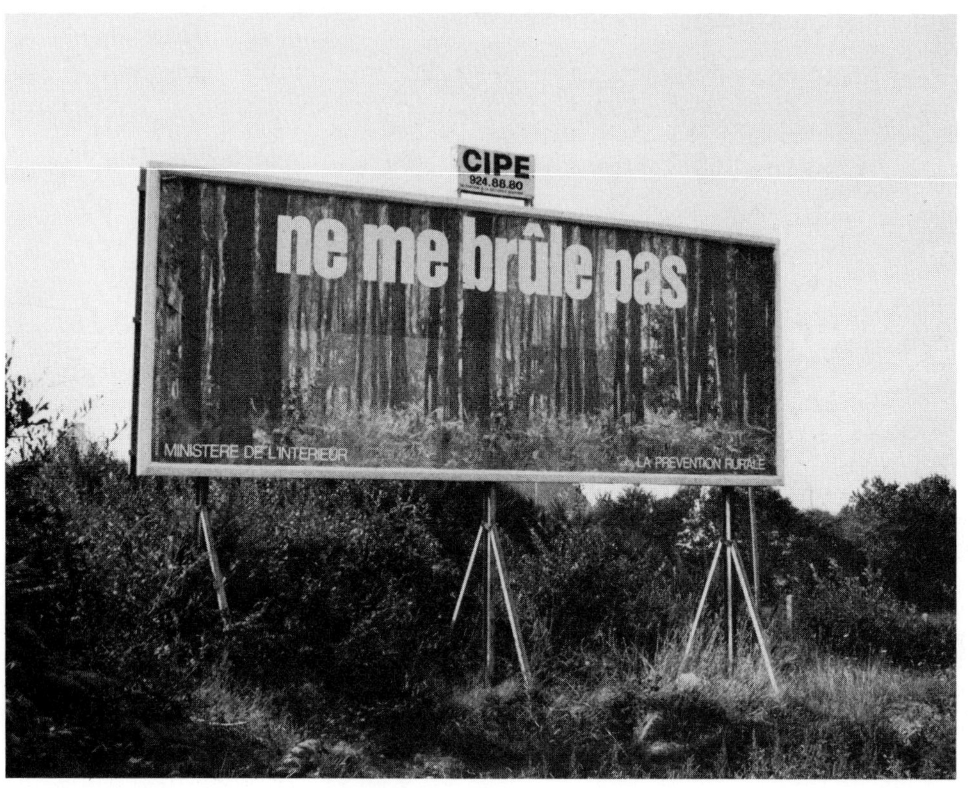

5 Amener, apporter, emmener, emporter entendre (parler de, dire que), il paraît que

Ce soir je vais **amener** ma petite amie à la danse et je vais **apporter** des disques.

La saison théâtrale a commencé, alors les Reynaud **ont emmené** leurs fils jumeaux à la Comédie Française et ils **ont emporté** des jumelles pour mieux voir les acteurs.

amener (+ nom de personne) apporter (+ nom de chose)	*to bring* ←
emmener (+ nom de personne) emporter (+ nom de chose)	*to take along* →

▶ *Appliquez* Traduisez les mots entre parenthèses.

1. Il faut ______ le cahier d'exercices demain. (*to bring*)
2. ______ Thierry et Claire ce soir. (*Bring*)
3. Il va ______ sa petite amie à une surboum. (*to take along*)
4. ______ un sandwich pour votre déjeuner. (*Take along*)

(*réponses page 265*)

J'**ai entendu** la cloche.
J'**ai entendu parler d'**une cloche originale en bronze.
J'**ai entendu dire qu'**il y avait une cloche encore plus originale en or.
J'**ai eu des nouvelles de** ma tante hier. Il y a toujours quelque chose qui cloche* chez elle.

entendre	*to hear*
entendre parler de	*to hear of, about*
entendre dire (que)	*to hear (that)*
avoir des nouvelles de	*to hear from*

▶ *Appliquez* Traduisez les mots entre parenthèses.

1. Je vous ______. (*hear*)
2. ______ vos parents? (*Did you hear from*)
3. Elle aime ______ lui. (*to hear about*)
4. Vous ______ le professeur était absent! (*heard that*)

(*réponses page 265*)

Il paraît qu'il va faire beau demain. (= **On dit qu'**il va faire beau demain.)

il est impersonnel
paraître est conjugué comme **connaître**

* *There is always something amiss* (fam.)

6 Dont

C'est un pronom relatif. Il remplace **que** dans une proposition relative qui contient une construction avec **de.** Comparez:

> Voilà le musée **que** je connais. (**connaître** + objet direct)
> Voilà le musée **dont** je vous ai parlé. (**parler de**)

Le musée est l'antécédent de **que** et de **dont.**

Notez

dont est invariable
dont remplace un nom de personne ou de chose singulier ou pluriel

 *Appliquez* **que** ou **dont?**

1. Venez à la soirée ______ j'ai organisée.
2. C'est le sac ______ elle a envie.
3. Voilà l'appartement ______ il est propriétaire.
4. Le livre ______ nous avons besoin n'est pas à la bibliothèque.
5. Demandez-lui le travail ______ il faut faire pour demain.

(*réponses page 265*)

7 La négation: les adverbes négatifs et la conjonction négative

J'ai encore des carottes mais je **n**'ai **plus** de pommes de terre.
Romain a déjà terminé son examen mais je **n**'ai **pas encore** fini.*
Vous allez souvent à l'église mais je **n**'y vais **jamais.**
Mon stylo est quelque part mais je **ne** le vois **nulle part.**
Vous **n**'êtes **pas** content et moi **non plus.**
Tu as des amis et une auto mais moi je **n**'ai **pas** d'amis **ni** d'auto.

* **J'ai** fini = *I am finished, I have finished*
Une personne a fini une chose, mais:
Une chose est finie.

ADVERBES NEGATIFS
ne...plus... ≠ encore
ne...pas encore... ≠ déjà
ne...jamais... ≠ toujours, souvent, quelquefois, de temps en temps
ne...nulle part ≠ quelque part
ne...non plus ≠ aussi
CONJONCTION NEGATIVE
ne... pas...ni ≠ et, ou

Remarquez

Ces mots négatifs se placent comme **ne...pas...**
Exception: **nulle part** et **non plus** sont placés après le participe passé d'un temps composé:

> Je **ne** l'ai **trouvé nulle part.**
> Nous **ne** l'avons pas **vu non plus.**

Au négatif **un, une, des, du, de la → plus de, jamais de,** etc., comme avec la négation **ne...pas...** (voir Leçon 7, p. 151):

> Il y a encore **des** fautes. Il n'y a **plus de** fautes.

▶ *Appliquez* Mettez les phrases au négatif.

1. Elle est déjà arrivée.
2. Vous avez raison, et moi aussi.
3. Ils vont souvent au parc.
4. J'ai encore de l'argent.

(*réponses page 265*)

Il était une fois*
une marchande de foie
qui vendait du foie
dans la ville de Foix.
Elle me dit: "Ma foi,**
c'est la première fois
que je vends du foie
dans la ville de Foix."

* *Once upon a time there was...*
** *Indeed*

EXERCICES ORAUX

I *Prononciation*

Les sons /u/ et /y/

Lisez et faites la distinction entre les deux sons /u/ et /y/:

J'ai entendu dire que vous étiez de retour.
J'ai acheté un foulard dans la boutique d'Yves Saint Laurent.
Tous les touristes achètent des souvenirs.
surtout, un jour, beaucoup de sujets, pas du tout
Je ne tiens plus debout.
Je ne pouvais le trouver nulle part.

II *Répondez aux questions.*

1. Est-ce que la France a plu à Mme Rich?
2. Qu'est-ce que Mme Rich a bu avec les huîtres?
3. Quels souvenirs Mme Rich a-t-elle rapportés?

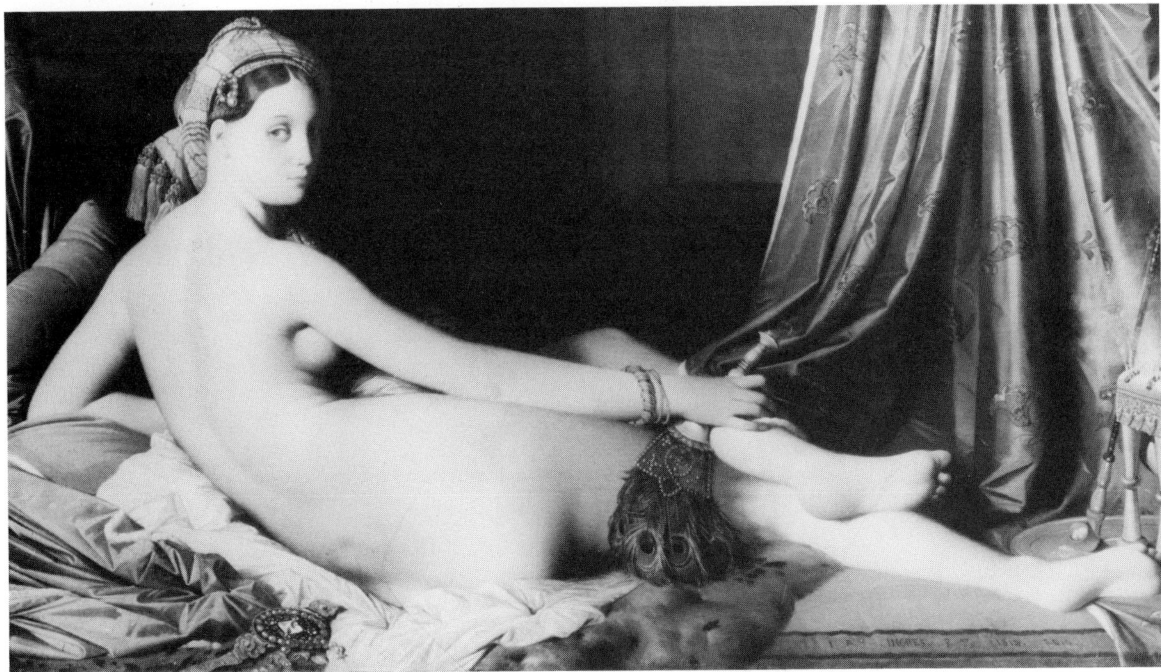

l'Odalisque

4. Est-ce que Mme Love est déjà allée en France?
5. Quel est le compositeur dont Mme Love parle?
6. Quel peintre a peint l'Odalisque?
7. Avez-vous un violon d'Ingres?

III *Donnez le passé composé du verbe entre parenthèses.*

1. Où sont les notes que je (prendre)?
2. Nous leur (donner) une bouteille de champagne et ils la (déboucher).
3. Quels sujets de composition (traiter, tu)?
4. Je (recevoir) la lettre que mes amis me (écrire).
5. Il (passer) chez eux et il (passer) une heure avec eux.
6. Elle (naître) en 1900 et elle (mourir) en 1975.
7. Je cherche mes clés. Où est-ce que je les (mettre)?
8. Ils (sortir) leur chien après le dîner.
9. Voici les œufs; je les (battre).
10. Montre-moi les cadeaux que tu (choisir).

IV *Mettez les verbes en italique au temps correct du passé.*

de... about a shirt

UNE HISTOIRE DE CHEMISE°

Un jeune prince d'Asie *habite* le palais de son père, où tous ses désirs *sont* satisfaits. Mais il n'*est* pas heureux.

old man

Un jour il *rencontre* dans une forêt un vieillard° aux longs cheveux blancs qui lui *dit* d'une voix très douce:

—Le bonheur est une chose difficile sur la terre. Cependant, je connais un moyen de le trouver.

—Quel est-il? *demande* le prince.

—C'est de mettre la chemise d'un homme heureux.

Right away

Aussitôt° le jeune homme *embrasse* le vieillard, et *quitte* le palais. Il *part* dans le monde. Il *visite* toutes les capitales de la terre. Il *essaie* des chemises de rois, des chemises de marchands, des chemises de marins°, des chemises de soldats°. Mais la tristesse *habite* toujours son cœur° parce qu'il *fait* plusieurs fois le tour du monde sans trouver le bonheur.

sailors / soldiers

heart

way

Un jour, il *décide* de reprendre le chemin° du palais de son père, et il *entend* soudain une voix joyeuse dans la campagne. Il *lève* la tête, et *voit* un jeune paysan qui *pousse* sa charrue° en chantant°.

plough

en... while singing

—Oh! oh! *pense*-t-il, voilà un homme qui semble bien avoir trouvé le bonheur.

Il lui *demande:*

—Es-tu heureux?

—Oui! *répond* l'autre.

—Comment est-ce que cela est possible?

—Regarde!

Et le jeune paysan lui *montre* dans la vallée une pauvre maisonnette au bord d'un ruisseau°.

brook

—J'ai là ma femme et mon petit. C'est pour eux que je travaille. Je suis heureux.

—Alors, vends-moi ta chemise.

Mais l'homme *ouvre* son vêtement sur sa poitrine nue, et *répond:*

—Ma chemise!...Je n'en ai pas...

V *Faites une phrase avec un plus-que-parfait et un passé composé.*

MODELE Je pars / Il vient me voir
J'étais parti(e) quand il est venu me voir.

1. Nous rentrons / Gilles arrive.
2. Ma voiture tombe en panne / Ils me téléphonent d'aller les chercher.
3. Elle finit de décorer sa maison / Sa compagnie l'envoie dans une autre ville.
4. Vous ne terminez pas votre examen / Le professeur le ramasse.
5. Ils commencent à dormir / Le bébé recommence à crier.

VI *Mettez les phrases à l'impératif négatif.*

1. Réponds-y.
2. Parlez-moi.
3. Dites-lui.
4. Regardez-la.
5. Vendons-le.
6. Vas-y.
7. Faites-en.
8. Prononcez-les.
9. Annonçons-le.

Mettez les phrases à l'impératif affirmatif:

1. Ne m'appelez pas.
2. N'y travaille pas.
3. Ne lui disons pas.
4. Ne l'emmène pas.
5. Ne les ennuie pas.
6. N'en dites pas.

VII *Complétez les phrases avec une des expressions suivantes:* **entendre, entendre parler de, entendre dire que, avoir des nouvelles de,** *ou* **il paraît que.**

1. Est-ce que vous ______ la guillotine?
2. Nous ______ toujours la cloche à la fin du cours.
3. Les parents ______ leurs enfants quand ils ont besoin d'argent?
4. ______ les étudiants sont mécontents du système de notes.
5. Hier, je ______ il allait pleuvoir toute la semaine.

VIII *Substituez les mots donnés aux mots en italique et changez le pronom relatif si c'est nécessaire:* **qui, que, dont** *ou* **où.**

MODELE Voilà la maison *que je veux.*
me plaît.
Voilà la maison qui me plaît.

1. C'est une remarque *que je déteste.*
   fait mal.
   il a peur.

2. Vous avez un prénom *qui est joli.*
   je suis jaloux.
   j'aime.

3. Il y a un examen *qui est difficile.*
   il faut passer dans huit jours.
   on écrit les réponses à des questions.
   la note est importante.

4. Allez visiter le pays *qui vous intéresse.*
   nous avons entendu parler.
   il y a de beaux musées.
   on vous a recommandé de voir.

IX *Répondez négativement. Remplacez les mots en italique par un pronom et continuez la phrase.*

MODELE Prenez-vous toujours *du dessert?*
Non, je n'en prends jamais car j'ai peur de grossir.

1. Mangez-vous quelquefois *des citrons?*
2. Sophie est-elle déjà partie *au Portugal?*
3. A la fin du trimestre, avez-vous encore *de l'argent?*
4. Allez-vous encore téléphoner *à cet imbécile?*
5. Avez-vous vu *mes verres de contact* quelque part?
6. Pensez-vous souvent à *Descartes?*
7. Pensez-vous déjà *à votre vieillesse?*

X *A votre tour.*

Changez les noms de la Prise de contact: *Vous voilà de retour,* et présentez-la devant la classe.

XI *Conversation par groupes de deux ou trois.*

Vous avez certainement fait un voyage agréable. Y a-t-il dans votre mémoire de bons et de mauvais souvenirs? Echangez-les. Agissez-vous comme Mme Rich ou comme Mme Love? (*Employez le passé, des verbes comme:* **emporter, rapporter, emmener,** *et des négations.*)

EXERCICES ECRITS

A *Mettez le verbe au passé composé. Attention au choix de l'auxiliaire et à l'accord du participe passé.*

1. Roméo et Juliette ______ (mourir) très jeunes.
2. Les fleurs que Sylvie ______ (mettre) sur la table sont des marguerites.
3. Il y avait une peau de banane dans l'escalier; c'est pourquoi la reine ______ (descendre) plus vite qu'elle ne voulait. 
4. Ma sœur était malade hier soir, alors je ______ (monter) son dîner dans sa chambre.
5. Xavier aime l'histoire que Patrick lui ______ (raconter).
6. Quelle décision ridicule il ______ (prendre)!
7. Nous avons assez de crêpes parce que j'en ______ (faire) beaucoup.
8. J'______ (prendre) des photos et je les ______ (montrer) à mes amis.

B *Mettez le passage au passé: passé composé ou imparfait.*

Hier jeudi, Guillaume et François ______ (aller) rendre visite à Etienne à l'hôpital. Il ______ (être) couché et une infirmière ______ (être) près de lui. Il ______ (prendre) des médicaments. Il nous ______ (saluer) faiblement de la main gauche. Il ______ (sembler) heureux de nous voir, mais il ______ (ne pas pouvoir) parler. Nous lui ______ (donner) quelques nouvelles de la fac et des camarades. Nous ______ (ne pas rester) longtemps parce que nous ______ (avoir) peur de le fatiguer.

C *Mettez le texte suivant au passé. Attention, un verbe peut quelquefois rester au présent!* (D'après *Le ciel est par-dessus le toit,* page 234)

Paul Verlaine écrit un beau poème quand il est en prison. Il regarde souvent par la fenêtre et un jour, il voit un arbre qui "berce sa palme". Le ciel est bleu et calme, une cloche tinte doucement, un oiseau chante, et Verlaine pense à sa jeunesse. Le matin suivant, il est debout dans sa cellule quand tout à coup il comprend que sa vie va finir tristement. Alors il prend la décision de changer d'attitude. Il devient meilleur; à sa sortie de prison, il a de bonnes intentions mais...on ne sait jamais!

D *Finissez la phrase avec un verbe au plus-que-parfait.*

MODELE Il a oublié d'emporter le poème...
Il a oublié d'emporter le poème qu'il avait écrit pour elle.

1. Le pauvre touriste ne pouvait pas lire le menu parce que...
2. Mme Rich a rapporté de jolies choses que...
3. Aujourd'hui Mme Love est venue voir son amie qui...
4. Cindy voulait aller au Danemark pour voir la maison où...
5. Il était une fois un chat qui...

E *Remplacez les mots en italique par un pronom.*

1. Donne *de l'argent* aux pauvres.
2. Ne pensez plus *à cet accident.*
3. Téléphonez *à votre grand-mère.*
4. Va *au laboratoire.*
5. Ne prenons pas *de notes.*
6. Ne mangez pas *ces cerises vertes.*

F **Amener, apporter, emmener, emporter** *ou* **rapporter?**

1. ______ ton imperméable parce qu'il va pleuvoir.
2. Je vous ai ______ le journal, si vous voulez le lire.
3. Nous allons ______ notre père au concert.
4. Prends mon dictionnaire mais n'oublie pas de le ______ ce soir.
5. C'est votre camarade qui m'a ______ ici.

G *Complétez avec le pronom relatif qui convient.*

1. Sur les bords de la Seine il y a des bouquinistes ______ vendent des bouquins et de vieilles images.
2. Voilà un écrivain ______ les livres sont très appréciés du public.

3. C'est certainement un auteur ______ vous avez entendu parler.
4. Je vais te montrer le costume ______ je veux mettre ce soir.
5. Le roman policier ______ il a envie a pour sujet une affaire d'espionnage.
6. Il a un cahier ______ il écrit son autobiographie.
7. Les acteurs ______ ont joué dans cette pièce étaient plutôt mauvais.
8. Apportez le texte ______ il faut pour la discussion.

H *Répondez aux questions négativement. Remplacez les mots en italique par des pronoms.*

MODELE Avez-vous déjà goûté *la soupe à la citrouille?*
Non, je ne l'ai pas encore goûtée.

1. Est-ce que vous avez encore peur *du noir?* (= de l'obscurité)
2. Avons-nous déjà fini *le livre de français?*
3. Allez-vous quelquefois *au restaurant* pendant les heures de cours?
4. Hélène a-t-elle envie d'aller *au zoo?* Et vous?
5. As-tu trouvé *mes clés* quelque part?

I *Traduction (facultatif).*

1. Did you hear that the 747 is no longer the biggest airplane in the world?
2. Laura took my jacket yesterday. If she does not bring it back today, she is going to hear from me.
3. We have heard of Shirley Temple, but we have never met her.
4. Don't tell me that you have not eaten the candies you had bought before leaving.
5. I am going to take my friends to the airport.

lecture

De surprise en surprise

Gérard a passé un an aux Etats-Unis à l'université de Harvard. Il va rentrer en France. Mais, avant son départ, il fait un voyage touristique avec son camarade Steve. Arrivé à San Francisco, il écrit à son meilleur ami Jean-Michel qui habite Paris.

San Francisco, le 29 juin

Cher Jean-Michel,

Voici la lettre promise, avec un peu de retard. Ça a l'air absurde, mais tu sais, en voyage il est difficile d'écrire. Il faut emporter du

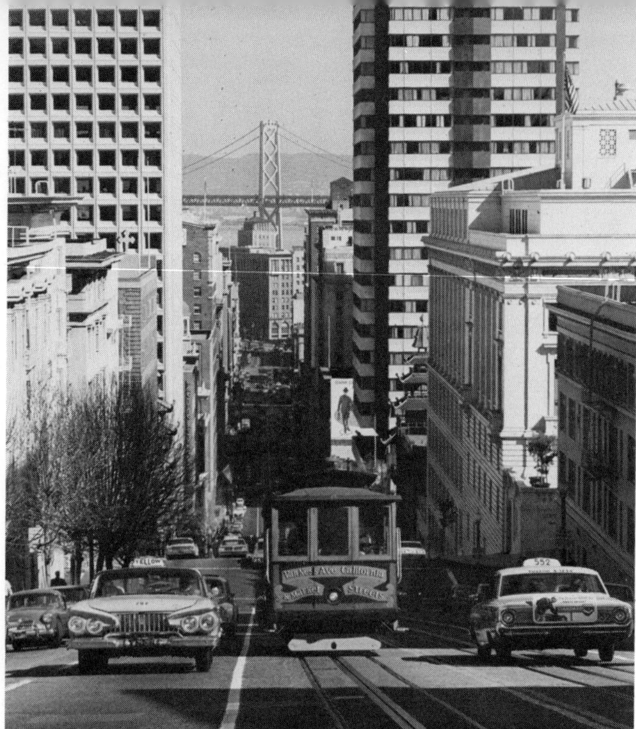

San Francisco

papier à lettres°, des enveloppes, acheter des timbres°...Bref, je suis à San Francisco. J'avais entendu dire que c'était une belle ville, mais elle est encore plus belle que je ne l'imaginais.

papier... stationery / stamps

Laisse-moi te raconter mon voyage avec Steve dont je t'ai parlé plusieurs fois. Nous sommes partis de Boston dans sa vieille Buick rouge, et nous avons emporté des cartes routières°, des sacs de couchage° et une bonne dose d'énergie et d'optimisme. Rien d'extraordinaire jusqu'aux chutes° du Niagara. Mais là, quel spectacle! Remarque que je les avais déjà vues en hiver, et je crois qu'à ce moment-là°, c'était encore plus grandiose à cause des blocs de glace qui permettaient de mieux apprécier le volume d'eau continuel. Cependant, hiver comme été, c'est vraiment un endroit à voir. J'ai pris quelques diapos°, mais elles ne sont pas encore développées.

cartes... road maps
sacs... sleeping bags
falls
à... at that time
(= *diapositives*) slides

Deux jours plus tard, nous avons traversé le Wisconsin (état renommé pour ses produits laitiers), le Minnesota, le Dakota du sud, le Wyoming et l'Idaho. Que ce pays est grand! Dans l'état du Dakota du sud, nous avons fait le pèlerinage° traditionnel au "Mount

pilgrimage

Yellowstone National Park

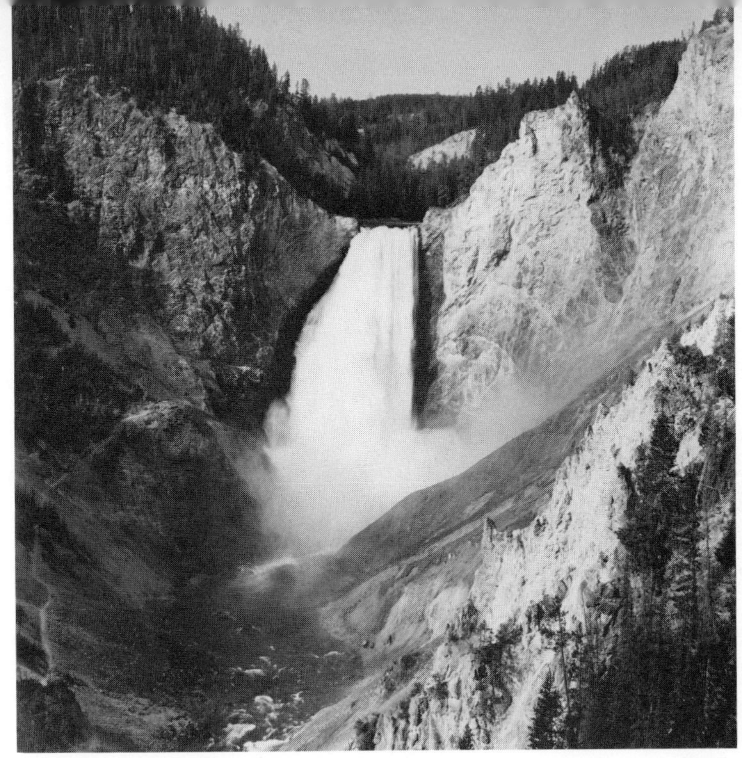

Rushmore"; mais ce qui° m'a le plus impressionné, c'est l'arrêt suivant dans l'état de Wyoming, à "Yellowstone". Alors ça, mon vieux°, il n'y a qu'aux Etats-Unis qu'on trouve un endroit pareil°. C'est indescriptible°: des gorges d'une profondeur incroyable°, des rochers aux couleurs extraordinaires, des geysers, des paysages hallucinatoires avec des arbres morts aux branches nues et noirâtres° qui ressortent° sur un fond° blanc désolé, de la boue° colorée qui bouillonne° ici et là.

Tu vas sans doute dire que j'exagère, mais ce pays a des beautés naturelles incomparables. Par exemple, dans l'Oregon, nous avons vu un lac volcanique appelé "Crater Lake". Peux-tu imaginer de la neige à cette époque! La vue était splendide et l'eau d'un bleu de carte postale.

Tu vois, je suis emballé°. Tout ça, à la belle étoile°. Le temps a été clément°, à part un orage très violent dans le Dakota du sud où nous avons vu des grêlons° de la grosseur d'une balle de golf. Quelle surprise! Non, non, je n'exagère pas.

ce... what

mon... old buddy / = *comme ça*

indescribable / incredible

blackish

stand out / background / mud

bubbles

excited (fam.) / à... in the open air

= *doux*

hailstones

Yosemite National Park

Pour manger, pas de problème. La plupart du temps, nous avons acheté des hamburgers à "McDonald's" ou à "Jack in the Box". C'est le moyen le plus pratique—et les frites étaient toujours délicieuses. De plus, surtout depuis notre arrivée en Californie, nous avons mangé des fruits à gogo°: des abricots, des fraises°, des figues, des avocats°, des ananas°, et autres.

à... galore (fam.) / strawberries
avocados / pineapples

Nous allons sans doute visiter la vallée de Napa, la région des vins, avant de repartir pour le parc de Yosemite qui, m'a-t-on dit, est spectaculaire. Ensuite c'est la Vallée de la Mort° (113° F, oh pardon! 45°C) pour aboutir° finalement à Los Angelès. J'espère y avoir de tes nouvelles. Mais, de toute façon°, c'est là que ce voyage va prendre fin. A bientôt, donc, le grand plaisir de te revoir.

Death
= *arriver*
de... in any case

Amicalement°,

Sincerely

Gérard

QUESTIONS SUR LA LECTURE

1. Qu'est-ce que Gérard a fait? Quand a-t-il écrit à son ami Jean-Michel? Etait-il seul pendant son voyage?
2. Qu'est-ce que les jeunes gens ont emporté pour leur voyage?
3. Quel est le premier site touristique exceptionnel qu'ils ont admiré? Pourquoi?
4. Quels états ont-ils traversés ensuite? Quelle est l'impression dominante de cette partie de leur voyage?
5. Qu'est-ce qu'ils ont vu dans l'état de Wyoming?
6. Pourquoi "Crater Lake" leur a-t-il semblé incomparable?
7. Ont-ils eu beau temps? Quelle a été l'exception? Expliquez.
8. Ont-ils eu des difficultés pour manger? Qu'est-ce qu'ils ont fait?
9. Que vont-ils voir entre San Francisco et Los Angelès?
10. Avez-vous fait un voyage semblable aux Etats-Unis?

CONSTRUCTION DE PHRASES

1. entendre dire que (au passé composé)
2. il paraît que
3. dont
4. apporter
5. ne...pas encore
6. ne...plus

VOCABULAIRE

1. Donnez *un synonyme* de:
   célèbre   la signification   identique
2. Donnez *un antonyme* de:
   toujours   la naissance   quelque part   la jeunesse
3. Nommez *5 spécialités* de France.

COMPOSITION

1. Vous êtes allé(e) écouter un groupe de musiciens de rock ou de jazz. Y avait-il beaucoup de monde? Etait-ce un groupe de professionnels ou d'amateurs?
2. Racontez une histoire qui commence par: "Il était une fois...."
3. Ecrivez une lettre sur le sujet et dans le style de la lettre de Gérard. Parlez de votre moyen de transport, de votre itinéraire, des surprises rencontrées en route. Avez-vous aussi dormi à la belle étoile? etc.

jouons avec les mots

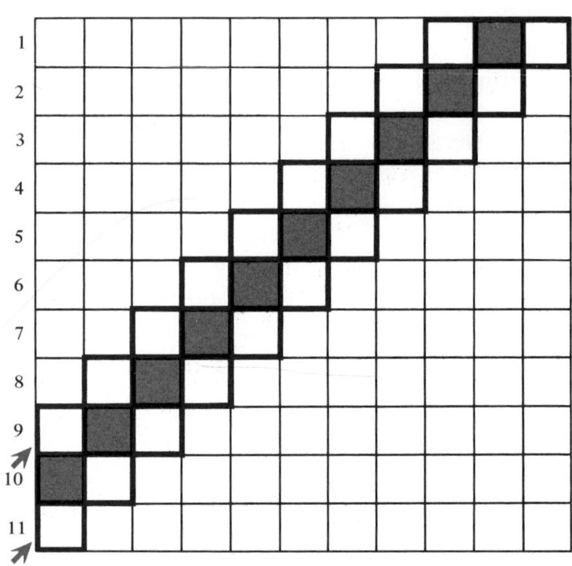

Horizontalement

1. Groupe de musiciens
2. Participe passé du verbe **applaudir;** Article indéfini masculin singulier
3. Synonyme de **livre** (familier); Pronom relatif objet direct
4. Représente les chiffres de votre téléphone; Synonyme de **concept, opinion, pensée...**
5. Egale 60 minutes (de droite à gauche); Nom d'un livre ou d'un film
6. Les quatre premières lettres de la profession de Berlioz; Troisième personne du singulier du verbe **savoir** à l'imparfait
7. Dernière syllabe d'un produit français qui sent bon; Fruit de l'abricotier
8. Première syllabe d'un synonyme de l'adjectif **caractéristique;** Relatif au théâtre (masculin singulier)
9. Relatif à la nation (féminin singulier)
10. Articles en argent
11. Synonyme de **extraordinaires, excellents...** (fam.)

Diagonalement

Titre d'une œuvre célèbre du compositeur Hector Berlioz

réponses aux *Appliquez*

Page 245

1. achetés
2. donnée
3. faite
4. eu
5. écrites
6. rapportée

Pages 245–246

1. sont rentrés
2. ont rentré
3. est passée
4. avez passées

Page 246

1. n'avais pas compris
2. avais décoré
3. avaient vu
4. était tombé
5. avait eu
6. étaient partis

Page 247

1. N'y allons pas.
2. Mélangez-les.
3. Travailles-y.
4. Brûle-les.
5. Téléphonez-leur.
6. Améliore-le.

Page 249

1. apporter
2. Amenez (Amène)
3. emmener
4. Emportez

Page 249

1. entends
2. Avez-vous eu des nouvelles de
3. entendre parler de
4. avez entendu dire que

Page 250

1. que
2. dont
3. dont
4. dont
5. qu'

Page 251

1. Elle n'est pas encore arrivée.
2. Vous n'avez pas raison, et moi non plus.
3. Ils ne vont jamais au parc.
4. Je n'ai plus d'argent.

leçon 12

Du passé au présent

prise de contact **Quelques années en arrière...**

1 les verbes pronominaux:
- réfléchis et réciproques (le pronom réfléchi)
- non réfléchis à sens idiomatique
- de sens passif
- accord du participe passé

2 **fois, heure, moment, temps**

3 ordre des pronoms personnels objets

4 **quelqu'un, quelque chose, personne, rien** + **de** + adjectif, + **à** + infinitif

lecture **La Gaule?**

prise de contact

Quelques années en arrière...

Eglises, cathédrales, châteaux, ponts°, arènes, dolmens et menhirs,* si vous voulez voir des vestiges du passé, vous avez le choix. Certains° sont abîmés° par le temps, mais la plupart sont bien préservés. Ce passé fait toujours partie de° la vie actuelle° des Français.

bridges
a few / damaged
fait... is still a part of / present

CLAIRE Eh, Joël! Arrêtons-nous là et entrons dans cette vieille église romane, la porte est grande ouverte°.

grande... wide open

JOEL Encore une°? Toi et ta manie° de vouloir tout voir! Juste un petit moment, alors.

Encore... One more / = *habitude ennuyeuse*

(*Ils entrent dans l'église.*)

CLAIRE Ça sent le moisi°!

Ça... It smells musty

JOEL Oui...Je n'ai jamais visité d'église aussi humide ni aussi vieille. Je me demande° si on la chauffe° quelquefois. J'ai l'impression que non.

Je... I wonder / heat

CLAIRE Si,** regarde, il y a de petits appareils de chauffage° installés à côté des chaises; mais ils sont trop petits pour sécher les murs de l'église. On dit toujours° des messes ici, c'est surprenant°!

appareils... heaters
= *encore* / = *étonnant*

JOEL J'entends des oiseaux°. Tiens, regarde le nid° en haut de cette colonne. Ils peuvent entrer et sortir librement, rien ne les en empêche avec les portes toujours ouvertes.

birds / nest

CLAIRE Franchement°, je ne voudrais pas être obligée de venir ici l'hiver.

Frankly

(*Ils ressortent° et se trouvent° parmi des tombes. Autrefois° les églises étaient souvent entourées° d'un cimetière.*)

come out again / find themselves / Formerly
surrounded

---

* On pense que les dolmens et les menhirs sont des restes de l'expression religieuse des Gaulois.
** Après une phrase négative, employez **si** à la place de **oui.**

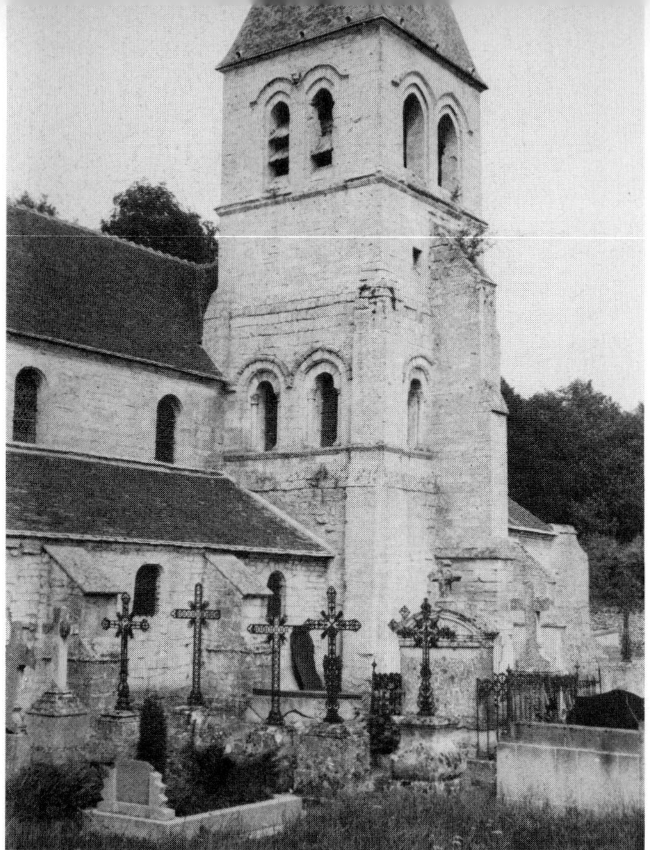

crosses / rusted / sand	JOEL Les croix° sont rouillées° et l'herbe a poussé dans le sable° entre les pierres. Lisons quelques noms sur les tombes!
How about	CLAIRE Si° nous partions! Le temps se refroidit.
= *partir*	JOEL C'est toi qui veux t'en aller° maintenant?
personne... nobody else / time	CLAIRE Il n'y a personne d'autre° que nous, et puis c'est l'heure° de rentrer.
hide show	JOEL Je ne te cache° pas que je préfère les châteaux de la Loire. Ils sont moins tristes, surtout quand il y a un spectacle° "Son et Lumière".
admit	CLAIRE Oui, mais avoue° que ces églises de villages ont beaucoup de charme.
	JOEL C'est vrai, pourtant la prochaine fois c'est le tour de Chenonceaux.*

* One of the castles of the Loire valley.

I Les verbes pronominaux

Un verbe est à une des trois voix suivantes:

La voix *active,* quand le sujet fait l'action exprimée par le verbe:

Jean voit.

La voix *passive* (avec le verbe **être**), quand l'action est faite par un agent sur le sujet:

Jean est vu.

La voix *pronominale,* quand le sujet fait l'action sur lui-même:

Jean se voit.

Il y a *trois* catégories de verbes pronominaux.

1ère catégorie: les verbes pronominaux réfléchis et réciproques

Voilà une glace. Marie **se regarde** dans la glace et Anne **se regarde** aussi dans la glace. (*looks at herself*)
Marie et Anne **se regardent** dans la glace. (*look at themselves*)

Marie regarde Anne et Anne regarde Marie. Marie et Anne **se regardent.** (*look at each other*)

Dans les deux cas, le verbe est pronominal **(se regarder).** Dans le premier cas, il est *pronominal réfléchi.* (L'action faite par la personne revient sur la même personne. Le verbe est singulier ou pluriel.) Dans le deuxième cas, il est *pronominal réciproque.* (L'action est faite par une personne sur l'autre et vice versa. Le verbe est toujours pluriel.)

▶ *Appliquez* Le verbe pronominal est-il réfléchi ou réciproque?

1. Quand on joue avec des allumettes, on *se brûle.*
2. Denis et Alain *se disputaient* parce qu'ils étaient jaloux l'un de l'autre.
3. Quand on *se coupe* le doigt, on a mal.
4. Quand ils *se disaient* bonjour, ils *s'embrassaient* sur les deux joues.
5. "Les jours *se suivent* et ne *se ressemblent* pas."* —proverbe

(*réponses page 292*)

Le verbe actif *ne change pas de sens* à la forme pronominale. C'est la caractéristique des verbes pronominaux de la 1ère catégorie.

* *"Tomorrow is another day."*

Un verbe pronominal est conjugué avec *un pronom réfléchi.*

	se **regarder**	
	je **me** regarde	nous **nous** regardons
	tu **te** regardes	vous **vous** regardez
	il, elle, on **se** regarde	ils, elles **se** regardent

Le pronom réfléchi

A l'infinitif, un verbe pronominal est accompagné du pronom réfléchi **se.** Le pronom réfléchi est *à la même personne que le sujet:*

je	**me (m')**	nous	**nous**
tu	**te (t')**	vous	**vous**
il, elle, on	**se (s')**	ils, elles	**se (s')**

Employez **m', t', s'** devant une voyelle ou un **h** muet.
Le pronom réfléchi est un pronom personnel, il est donc placé selon les règles des pronoms personnels (voir aussi N° 4 de cette leçon):

EXEMPLE Nous ne **nous** téléphonons jamais. **Vous** téléphonez-vous souvent?

Le pronom réfléchi **se** change aussi *à l'infinitif* avec la personne du sujet du verbe:

EXEMPLES **Je** vais **me marier** demain.
Tu as oublié de **te préparer.**
Ils ont décidé de **s'arrêter.**
Vous avez le sens pratique. **Vous** savez bien **vous débrouiller.**

▶ *Appliquez*

1. Tu veux ______. (se reposer)
2. Nous pouvons ______ à trois heures. (se rencontrer)
3. Vous allez ______ si nous arrivons en retard. (s'inquiéter)

(*réponses page 292*)

Voici quelques verbes pronominaux réfléchis ou réciproques:

s'aimer	s'écrire	se promener
s'amuser	s'inquiéter	se raser
s'arrêter	se laver	se rencontrer
se baigner	se maquiller	se reposer
se battre	se parler	se ressembler
se brosser	se peigner	se taire
se cacher	se plaire	se téléphoner
se coiffer	se préparer	se voir
se dire		

QUELQUES ANTONYMES

s'approcher ≠ s'éloigner
se disputer ≠ se réconcilier
s'habiller ≠ se déshabiller
se lever ≠ s'asseoir *ou* se coucher
se marier ≠ divorcer (non pronominal)
se réveiller ≠ s'endormir

Je **me lève** tôt. Je fais ma toilette: je **me lave** la* figure et les mains, je **me brosse** les dents, je **me coiffe** et je **m'habille.**

▶ *Appliquez* Traduisez les mots entre parenthèses.

1. Le matin, ______. (*I wash my hair*)
2. Quand le soufflé est trop chaud, ______. (*we burn our tongue*)
3. ______ quand il a honte. (*He hides his face*)

(*réponses page 292*)

2ᵉ catégorie: les verbes pronominaux non réfléchis à sens idiomatique

Quand le sens du verbe actif *change* à la forme pronominale, ou si le verbe *existe seulement à la forme pronominale,* c'est un verbe pronominal *non réfléchi,* à sens idiomatique.

* Avec un verbe pronominal, employez *l'article* pour une partie du corps. En anglais: *I wash* ***my*** *face and* ***my*** *hands. I brush* ***my*** *teeth.*

Voici une liste utile de verbes qui changent de sens à la forme pronominale:

agir *to act*	→	s'agir de *to be about*
aller *to go*	→	s'en aller *to leave*
apercevoir *to perceive*	→	s'apercevoir (de) *to realize*
appeler *to call*	→	s'appeler *to be called, to be named*
attendre *to wait*	→	s'attendre à *to expect*
connaître *to know*	→	s'y connaître en *to be an expert in*
douter *to doubt*	→	se douter de *to suspect*
ennuyer *to annoy*	→	s'ennuyer *to be bored*
entendre *to hear*	→	s'entendre avec *to get along with*
faire *to do*	→	se faire à *to get used to*
imaginer *to imagine*	→	s'imaginer *to fancy*
mettre *to put*	→	se mettre à *to begin*
passer *to pass*	→	se passer *to happen;* de *to do without*
plaindre *to pity*	→	se plaindre de *to complain*
prendre *to take*	→	s'y prendre *to go about something*
rappeler *to remind*	→	se rappeler *to remember*
rendre *to give back*	→	se rendre à *to go to*
rendre compte *to give an account of*	→	se rendre compte de *to realize*
servir *to serve*	→	se servir de *to use*
tromper *to deceive*	→	se tromper *to make a mistake*
trouver *to find*	→	se trouver *to be*

et de verbes qui existent seulement à la forme pronominale:

se dépêcher *to hurry*	se méfier de *to distrust*
s'enfuir *to flee*	se moquer de *to make fun of*
s'envoler *to fly away*	se souvenir de *to remember*
s'évanouir *to faint*	se suicider *to commit suicide*

Remarquez

s'agir de (sujet **il** impersonnel):

Dans cette histoire, **il s'agit de** vous. (*This story is about you.*)

se souvenir de = se rappeler (+ objet direct):

Je **me souviens de** vos parents.
Je **me rappelle** vos parents.

se fâcher = se mettre en colère:

Mon petit frère **se fâche** souvent (**se met** souvent **en colère**).

aller à = se rendre à:

Je **vais à** Dallas.
Je **me rends à** Dallas.

▶ *Appliquez*

1. Ne vous mettez pas en colère. (se fâcher)
2. Est-ce que vous vous rappelez mon numéro de téléphone? (se souvenir)
3. Traduisez: *Your book is about a personal experience.* (s'agir de)

(*réponses page 293*)

3e catégorie: les verbes pronominaux de sens passif

Un verbe pronominal qui exprime *une action habituelle* ou *une coutume* et qui remplace un verbe *à la voix passive* est un verbe pronominal *de sens passif.* Le sujet du verbe est toujours une chose, il est donc toujours à la troisième personne (du singulier ou du pluriel):

Le vin blanc **se boit** frais. (= est bu)
Le français **se parle** dans un grand nombre de pays. (= est parlé)
Ces mots **s'emploient** au pluriel. (= sont employés)

Accord du participe passé

Aux temps composés, *tous* les verbes pronominaux sont conjugués avec l'auxiliaire **être.**

Verbes de la 1ère catégorie

Pour les verbes pronominaux *réfléchis et réciproques* le participe passé s'accorde *avec l'objet direct du verbe* si cet objet direct *précède le verbe.* Le pronom réfléchi est objet direct ou indirect. Il faut l'analyser.

Elle **s**'est lavé**e**. (elle a lavé qui? **s'**
l'objet direct **s'** précède le verbe et représente **elle**
le participe passé s'accorde avec **s'**)

Elle s'est lavé **les mains.** (elle a lavé quoi? **les mains**
l'objet direct **les mains** suit le verbe
le participe passé reste invariable
s' est maintenant objet indirect)

Elle se **les** est lav**ées.** (elle a lavé quoi? **les**
l'objet direct **les** précède le verbe et remplace **les mains**
le participe passé s'accorde avec **les**)

Autre cas Nous nous sommes téléphoné. (on dit: **téléphoner à**
nous avons téléphoné à qui? **à nous**
le pronom réfléchi **nous** est donc indirect
le participe passé reste invariable)

De même **s'écrire, se plaire,** etc.

▶ *Appliquez* Mettez les verbes au passé composé.

Jean et Jeanne ______ (se rencontrer) un jour et ils ______ (se parler). Ils ______ (se voir) souvent et ils ______ (s'écrire) des lettres. Ils ______ (s'aimer) et ils ______ (se marier).

(*réponses page 293*)

Verbes des 2ᵉ et 3ᵉ catégories

Pour les verbes pronominaux *non réfléchis* et *de sens passif,* le participe passé s'accorde *avec le sujet du verbe:*

2ᵉ catégorie
- Elles se sont **mises** à travailler.
- Elle s'est **aperçue** que sa voiture ne marchait pas.
- *mais:* Elle s'est **rendu** compte que sa voiture ne marchait pas. (Le participe passé de **se rendre compte** est toujours invariable.)

3ᵉ catégorie Cette transformation **s'est faite** progressivement.

▶ *Appliquez* Mettez les verbes au passé composé.

1. Elle ______ (se tromper) dans ses comptes.
2. Ils ______ (se faire) facilement à la nouvelle situation.
3. Nous ______ (s'ennuyer) à mourir.
4. Le commerce et l'industrie ______ (se développer) ici.

(*réponses page 293*)

2 Fois, heure, moment, temps

Le temps passe vite. Nous disons cela **de temps en temps** (= quelquefois).
Quel **temps** fait-il **en ce moment?** —Il pleut encore, c'est la troisième **fois** cette semaine.
C'est **l'heure** de dîner; n'attendez pas trop longtemps pour venir à table.
Quelle est la vitesse limite sur l'autoroute? —Cent trente kilomètres **à l'heure.**
Par moments on en a assez. (*At times*)
Maintenant je n'**ai** pas **le temps de** vous voir. **Tout à l'heure,** peut-être. (*In a moment*)
Allez-vous voir votre ami? —Non, je l'ai vu **tout à l'heure.** (*a moment ago*)
Il est impossible d'être **à la fois** triste et gai.
N'essayez pas de faire vos devoirs et de chanter **en même temps** (= à la fois).

Le mot *time* est amusant en français, n'est-ce pas?

Ordre des pronoms objets avant et après le verbe

Avant le verbe

Quand plusieurs pronoms objets précèdent le verbe, placez-les dans l'ordre suivant:

OBJET DIRECT OU INDIRECT	OBJET DIRECT	OBJET INDIRECT		
me (m') te (t') nous vous se (s')	le (l') la (l') les	lui leur	y	en

EXEMPLES Vous **m'y** emmenez.
T'en avait-elle apporté?
Ne **vous y** promenez pas. (*impératif négatif*)

▶ *Appliquez*

1. Je n'ai pas parlé. (leur, en)
2. Ils viennent de donner. (les, nous)
3. Ne vous perdez pas. (y) (*réponses page 293*)

Après le verbe

Quand le verbe est à *l'impératif affirmatif,* les pronoms suivent le verbe dans l'ordre suivant:

objet direct	object indirect	**y**	**en**

EXEMPLES Dites-**le-moi.**
Apportez-**m'en.**
Souvenez-**vous-en.**

Avec deux pronoms il y a deux traits d'union.
Quand il y a une apostrophe, il n'y a pas de trait d'union.
me, te → **moi, toi** quand **me** ou **te** est le dernier pronom.

▶ *Appliquez*

1. Donnez. (nous, la)
2. Mène. (y, les)
3. Répète. (me, les)
4. Va. (en, te)

(*réponses page 293*)

4 Quelqu'un ≠ personne, quelque chose ≠ rien

Ce sont des pronoms indéfinis.

Est-ce que **quelqu'un** frappe à la porte? —Non, **personne ne** frappe à la porte.
Cherchez-vous **quelqu'un** pour ce travail? —Non, je **ne** cherche **personne.**

Est-ce que **quelque chose** vous dérange? —Non, **rien ne** me dérange.
Est-ce que vous voulez **quelque chose?** —Non, je **ne** veux **rien.**

personne ne..., rien ne... sont *sujets du verbe.*
ne...personne, ne...rien sont *objets du verbe.*

Je n'ai **vu personne** à la porte. (**personne** suit le participe passé)
Je n'avais **rien dit** à mes amis. (**rien** précède le participe passé)

+ de + adjectif

J'ai vu **quelqu'un d'**important. (*someone important*)
Je **n'**ai vu **personne d'**important. (*no one important*)

J'ai fait **quelque chose d'**important. (*something important*)
Je **n'**ai **rien** fait **d'**important. (*nothing important*)

quelqu'un, quelque chose personne, rien	+ **de** + adjectif invariable (toujours masc. sing.)

+ à + infinitif

Voilà **quelqu'un à** recommander.
Vous n'avez **personne à** recommander.

J'ai trouvé **quelque chose à** dire.
Je **n'**ai **rien** trouvé **à** dire.

quelqu'un, quelque chose personne, rien	+ **à** + infinitif

▶ *Appliquez* Traduisez les mots entre parenthèses.

1. Avez-vous appris ______? (*something interesting*)
2. ____________. (*I have nothing good to tell you.*)
3. ______ est venu. (*No one*)
4. J'ai parlé à ______. (*someone*)

(*réponses page 293*)

Remarquez Je n'ai vu personne d'**important.**
mais J'ai vu une personne **importante.**

J'ai fait quelque chose d'**important.**
mais J'ai fait une chose **importante.**

Expression **ça ne fait rien** (*it doesn't matter*):

J'ai oublié mon livre, mais **ça ne fait rien.**

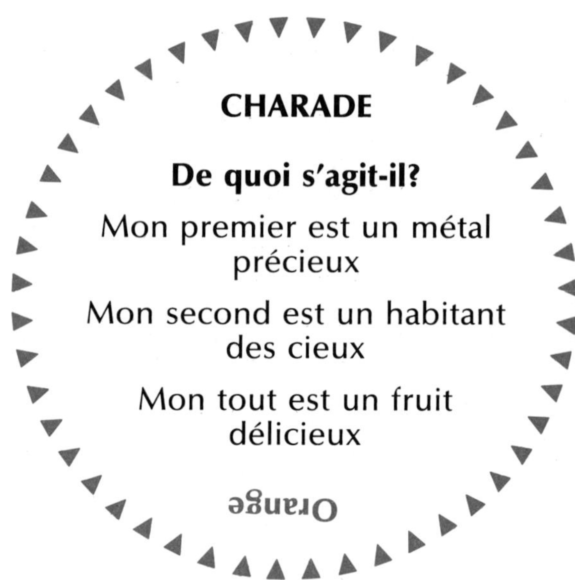

CHARADE
De quoi s'agit-il?
Mon premier est un métal précieux
Mon second est un habitant des cieux
Mon tout est un fruit délicieux
Orange

EXERCICES ORAUX

I *Prononciation*

Les sons /a/ et /*a*/

Distinguez:
/a/ bateau, bras, papa, cheval, quatre, table, patte
/*a*/ âge, château, cas, bâtir, bas, pas, vase, pâte, pâle

EXEMPLES Papa est pâle. Qu'est-ce qu'il a?
Anne a une bonne âme.
Le vase est cassé.
Marc est plus âgé que toi.
C'est un cas qui ne passe pas facilement.

II *Ecoutez la question du professeur. Répondez-y, et posez-la ensuite à un(e) de vos camarades. (Employez* **tu** *à la place de* **vous.***)*

1. Comment vous appelez-vous?
2. A quelle heure votre camarade de chambre se couche-t-il (elle)?
3. Vous entendez-vous bien avec lui (elle)?
4. A quelle heure vous levez-vous?

5. Vous regardez-vous dans une glace?
6. Vous brossez-vous les cheveux ou vous peignez-vous?
7. Est-ce que vous vous rasez?
8. Est-ce que vous vous maquillez?
9. Vous habillez-vous rapidement?
10. Vos amis se fâchent-ils quand vous vous moquez d'eux?

III *Remplacez le verbe pronominal en italique par le verbe pronominal synonyme ou antonyme entre parenthèses, au même temps que le verbe donné.*

MODELE Nous *nous approchons* du château de Chenonceaux. (≠ s'éloigner)
Nous nous éloignons du château de Chenonceaux.

1. Il *se rappelle* le spectacle "Son et Lumière" de Versailles. (= se souvenir de)
2. Personne ne *s'ennuie* dans ce village. (≠ s'amuser)
3. Ils *se sont levés* pendant la messe. (≠ s'asseoir)
4. Je *me pressais* pour arriver à l'heure. (= se dépêcher)
5. On ne *s'aperçoit de* rien quand on est hypnotisé. (= se rendre compte de)
6. Tu *t'étais réveillé* tard ce jour-là. (≠ s'endormir)

IV *Complétez avec le verbe pronominal à l'infinitif et faites les changements nécessaires.*

MODELE Aujourd'hui je vais (se promener) dans le parc.
Aujourd'hui je vais me promener dans le parc.

1. Nous allons (s'en aller) bientôt.
2. Vous ne voulez pas (se mettre) au travail?
3. Tu n'as pas de patience. Il ne faut pas (s'énerver).
4. Vous ne savez pas (se débrouiller), malheureusement.
5. J'espère qu'elle ne va pas (s'imaginer) des choses extraordinaires.
6. Avez-vous réussi à (se servir) de mon appareil photo?

V *Donnez une bonne explication! (Attention aux temps des verbes.)*

1. Je me passe toujours de dessert parce que...
2. Les oiseaux se réveillent très tôt parce que...
3. Beaucoup d'arbres "se déshabillent" en automne parce que...
4. Joël n'a pas pu se raser ce matin parce que...
5. Mon vieil oncle Stanley ne s'est jamais marié parce que...
6. Demain je vais être obligé de me dépêcher parce que...
7. Mon chien et mon chat ne s'entendent pas parce que...
8. Quelquefois les étudiants se perdent dans les verbes pronominaux parce que...
9. Les autruches se cachent la tête dans le sable parce que...
10. Archimède s'est écrié: "Eurêka!" parce que...

VI *Répondez aux questions. Employez un des mots:* **temps, fois, heure,** *ou* **moment,** *dans votre réponse.*

1. Quand l'agent de police vous a arrêté(e), à quelle vitesse alliez-vous?
2. Pouvez-vous aller au cinéma ce soir?
3. Parlez-vous souvent à votre camarade de chambre?
4. Votre professeur est dans son bureau maintenant. Quand allez-vous aller le voir?
5. Est-ce possible d'être travailleur(euse) *et* paresseux(euse)?

VII *Répondez à la question (ou donnez l'ordre) en remplaçant les mots en italique par des pronoms.*

MODELE *Hervé* a-t-il donné *son chèque à son propriétaire?*
Oui, il le lui a donné.

1. Votre père s'est-il acheté *la voiture qu'il voulait?*
2. *Les astronautes* ont-ils planté *un drapeau sur la lune?*
3. Demandez à votre voisin(e) de vous donner *son portefeuille.*
4. Est-ce qu'on vous a dit *que la terre était ronde?*
5. *Roméo et Juliette* se sont-ils retrouvés *dans la mort?*

6. Dites à un(e) camarade de ne pas toujours vous raconter *les mêmes blagues.*
7. Faut-il s'approcher ou s'éloigner *d'un tableau* pour mieux voir *ce tableau?*
8. Olive préparait-elle souvent *des épinards à Popeye?*

VIII *Mettez l'adjectif à la forme correcte.*

1. (sportif)
   Je connais quelqu'un de...
   Je ne connais personne de...
   Je connais une personne...
2. (neuf)
   Il a quelque chose de...
   Il a des choses...
   Il n'a rien de...
3. (pieux)
   J'ai rencontré quelqu'un de...
   Je n'ai rencontré personne de...
   J'ai rencontré des personnes...
4. (bon)
   Nous avons mangé quelque chose de...
   Nous avons mangé une ______ chose.
   Nous n'avons rien mangé de...
5. (amusant)
   Nous avons fait quelque chose d'...
   Nous avons fait une chose...
   Nous n'avons rien fait d'...

IX *Répondez négativement. Attention à la place de* **personne** *et* **rien.**

1. Est-ce que quelqu'un est venu vous voir récemment?
2. Y a-t-il quelqu'un à la banque à six heures du matin?
3. Peut-on avoir quelque chose pour rien?
4. Est-ce que quelque chose est arrivé hier?
5. Avez-vous quelque chose de beau à nous montrer?
6. Les gendarmes ont-ils arrêté quelqu'un de dangereux?
7. Le conférencier a-t-il eu quelque chose de nouveau à présenter?
8. Le pessimiste va-t-il dire quelque chose de positif?

X *A votre tour.*

Racontez une visite dans un endroit ancien ou au contraire très moderne en Amérique. Faites-le dans le style de la Prise de contact: *Quelques années en arrière....*

XI *Lisez avec expression puis discutez.*

UNE DISPUTE

Deux autos sont arrêtées à un carrefour°. Les conducteurs sont sortis de leur voiture et ils se disputent. Approchons-nous. Est-ce qu'il y a eu un accident?

LE 1er CONDUCTEUR (*très énervé*) Non mais sans blague, vous êtes dingue°! Vous ne vous êtes pas aperçu que j'arrivais là à votre droite? Vous avez besoin de lunettes°. Et la priorité à droite, qu'est-ce que vous en faites, hein, vous voulez me le dire?

LE 2e CONDUCTEUR Ne vous mettez pas en colère. Je vous avais très bien vu mais vous n'aviez pas la priorité ici. Si vous ne vous rappelez pas votre code de la route, dépêchez-vous de le relire. Vous avez appris à conduire par correspondance sans doute! On va finir par se battre si vous cherchez la bagarre°.

LE 1er CONDUCTEUR Zut alors! Il ne veut pas se rendre compte... J'en ai marre, moi. Voilà un flic° qui va lui dire tout de suite que j'ai raison. (*A l'agent*) M'sieur l'agent, expliquez à cet idiot-là que...

L'AGENT Du calme, du calme. Vous avez fait un embouteillage°, personne ne peut passer maintenant. Est-ce qu'il y a des blessés°, des dégâts°? Non? Vous vous êtes "presque" touchés. Alors de quoi vous plaignez-vous?

LE 1er CONDUCTEUR Mais j'avais la priorité. Dites-lui qu'il se trompe au moins°! Comme il m'avait vu, j'ai cru qu'il allait freiner° et me laisser passer!

L'AGENT Non, vous n'aviez pas la priorité ici. Il fallait ralentir°. Allez, circulez! En route! (*coup de sifflet°*)

carrefour: intersection
dingue: = *fou* (fam.)
lunettes: glasses
bagarre: scuffle
flic: = *agent de police* (fam.)
embouteillage: traffic jam
blessés: injured people
dégâts: damage
au moins: at least
freiner: to brake
ralentir: slow down
coup...: blow of the whistle

Maintenant conversation par groupes de trois.
A votre tour, improvisez une dispute: quelqu'un a fait un avion en papier avec votre composition écrite...quelqu'un d'autre pousse constamment votre chaise avec son pied..., un(e) troisième a amené son gros chien au cours...

Heureusement, il y a un "agent de police" pour s'occuper de la situation. (Choisissez quelques expressions et quatre ou cinq verbes pronominaux du texte "Une dispute".)

EXERCICES ECRITS

A *Remplacez le verbe en italique par le verbe pronominal équivalent, au temps correct.*

MODELE Chaque fois que je chante, il *commence à* pleuvoir.
Chaque fois que je chante, il se met à pleuvoir.

1. La statue de la Liberté *est* à New York.
2. *Pars* tout de suite. En route!
3. De quoi *était*-il *question* dans ce conte?
4. Je *fais* quelquefois *des erreurs*.
5. Je n'ai pas pu *aller* à votre réunion parce que j'étais malade.
6. Nous allons *utiliser* votre carte de crédit.
7. Elle *est experte* en dessin.
8. Comment est-ce que vous *faites* pour réparer ce moteur?

B *Mettez les verbes au passé composé. Attention à l'accord du participe passé.*

Igor et Natacha ______ (se rencontrer) le 14 juillet. Ils ______ (se plaire) immédiatement et ils ______ (se donner) leur numéro de téléphone. Presque tous les jours ils ______ (se téléphoner), puis, au début de septembre ils ______ (se rendre compte) qu'il était plus pratique de se marier. La cérémonie ______ (se passer) soixante-dix jours après leur rencontre. Quand est-ce qu'ils ______ (se marier)?

C *Complétez les phrases avec* **heure, fois, moment,** *ou* **temps.**

1. Quand il y a un ouragan, le vent souffle à plus de 100 kilomètres à l'______.
2. Douze ______ douze égalent cent quarante-quatre!
3. Juste au ______ où elle allait s'endormir, son ami lui a téléphoné pour lui dire "Bonne nuit"!
4. Par ______ ma grand-mère regrette le bon vieux ______.
5. Malheureusement, il est l'______ de partir et nous n'avons pas le ______ de continuer.

D *Remplacez les mots en italique par des pronoms. Placez-les correctement.*

MODELE *Claire et Joël* ont visité *une vieille église dans un village.*
Ils y en ont visité une.

1. *Betty* s'est acheté *cinq chapeaux chez Saks Cinquième Avenue.*
2. Avez-vous vu *la Joconde au Louvre?*
3. Donnez-moi *un conseil!* Je ne sais pas faire *mes comptes.*
4. *Ce millionnaire* cache *tous ses dollars sous son lit.*
5. Il y a *de très belles reproductions au musée Rodin.*
6. Avez-vous montré *votre mauvaise note à vos amis?*
7. Je vais dire *à ma mère que je pars le 24 août.*
8. Envoyez-moi *l'adresse de votre sœur.*
9. Il ne m'a pas dit *la vérité.*
10. Elle se prépare *un sandwich dans la cuisine.*

E *Mettez le passage à la forme négative.*

Hier tout allait bien. J'ai fait quelque chose d'amusant et j'ai rencontré quelqu'un de sensationnel. J'ai eu de la chance au casino car j'ai gagné de l'argent. Aujourd'hui je suis encore très riche et j'ai déjà pu payer mon loyer. Demain j'irai au cinéma ou au théâtre parce que j'ai encore envie de m'amuser.

F [Révision du passé] *Mettez le texte suivant au passé.*

Un soir, un vieux Martien, qui _____ (s'appeler) Février, _____ (raconter) un épisode de sa jeunesse à ses petits-enfants. Ce _____ (être) en 1979, a-t-il dit. Je _____ (aimer) beaucoup Avril, votre grand-mère. Bien sûr à cette époque vos parents _____ (ne pas naître). Avril et moi _____ (vivre) agréablement au bord d'un cratère qui nous _____ (appartenir). Je _____ (ne jamais penser) à quitter Avril, mais un jour je _____ (apprendre) qu'il y _____ (avoir) une planète inexplorée: la Terre. Subitement je _____ (avoir) envie de partir. Je _____ (ne pas pouvoir) en parler à Avril parce que je _____ (ne pas vouloir) la voir triste. Malheureusement, je _____ (ne pas prévoir) qu'avec ses antennes sur ma longueur d'ondes, elle _____ (pouvoir) capter mes pensées. Immédiatement, elle _____ (se mettre) à pleurer comme un geyser. Discrètement, je _____ (sortir) la soucoupe volante de sport du garage, et je _____ (partir). Mais les choses que je _____ (voir) sur la terre _____ (être) si tristes et déprimantes que je _____ (revenir) aussi vite que possible sur Mars. Et depuis ce jour-là nous vivons des années célestes.

G [Révision du passé] *Mettez le verbe entre parenthèses au plus-que-parfait.*

1. A Lascaux, on a trouvé des fresques (f.) que des hommes _____ (peindre) vingt mille ans avant notre ère.
2. Saviez-vous que "Normand" est dérivé de "Northman" parce que ces hommes _____ (venir) du Nord?
3. Christophe Colomb s'est trompé quand il a pensé qu'il _____ (découvrir) un prolongement de l'Inde.

Une peinture sur les murs de la Grotte de Lascaux

H *Traduction (facultatif).*

1. My cousin and her husband met in a French class. At first they observed each other. Later they sat together on the last two chairs near the window. The old professor got used to the situation. He did not wonder why they never missed their French classes. At the end of the quarter, he congratulated himself over their interest in the language.
2. Does Santa Claus shave his beard once in a while?
3. Do you find something amusing in elephant jokes? Elephants find nothing amusing in them.

lecture

La Gaule?

MARIE-FRANÇOISE Quand on pense qu'autrefois notre pays s'appelait la Gaule, ça ne t'intrigue pas°, toi? Tu t'y connais en histoire de France?

JEAN-PIERRE Oui, un peu. Je sais que les Gaulois étaient divisés en tribus° et se battaient souvent.

MARIE-FRANÇOISE Et moi je sais que leurs voisins, les Romains, étaient puissants et bien organisés. Ils s'intéressaient à la Gaule, y venaient souvent pour faire du commerce et avaient peut-être envie de s'y installer.

JEAN-PIERRE C'est bien possible, et un jour, justement, une tribu gauloise a demandé l'aide de Jules César contre un chef germain. Alors les Romains sont entrés en Gaule et ont profité de l'occasion°.

MARIE-FRANÇOISE Qu'est-il arrivé? Est-ce que personne ne s'y est opposé?

JEAN-PIERRE Si. Un chef gaulois, Vercingétorix, s'est chargé° d'unir les Gaulois. Malheureusement, en l'an 51 avant Jésus-Christ, Jules César a remporté la victoire et a emmené Vercingétorix prisonnier à Rome.

ça... it does not puzzle you?
tribes
ont... seized the opportunity
s'est... took it upon himself

MARIE-FRANÇOISE C'est à ce moment, je crois, que la romanisation de la Gaule a commencé?

JEAN-PIERRE Oui. Les Romains se sont mis rapidement à construire des routes qui formaient un réseau° commercial à partir de Lyon. Les villes se sont transformées et multipliées. network

MARIE-FRANÇOISE Et les maisons? Je sais que les Gaulois habitaient dans des huttes en terre.

JEAN-PIERRE C'est vrai, mais bientôt les Romains ont construit de belles maisons en pierre, et aussi des temples. Ils ont élevé° des monuments, des théâtres, des arènes, des aqueducs et des viaducs comme le célèbre Pont du Gard. = *ont construit*

MARIE-FRANÇOISE Mais comment pouvaient-ils se parler?

JEAN-PIERRE Dès° le Ier siècle, le latin s'est infiltré. Cependant la langue des Gaulois est restée en usage jusqu'au Ve siècle à la campagne et dans les montagnes. Peu à peu le "latin vulgaire", parlé par les marchands, les soldats, les esclaves°, est devenu la langue populaire. Le latin gallo-romain de cette époque est à l'origine du français actuel. As early as; slaves

MARIE-FRANÇOISE Oui, mais là je m'embrouille°. Pourquoi le nom "français"? get confused

JEAN-PIERRE Il ne faut pas oublier les grandes invasions qui ont littéralement transformé l'Europe.

MARIE-FRANÇOISE Tu veux dire vers l'année 400, quand les Barbares ont traversé le Rhin, et les Vandales sont arrivés jusqu'en Afrique, par exemple.

JEAN-PIERRE Oui, et les Francs ont envahi° presque toute la Gaule. Le pays a été connu sous le nom de "Francia", d'où° la France. invaded; hence

MARIE-FRANÇOISE Alors les Francs ont modifié la langue gallo-romaine?

JEAN-PIERRE Naturellement. Tu vois maintenant?

MARIE-FRANÇOISE Oui, mais il s'agit de communication orale. Ecrivaient-ils aussi?

JEAN-PIERRE Sans doute, mais si tu veux parler de littérature, il faut pratiquement attendre le Moyen-Age, et encore c'est loin de notre français moderne.

Je... I suppose so

MARIE-FRANÇOISE Je m'en doute°, parce qu'une langue se transforme continuellement. Et toutes ces influences, ces différences de

customs / = *arrivées*

mœurs°, sont-elles parvenues° jusqu'à nous?

JEAN-PIERRE Regarde autour de toi! Les Gaulois étaient grands, blonds aux yeux bleus. Ils étaient braves, sociables et bavards. Ils aimaient bien manger et bien boire. Ils aimaient aussi rire. Les Gallo-Romains étaient ingénieux et organisés. Physiquement, ils étaient plus petits que les Gaulois, et bruns. Les Francs? Leurs

tail

cheveux d'un blond roux se terminaient en queue° de cheval, et ils avaient le goût de la dispute.

C'est... That's why

MARIE-FRANÇOISE C'est pour ça qu° 'il y a tant de variété chez les Français!

Bonjour, je m'appelle

ROMAIN

Je suis né le 23 Avril 1981

Ma maman se porte bien
et papa est content

M. et Mme Philippe Glévarec
1, allée Jean Lagadic - Kergresk - 29000 Quimper

QUESTIONS SUR LA LECTURE

1. Comment s'appelait autrefois la France et comment étaient ses habitants?
2. Comment étaient les Romains et pourquoi s'intéressaient-ils à la Gaule?
3. Pourquoi les Romains sont-ils entrés en Gaule?
4. Quel a été le rôle de Vercingétorix?
5. Quels avantages la domination romaine a-t-elle apportés?
6. Pourquoi la Gaule romaine a-t-elle été finalement appelée "Francia"?
7. Quelles caractéristiques peut-on trouver chez les Français?
8. Quelles particularités ethniques y a-t-il dans votre famille?

CONSTRUCTION DE PHRASES

1. fois
2. s'entendre
3. s'agir de
4. se moquer de
5. tout à l'heure
6. personne (+ de + adjectif)

VOCABULAIRE

1. Donnez *un synonyme* de:
   se fâcher utiliser faire une erreur quelquefois
   brave à la fois se souvenir de
2. Donnez *un antonyme* de:
   s'habiller s'amuser se lever
   s'approcher se marier parler

COMPOSITION

1. Décrivez vos activités habituelles depuis "je me réveille" jusqu'à "je m'endors". (Employez le plus de verbes pronominaux possible, au présent.)
2. Parlez des origines de l'état où vous habitez, ou de votre ville, ou de votre famille. Si vous voulez, faites-le sous forme de dialogue comme dans la lecture. (Employez les temps du passé.)
3. Est-ce qu'en Amérique on est aussi attaché au passé? Aimez-vous voir de vieux édifices? Pourquoi? En connaissez-vous un que vous aimez particulièrement visiter? Où se trouve-t-il? Décrivez-le.

poème

LES PETITES FLEURS SE MOQUENT DES GRANDS SAPINS

Sur le haut de la montagne, les sapins[1] demeurent sérieux et hérissés[2]; au bas de la montagne, les fleurs éclatantes[3] s'étalent[4] sur l'herbe.

En comparant leurs fraîches robes aux vêtements sombres des sapins, les petites fleurs se mettent à rire.

Et les papillons légers se mêlent[5] à leur gaieté.

Mais un matin d'automne, j'ai regardé la montagne: les sapins, tout habillés de blanc, étaient là, graves et rêveurs.

J'ai eu beau chercher[6] au bas de la montagne, je n'ai pas vu les petites fleurs moqueuses.

Le Livre de Jade, Judith Gautier

[1] fir trees [2] spiky [3] dazzling [4] display themselves [5] take part in [6] I searched in vain

réponses aux *Appliquez*

Page 271

1. réfléchi
2. réciproque
3. réfléchi
4. réciproque, réciproque
5. réciproque, réciproque

Page 272

1. te reposer
2. nous rencontrer
3. vous inquiéter

Page 273

1. je me lave les cheveux
2. nous nous brûlons la langue
3. Il se cache la figure

Page 275

1. Ne vous fâchez pas.
2. Est-ce que vous vous souvenez de mon numéro de téléphone?
3. Dans votre livre il s'agit d'une expérience personnelle.

Page 276

se sont rencontrés, se sont parlé, se sont vus, se sont écrit, se sont aimés, se sont mariés

Page 276

1. s'est trompée
2. se sont faits
3. nous sommes ennuyés(es)
4. se sont développés

Page 278

1. Je ne leur en ai pas parlé.
2. Ils viennent de nous les donner.
3. Ne vous y perdez pas.

Page 278

1. Donnez-la-nous.
2. Mène-les-y.
3. Répète-les-moi.
4. Va-t'en.

Page 279

1. quelque chose d'intéressant
2. Je n'ai rien de bon à vous dire.
3. Personne n'
4. quelqu'un

leçon 13

Du présent au futur

prise de contact **Qui vivra verra...**

1 le futur

2 **quand** + futur, **si** + présent

3 le futur antérieur

4 verbe + **à** + infinitif

5 le verbe irrégulier **conduire**

6 la santé

lecture **Voulez-vous un verre d'eau de mer?**

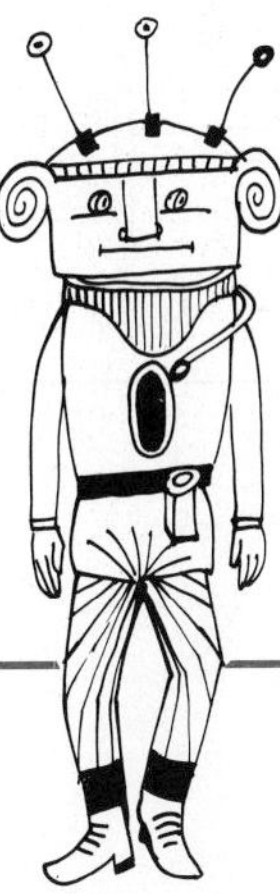

Louis Pasteur
Ra
Pierre et Marie Curie
A
B
André Citroën

prise de contact

Qui vivra verra°...

Qui... Time will tell

Cinq miles ça fait combien de kilomètres?

Une livre ça fait combien de grammes?

Ah! quand le système métrique aura été° adopté partout dans le monde, cela simplifiera° bien les choses. Mais changer de système n'est pas facile!

aura... will have been
will simplify

Rodney et Gordon connaissent bien la question parce qu'ils s'intéressent aux sciences, Rodney beaucoup plus que Gordon. C'est même un vrai scientifique.

RODNEY Tu sais, à l'école, j'avais toutes sortes de projets en tête. Et j'ai eu de la chance parce que le prof nous encourageait beaucoup, même quand nos idées n'étaient pas formidables.

GORDON Nous aussi, notre prof était très chic° pour ça.

= *sympathique* (fam.)

RODNEY Remarque, on essayait des trucs° incroyables, et même une fois on a failli faire sauter° le labo.

contraptions (fam.)
on... we almost blew up

GORDON Sans blague! Pour moi, ce n'était pas si dangereux. Je me rappelle que j'avais fait un rapport° sur les Citroën, les Peugeot et les Renault* parce que les voitures françaises m'emballaient.

report

RODNEY Je ne suis pas comme toi. Moi, les bagnoles°, ce n'est pas mon fort°. Pourtant, quand j'ai vu l'assemblage d'une voiture des premières pièces ° jusqu'au stade final, j'ai trouvé ce travail à la chaîne° impressionnant. Est-ce que tu t'y connais aussi en pneus?

= *voitures* (fam.)
strong point
parts
assembly line

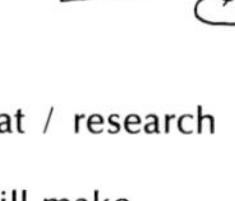

GORDON Et comment!! Je te recommande les pneus Michelin, naturellement. Qu'est-ce que tu aimes surtout, toi?

RODNEY Moi, tout ce qui° est recherches° et expériences. (*ironique*) Je serai certainement un grand savant° et je ferai° des découvertes.

tout... all that / research
scientist / will make

GORDON Ah oui? Comme quoi?

---

* Citroën [sitrɔɛn], Peugeot [pøʒo], Renault [rəno]

RODNEY Je trouverai un tas de produits qui remplacent l'essence°, par exemple. Et toi, qu'est-ce que tu aimes à part° les voitures?
(gasoline; à... apart from)

GORDON J'aime surtout les choses pratiques. En ce moment je me sers de mon appareil photo° et d'une caméra° japonaise drôlement° bonne.
(camera / movie camera; = *très* (fam.))

RODNEY Tu ne construiras rien de nouveau?

GORDON Non, j'emploie et j'emploierai les appareils qui existent, ou qui existeront dans l'avenir°.
(= *le futur*)

RODNEY Tiens, voilà Karen. Tu la connais. Demande-lui si elle aime les sciences.

GORDON (*à Karen*) Karen, tu aimes les sciences? Qu'est-ce que tu feras plus tard?

KAREN Je travaillerai dans l'informatique° dès que° j'aurai fini mon apprentissage.
(computer science / *dès...* as soon as)

GORDON Les ordinateurs°, c'est le métier° de l'avenir! Moi, je ne sais pas encore ce que je ferai. On verra°...
(computers / = *carrière*; *On...* We'll see)

Le futur

Pensez-vous à votre avenir? Que **ferez**-vous dans le futur? Quel métier **choisirez**-vous? Comment **sera** le monde?

Pour une action dans le futur, employez *le futur*. C'est un temps simple (1 mot).

Les verbes réguliers

Forme:

la forme infinitive du verbe + les terminaisons du présent de **avoir**

parler	
je parler **ai**	nous parler **ons**
tu parler **as**	vous parler **ez**
il, elle, on parler **a**	ils, elles parler **ont**

je parlerai: *I will speak*

Remarquez

Il y a toujours un **r** devant la terminaison du futur.

Les verbes en **er** qui ont des particularités au présent gardent ces particularités à *toutes* les personnes du futur:

EXEMPLES je l**è**verai, tu l**è**veras, il l**è**vera, nous l**è**verons, vous l**è**verez, ils l**è**veront.
j'appe**ll**erai, tu appe**ll**eras, nous appe**ll**erons, etc.
je pa**i**erai, tu pa**i**eras, nous pa**i**erons, etc.

mais ne changez pas un **é:**

rép**é**ter: je rép**é**terai, tu rép**é**teras, nous rép**é**terons, etc.

Le **e** des verbes en **re** disparaît:

vendre → je vendr**ai**

Les verbes irréguliers

Beaucoup de verbes irréguliers en **ir** et **re** forment leur futur régulièrement:

ouvrir → j'ouvrirai
dormir → je dormirai
écrire → j'écrirai
connaître → je connaîtrai

Mais d'autres ont un radical différent (les terminaisons ne changent pas):

aller → j'irai	pleuvoir → il pleuvra
avoir → j'aurai	pouvoir → je pourrai
courir → je courrai	recevoir → je recevrai
cueillir → je cueillerai	savoir → je saurai
envoyer → j'enverrai	tenir → je tiendrai
être → je serai	vouloir → je voudrai
faire → je ferai	venir → je viendrai
falloir → il faudra	voir → je verrai
mourir → je mourrai	

▶ *Appliquez*

verbes réguliers:
il (finir), tu (répondre), il (pleurer), nous (jeter), vous (vendre), je (rencontrer)

verbes irréguliers:
nous (avoir), elles (être), je (faire), tu (venir), je (savoir), elle (aller)

(*réponses page 315*)

Notez Pour éviter la présence de deux sons /i/, n'employez pas le pronom **y** devant le futur de **aller:**

EXEMPLES Irez-vous **à la montagne** cet été?
Oui, j'irai.
OU Non, je n'irai pas.

2 **Quand** + futur, **si** + présent

Quand il **recevra** la nouvelle, il **sera** heureux. (*When he gets the news,...*)

Employez **quand** + *futur* dans une phrase au futur.

Si vous ne **comprenez** pas, je **répéterai** l'explication demain.

Employez **si** + *présent* dans une phrase de condition au futur.

Une phrase de condition comprend deux parties:
la proposition de condition qui commence par un **si** de condition
la proposition principale qui exprime la conséquence.
Il n'y a jamais de futur après un *si* de condition

Notez Avec **si** + *présent,* il y a deux autres possibilités:

Si vous **avez** des questions, vous **pouvez** me les poser. (*présent*)
Si vous **avez** des questions, **posez**-les-moi. (*impératif*)

CONDITION	CONSEQUENCE
si + présent	futur présent impératif

si + il(s) = s'il(s)
si + elle(s) = si elle(s)
si + on = si on, si l'*on

▶ *Appliquez*

1. Quand je ______ (être) grand, je ______ (faire) comme toi.
2. Tout à l'heure il me ______ (dire) s'il ______ (pouvoir) venir.
3. Si on ______ (partir) trop tôt, on ______ (arriver) en avance.
4. Vous ______ (tomber) malade si vous ______ (ne pas dormir) assez.
5. Je ______ (aller) vous voir quand je ______ (avoir) le temps.

(*réponses page 315*)

* **l'** est quelquefois ajouté devant **on** pour faciliter la prononciation

3 Le futur antérieur

Quand (Lorsque) vous **aurez fini** de travailler, vous **sortirez** un peu.
Aussitôt que (Dès que) tu **seras partie,** je **regarderai** la télévision.
Après qu'ils **auront fait** ce voyage, ils en **feront** un autre.

Le futur antérieur est un temps composé (2 mots) qui exprime *une action future, antérieure à une autre action future.* On le trouve généralement après: **quand** ou **lorsque, aussitôt que** ou **dès que,** et **après que.**

Forme:

le futur de **avoir** ou **être** + le participe passé du verbe

parler

j'aurai parlé	nous aurons parlé
tu auras parlé	vous aurez parlé
il, elle, on aura parlé	ils, elles auront parlé

j'aurai parlé: *I will have spoken*

partir

je serai parti(e)	nous serons partis(es)
tu seras parti(e)	vous serez parti(s,e,es)
il, elle, on sera parti(e)	ils, elles seront partis(es)

se rendre compte

je me serai rendu compte	nous nous serons rendu compte
tu te seras rendu compte	vous vous serez rendu compte
il, elle, on se sera rendu compte	ils, elles se seront rendu compte

Le participe passé suit les règles des verbes conjugués avec **avoir** ou **être.**

▶ *Appliquez*

1. tu (arriver)
2. vous (se lever)
3. nous (prendre)
4. ils (entrer)
5. je (finir)

(*réponses page 315*)

Notez Quand l'action future est *immédiatement antérieure* à l'autre action future au point qu'elles ne peuvent pas être distinguées l'une de l'autre, employez le futur (simple) pour les deux verbes:

Aussitôt qu'il **appellera,** je **répondrai.**

4 Verbe + **à** + infinitif

Je n'**arrive** pas **à** trouver la solution.
Ne me dérangez pas, j'**ai** beaucoup de travail **à** faire.
Ils voudraient vous **inviter à** dîner.
Aidez-moi **à** finir mon expérience de biochimie.
Elle **a appris à** jouer au tennis l'été dernier.
Avez-vous **réussi à** traverser la Manche à la nage?

aider à	avoir à
apprendre à	inviter à
arriver à	réussir à

(*voir liste complète dans l'Appendice*)

5 **Conduire**

C'est un verbe irrégulier.

Est-ce que vous **conduisez** toujours vite? (*to drive*)
J'**ai conduit** Bruno à son rendez-vous. (*to give a ride*)

Voici le présent:

conduire		
je condui**s**	nous conduis**ons**	*participe passé:*
tu condui**s**	vous conduis**ez**	**conduit**
il, elle, on condui**t**	ils, elles conduis**ent**	

De même **construire, cuire, détruire, produire, reconstruire:**

EXEMPLES Ici on **produit** beaucoup de vin.
Quelle entreprise **a construit** ce gratte-ciel?
On va **reconstruire** le bâtiment **détruit** par le tremblement de terre.
Les spaghetti **cuisent** dans l'eau.

6 La santé

Comment allez-vous? Etes-vous *guéri*°? — cured

—Non, je ne me sens pas mieux, malheureusement. J'ai attrapé un gros *rhume*°. Je ne *respire*° pas bien et je *tousse*° beaucoup. Je prends des *comprimés*° pour faire tomber *la fièvre*°. En plus j'entre à *l'hôpital* lundi, non pas pour *une maladie*° mentale, pulmonaire, ou digestive, mais parce que je vais *subir*° *une opération*. Heureusement que mon *chirurgien*° est excellent. Il a fait ses études dans une bonne *faculté de médecine* et il a une solide réputation. Je voulais aller dans *une clinique*°, mais dans cet hôpital les *infirmières*° sont très gentilles et très jolies. Elles *soignent* bien leurs *malades*°.

cold / breathe / cough
tablets / fever
illness
undergo
surgeon
= *établissement privé* / nurses
soignent... take good care of their patients

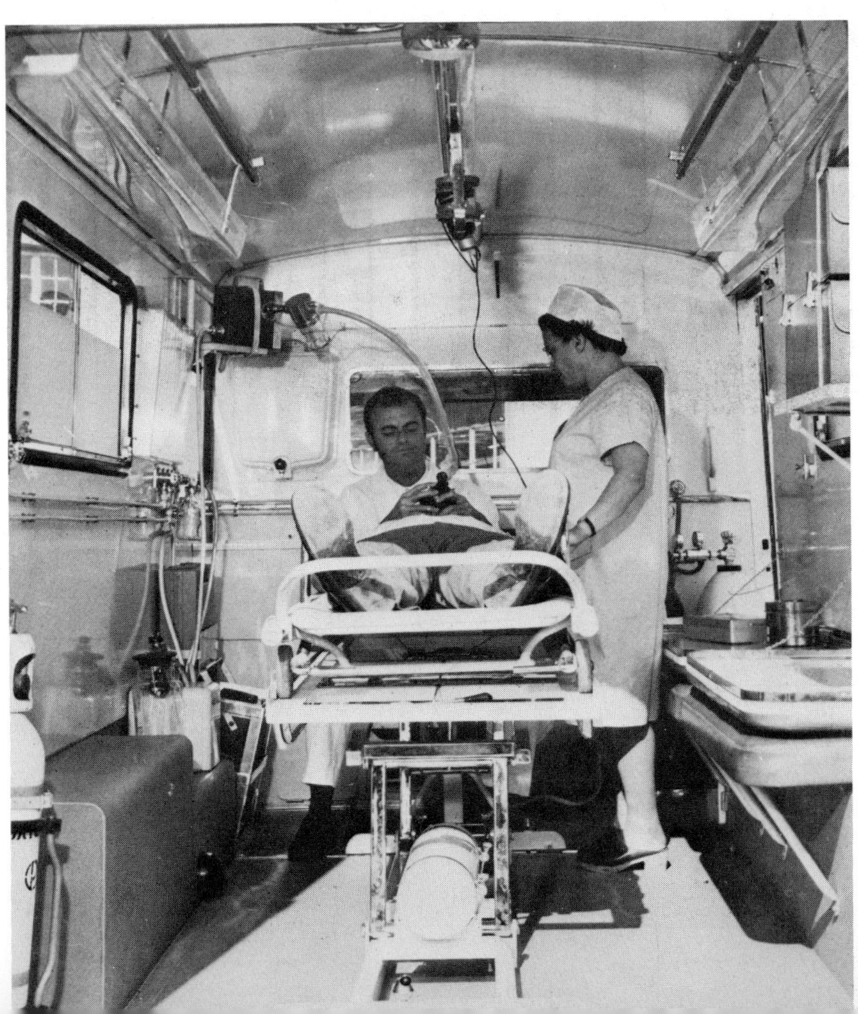

—J'ai l'impression que votre séjour à l'hôpital ne sera pas trop désagréable!

prescription / medication / shots / will recover

—J'espère que non. Ensuite on me donnera *une ordonnance*° pour les *médicaments*° qu'il me faudra et mon médecin habituel me fera des *piqûres*° si c'est nécessaire. Je *me remettrai*° complètement avec ce *traitement*.

—Bonne chance!

—Merci, j'en ai besoin...Mais j'ai bon moral.

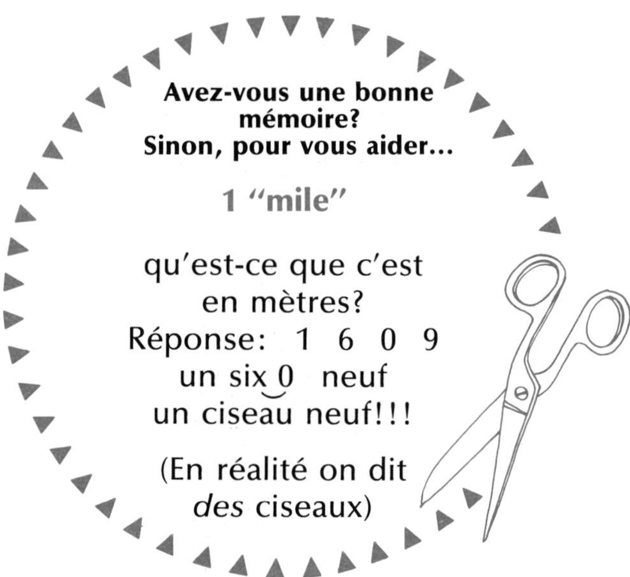

Avez-vous une bonne
mémoire?
Sinon, pour vous aider...
1 "mile"
qu'est-ce que c'est
en mètres?
Réponse: 1 6 0 9
un six 0 neuf
un ciseau neuf!!!
(En réalité on dit
des ciseaux)

EXERCICES ORAUX

I *Prononciation*

Les sons /m/, /n/, /ɲ/

Prononcez:

/m/ ma, aimer, homme
/n/ non, maintenant, bonne
/ɲ/ gnangnan, compagnie, montagne

Lisez les phrases:

Les infirmières soignent bien leurs malades.
Le métier de l'avenir, c'est dans l'informatique.
Ah! les ordinateurs!
J'aime conduire dans la campagne.
Demandez à votre ami(e) son signe du zodiaque.
J'ignore le programme de notre journée.
Mon médecin ne me soigne pas bien.

II *Quels sont vos projets d'avenir?*

1. Irez-vous sur la lune, ou resterez-vous plutôt sur la terre?
2. Quelle sera votre carrière?
3. Pourrez-vous, par votre profession, protéger l'environnement?
4. Aurez-vous une grande auto américaine? une petite voiture de sport italienne? une grosse moto? des patins à roulettes? ou un cheval?
5. Ferez-vous le tour du monde? Si oui, comment?
6. Saurez-vous la table de multiplication par cœur, ou utiliserez-vous votre calculatrice?
7. Verrez-vous toujours la différence entre le bien et le mal?
8. Recevrez-vous vos amis à la Maison-Blanche?

III *Répétez les phrases en remplaçant les mots en italique du modèle par les mots entre parenthèses.*

MODELE Dans leurs travaux et leurs expériences, les *mathématiciens* utilisent des *nombres.*

1. (biologistes, microscopes)
2. (géomètres, cercles et triangles)
3. (chimistes, éprouvettes)
4. (architectes, plans)
5. (chirurgiens, instruments chirurgicaux)

Répétez les phrases en remplaçant les mots en italique du modèle par les mots entre parenthèses. Attention au temps des verbes.

MODELE Je viendrai vous voir quand *vous voudrez.*
si *vous voulez*

1. (vous avez besoin de médicaments)
2. (l'infirmière le permet)
3. (vous êtes remis de votre opération)

IV *Mettez les phrases suivantes au futur (verbes au futur ou futur antérieur).*

MODELE Je *viens* quand on m'*appelle.*
Je viendrai quand on m'appellera.

1. On économise beaucoup d'essence lorsqu'on va à bicyclette.
2. Les recherches sont plus simples quand tout le monde utilise le même système de mesures.
3. Les astronomes voient mieux les étoiles après que le soleil s'est couché.
4. Certaines maladies n'existent plus dès que les savants ont trouvé de nouveaux vaccins.
5. L'air devient plus pur quand le vent a chassé les nuages de fumée.

V *Mettez les phrases au futur. Choisissez une des expressions de la liste donnée.*

MODELE Je *finis* ce gâteau au chocolat.
Je finirai ce gâteau au chocolat demain.

1. Nous réussissons à payer nos dettes.
2. Il vend sa Porsche.
3. Partez-vous en vacances?
4. Ils n'apprennent pas le futur.
5. On rencontre des gens bizarres chez les Durand.
6. Vous n'écrivez pas de lettres.
7. Elles ne se lèvent pas avant midi.
8. Nous sommes dans les nuages.
9. Je reçois une grosse somme d'argent.
10. Vous savez marcher sur les mains.
11. Il y a une éclipse du soleil.
12. Est-ce que vous venez au match de boxe?

a. quand il y aura du brouillard
b. à la fin de votre cours de gymnastique
c. l'année prochaine
d. dimanche
e. dans la Leçon 14
f. un de ces jours
g. ce soir
h. après-demain
i. tout à l'heure
j. demain
k. pendant le week-end
l. bientôt

VI *Voici des* **quand** *et des* **si.** *Complétez les phrases avec imagination.*

1. Les oiseaux partiront dans les pays chauds quand...
2. Je me mettrai à étudier si...
3. Si des O.V.N.Is* arrivent,...
4. Comment les autos marcheront-elles quand...?
5. Si on ne pratique pas la récupération du métal et du verre,...
6. Vous serez obligé(e) de conduire à gauche quand...
7. Maude ne restera pas à la maison si son horoscope...

VII *Lisez les prédictions de votre signe. Sont-elles possibles? Suivez-vous votre horoscope régulièrement?*

* **Objets Volants Non Identifiés** = *UFOs*

Horoscope

D'une intelligence supérieure, bien que très personnelle, le Scorpionique s'oriente volontiers vers la médecine et se spécialise comme chirurgien. Il s'intéresse à la physique, physique nucléaire, astrophysique. La chimie est un de ses domaines préférés; la psychanalyse le passionne. Personnalités nées sous ce signe: ***Jean Rostand, Charles de Gaulle.***

Bélier
21 mars - 20 avril

La vivacité de vos réactions déconcerte un peu vos proches qui ont du mal à vous suivre. Montrez-vous plus conciliant pour éviter les accrochages inutiles et les situations tendues, difficiles pour tous.

Taureau
21 avril - 21 mai

Sous vos dehors de personnage entreprenant se cache un timide et vos partenaires ne comprennent pas toujours vos changements de comportement. Soyez plus détendu et accordez davantage de temps à une personne qui vous attire.

Gémeaux
22 mai - 21 juin

Vous repoussez depuis longtemps le moment de prendre une décision capitale qui engagera votre avenir. Ne remettez plus ce projet à demain, il est temps de sauter le pas et de vous lancer dans une voie nouvelle.

Cancer
22 juin - 22 juillet

Votre vitalité vous fait parfois abuser de vos forces. Ne mettez pas votre santé en danger et éliminez de votre emploi du temps les activités inutiles et fatigantes. Votre partenaire sera ravi des heures supplémentaires que vous lui consacrerez.

Lion
23 juillet - 23 août

La chance vous sourit et facilite bon nombre de vos projets. Mais attention aux revirements soudains susceptibles d'occasionner quelques déceptions. Laissez dans votre vie, si bien organisée, une place à la romance.

Vierge
24 août - 23 septembre

Que de problèmes qui n'existent que dans votre tête! Le monde n'arrêtera pas de tourner et votre famille de fonctionner si vous prenez un peu de temps pour vous-même. Faites la guerre au pessimisme et distrayez-vous.

Balance
24 septembre - 22 octobre

Votre situation actuelle est satisfaisante. Vous rêvez cependant d'horizons lointains et d'une vie différente. Avec un peu de souplesse, vous parviendrez à concilier deux modes de vie et vous pourrez alors vous épanouir pleinement.

Scorpion
23 octobre - 22 novembre

Vous rêvez de tirer un grand trait sur votre vie passée, mais attention, ne brûlez pas tous les ponts précipitamment. Certains projets prendront plus de temps à se réaliser que vous n'envisagiez. Vos amis vous seront précieux.

Sagittaire
23 novembre - 21 décembre

Certaines dispositions que vous avez prises récemment porteront leurs fruits à une date ultérieure. Ne laissez donc pas place au découragement et à l'impatience, les événements favoriseront naturellement vos projets.

Capricorne
22 décembre - 20 janvier

Vous accordez trop d'importance aux petits détails ce qui ne fait que compliquer votre vie. Considérez avec optimisme des développements inattendus qui viendront rompre la routine dans laquelle vous vous enfoncez rapidement.

Verseau
21 janvier - 18 février

Quelques retards dans les aboutissements souhaités ne doivent pas vous faire remettre en cause la validité de votre jugement. Ne vous faites pas de souci et profitez pleinement de la présence agréable de votre partenaire.

Poisson
19 février - 20 mars

Ne résistez plus et offrez-vous cette fantaisie qui vous fait tant envie. En apportant un peu de rêve dans votre vie vous ouvrirez la porte à une aventure piquante qui vous paraissait impossible jusqu'à présent.

VIII *Finissez les phrases avec le temps indiqué.*

1. Si je me casse un doigt,... (+ futur)
2. Si vous comprenez la méthode de Descartes,... (+ présent)
3. Si l'air est pollué aujourd'hui,... (+ impératif)

IX *A votre tour.*

Dans l'avenir, ferez-vous des recherches et des expériences? Quelle sera votre spécialisation? Discutez avec un(e) camarade comme dans la Prise de contact: *Qui vivra verra...*

X *Conversation par groupes de deux ou trois.*

Demandez à un(e) camarade:

combien de kilomètres il y a dans cinq "miles" et combien de grammes il y a dans une livre américaine. (*Consultez la table, voir Appendice, p. 481.*)
combien il (elle) mesure en mètres et centimètres et combien il (elle) pèse en kilogrammes et grammes.
comment il (elle) se chauffera dans sa maison futuriste: à l'énergie solaire, ou autre...
quel genre de maison il (elle) construira.
comment il (elle) arrivera à réaliser ses rêves.
à quel âge il (elle) prendra sa retraite.
s'il (si elle) croit aux OVNIs.
Continuez...

EXERCICES ECRITS

A *Mettez le passage suivant au futur.*

Quand ce _____ (être) l'anniversaire de mon amie, nous _____ (aller) en ville. Il y _____ (avoir) beaucoup de choses à faire et nous _____ (passer) une bonne journée. Bien entendu il _____ (falloir) voir les monuments célèbres. Ensuite nous _____ (pouvoir) déjeuner dans un bon restaurant chinois. Mon amie _____ (vouloir) peut-être faire des courses, mais quand elle _____ (voir) tout le monde dans les magasins, j'espère qu'elle _____ (changer) d'avis et que nous _____ (faire) une promenade dans le parc. Le soir _____ (venir) vite et nous _____ (prendre) un taxi pour rentrer. Elle _____ (savoir) que son anniversaire est important pour moi.

B *Mettez les phrases au futur. Attention aux verbes qui ne changent pas.*

1. Si vous voulez savoir la vérité, il est nécessaire de faire une investigation.
2. Quand je vais à Venise, je me promène en gondole.
3. Si vous voyez le Géant Vert, il faut lui demander quels légumes il préfère.
4. Vous ne subissez pas d'opération si vous êtes en bonne santé.
5. Elles n'écrivent à leurs amis que quand elles ont assez de temps pour le faire.
6. Nous savons s'il a fait un bon voyage quand il nous envoie un télégramme.

C *Futur ou futur antérieur?*

1. Nous écrirons une critique quand nous _____ (voir) ce film.
2. Aussitôt qu'il _____ (ne plus pleuvoir), j'irai vite à la poste.
3. Dès que mes amis _____ (s'installer) à Paris, ils me donneront leur adresse.
4. Lorsque nous _____ (manger), nous n'aurons plus faim.
5. Quand je _____ (être) à la retraite, je me reposerai.

D *Complétez les phrases suivantes avec* **si** *ou* **quand.**

1. _____ Cendrillon ne revient pas avant minuit, ses chevaux se transformeront en rats.
2. _____ j'aurai une soucoupe volante, j'irai me promener sur la Voie lactée.
3. Qu'est-ce que vous mettrez _____ il y a un bal costumé?

4. Choisirez-vous des pneus Michelin, ou des pneus "Bonne Année" _____ le prix est le même?
5. On ne rira plus en classe _____ tous les "professeurs" sont des ordinateurs.
6. De toute façon, il n'y aura plus d'examens "_____ les poules auront des dents!"*

E [Révision de l'impératif] *Mettez les ordres à l'impératif.*

A la fin du cours le professeur déclare: "Pour demain, *vous préparerez* un exposé, *vous finirez* votre composition écrite, *vous irez* travailler au laboratoire, *vous apprendrez* les verbes irréguliers et *vous lirez* tout Flaubert. Et puis demain, en classe, *vous me parlerez* de son style, *vous saurez* réciter vos verbes et surtout *vous ne me direz pas* que vous n'avez pas eu assez de temps!"

F *Traduction (facultatif).*

1. This wine will be better when it is cool.
2. The doctor will give you a prescription if you are sick.
3. She will call her boyfriend as soon as she has arrived.
4. When we succeed in making good electric cars, we will no longer need gasoline.
5. If you see UFOs, what will you do?

lecture

Voulez-vous un verre d'eau de mer?

Une visite dans une usine ou un chantier° est toujours intéressante. Aujourd'hui notre groupe d'élèves-ingénieurs va aller à La Seyne-sur-Mer, près de Toulon,** où nous verrons de près° un aspect très utile de la technologie moderne: le dessalage° de l'eau de mer. Nous sommes attendus par le chef de chantier° qui a promis de nous servir de guide.

chantier° construction site
de près° closely
dessalage° = *action d'enlever le sel*
chef de chantier° foreman

* *"____ hens have teeth"* ** port de la Méditerranée

"Vous allez visiter un de nos grands chantiers navals°, dit-il, et je vais vous montrer la construction de l'équipement destiné à la plus grande usine de dessalage du monde. Quand les éléments seront terminés, nous les enverrons à Abu Dhabi."

chantiers... shipyards

Nous comprenons bien l'importance de l'entreprise° et la difficulté de la tâche°. Mais Abu Dhabi, où est-ce exactement? Notre guide, comme s°'il avait deviné° nos pensées, ajoute:

undertaking / task / *comme...* as if / had guessed

—Surtout, n'hésitez pas à m'interrompre. Si vous avez des questions, posez-les-moi et j'y répondrai.

Maintenant mis à l'aise, quelqu'un dit:

—Monsieur, vous avez parlé d'Abu Dhabi...

—...c'est ça, Abu Dhabi même°, le grand émirat arabe. Comme je vous l'ai déjà dit, cette usine sera la plus grande de son genre. Elle comprendra trois unités de 2.200 tonnes. Dans chaque unité, il y aura une chaudière°, des citernes°, un réservoir et une station de pompage. Quand l'installation fonctionnera, elle fournira de l'eau potable° pour tous les habitants de l'émirat.

itself / boiler / cisterns / = *bonne à boire*

—C'est formidable, ça! Avec toute l'eau de mer disponible, on ne parlera plus de sécheresse°. Mais, comment votre système fonctionnera-t-il?

drought

—Le côté purement technologique est simple: l'eau de mer sera chauffée jusqu'à l'ébullition° dans une sorte de grande cuve°. La

boiling point / tank

steam vapeur° se condensera pour produire de l'eau pure, et il ne restera que du sel et d'autres impuretés. Mais en réalité, c'est plus compliqué que ça. Il faudra contrôler la pression et la température avec yield soin pour pouvoir obtenir le maximum de rendement° avec le *dépense...* heat consumption minimum de dépense de chaleur°.

fuel —Mais, est-ce que cela ne prendra pas beaucoup de carburant°?

= *en ce moment* —Si, il en faudra beaucoup, et c'est pourquoi actuellement° les orders plus grandes commandes° viennent des pays arabes. Mais malgré la concurrence du Japon, la compagnie française SIDEM (Société acquired Internationale de Dessalage de l'Eau de Mer) a déjà conquis° environ *marché...* world market 30% du marché mondial° dans ce domaine.

Notre visite se termine, et grâce à notre guide nous avons appris quelque chose que nous n'oublierons pas facilement. Les généra- ≠ *eau salée* tions futures boiront-elles de l'eau douce° ou de l'eau de mer dessalée?

QUESTIONS SUR LA LECTURE

1. Qu'est-ce que les élèves-ingénieurs verront à La Seyne-sur-Mer?
2. Où est-ce que l'équipement de l'usine sera envoyé?
3. Quels sont les quatre éléments que chaque unité comprendra?
4. Qu'est-ce que l'installation fournira?
5. Décrivez le principe du dessalage.
6. Le principe est simple, mais y a-t-il des complications?
7. Pourquoi est-ce que les commandes à la SIDEM viennent des pays arabes?
8. Est-ce que ce système vous semble bon pour aider certains pays à résoudre leurs problèmes de sécheresse?

CONSTRUCTION DE PHRASES

1. avoir + à (+ infinitif)
2. si (dans une phrase au futur)
3. dès que
4. quand (dans une phrase au futur)
5. envoyer (au futur)
6. réussir à (+ infinitif)

VOCABULAIRE

1. Donnez *un synonyme* de:
   actuellement le futur un docteur fonctionner
2. Donnez *un antonyme* de:
   construire l'humidité le froid l'eau douce
3. Citez *10 termes* relatifs à la santé.

Un four solaire en France

COMPOSITION

1. Si on vous donne un million de dollars, pourrez-vous le dépenser en un mois seulement? Comment? (Employez le futur.)
2. Demandez son signe du zodiaque à votre professeur. Puis consultez l'horoscope page 307, et faites vos prédictions sur sa santé, sa situation financière et amoureuse (au futur, et avec de l'humour) pour le reste du trimestre. (Consultez le vocabulaire du N° 6, pages 303–304.)
3. Racontez la visite d'une usine ou d'un chantier dans le style de la Lecture (au futur).
4. Choisissez un savant de votre pays. Comment ses recherches ont-elles contribué aux progrès de la science? Comment voyez-vous le développement de ces progrès dans le futur?

poème

UNE JEUNE AUTOMOBILE...

Une jeune automobile
pour la première fois se promenait en ville,
fière de ses fraîches couleurs,
de ses chromes, de son moteur.
—Ah! disait-elle à ses sœurs,
voyez comme je suis belle!
Je peux filer[1] pareille à l'hirondelle[2]
plus vite que le vent et je peux m'arrêter
au moindre[3] coup de frein.[4] Je suis, en vérité,
la championne de la distance
de la grâce et de la prestance[5]
et de la rapidité.
Or,[6] sachez que je ne dépense
qu'un peu d'huile et qu'un peu d'essence.
Je glisse[7] sur mes quatre pneus
comme sur un tapis laineux,
franchissant[8] les coteaux,[9] les montagnes, les plaines...
On m'admire partout; partout, je suis la Reine.
On ne saurait[10] rêver plus splendide cadeau.
Une très vieille torpédo[11]
qui sommeillait au garage,
grommela[12] sur son passage:
—Je n'en disconviens[13] pas. Tout ceci est fort bien,
tu vas, tu viens,
tu vires,[14]
mais tu ne servirais de rien[15]
sans un chauffeur pour te conduire.

Le Mandarin et la Mandarine, Pierre Gamarra

[1] to speed
[2] swallow
[3] at the least
[4] brake
[5] majestic air
[6] Now
[7] glide
[8] crossing over
[9] small hills
[10] One could not
[11] open touring car
[12] grumbled
[13] I don't deny it
[14] veer about
[15] you would be useless

réponses aux *Appliquez*

Page 299

finira, répondras, pleurera, jetterons, vendrez, rencontrerai
aurons, seront, ferai, viendras, saurai, ira

Page 300

1. serai, ferai
2. dira, peut
3. part, arrivera
4. tomberez, ne dormez pas
5. irai, aurai

Page 301

1. seras arrivé(e)
2. vous serez levé(e,s,es)
3. aurons pris
4. seront entrés
5. aurai fini

leçon 14

Les désirs et les regrets

prise de contact **Ah, les génies!**

1 le conditionnel présent

2 le conditionnel passé

3 **si** + imparfait
si + plus-que-parfait

4 les pronoms possessifs: **le mien, la nôtre, les leurs,** etc.

5 **an, année, jour, journée, matin, matinée, soir, soirée**

6 **ce qui, ce que, ce dont**

lecture **"Si j'étais riche"**

autosac
autosac

prise de contact

Ah, les génies°!

persons of genius

Si j'étais un génie, je ferais° comme Eric. Regardez-le. Il a fini son épreuve en un quart d'heure. Ses camarades sèchent° et se creusent la tête° pour trouver les réponses; mais lui, il a écrit les siennes° sans hésiter, comme s'il les connaissait par cœur.

would do
are stumped (fam.)
se... rack their brains
his

—Tu as déjà fini? lui demande à voix basse son voisin de droite.

—Oui, répond Eric.

Son camarade n'en revient pas°. Sa feuille à lui est encore toute blanche!

n'... can't get over it

Quant à l'étudiante de gauche, elle se penche° sur sa table avec l'espoir qu'une idée lumineuse lui viendra. Elle a l'air abattue° et elle a peur du moment où le professeur ramassera les feuilles d'examen.

se... leans over
dejected

Pendant ce temps, Eric se lève, met son stylo dans la poche de son veston et, l'air un peu supérieur, donne sa copie au professeur.

Et qu'est-ce que Martine pourrait bien faire si elle avait du génie? Avec une équerre°, un compas, une calculatrice, du papier à dessin et une bonne lampe, elle dessinerait° les plans d'un "autosac". Mais vous allez dire: "Qu'est-ce que c'est que ça, un autosac?" Eh bien, c'est une valise qui contient une auto gonflable°. Voici le mode d'emploi°, c'est très simple: vous sortez l'auto du sac, vous la gonflez avec une pompe, et vous êtes prêt à partir. Cette voiture instantanée marche sans essence et ne pollue donc pas l'atmosphère. Elle ne fait pas de bruit, et ne crée pas de problème de circulation car elle peut passer au-dessus des autres voitures. A l'arrivée, vous la dégonflez et vous la remettez dans la valise. Mais comment marche-t-elle vraiment? Vous ne le saurez jamais parce que Martine vient de s'endormir.

square rule
would draw
inflatable
mode... directions for use

n'... haven't seen anything yet

solve

thus / breeding / cultivation

lips

Mais attendez, vous n'avez encore rien vu°. Au laboratoire un génie ferait tout ce qu'il voudrait avec les produits chimiques. Le nombre des expériences possibles serait incalculable, permettant de résoudre° les problèmes multiples qui se posent à l'humanité. Notre génie trouverait le moyen de nourrir le monde entier et éliminerait ainsi° la famine: l'élevage° et la culture° seraient partout florissants malgré le mauvais temps ou la sécheresse. Est-ce que ce serait tout? Non, il trouverait aussi la potion magique qui éviterait toutes les maladies. Et comme il voudrait voir un sourire sur les lèvres° de tout le monde, son travail n'aurait pas de fin...

1 Le conditionnel

Je **voudrais** vous parler; venez donc me voir demain.
Il lui **serait** impossible de se réveiller s'il n'avait pas de réveil.

Le conditionnel exprime une action éventuelle qui dépend d'une condition. C'est un mode qui a deux temps: le conditionnel présent et le conditionnel passé.

Le conditionnel présent est un temps simple (1 mot).

Forme: *le radical du futur* + les terminaisons de *l'imparfait*

VERBES REGULIERS	
parler	
je parler **ais**	nous parler **ions**
tu parler **ais**	vous parler **iez**
il, elle, on parler **ait**	ils, elles, parler **aient**
VERBES IRREGULIERS	
venir	
je viendr **ais**	nous viendr **ions**
tu viendr **ais**	vous viendr **iez**
il, elle, on viendr **ait**	ils, elles viendr **aient**

je parlerais: *I would speak*

Remarquez

Les verbes réguliers en **er** ont les mêmes caractéristiques qu'au futur:

je répéterais, je jetterais, je paierais, etc.

▶ *Appliquez*

verbes réguliers:
tu travailles, nous achetons, il finit, j'étudie, vous grandissez, nous vendons, je m'habille, nous nous lavons, parle-t-il?

verbes irréguliers:
vous savez, elles écrivent, on a, il fait, ils prennent, tu bois, je dis, il est, il faut, nous pouvons, elles vont, vient-il?, tu ne mens pas, ils rient

(*réponses page 339*)

2 Le conditionnel passé

J'**aurais aimé** aller vous voir.
Elle **serait venue** plus vite par le train qu'à bicyclette.

Le conditionnel passé est un temps composé (2 mots).

Forme:

le conditionnel présent de **avoir** ou **être** + le participe passé du verbe

parler	
j'aurais parlé	nous aurions parlé
tu aurais parlé	vous auriez parlé
il, elle, on aurait parlé	ils, elles auraient parlé
venir	
je serais venu(e)	nous serions venus(es)
tu serais venu(e)	vous seriez venu(s,e,es)
il, elle, on serait venu(e)	ils, elles seraient venus(es)
se lever	
je me serais levé(e)	nous nous serions levés(es)
tu te serais levé(e)	vous vous seriez levé(s,e,es)
il, elle, on se serait levé(e)	ils, elles se seraient levés(es)

j'aurais parlé:
I would have spoken

▶ *Appliquez*

(mêmes verbes que pour le conditionnel présent, voir page 321)

(*réponses page 339*)

Remarquez

L'emploi du conditionnel présent et passé *pour atténuer une demande* ou *pour la forme de politesse:*

EXEMPLES **Pourriez**-vous m'apporter du papier à dessin?
J'**aurais** bien **voulu** sortir avec vous.

Expressions

on dirait que, *it looks like:*
Le ciel est couvert. **On dirait qu**'il va pleuvoir.
on aurait dit que, *it looked like:*
Il me regardait. **On aurait dit qu**'il voulait me demander quelque chose.

3 **Si** + imparfait
Si + plus-que-parfait

Si tu **essayais,** tu **ferais** des progrès.
Si tu **avais essayé,** tu **aurais fait** des progrès.

Voici les phrases de condition les plus courantes au conditionnel:

CONDITION	CONSEQUENCE
si + imparfait	conditionnel présent
si + plus-que-parfait	conditionnel passé

▶ *Appliquez*

1. Si tu lui *disais* ça, il ______ (se fâcher).
2. Votre travail *serait* excellent si vous ______ (faire) attention.
3. Si elle *venait,* j'______ (avoir) meilleur moral.

4. S'il y *avait eu* un tremblement de terre, nous ______ (se cacher) sous la table.
5. S'il *fumait*, il lui ______ (falloir) un cendrier.
6. Si j'*avais su* que tu étais malade, je t'______ (donner) un coup de fil.

(*réponses page 339*)

N'oubliez pas: **si** + présent — futur / présent / impératif

4 Les pronoms possessifs

Votre chien est plus intelligent que **le mien.**
Ma maison est claire mais **la tienne** est sombre.
Notre histoire est horrible mais **la sienne** ne l'est pas moins.
Vos inventions sont médiocres et **les nôtres** sont plutôt banales.
Mon idée est originale mais **la vôtre** est plus amusante.
Nos enfants sont bien élevés mais **les leurs** sont trop gâtés.

Voici les pronoms possessifs:

	SINGULIER		PLURIEL	
	masculin	*féminin*	*masculin*	*féminin*
(je)	le mien	la mienne	les miens	les miennes
(tu)	le tien	la tienne	les tiens	les tiennes
(il, elle)	le sien	la sienne	les siens	les siennes
(nous)	le nôtre	la nôtre	les nôtres	
(vous)	le vôtre	la vôtre	les vôtres	
(ils, elles)	le leur	la leur	les leurs	

Remarquez

L'accent circonflexe sur le **o** du pronom possessif. Prononcez:

notre [nɔtr], le nôtre [lənotr]
votre [vɔtr], le vôtre [ləvotr]

Les articles **le, les** des pronoms possessifs se contractent avec les prépositions **à** et **de: au** mien, **des** nôtres, etc.

EXEMPLES Il a parlé à ses parents et je vais parler **aux miens.**
J'ai besoin de mon compas et ils ont besoin **du leur.**

Emploi Un pronom possessif remplace *un adjectif possessif + un nom.* Il s'accorde en personne avec le possesseur, et en genre et en nombre avec l'objet possédé. Le pronom possessif n'indique pas le genre du possesseur.

Votre chien est plus intelligent que **le mien.** (= mon chien).

▶ *Appliquez*

1. mon père, leur salle de séjour, notre chien, ta sœur, son parapluie
2. à ton ami, à ton amie, à leurs professeurs, à votre intention, à son avis
3. de ses tantes, de mon jardin, de leur idée, de tes problèmes, de notre amour

(*réponses page 339*)

Autres expressions de possession: **être à** (+ *pronom tonique*), **appartenir à**

C'est ma boîte: c'est la mienne elle est à moi elle m'appartient	C'est le stylo d'Eric: c'est le sien il est à lui il lui appartient	Ce sont nos clés: ce sont les nôtres elles sont à nous elles nous appartiennent

▶ *Appliquez*

1. C'est ton autosac.
2. Ce n'est pas votre photo.
3. Ce sont mes affaires.

(*réponses page 339*)

5 **An, année, jour, journée,** etc.

Ce **soir** je serai fatiguée de ma **journée.**
Tu as vingt-trois **ans** et c'est ta dernière **année** d'études.
Ce **matin** je me suis levé tôt et j'ai travaillé toute la **matinée.**

un matin
un soir
un jour
un an
} indiquent des divisions de temps

Dites:

tous les matins, tous les soirs, tous les jours, tous les ans
par jour, par an
j'ai (dix-huit) ans
le jour de l'An (le 1er janvier)
trois ans, cent ans
le matin, le soir, demain matin, hier soir, ce matin, ce soir

une matinée
une soirée
une journée
une année
} indiquent généralement des durées

Dites:

toute la matinée, toute la soirée, toute la journée, toute l'année
cette année, certaines années, plusieurs années, quelques années, l'année dernière, l'année prochaine, la première année, l'année scolaire, chaque année, en quelle année, Bonne Année!

Notez

Nous nous sommes bien amusés à **la soirée** de vendredi. (= la fête)
Allez-vous voir ce film **en matinée?** (= l'après-midi)

Avec un nombre, employez généralement **an:**

dix **ans,** cinquante **ans**

Mais pour insister sur la durée, ou si le mot est qualifié par un adjectif, employez **année:**

J'ai passé **deux années** dans ce pays-là, **deux merveilleuses années.**

6 Ce qui, ce que (qu'), ce dont

Comparez les deux colonnes suivantes:

pronom relatif avec antécédent	*pronom relatif sans antécédent*
Voilà **un roman qui** m'intéresse.	Je ne vois pas **ce qui** vous dérange.
Montrez-moi **la photo que** vous préférez.	Demandez-moi **ce que** vous voulez.
Avez-vous compris **le sujet dont** on a parlé?	**Ce dont** ils parlent ne m'intéresse pas.

Quand un pronom relatif n'a pas d'antécédent, employez **ce.**

ce = la chose, les choses (**ce** ne s'applique pas à des personnes).

ce qui est sujet du verbe, **ce que (qu')** est objet direct du verbe, **ce dont** est objet de **de.**

Pour insister, utilisez **tout ce qui, tout ce que, tout ce dont** (*all that*):

"Tout ce qui brille n'est pas or."*—proverbe

▶ *Appliquez*

1. J'aimerais savoir ______ vous lui avez recommandé.
2. Répétez-moi ______ il vous a raconté.
3. Dites-moi ______ est incompréhensible pour vous.
4. Voilà ______ j'ai peur.

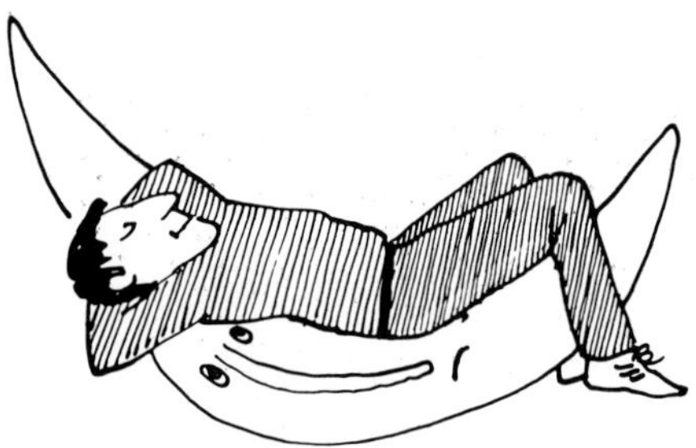

5. Je ne me rappelle pas ______ je cherche. Je suis dans la lune!
6. ______ est dangereux, c'est de traverser les voies de chemins de fer.

(*réponses page 339*)

* *"All that glitters is not gold."*

Si j'avais des œufs,
je me ferais des œufs au jambon
...si j'avais du jambon.

EXERCICES ORAUX

I *Prononciation*

Les sons /ʃ/ et /ʒ/

Ecoutez et répétez les mots suivants:

/ʃ/ chaise, blanche, changement, poche
/ʒ/ Georges, je, jour, Gilles

Répétez les phrases. Attention aux sons /s/, /ʃ/ et /ʒ/:

si j'étais un génie
ses camarades sèchent
l'élevage serait excellent malgré la sécheresse
elle se penche sur sa table
notre chimiste génial découvrirait une potion magique
elle marche sans essence
nous ne le saurons jamais

II *Complétez les phrases suivantes en utilisant le verbe donné entre parenthèses au conditionnel présent ou passé selon le cas.*

1. Si j'avais faim,... (manger)
2. Si mes parents étaient généreux,... (acheter)
3. Si tous les étudiants faisaient leurs exercices,... (être content)
4. Si l'examen avait été facile,... (sécher)
5. Si tu avais le temps,... (pouvoir)
6. Si je pouvais,... (envoyer)
7. Si tu réfléchissais,... (se tromper)
8. Si tu avais réfléchi,... (faire des bêtises)

III *Répondez aux questions suivantes.*

MODELES Que feriez-vous si vous étiez en vacances?
Si j'étais en vacances, je dormirais toute la journée.
OU Qu'auriez-vous fait si vous aviez eu mal à la tête?
Si j'avais eu mal à la tête, j'aurais pris une aspirine.

1. Qu'est-ce que vous feriez si vous étiez le professeur?
2. Où dîneriez-vous si vous pouviez choisir votre restaurant?

3. Est-ce que vous seriez allé(e) au concert hier soir si vous aviez eu un examen important aujourd'hui?
4. Où iriez-vous ce soir si vous étiez libre?
5. Qu'est-ce que vous découvririez si vous aviez du génie?
6. Si c'était possible, quel acteur (quelle actrice) de cinéma aimeriez-vous être?
7. Qu'est-ce que vous feriez si je vous donnais un appareil photo? une guitare? un autosac?
8. Qu'est-ce que vous auriez fait hier si je vous avais donné deux tickets pour voir un match de boxe?

FAUDRAIT TOUT DE MÊME QU'ON SE REVOIE!
PASSE-MOI UN COUP DE FIL UN DE CES JOURS.
TÉLÉPHONEZ-MOI! ON ORGANISERA UN PETIT DÎNER AVEC NOS ÉPOUSES.
À TRÈS BIENTÔT, J'ESPÈRE! DÈS QUE J'AI UN MOMENT ON DÉJEUNE ENSEMBLE
VOUS AVEZ MES COORDONNÉES?
QUAND TU PASSES DANS LE QUARTIER MONTE ME DIRE UN PETIT BONJOUR!
LÂCHEUR!
OUI, CE SERAIT SYMPA! DÈS QUE J'AI UN WEEK-END JE VOUS FAIS SIGNE.
AMITIÉS À NICOLE!
CE SOIR? PAS MOYEN! JEUDI! AH NON! PAS JEUDI! OU ALORS, LE MOIS PROCHAIN SAUF DU 2 AU 28
JE VOIS ÇA ET JE VOUS RAPPELLE
J'EN SERAIS RAVI, CHÈRE AMIE, MALHEUREUSEMENT, JE CROIS QUE C'EST IMPOSSIBLE
UNE AUTRE FOIS, PEUT ÊTRE!
ALLER VIVRE EN PROVINCE? TU ES FOLLE? NON? TOUTES NOS RELATIONS SONT À PARIS
ON NE VERRAIT PLUS PERSONNE!

IV *Complétez la phrase. Employez:* **on dirait que** *ou* **on aurait dit que.**

MODELE J'ai mal partout. **On dirait que j'ai la grippe.**

1. Sa voiture fait du bruit....
2. Il criait comme un fou....
3. Tu as les yeux rouges....
4. De la fumée sortait par la fenêtre....

V **Si...:** *Attention aux temps!*

On m'a dit que si on (ne pas faire) attention, il n'y aura bientôt plus de ressources naturelles et si cela arrive, que (devenir)-nous? Si on vivait dans un monde plus simple, ces difficultés (ne pas exister); les gens (s'occuper) agréablement; ils (se promener) à pied; ils (faire) la cuisine dans leur cheminée; ils ne (rencontrer) que des amis. Si nos ancêtres avaient su ce qui nous attendait, ils (être) tristes et ils (mourir) sans espoir pour leurs descendants.

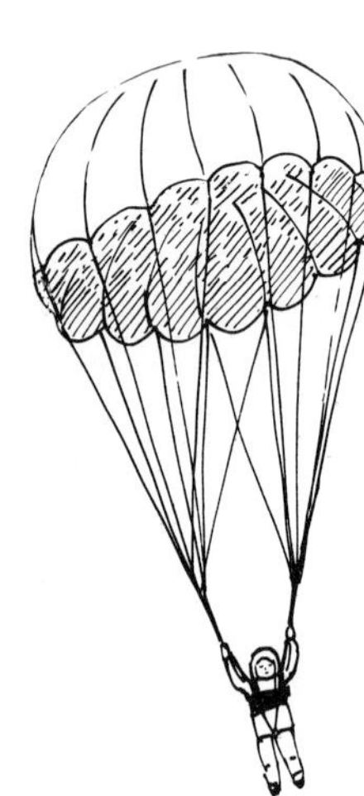

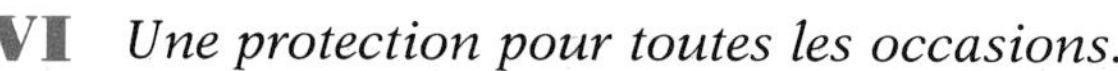

VI *Une protection pour toutes les occasions.*

1. Je prendrais mon parapluie si...
2. Le pilote aurait mis son parachute si...
3. Un paratonnerre serait utile si...
4. Il faudrait un paravent si...
5. Nous aurions ouvert le parasol si...

VII *Répondez aux questions en remplaçant les mots en italique par un pronom possessif.*

MODELE Comment est *votre maison?*
La mienne est un dôme géodésique.

1. Comment est *votre petit(e) ami(e)?*
2. Quelle est la limitation de vitesse dans *votre pays?*
3. Où est *la maison de tous les présidents des Etats-Unis?*
4. Quelles sortes de difficultés *nos enfants* auront-ils?
5. Comment sont *les vêtements de votre camarade de chambre?*
6. Quand est-ce que j'aurai *ma voiture de sport?*

VIII *Indiquez la possession de trois façons différentes.*

MODELE Ce sont vos lunettes.
Ce sont les vôtres, elles sont à vous, elles vous appartiennent.

1. C'est notre téléviseur.
2. Ce sont les compas des étudiants.

3. C'est la découverte de Martine.
4. C'est la découverte d'Eric.
5. C'est la découverte de deux génies.

IX *Choisissez le mot entre parenthèses qui convient.*

1. (an, année) Ils vont en vacances deux fois par ______.
2. (jour, journée) Je vais partir pour trois ______.
3. (soir, soirée) Les deux amis ont joué au billard pendant toute la ______.
4. (an, année) Ils ont deux enfants de dix et douze ______.
5. (matin, matinée) Tous les ______, je vais à mes cours.
6. (jour, journée) Nous avons passé une ______ fantastique au grand air.
7. (an, année) Ce projet en est à sa cinquième ______.
8. (an, année) Nous avons vécu quelques ______ au Brésil.
9. (an, année) Son salaire augmente chaque ______.
10. (soir, soirée) Je vous donnerai un coup de fil demain ______.

X *A votre tour.*

Vous avez certainement des tas d'idées sur ce que vous feriez si vous aviez du génie. Exposez-les après avoir relu la Prise de contact: *Ah, les génies!*

XI *Lisez avec expression puis discutez.*

SI SEULEMENT!

UNE PETITE FILLE DE 8 ANS Ah! Si j'étais grande, je me maquillerais, je porterais des talons hauts comme maman et je mangerais autant de bonbons et de gâteaux que je voudrais.

UN GARÇON DE 11 ANS A L'ECOLE PRIMAIRE Si je n'étais pas timide, j'inviterais cette fille à danser.

UN GARÇON DE 13 ANS Si j'avais seize ans, j'aurais mon permis de conduire; et si papa me prêtait sa voiture, je pourrais aller où je voudrais.

UNE FILLE DE 13 ANS Ah! Si j'avais cinq ans de plus! J'irais à l'université et je rencontrerais beaucoup de beaux jeunes gens.

DEUX ETUDIANTS DU COURS DE FRANÇAIS

—REMI Si je comprenais le conditionnel, cette leçon serait facile! Qu'est-ce que tu en penses, David?

—DAVID C'est très simple. Si tu avais travaillé hier soir au lieu d'aller au cinéma, tu aurais compris le conditionnel.

UN JEUNE COUPLE MARIE RECEMMENT Si nous avions de l'argent, nous pourrions acheter une maison, un congélateur et une voiture neuve.

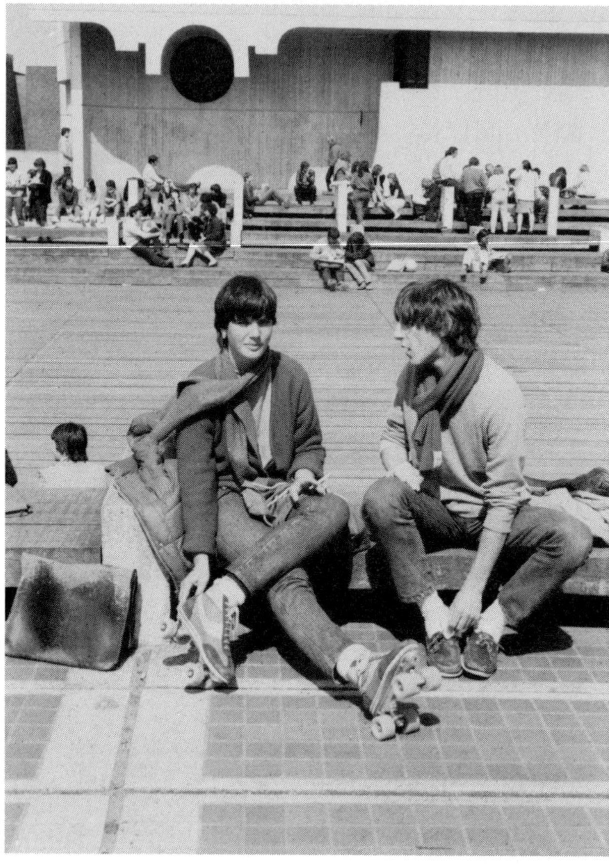

UNE JEUNE EMPLOYEE DE BANQUE Si j'avais tout l'argent qui me passe entre les mains, je serais riche. Je vendrais ma petite Toyota et j'achèterais une Porsche. Je m'arrêterais de travailler, et je serais éternellement en vacances.

UNE FEMME DE 45 ANS Si j'avais dix ans de moins, ah! comme je serais jeune!

UNE FEMME DE 55 ANS Si j'avais dix ans de moins, ah! comme je serais jeune!

UNE PERSONNE DE 65 ANS Si je n'avais pas soixante-cinq ans, je n'aurais pas l'âge de la retraite et je pourrais continuer mon travail.

ET LE PROFESSEUR? Qu'est-ce qu'il aimerait, le professeur? Imaginez: des étudiants parfaits? Pas de copies à corriger?...

Maintenant conversation par groupes de deux ou trois:
Que pensez-vous de ces désirs, de ces regrets?
Avez-vous aussi des désirs et des regrets?
Continuez...

EXERCICES ECRITS

A *Mettez le verbe à la forme correcte du conditionnel présent ou passé.*

Présent:

1. J'______ (aimer) savoir pourquoi vous êtes triste.
2. ______ (Vouloir)-vous devenir informaticien(ne)?
3. Il ______ (être) impossible d'aller de la terre à la lune à pied.

Passé:

4. L'inspecteur est venu par surprise. Il ______ (pouvoir) prévenir!
5. Il ______ (falloir) faire des révisions avant l'examen; maintenant c'est trop tard.
6. On ______ (se croire) au paradis!

B *Mettez le verbe à la forme correcte dans les phrases de condition suivantes.*

1. Si votre voiture était en panne, ______ (appeler)-vous un taxi?
2. Peut-être que le professeur annulerait l'examen si vous le lui ______ (demander) gentiment.
3. Si Napoléon n'était pas allé à Waterloo, il ______ (être) plus heureux.
4. Si Tristan et Iseut ______ (savoir), ils n'auraient pas bu la potion magique.
5. Aurions-nous eu de l'essence s'il ______ (ne pas y avoir) de dinosaures?

C *Complétez ces phrases...avec imagination.*

1. S'il avait un bateau,...
2. Si tu avais voulu...
3. Nous voyagerions si...
4. Je vous aurais emmenée au bal si...
5. Mon (Ma) camarade de chambre serait plus agréable si...
6. Newton n'aurait pas trouvé la loi de l'attraction universelle si...

D *Complétez en employant le pronom possessif approprié.*

MODELE J'ai ma voiture. Il a **la sienne.**

1. Mes parents ont leurs idées. J'ai ______. Mon frère a ______.
2. J'ai donné mon numéro de téléphone à Eric. Je voudrais bien avoir ______.
3. J'ai mon opinion. Yves a ______. Martine a ______. Mes professeurs ont ______.
4. J'ai lu ta composition. Maintenant lis ______.
5. Tout le monde a ses ennuis. Parlez-vous quelquefois de ______?
6. Tu ressembles à ton grand-père mais je ne ressemble pas à ______.

E *Complétez les phrases avec* **qui, que, dont, ce qui, ce que,** *ou* **ce dont.**

1. Dans la classe, il y a quelqu'un _____ finit ses examens en un quart d'heure.
2. Il sait répondre à tout _____ le professeur demande.
3. Une équerre et un compas sont des instruments _____ on a besoin en géométrie.
4. Je ne comprends pas toujours _____ les savants parlent.
5. _____ amuse toujours les enfants au zoo, ce sont les singes.
6. La contribution principale _____ Edison a apportée au progrès est l'invention de la lampe à incandescence.

F *Traduction (facultatif).*

1. Tell him what you need, and he will see what he can do to help you.
2. If we knew what she likes, we would bring it to her.
3. If I bought all that is necessary for a good French meal, would you prepare it for me?
4. I would have stayed in bed all day if I had known that it would rain.
5. She calls her parents almost every day. When do you call yours?

lecture

"Si j'étais riche..."

Si j'étais riche j'aurais une petite maison à la campagne, une maison blanche avec des volets° verts. Sur le toit, au lieu d'une couverture de chaume° qui est en toute saison la meilleure, je préférerais, non la triste ardoise°, mais la tuile°, parce qu'elle a l'air plus gai que le chaume, qu*'on ne couvre pas autrement° les maisons dans mon pays et que cela me rappellerait un peu l'heureux temps de ma jeunesse. J'aurais pour° cour une basse-cour°, et pour écurie° une étable° avec des vaches, pour avoir du lait et du fromage que j'aime beaucoup. J'aurais un potager° pour jardin et pour parc un joli verger°. Les fruits ne seraient pas comptés par

volets: shutters
chaume: thatch
ardoise / tuile: slate / tile
autrement: = *d'une autre façon*
pour / basse-cour: as a / farm yard
écurie / étable: stable / cattle shed
potager: vegetable garden
verger: orchard

* On ne répète pas **parce que.** On emploie **que.**

mon jardinier et les promeneurs pourraient les cueillir s'ils le voulaient, ce qui serait peu coûteux°, parce que j'aurais choisi ma retraite dans une province éloignée où l'on voit peu d'argent et beaucoup de nourriture.

peu... = bon marché

Là, je rassemblerais° une société plus choisie que nombreuse. Les femmes pourraient participer aux travaux de la campagne: elles ne broderaient° pas et elles ne joueraient pas aux cartes mais elles pêcheraient° ou encore elles feraient les vendanges°. Là, toutes les manières de la ville seraient oubliées et nous vivrions comme des villageois dans leur village, ce qui nous garderait continuellement occupés.

would gather

would not embroider

would fish / *feraient...* would harvest grapes

Tous nos repas seraient des banquets où l'abondance serait plus importante que le raffinement parce que la gaieté, les activités et les jeux plaisants sont les premiers cuisiniers du monde et que la cuisine raffinée est ridicule pour des gens affamés et debout depuis le lever du soleil. Le service n'aurait pas d'ordre. La salle à manger serait partout, dans le jardin, dans un bateau, sous un arbre;

Jean-Jacques Rousseau

source... flowing spring	quelquefois, nous irions dîner loin, près d'une source vive°, sur
grass / ≠ *au soleil*	l'herbe° verte et fraîche, à l'ombre° des arbres. Une longue proces-
guests	sion de gais convives° porterait tout ce qui serait nécessaire pour
= *l'herbe*	le banquet. Tout le monde chanterait. On aurait le gazon° pour
	table et pour chaise, les bords de la fontaine serviraient de buffet,
would hang	et le dessert pendrait° aux arbres. Tout le monde se servirait en
≠ *raffinement*	toute liberté sans fausse politesse et sans grossièreté°. Il n'y aurait
servants	pas de domestiques° importuns qui écouteraient notre conversation,
	critiqueraient à voix basse nos manières et compteraient ce que
own	nous mangerions. Nous serions nos propres° domestiques pour
	être nos maîtres; nous serions servis sans attendre et un long dîner
	ne nous ennuierait pas.
tools	S'il passait près de nous un paysan qui va à son travail, ses outils°
	sur l'épaule, je le rendrais heureux parce que je saurais lui parler
	avec gaieté et parce que je lui donnerais deux ou trois verres de
	bon vin qui l'aideraient à oublier sa misère; et moi j'aurais aussi le
	plaisir d'avoir le cœur content et de me dire en secret: Je suis
	encore un homme.

d'après *l'Emile,* Jean-Jacques Rousseau*

* Jean-Jacques Rousseau, philosophe français du XVIIIe siècle (1712–1778)

QUESTIONS SUR LA LECTURE

1. Si Rousseau était riche, où habiterait-il?
2. De quelle couleur est l'ardoise? le chaume? la tuile? Quelle sorte de toit Rousseau voudrait-il avoir sur sa maison? Pourquoi?
3. Pourquoi Rousseau choisirait-il une basse-cour, une étable, un potager et un verger, au lieu d'une cour, d'une écurie, d'un jardin et d'un parc?
4. Vivrait-il seul dans sa retraite?
5. Est-ce que les femmes auraient les mêmes activités que les femmes de la ville?
6. Qu'est-ce que Rousseau apprécie dans les repas? Qu'est-ce qu'il critique?
7. Quel est le repas idéal de l'auteur?
8. Pourquoi préférerait-il ne pas avoir de domestiques?
9. Qu'est-ce qu'il ferait s'il rencontrait un paysan? Et comment se sentirait-il après?
10. Qu'est-ce que vous pensez du rêve de Rousseau?

CONSTRUCTION DE PHRASES

1. par an
2. ce que
3. on dirait que
4. si + (imparfait)
5. les miens
6. ramasser (au conditionnel passé)

VOCABULAIRE

1. Donnez un *synonyme* de:
   le gazon   peu coûteux   d'une autre façon
2. Donnez un *autonyme* de:
   gonfler   au soleil   la grossièreté

COMPOSITION

1. Quelle idée vous faites-vous du bonheur? Où habiteriez-vous? Pourquoi? Est-ce que l'argent serait important pour vous? Préféreriez-vous la solitude ou la compagnie? Expliquez.
2. Quel homme ou femme célèbre aimeriez-vous rencontrer (journaliste, acteur, poète, musicien, chanteur, etc.)? Voudriez-vous lui ressembler et pourquoi?
3. Vous, si vous aviez du génie, que feriez-vous?
4. On dit souvent: "Si j'avais su,...". Vous regrettez sans doute un incident plus ou moins grave qui vous est arrivé: racontez-le et dites ce que vous auriez pu faire pour l'éviter.

jouons avec les mots

Horizontalement:

1. Ne trouverait pas les réponses à l'examen
2. Relatif à l'agriculture
3. Infinitif de l'expression impersonnelle **il faut**
4. Difficile à croire
5. Instruments de géométrie en forme de triangle
6. Causer la disparition complète de quelque chose
7. Durée du matin
8. Boissons quelquefois magiques
9. Première personne du pluriel du conditionnel présent du verbe **créer**
10. Personne qui fait des expériences chimiques
11. Longue période sans pluie
12. Troisième personne du pluriel du conditionnel présent du verbe **faire**

Verticalement:

Machine à calculer

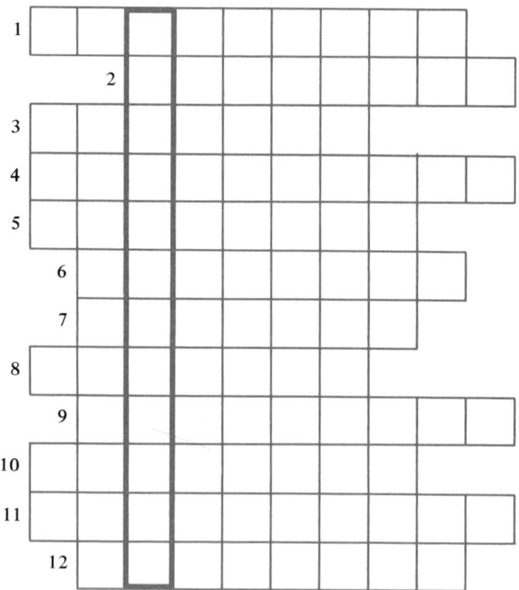

réponses aux *Appliquez*

Page 321

tu travaillerais, nous achèterions, il finirait, j'étudierais, vous grandiriez, nous vendrions, je m'habillerais, nous nous laverions, parlerait-il?

vous sauriez, elles écriraient, on aurait, il ferait, ils prendraient, tu boirais, je dirais, il serait, il faudrait, nous pourrions, elles iraient, viendrait-il?, tu ne mentirais pas, ils riraient

Page 322

tu aurais travaillé, nous aurions acheté, il aurait fini, j'aurais étudié, vous auriez grandi, nous aurions vendu, je me serais habillé(e), nous nous serions lavés(es), aurait-il parlé?

vous auriez su, elles auraient écrit, on aurait eu, il aurait fait, ils auraient pris, tu aurais bu, j'aurais dit, il aurait été, il aurait fallu, nous aurions pu, elles seraient allées, serait-il venu?, tu n'aurais pas menti, ils auraient ri

Pages 322–323

1. se fâcherait
2. faisiez
3. aurais
4. nous serions cachés(es)
5. faudrait
6. aurais donné

Page 324

1. le mien, la leur, le nôtre, la tienne, le sien
2. au tien, à la tienne, aux leurs, à la vôtre, au sien
3. des siennes, du mien, de la leur, des tiens, du nôtre

Page 324

1. C'est le tien. Il est à toi. Il t'appartient.
2. Ce n'est pas la vôtre. Elle n'est pas à vous. Elle ne vous appartient pas.
3. Ce sont les miennes. Elles sont à moi. Elles m'appartiennent.

Page 326

1. ce que 2. ce qu' 3. ce qui 4. ce dont 5. ce que 6. Ce qui

leçon 15

Ici et là en France

prise de contact **En Provence**

1 le verbe **devoir** (+ nom, + infinitif)

2 **en** + participe présent

3 des expressions de temps: **il y a, dans**
pendant, pendant que
depuis (que), il y a...que...

4 les pronoms interrogatifs: **qui (est-ce qui, est-ce que),**
qu'est-ce qui, que, qu'est-ce que,
quoi (est-ce que)
lequel

5 les verbes irréguliers **craindre, peindre**

lecture **Le nouveau cœur de Paris**

prise de contact

En Provence

Le bateau à voiles° "Katouchka" arrive à Cassis en provenance des° îles Baléares.* A bord° se trouvent le capitaine et un groupe de quatre jeunes Américains qui ont loué le bateau pour une croisière° de quinze jours.

bateau... sailboat
en... from / *A...* Aboard
cruise

LE CAPITAINE (*à Chris*) Le bateau est toujours très secoué° mais le vent commence à diminuer. On a passé Marseille il y a° une demi-heure. A cette vitesse, on arrivera bientôt à Cassis.

shaken
il... ago

CHRIS Tant mieux! Je suis très fatigué après cette nuit de tempête. Le mistral a rendu le retour des îles vraiment pénible°.

= *très dur*

LE CAPITAINE Quel temps! Je viens de changer de vêtements. J'étais trempé°. Avez-vous vu que la voile s'est déchirée° pendant la nuit?

soaked / *s'est...*got torn

SHANNON Oui, mais c'est un petit malheur en comparaison de ce qui aurait pu arriver. Pendant que° vous dormiez, un paquebot° est passé à cinquante mètres de nous, sans nous voir bien entendu, et avec Chris nous avons eu très peur.

Pendant... While / = *grand bateau pour passagers*

BRIAN Oui, j'ai entendu vos cris°. J'avais le mal de mer° et je m'étais couché en tremblant de peur. Je ne savais pas ce que je devais craindre° le plus: le vent, les vagues° ou le paquebot. C'était affreux°.

screams / *J'avais...* I was seasick
devais... had to fear / waves
= *horrible*

LE CAPITAINE En général avec un bateau solide l'ennemi numéro un, c'est la terre plutôt que la mer.

SHANNON A propos de terre, on arrive.

LE CAPITAINE (*donnant des ordres*) Chris, mettez le moteur en marche. Shannon, appelez Barbara. Tout le monde doit° être sur le pont° à l'arrivée.

must
deck

* Iles à l'est de l'Espagne

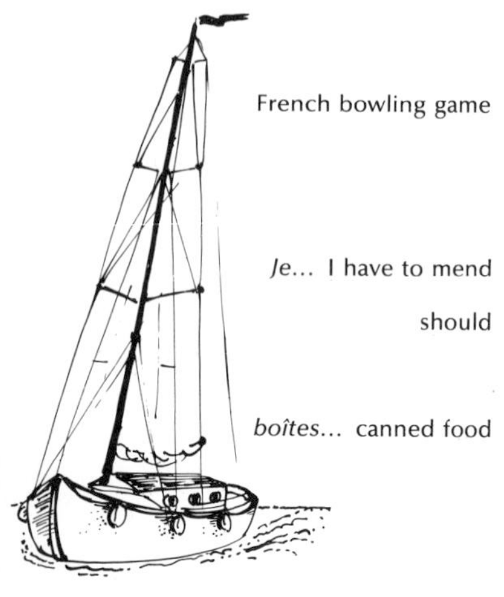

BARBARA (*sortant de la cabine*) Oh! Que c'est beau! Que le port est pittoresque avec les filets° qui sèchent au soleil, les barques° de pêche bien alignées et les petites maisons qui l'entourent en demi-cercle. Après notre arrivée, je vais immédiatement à terre me promener dans les petites rues et voir un jeu de pétanque°. Shannon, tu viendras avec moi?

SHANNON D'accord. Et qui est-ce qui vient avec nous? Capitaine?

LE CAPITAINE Non, je ne peux pas. Je dois recoudre° la voile. Amusez-vous et remarquez bien l'accent méridional! Vous devriez° aussi acheter des fruits et des gâteaux. Cela nous changera des boîtes de conserve°.

BARBARA Oui, Capitaine, et surtout du raisin blanc. Il est particulièrement bon ici, paraît-il. Oh! Regardez cette barque, "la Bonne Mère". Elle est pleine de poissons: des loups magnifiques, des rascasses, des grondins, des congres, des rougets°...J'ai une idée: pour midi, je vais faire les courses et on déjeune sur le bateau,

nets / = *petits bateaux*
French bowling game
Je... I have to mend
should
boîtes... canned food
loups... = *sortes de poissons*

mais ce soir nous pourrions tous aller au restaurant manger une bouillabaisse.*

TOUT LE MONDE Oui, oui, oui!!

BARBARA Qu'il fait beau! Quel soleil! Frédéric Mistral** avait bien raison de dire: "Qu'a vist Paris e noun Cassis a ren vist."†

1 Le verbe **devoir**

Ce verbe est suivi d'un nom ou d'un infinitif.

Devoir + nom

devoir de l'argent = avoir des dettes:

MOI —Quand vas-tu me rendre l'argent que tu me **dois?**
LUI —Je ne savais pas que je te **devais** de l'argent.
MOI —Tu ne te rappelles pas que je t'en ai prêté? En bien, rappelle-toi au moins que "les bons comptes font les bons amis".†† —proverbe

Voici le présent:

devoir	
je dois	nous dev**ons**
tu dois	vous dev**ez**
il, elle, on doit	ils, elles doiv**ent**

participe passé: **dû**

Devoir + infinitif

Cette construction est fréquemment utilisée:

au présent
- *obligation* — *Vous ne* **devez** pas fumer ici. C'est le côté non-fumeurs. (*must*)
- *intention* — Je **dois** le voir cet après-midi. (*am supposed to*)
- *probabilité* — Robert est absent. Il **doit** être malade. (*is probably*)

* la spécialité culinaire la plus fameuse de Provence faite principalement avec du poisson bien frais, de l'huile d'olive, du safran et naturellement les fameuses herbes de Provence
** Ecrivain français d'expression provençale (1830–1914)
† "Qui a vu Paris et pas Cassis n'a rien vu", en provençal.
†† *"short reckonings make long friends"*

à l'imparfait	*obligation*	Le général **devait** protéger l'arrière de son armée. (*had to*)
	intention	Tu **devais** passer me voir mais tu n'es pas venu. (*were supposed to*)
	probabilité	Il **devait** être tard quand vous êtes rentré. (*was probably*)
au passé composé	*obligation*	Elle **a dû** partir plus tôt; pourtant elle ne le voulait pas. (*had to*)
	probabilité	J'**ai dû** perdre la tête car je ne me souviens de rien. (*must have*)
au futur	*obligation*	A l'avenir, vous **devrez** me consulter. (*will have to*)
au conditionnel présent	*un conseil*	Tu **devrais** lui dire que tu n'es pas content. (*should, ought to*)
au conditionnel passé	*un regret*	Nous **aurions dû** passer plus de temps dans ce pays-là. (*should have, ought to have*)

Remarquez

La forme *I had to* est commune au passé composé et à l'imparfait. Elle est traduite par l'un ou l'autre temps d'après le contexte.

EXEMPLES Pour payer ses dettes, il **a dû** emprunter de l'argent.
Pour arriver à l'heure, il **devait** se lever très tôt tous les matins.

il doit y avoir... *there must be . . . :*

EXEMPLE **Il doit y avoir** de la neige à la montagne en ce moment.

le devoir, *duty;* **un (des) devoir(s),** *written assignment*

▶ *Appliquez*

1. Merci de m'avoir rendu l'argent que tu me ______.
2. Il est tard. Cet enfant ______ déjà être au lit.
3. Ils se marient samedi et la réception ______ avoir lieu dehors.
4. Pourquoi ne m'aviez-vous pas dit que vous ______ être opéré?
5. Ils n'arrivent pas. Ils ______ se perdre en chemin.
6. Tu ______ m'apprendre la nouvelle quand je t'ai vu hier.
7. On ne ______ pas parler fort à la bibliothèque.
8. Ils ______ dire ce qu'ils veulent faire avant demain midi.

(*réponses page 367*)

2 **En** + participe présent: le gérondif

En allant à mon cours, j'ai parlé à Caroline.
Lisez les phrases **en faisant** attention aux liaisons.
En arrivant à l'hôtel, nous avons donné notre nom.

Les participes présents **allant, faisant** et **arrivant** sont accompagnés de la préposition **en** pour exprimer *la simultanéité* (*while*), *la manière* (*by, in*), ou *le moment* (*when*). (**En** est la seule préposition suivie du participe présent.)

Le sujet des deux verbes est le même et les actions des deux verbes sont simultanées.

Forme du participe présent:

le radical de la forme **nous** du présent + **ant**

EXEMPLES			
	parler: nous **parl**ons	→	parlant
	finir: nous **finiss**ons	→	finissant
	vendre: nous **vend**ons	→	vendant
	ouvrir: nous **ouvr**ons	→	ouvrant
	recevoir: nous **recev**ons	→	recevant

Il y a trois exceptions:

avoir: ayant	être: étant	savoir: sachant

▶ *Appliquez*

1. réfléchir
2. offrir
3. voir
4. savoir
5. appeler
6. avoir
7. construire
8. dire

(*réponses page 367*)

Remarquez

Le participe présent est plus employé en anglais qu'en français. La forme anglaise en *ing* est souvent traduite:

par *un nom:*

La lecture est mon passe-temps favori. (*Reading*)

par *un présent* ou *un imparfait* à la place de la forme progressive:

Continuez. J'**écoute.** (*I am listening*)
Est-ce que vous **dormiez** à onze heures hier soir? (*Were you sleeping*)

par *un infinitif:*

après toutes les prépositions, sauf **en,** et **après** (Leçon 16).

Tu es partie **sans prendre** ta clé. (*without taking*)

après les verbes de perception: **sentir, regarder, voir, écouter, entendre.**

Je t'ai vu **arriver.** (*coming*)
Nous l'avons entendu **rire.** (*laughing*)

▶ *Appliquez* Traduisez les mots entre parenthèses.

1. _____ est interdite ici. (*Fishing*)
2. _____ cela, vous êtes devenu antipathique. (*By doing*)
3. Nous aurions bien fait de vous prévenir _____. (*before coming*)
4. Je vous ai vu _____ mon dictionnaire. (*taking*)
5. Elle _____. (*is dreaming*)

(*réponses page 367*)

3 Des expressions de temps

Il y a un mois, je les ai rencontrés en ville.
ou Je les ai rencontrés en ville **il y a** un mois.
Je les verrai à nouveau **dans** une semaine.

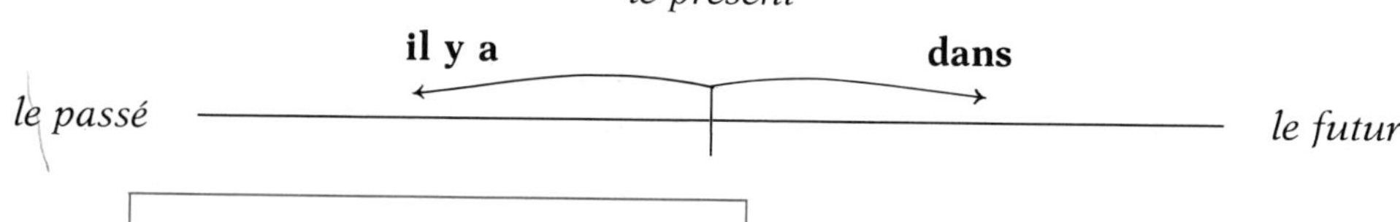

il y a + verbe au passé (*ago*)
dans + verbe au futur

Je me suis bien reposé(e) **pendant** mes vacances.
Vous avez travaillé **(pendant)** trois heures ce matin.

Pendant qu'elle parlait à sa voisine, son rôti a brûlé.

pendant indique une durée de temps (*during, for*)
n'est pas toujours exprimé devant une indication de temps précise.

pendant que (+ sujet + verbe) indique que deux actions sont simultanées (*while*)

Depuis quand vous écrivez-vous?
Nous nous écrivons **depuis** notre rencontre.
Nous nous écrivons **depuis que** nous nous sommes rencontrés.

Depuis, depuis que (*since*) indiquent à quel moment l'action a commencé.

Depuis combien de temps joue-t-elle du piano?
Elle joue du piano **depuis** trois ans.

Depuis (*for*) indique la durée de l'action à partir de son commencement.

Employez *le présent* avec **depuis** (+ nom) ou **depuis que** (+ sujet + verbe) pour indiquer qu'une action commencée dans le passé *continue dans le présent (I have been [doing]...since, for...).*

▶ *Appliquez*

1. Hier soir j'ai travaillé _____ quatre heures.
2. _____ je lui ai dit la vérité, elle est en colère contre moi.
3. Il a son permis de conduire _____ l'année dernière.
4. Elle ne lit pas _____ les vacances.
5. Tu vas te reposer _____ je vais faire les courses.

(*réponses page 367*)

Il y a...que...

Cette expression est équivalente à **depuis** (*for*). La construction est différente.

EXEMPLES J'étudie le français **depuis** six mois.
Il y a six mois **que** j'étudie le français.

Remarquez

pendant exprime la totalité du temps
depuis (que) marque toujours le point de départ de l'action

N'employez pas **pour** avec une durée de temps, excepté avec les verbes **aller, partir, venir:**

EXEMPLES Je pars **pour** quinze jours.
Viendrez-vous **pour** le week-end?

4 Les pronoms interrogatifs

Invariables

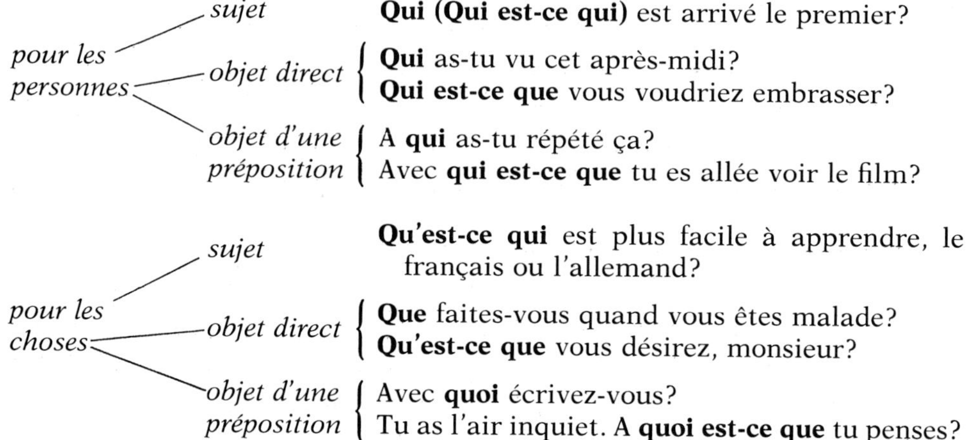

pour les personnes
sujet
Qui (Qui est-ce qui) est arrivé le premier?
objet direct
Qui as-tu vu cet après-midi?
Qui est-ce que vous voudriez embrasser?
objet d'une préposition
A **qui** as-tu répété ça?
Avec **qui est-ce que** tu es allée voir le film?
pour les choses
sujet
Qu'est-ce qui est plus facile à apprendre, le français ou l'allemand?
objet direct
Que faites-vous quand vous êtes malade?
Qu'est-ce que vous désirez, monsieur?
objet d'une préposition
Avec **quoi** écrivez-vous?
Tu as l'air inquiet. A **quoi est-ce que** tu penses?

PRONOMS INTERROGATIFS INVARIABLES

		sujet	*objet direct*	*objet d'une préposition*
personnes	*formes courtes*	**qui**	**qui** (+ inversion)	**qui** (+ inversion)
	formes longues	**qui est-ce qui**	**qui est-ce que**	**qui est-ce que**
choses	*formes courtes*		**que (qu')** (+ inversion)	**quoi** (+ inversion)
	formes longues	**qu'est-ce qui**	**qu'est-ce que**	**quoi est-ce que**

qui et **qui est-ce qui** sont des sujets interchangeables

▶ *Appliquez*

1. ______ il y a?
2. ______ as-tu remarqué?
3. De ______ tu parles?
4. ______ se passe?
5. ______ t'a dit cela?

(*réponses page 367*)

Notez

qui et **que** sont aussi des pronoms relatifs
que peut être:

un pronom interrogatif:	**Que** veux-tu?
un pronom relatif:	Voilà la revue **qu**'il désire.
une conjonction:	Elle dit **qu**'elle est fatiguée.
un adverbe:	**Que** vous êtes beau aujourd'hui! (= Comme)

Qu'est-ce qui et **qu'est-ce que** s'emploient seulement dans une question directe. Employez **ce qui** et **ce que** dans les autres cas:

EXEMPLES **Qu'est-ce qui** sent si bon?
—Je sais **ce qui** sent si bon. Ce sont les crêpes.

Qu'est-ce qu'il veut?
—Je ne sais pas **ce qu**'il veut. Je vais le lui demander.

Variables

Tu as vu deux films cette semaine. **Lequel** as-tu préféré?
Il y a trop de pierres ici. **Lesquelles** allez-vous enlever?
Vous avez parlé à un de vos professeurs. **Auquel** avez-vous parlé?

Lequel (laquelle, lesquels, lesquelles) est un pronom interrogatif. Il se contracte avec les prépositions **à** et **de:**

auquel, auxquels, auxquelles
duquel, desquels, desquelles

Il remplace l'adjectif **quel** + *nom,* s'accorde avec ce nom et indique un choix.

▶ *Appliquez*

1. Il y a deux sujets au choix. ______ vas-tu prendre?
2. Il y avait plusieurs portes. Par ______ le chanteur est-il sorti?
3. Vous deviez parler à un de ces trois journalistes. ______ avez-vous parlé?
4. Voilà quelques petits gâteaux. ______ avez-vous envie?
5. De toutes ces photos, ______ vous plaisent?

(*réponses page 367*)

5 Craindre, peindre

Ce sont des verbes irréguliers.

Ce vieillard porte toujours un vêtement de laine. Il **craint** le froid.
Je ne suis pas venu parce que je **craignais** de vous déranger.

Nous **avons peint** notre maison en jaune.
Peignez-vous au pinceau ou au rouleau?

Voici le présent:

craindre	
je crain**s**	nous craign**ons**
tu crain**s**	vous craign**ez**
il, elle, on crain**t**	ils, elles craign**ent**

peindre	
je pein**s**	nous peign**ons**
tu pein**s**	vous peign**ez**
il, elle, on pein**t**	ils, elles peign**ent**

futur: **je craindrai, je peindrai**
participe passé: **craint, peint**
participe présent: **craignant, peignant**

De même: **atteindre, éteindre**

EXEMPLES Vous l'avez appelé plusieurs fois mais vous n'avez pas réussi à l'**atteindre.**
Il y a trop de lumière. **Eteignez** la lampe, s'il vous plaît.

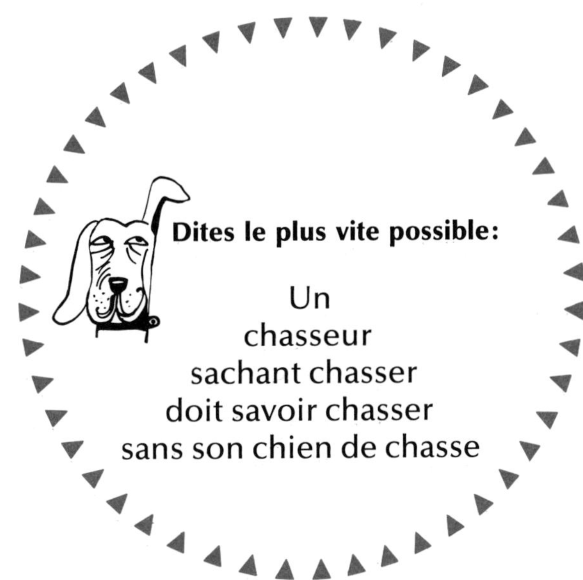

Dites le plus vite possible:
Un
chasseur
sachant chasser
doit savoir chasser
sans son chien de chasse

EXERCICES ORAUX

I *Prononciation*

Les sons /p/, /t/, /k/

Prononcez:

/p/ pas, pour, harpe, coupe, apte
/t/ tout, tutoyer, théologie, carte, patte
/k/ qui, campagne, kiosque

Lisez les phrases:

Avec Chris, nous avons eu très peur.
Qu'est-ce que c'est que ça, Théodore?
Le mistral a rendu le retour pénible.
Pendant que vous dormiez, un paquebot est passé à cinquante mètres de nous.
Cette barque est pleine de poissons.

Les sons /b/, /d/, /g/

Prononcez:

/b/ Bernard, débarquer, bien, tombe
/d/ donc, d'ailleurs, difficile, cidre, vide
/g/ graisse, gare, grimpent, guide, blague, vague

Lisez les phrases:

Je dois coudre la voile de la barque à bord du bateau, dans la cabine.
Le raisin blanc et la bouillabaisse sont bons ici.
A droite regardez ce bateau en provenance des Iles Baléares, secoué par de grosses vagues.

II *Remplacez les mots en italique par une forme du verbe* **devoir** *et faites les changements nécessaires.*

MODELE *Excusez-moi de vous avoir dérangé* si tard.
Je n'aurais pas dû vous déranger si tard.

1. Luc est absent. Il *est probablement* malade.
2. *Je vous conseille de* parler français ici.
3. Nous *avons été obligés de* nous arrêter sur la route.
4. Le moteur ne marche plus. Il *a besoin d'*être réparé.
5. Tu *avais l'intention de* faire une promenade au bord de la mer.
6. Bientôt, ils *seront obligés d'*accepter l'idée d'être en retraite.
7. Je *regrette d'être resté* si longtemps à vous parler.
8. Ils *avaient une dette de* mille dollars.

III *Répondez aux questions en utilisant le verbe* **devoir.**

1. Tu ne m'as pas rendu tout ce que je t'avais prêté, n'est-ce pas?
2. Qu'est-ce que vous étiez obligé de faire le dimanche quand vous étiez petit?
3. Pourquoi vos parents ne vous ont-ils pas envoyé de carte d'anniversaire?
4. Qu'est-ce qu'on sera obligé de faire quand tout le monde dormira pendant le cours?
5. Quel serait le meilleur moyen pour vous d'aller au théâtre?
6. Votre professeur a trop de copies à corriger! C'est trop tard, mais donnez-lui donc un conseil!

IV *Faites une phrase avec les éléments suivants. Utilisez le gérondif.*

MODELE Vous regardez la télévision. Vous mangez.
Vous regardez la télévision en mangeant.

1. Je chante toujours. Je prends une douche.
2. Vous n'aurez aucune difficulté en France. Vous parlez français.
3. Rémi regarde la carte. Il conduit la voiture.
4. Je m'endors. Je compte des moutons.
5. Il s'est couvert de peinture rose. Il a peint sa chambre.

V **Il y a ≠ dans.** *Changez le temps du verbe selon l'expression employée.*

MODELE Il prendra le car *dans* quelques minutes.
Il a pris le car il y a quelques minutes.

1. *Il y a* huit jours, nous avons mangé une salade niçoise.
2. Le mistral soufflera *dans* deux jours.
3. Un paquebot est arrivé au port *il y a* trente minutes.
4. Beaucoup de passagers ont embarqué *il y a* un quart d'heure.

VI *Faites une phrase avec* **depuis (que)** *d'après les modèles.*

MODELES Il s'est cassé la jambe hier.
Depuis hier elle est dans le plâtre.

Mon chien s'est enfui de la maison.
Depuis qu'il s'est enfui, nous le cherchons partout.

1. En janvier mes parents m'ont finalement acheté une voiture.
2. Mon meilleur ami m'a insulté.
3. Le 4 juillet notre maison a brûlé.
4. Les étudiants sont partis en vacances.
5. Samedi soir ils ont dîné dans un restaurant très chic.
6. Le trimestre dernier elle a travaillé comme une folle.
7. Virginie a arrêté de fumer.
8. Ce matin j'ai bu du café.

VII *Remplacez* **depuis** *par* **il y a...que** *et faites les changements nécessaires.*

1. Il pleut *depuis* trois semaines.
2. Je fais du bateau à voiles *depuis* deux ans.
3. Ils se connaissent *depuis* longtemps.

VIII *Complétez avec l'expression de temps qui convient:* **il y a, dans, pendant, pendant que,** *ou* **depuis (que).**

1. ______ ils ont un chat, les souris ne dansent plus.
2. Alfred était dans le train ______ dix minutes quand il a soudain remarqué qu'il allait dans la mauvaise direction.
3. Les autres s'amusent ______ tu fais tes devoirs.
4. Il mourra de faim ______ peu de temps s'il continue à ne pas manger.
5. Nous avons voyagé ______ une semaine et demie.
6. On a construit le premier derrick ici ______ quelques années, et on va en construire d'autres bientôt.

IX *Répondez aux questions suivantes.*

1. Qu'est-ce que vous aimez le plus? Et le moins?
2. Qui est-ce que vous aimez le plus? Et le moins?
3. Qu'est-ce qui vous plaît à l'université?
4. Qui est-ce qui vous a donné ces beaux vêtements?
5. Qui est-ce que vous craignez de rencontrer?
6. Que peignaient les Impressionnistes?
7. Qui craint le Grand Méchant Loup?
8. Qu'est-ce qu'on éteint avant de dormir?
9. Quels sont vos buts? Lesquels espérez-vous atteindre?
10. Avec quoi fait-on la bouillabaisse?

X *Devinez.*

1. Qu'est-ce qui fait le tour de la maison sans bouger?
2. Qui est-ce qui souffre le plus d'un mal de gorge?
3. Qu'est-ce qui rend tout le monde malade, excepté les personnes qui l'avalent?
4. Lesquels mangent le plus d'herbe, les moutons blancs ou les moutons noirs?

(*réponses page 367*)

XI *Employez une forme de* **lequel** *à la place des mots en italique.*

MODELE *Quel changement* voyez-vous dans son comportement?
Lequel voyez-vous dans son comportement?

1. *Quelle région de France* préférez-vous?
2. Dans *quel parking* ont-ils mis leur voiture?
3. *A quelles crêperies* vont-ils généralement?
4. *Quelle différence* y a-t-il entre un bus et un car?
5. *De quels bateaux* parle-t-on dans l'histoire?
6. *Quels vêtements* porte-t-on quand il pleut?

XII *A votre tour.*

Vous faites partie d'un groupe de quatre jeunes gens: Bill et Laura (Américains), Jean-Luc et Brigitte (Français). Vous faites le tour de la Bretagne. Regardez la carte (pages 236 et 358). Imaginez votre voyage. Vous arrivez dans la région de Brest et de Quimper.
Détails pratiques: les menhirs et les dolmens, le port de Brest, il pleut, la faïence de Quimper, les costumes bretons, le breton (la langue), les crêperies, etc.

XIII *Conversation par groupes de deux ou trois.*

Echangez vos impressions sur les particularités de vos régions d'origine:

Depuis combien de temps n'y êtes-vous pas retourné(e)?
Y a-t-il de petites différences, ou au contraire de grands contrastes entre elles?
Remarquez-vous des habitudes, des traditions, des styles de maisons typiques pour certaines régions?
Quelles sont vos préférences, et pourquoi?
Continuez...

EXERCICES ECRITS

A *Mettez le verbe* **devoir** *à la forme correcte.*

Les voyages autour du monde en bateau à voiles _____ être difficiles. Ils _____ être encore plus pénibles à l'époque de Christophe Colomb. Celui-ci _____ aller aux Indes pour chercher des épices et de l'or pour le roi d'Espagne.

Mais c'était très loin et il ______ être très heureux quand, sur son chemin, il a découvert les Antilles et plus tard l'Amérique. Il y a trouvé beaucoup d'or.

Les richesses ______ normalement apporter le bonheur à tout le monde, mais quand Christophe Colomb est finalement retourné en Espagne, il a été abandonné par le roi qui ______ mieux reconnaître ses mérites. Il est mort dans la misère.

B *Mettez l'expression de temps qui convient:* **il y a, dans, pendant, pendant que, depuis (que).**

______ quelques mois, le mari d'Annie a suggéré à sa femme d'aller en Alsace. Elle y est allée ______ il faisait un voyage d'affaires au Japon. C'était leur première séparation ______ leur mariage. ______ toute une semaine elle a rendu visite à la famille de son mari et elle a goûté aux spécialités gastronomiques. Elle ne parle que de cela ______ elle est revenue car elle voulait aller en Alsace ______ longtemps. Son mari et elle y retourneront ensemble, ______ un an ou deux, ______ les vacances.

C *Voici la réponse. Ecrivez la question en employant un pronom interrogatif. Donnez les deux formes (longue et courte) quand c'est possible.*

MODELE Je pense *à mon travail.*
A quoi pensez-vous?
OU **A quoi est-ce que vous pensez?**

1. *Le bateau* entre dans le port.
2. Shannon appelle *Barbara.*
3. Ils ont vu *un paquebot.*
4. J'ai eu peur *des grosses vagues.*
5. *Tout le monde* était sur le pont à l'arrivée.
6. Les jeunes Américains ont fait une croisière avec *le capitaine.*

D [Révision des temps du passé] *Mettez le passage suivant au passé.*

VAN GOGH

Van Gogh ______ (commencer) à peindre à l'âge de 27 ans, en partie parce que la religion le ______ (décevoir). Pour lui, l'art ______ (remplacer) la religion. Après un séjour de deux ans à Paris, il ______ (aller) en Provence, pays du soleil et de la lumière. Il y ______ (peindre) ses tableaux les plus célèbres. C'est alors que la couleur ______ (devenir) pour lui le symbole concret de la terre, du ciel et du soleil. Van Gogh ______ (rêver) souvent

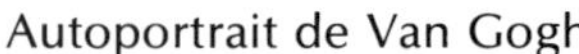

Autoportrait de Van Gogh

d'une petite société d'artistes vivant en communauté. Mais quand Gauguin ______ (aller) le voir, les deux hommes ______ (se disputer). Leurs conceptions ______ (être) trop différentes. Van Gogh ______ (être) fatigué parce que, jusqu'à l'arrivée de Gauguin, il ______ (peindre) sans arrêt, avec ou sans mistral, et souvent par une forte chaleur. Ensuite, il ______ (avoir) une dépression nerveuse, et un jour il ______ (se couper) l'oreille. Après cela ses tableaux ______ (refléter) son univers angoissé. La forme ______ (prendre) une intensité nouvelle; expressionniste, il lui ______ (donner) mouvement et rythme. Enfin à l'âge de 37 ans, il ______ (se suicider) dans une petite ville française où il ______ (se rendre) sans doute pour voir d'autres peintres.

E *Traduction (facultatif).*

1. You ought to write more often to your friends, because some day you will say: "I should have written to them. Now, it is too late."
2. One learns a lot by observing other traditions. Criticizing is easy, but instead of criticizing, learn while you are observing.
3. There must be a better way to do this, perhaps I should wait until tomorrow.
4. Harpagon owes me four hundred seventy-six francs. He was supposed to give them back to me a week ago. I must remember not to lend him money any more.

lecture

Le nouveau cœur de Paris

Une bibliothèque, une autre bibliothèque; un musée, un deuxième musée, un troisième, et puis un quatrième...Allons voir Beaubourg! Le "Centre National d'art et de Culture Georges Pompidou" ne laisse personne indifférent.

C'est en 1971 que Georges Pompidou, alors président de la République Française, a décidé de bâtir sur le plateau Beaubourg* un centre réunissant° les arts: l'architecture, le cinéma, la musique, la lecture, la création industrielle, etc. Un des objectifs, et peut-être le plus important, était de créer un centre accessible à tout le monde. Pompidou a expliqué: "Je voudrais passionnément que Paris possède un centre culturel comme on a cherché à° en créer aux Etats-Unis avec un succès jusqu'ici inégal..."

Le Centre se divise en quatre parties principales:

Le Centre National d'Art Contemporain (CNAC), avec des collections permanentes, par exemple des toiles° de Matisse, Picasso, Rouault. Son organisation est unique, conçue° comme une "ville" avec des "rues" où des tableaux de 1905 à nos jours sont disposés° chronologiquement, des "maisons" qui illustrent un événement historique, un courant (le Cubisme, le Fauvisme...), un artiste, un thème, etc. De plus le musée a des "réserves" qui sont suspendues° dans trois classeurs° de tableaux, et les visiteurs peuvent faire descendre une œuvre de leur choix.

La Bibliothèque Publique de Lecture, avec un accent sur la référence, l'actualité°, les périodiques°, les disques et les diapositives. Des laboratoires de langues sont accessibles en permanence, ainsi qu'une salle de réunion et un hall de lecture° de 1300 places.

réunissant° = *mettant ensemble*
cherché à° = *essayé de*
toiles° = *tableaux*
conçue° conceived
disposés° displayed
suspendues° hung
classeurs° filing racks
l'actualité° current events / périodiques° = *magazines*
hall de lecture° *hall...* reading room

* place au centre de Paris (voir plan, page 363)

Le Centre de la Création Industrielle (CCI) qui, entre autres activités, présente des expositions temporaires telles que l'exposition "nouvelle cuisson" où l'on a pu admirer les dernières friteuses°, des fours à chaleur tournante, des fours à micro-ondes°, etc.

deep fryers
microwave

L'Institut de Recherche et de Coordination de l'Acoustique et de la Musique (IRCAM). Ici l'objectif est de "regrouper musiciens et ingénieurs dans le domaine interdisciplinaire de recherche". Le public peut entendre des concerts dans un hall de quatre cents places à géométrie variable. Il y a aussi l'information par l'image mobile et sonore présentée dans une salle spéciale.

Le Centre Pompidou est un centre vivant d'information. Le public fait partie de l'architecture, contribue au mouvement, symbole de l'évolution culturelle. Personne n'a été oublié. En parcourant° les cinq niveaux°, on peut faire la connaissance d'un artiste, ou d'un auteur. Des animateurs° attendent les enfants de quatre à douze ans dans un centre d'activités multiples. Là ils peuvent faire des sculptures en sucre ou en meringue—puis manger leur chef-d'œuvre°! ou encore ils peuvent dessiner avec des crayons lumineux, ou jouer à des jeux électroniques. C'est vraiment un centre pour toute la famille.

walking through
levels
activity leaders
masterpiece

Que dire de l'architecture du bâtiment? Certains sont choqués, d'autres sont émerveillés°. Tous sont frappés° par la lumière, la

= *très admiratifs* / struck

transparence, les couleurs vives, l'absence de limites, en un mot, par l'ingéniosité de tout l'ensemble.

Depuis l'annonce° de sa construction, pendant que plus de mille ouvriers y travaillaient et depuis qu'il est terminé, le centre a eu sa part° de critiques. Pourquoi cette architecture? Le bâtiment est, avant tout, un instrument mobile, flexible, et fait comme un jeu de construction°. Pourquoi un centre moderne dans un quartier ancien? L'emplacement° est au cœur de Paris, soulignant ainsi son importance. Et les couleurs? Les enfants sont en extase devant la façade de la rue Beaubourg! Qui aurait pensé à utiliser les couleurs pour définir les éléments fonctionnels d'un bâtiment? Alors, voilà la clé des symboles:

announcement

share

jeu... construction set

location

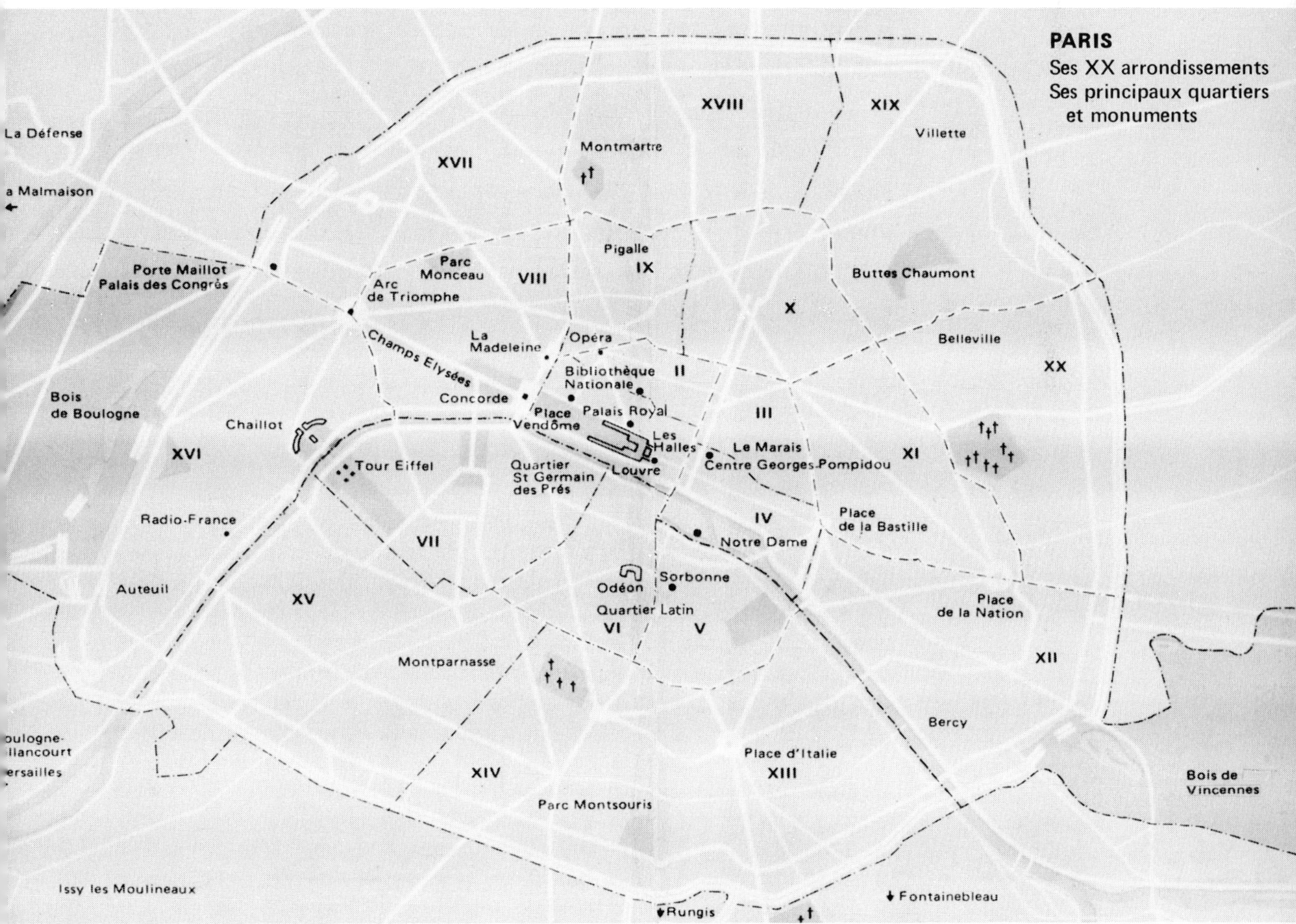

ducts — Conduits° bleus: air conditionné

= *feu* — Conduits verts: système anti-incendie°

Conduits jaunes: système électrique

Conduits rouges: circulation du public, ascenseur ou monte-charge°

= *ascenseur pour les marchandises*

Parmi les remarques on entend un peu de tout. "Est-ce que la construction est terminée?" demandent certains. "Ils ont oublié d'enlever les échafaudages°," disent les autres. Et encore: "Avec la Tour Eiffel les Parisiens avaient un derrick, maintenant, ils ont une raffinerie!" Contraste de style? Sans aucun doute°. Mais en 1889 on pensait que la Tour Eiffel allait détruire la beauté panoramique de Paris. Qui peut concevoir Paris sans la Tour Eiffel aujourd'hui? En allant un peu plus loin, pouvez-vous imaginer le contraste que représentait Notre-Dame avec les petites maisons plus ou moins bien alignées du Paris du XIIe siècle?

scaffoldings / *Sans...* Without a doubt

Le plateau Beaubourg, avec le Forum des Halles*, est certainement l'endroit le plus visité par les touristes et même par les Parisiens. C'est une "ville dans la ville" avec une architecture de lumière; un lieu de détente°, de flânerie°, d'éducation culturelle. C'est un quartier qui possède l'un des plus grands espaces d'Europe réservés aux piétons°: plusieurs kilomètres de rues où l'on peut se promener tranquillement.

relaxation / strolling — pedestrians

QUESTIONS SUR LA LECTURE

1. Qu'est-ce que le Président Georges Pompidou voulait réunir dans le Centre?
2. Qu'est-ce qui distingue le CNAC d'un autre musée?
3. Que peut-on trouver dans la Bibliothèque Publique de Lecture?
4. Quelles sortes d'expositions y a-t-il dans la partie du CCI?
5. Qui participe aux projets de l'IRCAM?
6. A-t-on pensé aux enfants? Comment?
7. Qu'est-ce qui est frappant dans l'architecture du bâtiment?
8. Quels sont les avantages combinés de Beaubourg et du Forum des Halles?
9. Que pensez-vous des contrastes de styles d'architecture dans une ville?

---

* commercial center built on the spot where the old central market "Les Halles" once stood

CONSTRUCTION DE PHRASES

1. il y a (*ago*)
2. en (+ verbe)
3. qu'est-ce qui...?
4. auxquelles...?
5. vous auriez dû
6. depuis que
7. que...?
8. il doit y avoir

VOCABULAIRE

Donnez *le synonyme* de:
un périodique   avoir l'audace de   vêtu   craindre

COMPOSITION

1. Un jour vous deviez recevoir quelques amis et vous aviez complètement oublié la date. Qu'est-ce que vous avez dû faire pour "sauver la face"? Que devrait-on faire pour éviter de tels incidents? Vos amis auraient-ils dû téléphoner avant de venir? En tout cas, comment la soirée s'est-elle passée?
2. Vous avez passé un mois dans deux régions différentes d'Amérique. Comparez les deux endroits. Le climat est-il différent? Et la cuisine? Quelles en sont les particularités? Lequel aimez-vous le mieux? Pourquoi?
3. Voici un quartier d'une petite ville de France. Faites-en la description et observez les différentes activités. Quel est le moment de la journée? Quelle est la saison? Que font les différents personnages? Quels animaux voyez-vous? etc.

Conte de Provence

RECETTE POUR FAIRE CUIRE UN EPERVIER[1]

Cette recette n'est pas très compliquée. Il faut seulement avoir un peu de patience.

Quand vous avez eu la chance de tuer[2] un épervier, il faut, pour commencer, faire faisander[3] l'oiseau: vous le suspendez entre les vitres[4] et les persiennes[5] de votre fenêtre et tous les jours vous le dépendez[6] et vous le battez.

A ce moment-là, il ne faut pas plaindre sa peine:[7] et *zou* et *zou!* Enfin, quand il est devenu un peu plus tendre ou que vous êtes trop fatigué pour continuer, vous le mettez à bouillir[8] dans une grande marmite[9] avec beaucoup d'eau (je dis bien beaucoup d'eau parce qu'il faut qu'il bouille longtemps). Et, pour le goût, vous ajoutez bien du thym, du laurier,[10] des clous de girofle,[11] de l'oignon, de l'ail[12]...

Et puis vous ajoutez un sécateur.[13]

De temps en temps vous goûtez le sécateur, et, dès qu'il est cuit, vous pouvez manger l'épervier.

Raconté par le docteur Bouillon, de Salon-de-Provence

[1] sparrow hawk [2] to kill [3] to hang (for curing purpose) [4] window panes
[5] Venetian shutters [6] unhang [7] to spare one's efforts [8] to boil
[9] cooking pot [10] laurel [11] cloves [12] garlic [13] pruning shears

réponses aux *Appliquez*

Page 346

1. devais
2. devrait
3. doit
4. deviez
5. ont dû
6. aurais dû
7. doit
8. doivent (devront)

Page 347

1. réfléchissant
2. offrant
3. voyant
4. sachant
5. appelant
6. ayant
7. construisant
8. disant

Page 348

1. La pêche
2. En faisant
3. avant de venir
4. prendre
5. rêve

Page 349

1. pendant
2. Depuis que
3. depuis
4. pendant
5. pendant que

Page 350

1. Qu'est-ce qu'
2. Qui, Qu'
3. qui est-ce que, quoi est-ce que
4. Qu'est-ce qui
5. Qui, Qui est-ce qui

Page 351

1. Lequel
2. laquelle
3. Auquel
4. Duquel, Desquels
5. lesquelles

Page 356

1. les murs
2. une girafe
3. la flatterie
4. les blancs, parce qu'ils sont plus nombreux.

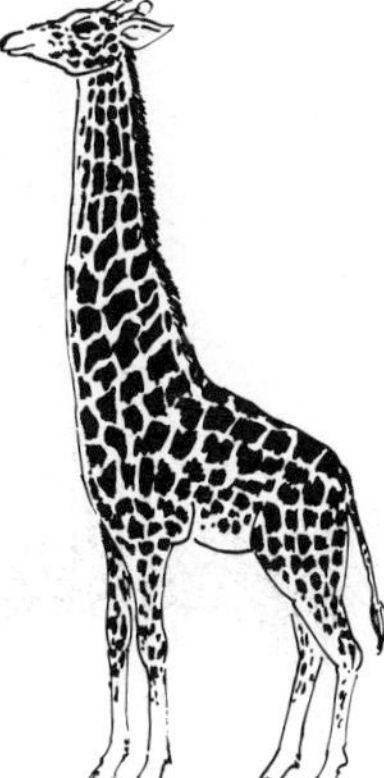

leçon 16

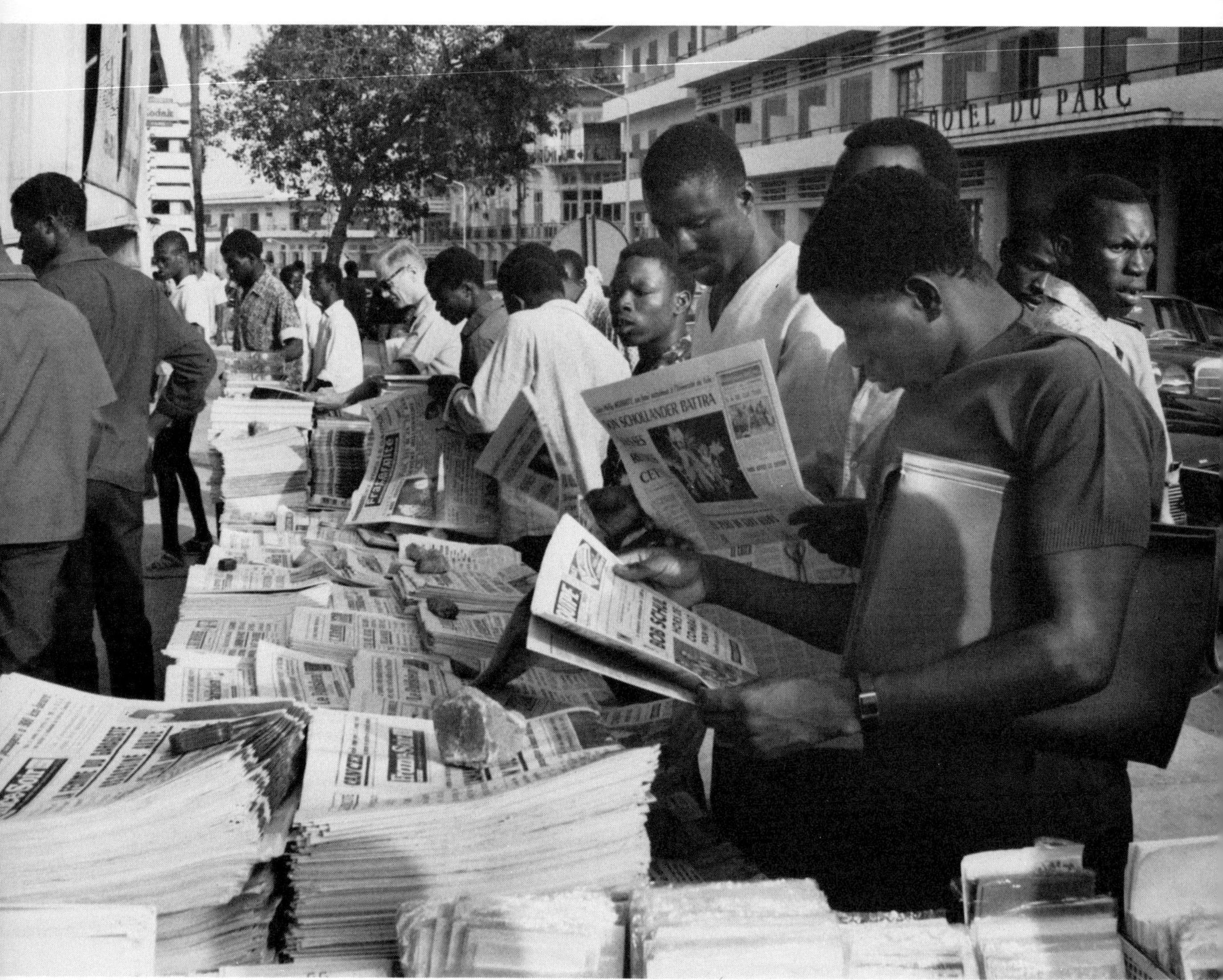

Le français dans le monde

Bonaparte
Louis
L'EXPRESS
LE NOUVEL
HOMME
Le Monde
AIR FRANCE

prise de contact

Rayonnement° de la France

= *Influence*

MELISSA (*perplexe*) Il est temps de m'inscrire° à un cours de langue, et je n'arrive pas à décider laquelle je veux apprendre. Si j'attends encore, les listes vont être complètes.

register

GARY Le choix ne manque pas°, pourtant. Mais vois surtout le côté pratique des choses. Tu fais de la chimie, alors pourquoi pas l'allemand?

Le... There is no lack of choice

MELISSA Oh, la chimie ne m'intéresse plus tellement.

AMY Tu as déjà fait du français à l'école secondaire. Alors continue-le.

MELISSA Je n'étais pas très forte° en français. Remarque qu'après l'avoir étudié pendant deux ans, ce serait sans doute plus facile maintenant.

pas... not brilliant

GARY Moi, une langue m'intéresse surtout pour aller dans le pays où on la parle car une langue, c'est pour communiquer. Avec le français, on ne va pas plus loin que la France.

AMY Tu es fou! Tu n'as jamais entendu parler des T.O.M. et des D.O.M.?

GARY Non, qu'est-ce que c'est?

AMY Les Territoires d'Outre-Mer° et les Départements d'Outre-Mer.

overseas

KEN (*qui arrive*) Eh, salut les amis. Ça va?

GARY Tu peux nous dire, toi, dans combien de pays on parle français?

KEN Dans une trentaine, je crois.

GARY Trente, tu es sûr? Ça m'étonne.

AMY Si, il a raison. Je viens justement de lire un article sur le français à l'étranger. Ce nombre m'a frappée et aussi le fait° qu'il y a à peu près cent millions de francophones°. Prenons une carte du monde et nous verrons bien.

fact

= *gens qui parlent français*

• *France d'outremer*

▲*Pays où le français est parlé par une partie importante de la population*

MELISSA A part la France, j'en connais un, c'est le Québec.

KEN Oui. Qui n'a pas entendu parler de Jacques Cartier!

AMY Sans chercher si loin, il y a la Louisiane, découverte au XVIIe siècle par des Français et appelée comme ça en l'honneur de Louis XIV.

KEN Et Tahiti? Celui° qui peut montrer Tahiti est calé°!   The one / = *s'y connaît* (fam.)

GARY (*montrant avec son doigt*) Voilà Tahiti, à côté de Cuba...

KEN Mais non, mon vieux, tu te trompes d'océan. C'est Haïti que tu me montres. Tahiti se trouve dans le Pacifique, de l'autre côté de Hawaii!!

GARY Ah, c'est vrai. Que je suis bête!

MELISSA Regardez tous les pays francophones d'Afrique! Et tout près de la France: la Suisse, la Belgique, le Luxembourg! Et ces îles lointaines!

AMY Oui, les explorateurs français sont allés dans toutes les directions à différentes époques. Au cours des siècles, la situation de la France a favorisé son rayonnement.

KEN Et tu sais, aujourd'hui grâce aux avions à réaction les transports sont rapides et les journaux français atteignent les pays francophones le même jour, sans parler de la radio et de la télévision.

MELISSA Ça y est°, c'est décidé, il y aura une francophone de plus: moi!   *Ça...* This is it

1 Le passé simple, le temps littéraire

Vous trouverez dans des textes historiques et littéraires un temps qui s'appelle *le passé simple*. Il est employé pour une action accomplie dans le passé et correspond au passé composé. Il faut surtout savoir le reconnaître. Il n'est pas employé dans la langue parlée.

Verbes réguliers

Formes: | *le radical de l'infinitif* + les terminaisons indiquées ci-dessous |

en er	parl **er**	en ir et re	fin **ir**	vend **re**
	je parl **ai**		je fin **is**	je vend **is**
	tu parl **as**		tu fin **is**	tu vend **is**
	il, elle, on parl **a**		il, elle, on fin **it**	il, elle, on vend **it**
	nous parl **âmes**		nous fin **îmes**	nous vend **îmes**
	vous parl **âtes**		vous fin **îtes**	vous vend **îtes**
	ils, elles parl **èrent**		ils, elles fin **irent**	ils, elles vend **irent**

Verbes irréguliers

Leur passé simple est en **us**, en **is**, ou en **ins.**

avoir	**être**	**faire**	**venir**
j'eus [ʒy]	je fus	je fis	je vins [vɛ̃]
tu eus	tu fus	tu fis	tu vins
il eut	il fut	il fit	il vint
nous eûmes	nous fûmes	nous fîmes	nous vînmes [vɛ̃m]
vous eûtes	vous fûtes	vous fîtes	vous vîntes
ils eurent	ils furent	ils firent	ils vinrent

Remarquez l'accent circonflexe sur la voyelle des formes **nous** et **vous.**

Voici quelques autres passés simples:

connaître je connus	prendre je pris
croire je crus	recevoir je reçus
dire je dis	savoir je sus
lire je lus	vivre je vécus
mettre je mis	voir je vis
pouvoir je pus	vouloir je voulus

▶ *Appliquez* Identifiez le verbe.

1. nous fîmes attention
2. elle eut peur
3. ils se levèrent
4. je vis
5. je fus
6. il tint
7. nous mîmes
8. elle apprit
9. vous voulûtes
10. ils purent
11. il vécut
12. elle crut
13. il composa
14. ils interrompirent
15. elle rougit

(*réponses page 389*)

2 Les pronoms démonstratifs

Ils sont variables ou invariables.

Variables

singulier	*masc.*	**celui**
	fém.	**celle**
pluriel	*masc.*	**ceux**
	fém.	**celles**

Ce sont des pronoms qui remplacent *des noms définis de personnes ou de choses:*

dans une possession, avec **de.**
devant un pronom relatif: **qui, que, dont, où,** etc.
avec **–ci** et **–là** pour faire une distinction entre deux noms.

Ils s'accordent en genre et en nombre avec le nom qu'ils remplacent:

dans une possession:

Voici votre passeport et **celui de** votre sœur. (*your sister's*)

+ *pronom relatif* [*the one(s) who, which, that, etc.*]:

Amenez des amis, surtout **ceux qui** reviennent des Antilles.
Voilà des chaussettes. Montre-moi **celles que** tu vas mettre.
Tu m'as apporté un texte mais ce n'est pas **celui dont** je t'avais parlé.
Je voulais **celui où** il y a une belle description.

pour la distinction entre deux noms:

Voulez-vous garer votre voiture dans ce parking-ci ou dans **celui-là?**
—Dans **celui-ci.** (*that one, this one*)
La Fiat et la Volvo sont deux voitures européennes. **Celle-ci** est suédoise et **celle-là** est italienne. (*the latter, the former*)

▶ *Appliquez*

1. Je connais votre adresse mais je ne connais pas ______ ______ Marie.
2. Gardez cette boîte-ci pour vous et donnez-lui ______ ______.
3. L'homme qui est là-bas est ______ ______ je vous ai parlé hier.
4. Voilà des devoirs. ______ ______ sont bons mais ______ ______ ont trop d'erreurs.
5. Gilles a acheté des chaussures mais il n'a pas trouvé ______ ______ il voulait.
6. Irène et Wendy sont de bonnes amies. ______ ______ est américaine et ______ ______ est française.

(*réponses page 389*)

Invariables

ce (c')
ceci
cela (ça)

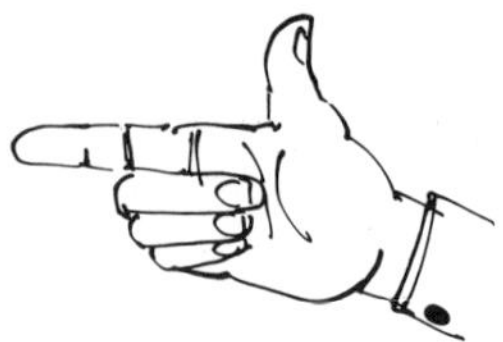

Ces pronoms sont neutres et remplacent *une idée exprimée ou sous-entendue.*

ce (c'), cela (ça)

Employez **ce (c')** devant le verbe **être.** Employez **cela (ça)** devant les autres verbes.

cela (ça) est aussi employé comme objet d'un verbe ou d'une préposition.

En conversation, on emploie souvent **ça à** la place de **cela.**

EXEMPLES Parler français, **c**'est difficile pour moi.
Cela (Ça) ne se dit pas et **cela (ça)** ne se fait pas.
Comment **ça** va? —Bien, merci.
Ne pensez pas à **cela (ça). Ce** n'est pas grave.
Ça, c'est correct, mais **ça, ça** ne va pas du tout.

ceci, cela (ça)

ceci annonce une idée, **cela** récapitule une idée.

En principe, **ceci** (*this*) s'applique à une chose proche et **cela** (*that*) à une chose plus éloignée, pour les distinguer. (En fait **cela** est souvent employé dans les deux cas.)

EXEMPLES Je vous demande **ceci:** ne répétez pas ce que je viens de vous dire.
Cela dit, elle est partie en claquant la porte.
Ceci l'intéresse un peu mais **cela** le passionne.

▶ *Appliquez*

1. Mettez _____ ici et emportez _____ là-bas.
2. Si vous travaillez dur, _____ augmentera vos chances de succès.
3. _____, _____ est terrible!
4. Un salaire si bas, _____ n'est pas très encourageant pour lui. _____ le dérange même beaucoup.

(*réponses page 389*)

3 Manquer (de, à)

manquer + objet direct (*to miss*):

> Zut! J'**ai manqué** mon autobus.
> C'est un bon film, ne le **manquez** pas.
> Si vous **manquez** trop souvent, vous n'apprendrez pas à parler français.
> (= Si vous êtes absent)

manquer de (*to lack*):

> Ne vous énervez pas. Comme vous **manquez de** patience!
> Ces légumes **manquent de** sel.

manquer à (*to miss someone, something*):

> Je **manque à** mes parents. (*My parents miss me.*)
> Je leur **manque.** (*They miss me.*)

Notez Dans cette construction:

l'objet direct du verbe *to miss* devient *le sujet* du verbe **manquer**

le sujet du verbe *to miss* devient *l'objet indirect* du verbe **manquer** (c'est-à-dire: **à** + nom, ou pronom personnel indirect)

▶ *Appliquez*

1. Je n'ose pas lui parler; je ______ courage!
2. Hier tout le monde était présent. Personne ne ______.
3. Nous sommes arrivés en retard, alors nous ______ le début du film.
4. Dépêchez-vous ou vous allez ______ votre avion.
5. Traduisez: *He misses Paris.* __________.
6. Traduisez: *My dog missed me.* __________.

(*réponses page 389*)

4 Après, avant de

En français, les prépositions sont suivies de *l'infinitif* du verbe (excepté **en** + participe présent):

La préposition **après** est toujours suivie de *l'infinitif passé.*

Forme de l'infinitif passé: | **avoir** ou **être** + le participe passé du verbe |

Le participe passé s'accorde d'après les règles déjà apprises.

EXEMPLES **Après avoir parlé,** il s'est assis.
Elle a préparé le dîner **après être allée** chez le coiffeur.
Après nous être levés, nous avons pris notre petit déjeuner.

La préposition **avant de** est suivie de *l'infinitif:*

EXEMPLE **Avant de sortir,** j'ai pris ma serviette.

après (+ infinitif passé) ≠ **avant de** (+ infinitif)

Vous savez que **en** + *participe présent* indique la simultanéité de deux actions. Voilà donc les trois possibilités:

Après avoir écrit ma composition, je l'ai relue.
(L'action d'**écrire** est antérieure à l'action de **relire.**)
En la relisant, j'ai trouvé des fautes.
(L'action de **relire** est simultanée à l'action de **trouver.**)
J'ai corrigé les fautes **avant de la donner** au professeur.
(L'action de **donner** est postérieure à l'action de **corriger.**)

▶ *Appliquez* Traduisez les mots entre parenthèses.

1. ______, nous étions heureux. (*After talking to you*)
2. J'irai vous dire au revoir ______. (*before leaving*)
3. Nous te verrons ______ à la douane. (*after passing*)
4. Ils m'ont dit qu'______ dans le parc ils étaient allés dîner. (*after taking a walk*)

(*réponses page 389*)

5 Le pronom tonique (*récapitulation et fin*)

Employez un pronom tonique:

dans une comparaison: Tu parles mieux qu'**elle.**

avec une préposition: Va donc en ville avec **elles.**

moi	**nous**
toi	**vous**
lui, elle, soi	**eux, elles**

N'oubliez pas les verbes qui gardent **à** (+ un pronom tonique): **penser à** (quelqu'un), **être à** (quelqu'un), **faire attention à** (quelqu'un).

Je pense souvent à **eux,** tu sais.

après **c'est, ce sont,** *et seul dans une réponse:*

Quelqu'un a appelé hier soir. Est-ce que c'était **toi? —Moi?** Non.

pour accentuer un pronom personnel sujet ou objet. En anglais, on accentue le pronom par l'intonation: *I* = **Moi, je.**

Pendant qu'elle jouera dans la pièce, **nous,** nous écouterons.

avec le mot **seul:** **Lui** seul sait jouer au bridge.

avec le mot **même: moi-même, lui-même, nous-mêmes,** etc.
"Connais-toi **toi**-même.*"

dans le cas de pronoms multiples: Jean et **moi** = nous
Sophie et **vous (toi)** = vous
lui et **elle** = ils

Vous et **moi** nous les emmènerons aux courses** dimanche.

Remarquez

Soi correspond au pronom indéfini sujet **on;** mais il n'est jamais sujet:

On pense souvent trop à **soi.**

Le verbe est à la même personne que le pronom tonique qui précède le pronom relatif **qui:**

C'est **toi** qui **partiras** le premier.

C'est **nous** qui **communiquerons** la nouvelle.

6 Courir

C'est un verbe irrégulier.

Voici le présent:

courir	
je cour**s**	nous cour**ons**
tu cour**s**	vous cour**ez**
il, elle, on cour**t**	ils, elles cour**ent**

participe passé: **couru** *participe présent:* **courant** *futur:* **je courrai**

* *"Know thyself."* ** de chevaux

De même: **parcourir**

EXEMPLES

Courez-vous le cent mètres?
Est-ce que le cheval que tu aimes **courra** dimanche?
Parcourez-vous votre journal tous les jours? (*to glance over*)
Il **a parcouru** les rues de Bruxelles. (*to walk through*)

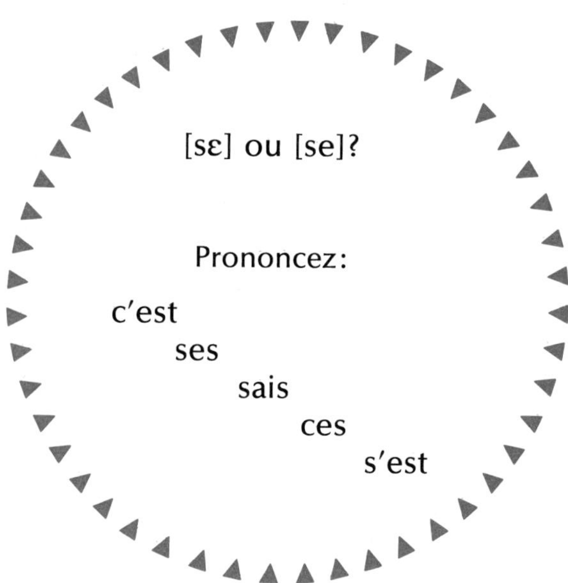

[sɛ] ou [se]?
Prononcez:
c'est
ses
sais
ces
s'est

EXERCICES ORAUX

I *Donnez la forme du passé composé qui correspond aux passés simples suivants.*

MODELE J'aimai → **J'ai aimé**

1. nous finîmes
2. ils vinrent
3. vous eûtes
4. elles allèrent
5. j'entendis
6. on fit

II *Finissez les phrases en employant un pronom démonstratif:* **celui, celle,** *etc.*

1. J'aime conduire toutes les voitures mais je préfère...
2. Les têtes des bouledogues sont laides mais...
3. Les collants en laine sont plus chauds que...
4. L'autobus est un moyen de transport et l'hélicoptère en est un autre. ...
5. Les explorateurs partaient à l'aventure dans des pays lointains comme...

III *Mettez le pronom démonstratif qui convient.*

Léopold Senghor est sénégalais. ______ est un homme d'état et un écrivain. La politique et l'art d'écrire l'ont toujours intéressé: ______ l'a rendu célèbre dans le monde littéraire, ______ l'a mené à la présidence de son pays. Quand il était secrétaire d'Etat, il était chargé des problèmes de la jeunesse, puis de ______ l'Union progressiste sénégalaise. Senghor a publié de nombreuses œuvres poétiques. ______ représentent un des plus beaux exemples de la poésie africaine de langue française.

IV *Faites une phrase avec les éléments suivants en utilisant* **avant de** *ou* **après.**

MODELE J'ai suivi des cours de français. Ensuite je suis allé en France.
Avant d'aller en France, j'ai suivi des cours de français.
OU **Je suis allé en France après avoir suivi des cours de français.**

1. D'abord la section occidentale d'Haïti a appartenu aux Espagnols. Plus tard elle a fait partie des Antilles françaises.
2. Jacques Cartier est allé trois fois au Canada. Il a passé le reste de sa vie en France.
3. L'Algérie était un groupe de départements français. Elle est indépendante maintenant.

Gauguin, Mahana no Atua

4. Gauguin a peint de nombreux tableaux en France. Puis il a peint des scènes tahitiennes.

V *Ecoutez la question du professeur. Répondez-y, et posez-la ensuite à un de vos camarades en utilisant* **tu.**

1. Avez-vous déjà manqué un rendez-vous? Quand?
2. Manquez-vous d'énergie aujourd'hui? Pourquoi?
3. Est-ce que quelqu'un vous manque? Qui?
4. Manquez-vous à quelqu'un? Comment le savez-vous?
5. Préférez-vous la nourriture de la cafétéria ou celle que vous préparez vous-même?
6. Si vous devez aller en Asie, choisirez-vous la ligne aérienne la plus exotique ou celle qui est la moins chère?

7. Courez-vous tous les matins? Pourquoi?
8. Moi, je déteste les escargots. Et vous?

VI *A votre tour.*

Quels pays sont anglophones et où parle-t-on espagnol? Montrez sur la carte du monde. Discutez comme dans la Prise de contact: *Rayonnement de la France.*

VII *Conversation par groupes de deux ou trois.*

Aimez-vous voyager? Avez-vous peur d'aller dans des pays dont vous ne connaissez pas la langue? S'il n'y avait pas de problème de langue, où iriez-vous? Pourquoi? Voudriez-vous y vivre? Devrait-on avoir une langue universelle?
Continuez...

EXERCICES ECRITS

A *Remplacez les passés simples du texte par des passés composés.*

FRANKLIN EN FRANCE

En décembre 1776 les Américains *envoyèrent* aux Français un personnage qui *parut* comme l'exemple même de la simplicité et de la vertu: Benjamin Franklin. Mais ce savant septuagénaire, en réalité plus fin que simple, *sut* admirablement jouer son rôle. Il *arriva* en Bretagne, *logea* chez un grand ami de la cause américaine et *se rendit* immédiatement populaire. Il *eut* pour mission d'obtenir l'alliance de la France, et surtout son aide financière. Il *expliqua* clairement qu' "un sac vide ne peut pas tenir debout", et *obtint* le résultat voulu sans difficultés.

B *Complétez avec le pronom démonstratif qui convient:* **celui, celle, ceux,** *ou* **celles** (+ **de,** *un pronom relatif, ou* **-ci** *ou* **-là**).

MODELE **Vous voyez cette belle maison? Eh bien, c'est exactement celle dont je rêve.**

1. J'ai trouvé ces vieilles clés. Est-ce que ce sont ______ _____ tu cherchais?
2. Cet employé de banque m'a bien renseigné, mais ce n'était pas ______ à _____ j'avais téléphoné hier.
3. ______ _____ arriveront les premiers auront les meilleures places. Alors partez vite.

4. Bozo a mis une chemise jaune citron avec un pantalon rouge tomate. Il trouve que ______ ______ va bien avec ______ ______.
5. L'écriture de l'espagnol est plus facile que ______ ______ l'arabe.

C *Complétez avec les pronoms:* **ce (c'), ceci,** *ou* **cela (ça).**

MODELE **Oh! il pleut. Ça commence bien!**

1. _____ est incroyable! _____ n'est pas possible ! Vous devez vous tromper!
2. Est-ce que _____ vous dérangerait si je fumais un gros cigare?
   Oui, _____ est certain, _____ me ferait mal à la tête.
3. _____ sont toujours les mêmes qui travaillent. _____ était comme _____ l'année dernière et _____ sera pareil l'année prochaine.
4. Rappelez-vous bien _____: "Il n'y a pas de fumée sans feu."* (proverbe)

D *Mettez les verbes entre parenthèses à la forme correcte.*

1. Après ______ (rentrer) en ______ (chanter) et avant de ______ (écouter) les nouvelles, elle s'est fait une tasse de thé.
2. Après ______ (se raconter) des histoires drôles, nous nous sentions moins tristes.

E *Mettez le pronom tonique qui convient.*

Joëlle et Robert, ______, sont toujours en retard. Par contre Sophie, ______, se lève tôt, et ______, je me mets en route juste à l'heure. Mais Jean-Pierre, ______, c'est vraiment le champion! Il ne vient pas du tout! Il manque tout, tandis que les autres et ______, nous ne manquons rien.

F *Traduction (facultatif).*

1. Christopher Columbus was an Italian navigator before serving King Ferdinand II of Spain.
2. After making four trips, he discovered America.
3. Several Frenchmen wanted to participate in the American War of Independence. La Fayette was the one whom Washington liked the best.
4. Every time Champlain went back to France, his soldiers missed him very much.
5. The explorers did not lack endurance.
6. *You* would never do that!

---

* *"Where there is smoke, there is fire."*

lecture

L'Eclipse de la lune

(Conte africain)

La discorde n'existe pas seulement entre les hommes. Là-haut°, dans le ciel, le soleil et la lune se sont juré° une hostilité éternelle. Pourtant il semble que les deux astres devraient s'entendre: l'un et l'autre chassent les ombres°; ils brillent pour l'homme, ils brillent pour les bêtes, ils brillent pour les plantes. Eternels voyageurs, l'un et l'autre éclairent les déserts, les forêts, les lacs et les vallées.

Up there / = *se sont déclaré*

shadows

Il y a certainement entre les deux astres une opposition de tempérament: le soleil est plein d'ardeur virile, il chauffe et stimule; quant à la lune, elle a une douceur maternelle, elle caresse, rafraîchit° et repose. L'astre du jour est ponctuel comme une horloge; il se lève le matin, salue la nature avec une gerbe° de feux écarlates°. La lune au contraire manque de stabilité et d'assurance; elle est toujours de bonne humeur, mais cachottière°. Tantôt° elle paraît à l'Occident, montrant seulement son museau° pour épier° le monde qui l'attend, tantôt elle sort à l'Orient et s'élève ronde, belle, brillante de blancheur dans le ciel.

= *rend plus frais*

shower / = *rouges*

secretive / = *Quelquefois*

muzzle / to spy on

Mais cette différence de caractère qui oppose les deux astres n'explique pas assez la discorde qui existe entre eux. La cause de leur hostilité est très, très, très ancienne.

Un soir, fatiguée de son existence folâtre°, la lune eut le désir de rencontrer le soleil. Elle commença à se diriger vers lui, monta avec effort un chemin difficile, plein de cailloux°, de branches et d'épines°. Après avoir parcouru péniblement° une longue distance,

playful

= *petites pierres*

thorns / = *avec difficulté*

elle eut un malaise°; très vite elle pâlit et une grande ombre couvrit la terre. Le soleil qui voyait la lune s'approcher de lui souffla un vent qui rendit impossible le chemin déjà si difficile que suivait la lune. Et puis il tourna vers elle ses rayons° brûlants et, lentement, la lune se consuma°.

Elle aurait bientôt brûlé complètement si les hommes n'avaient pas arrêté le soleil dans son dessein° fatal. Ils frappèrent sur des calebasses°, dans des canaris° remplis d'eau, faisant ainsi monter de la terre vers le ciel une grande rumeur, une désapprobation tumultueuse. Ils allumèrent aussi du feu devant leurs cases°, firent cuire du maïs° et des arachides° qu'ils partagèrent entre les petits enfants. Ceux-ci, après s'être bien régalés°, élevèrent une prière° pleine d'innocence qui monta jusqu'au ciel. C'est alors seulement que finit la tragédie céleste. Pris de compassion, le soleil diminua l'ardeur de ses feux et la lune peu à peu retrouva sa vigueur et rebroussa chemin°. Elle reprit sa position et continua silencieusement à tourner autour de la terre.

eut... felt faint
rays
burned away
= *projet*
= *gourdes* / = *poterie rond* (*termes africains*)
= *maisons* (*terme africain*)
corn / peanuts
= *avoir fait un bon repas* / prayer
= *retourna en sens opposé*

Aujourd'hui encore, il arrive que la belle reine des nuits recommence son aventure. Et comme autrefois les hommes du Tchad et leurs enfants, pleins d'inquiétude et de peur, recommencent dans la nuit un geste mille fois millénaire pour obtenir la délivrance de la lune et éloigner de la terre un cataclysme qui serait sans précédent dans l'histoire du monde.

d'après Joseph Brahim Seid

QUESTIONS SUR LA LECTURE

1. Où la discorde existe-t-elle?
2. Pourquoi la lune et le soleil devraient-ils s'entendre?
3. Quelles sont les oppositions de tempérament entre les deux astres?
4. Qu'est-ce que la lune a voulu faire un soir?
5. Qu'est-il arrivé?
6. Qu'est-ce que les hommes ont fait pour arrêter le soleil?
7. Comment s'est terminée la tragédie céleste?
8. Pourquoi les hommes primitifs avaient-ils si peur des éclipses? Les comprenaient-ils?
9. Aujourd'hui on peut prévoir les éclipses de lune et de soleil. Est-ce que les gens s'y intéressent? Et vous?

CONSTRUCTION DE PHRASES

1. cela (ça)
2. avant de (+ verbe)
3. celui de
4. soi
5. manquer à (une personne)
6. après (+ verbe)

VOCABULAIRE

1. Donnez *un synonyme* de:
   un projet   avec difficulté   une anecdote
2. Donnez *un antonyme* de:
   l'Orient   augmenter   la concorde   disparaître   bruyamment

COMPOSITION

1. Pourquoi apprenez-vous le français? Est-ce pour aller en France, suivre des cours de littérature, étudier l'Impressionnisme, contribuer aux relations internationales, ou bien...? Expliquez votre choix.
2. En vous servant de la carte du monde, faites un voyage imaginaire parmi quelques pays francophones. Que pensez-vous trouver dans chacun de ces pays? Pourquoi les avez-vous choisis?

poème

ALPHABETISATION

A quoi servent mes poèmes
Si ma mère ne sait[1] me lire?
Ma mère a vingt ans
Elle ne veut plus souffrir
Ce soir elle viendra
Epeler mes lettres
Et demain elle saura
Ecrire
Emancipation.

A quoi servent mes poèmes
Si mon père ne sait me lire?
Mon père a cent ans
Il n'a pas vu la mer
Ce soir il viendra
Epeler mes lettres
Et demain il saura
Lire
Dignité.

A quoi servent mes poèmes
Si mon copain ne sait me lire?
Mon copain n'a pas d'âge
Il a vécu dans les prisons
Ce soir il viendra
Epeler mes lettres
Et demain il saura
Crier
Liberté.

Pour ne plus rêver, Rachid Boudjedra

[1] **= ne sait pas**

réponses aux *Appliquez*

Page 374

1. faire attention
2. avoir peur
3. se lever
4. voir
5. être
6. tenir
7. mettre
8. apprendre
9. vouloir
10. pouvoir
11. vivre
12. croire
13. composer
14. interrompre
15. rougir

Page 375

1. celle de
2. celle-là
3. celui dont
4. ceux-ci, ceux-là
5. celles qu'
6. Celle-ci, celle-là

Page 376

1. ceci, cela (ça)
2. cela (ça)
3. Ça, c'
4. ce, Cela (Ça)

Page 377

1. manque de
2. manquait
3. avons manqué.
4. manquer
5. Paris lui manque
6. J'ai manqué à mon chien.

Page 378

1. Après vous (t')avoir parlé
2. avant de m'en aller (partir)
3. après être passés(es)
4. après avoir fait une promenade (après s'être promenés)

leçon 17

Mari choisi ou imposé?

prise de contact **Un voyage de noces au Québec**

1 le subjonctif présent: formes

2 le subjonctif dans des propositions subordonnées

3 le subjonctif après un superlatif et après **personne, rien, le seul**

4 la négation (*fin*): **aucun(e), ni...ni...**

5 **tout, tous, toutes:** pronom

lecture **Une jeune fille bien exigeante**

QUEBEC
PROVINCE
Le Québec
Ile d'Anticosti
Sainte-Anne-des-Monts
Gaspé
GASPESIE
SAINT-LAURENT
RIMOUSKI
Tadoussac
Saint-Siméon
La Malbaie
Rivière-du-Loup
Matapedia
Kamouraska
La Tuque
Baie-Saint-Paul
Ile-aux-Coudres
Ile d'Orléans
QUÉBEC
Lévis
ACADIE
TROIS-RIVIÈRES
Gentilly
Val-David
Saint-Georges
Sorel
DRUMMONDVILLE
HULL
MONTRÉAL
SHERBROOKE
Mont Orford
CHAMPLAIN
CANADA

prise de contact

Un voyage de noces° au Québec*

voyage... honeymoon trip

Le voyage d'Odile et de Roland a bien commencé. Leur avion a atterri à l'heure et maintenant ils arrivent à Montréal** dans une voiture louée.

ROLAND Nous y voilà° dans ce grand pays que tu voulais connaître! Tu es contente? — *Nous...* here we are

ODILE Oui, je suis ravie°, mais je me sens un peu désorientée. — = *enchantée*

ROLAND Oh, tout ira bien, tu verras. Aucune° difficulté ne résistera à des amoureux comme nous!! — No

ODILE Bien sûr, mon chéri°. Alors nous passons d'abord quelques jours à Montréal, n'est-ce pas? Il faut que nous profitions de notre séjour au maximum. — darling

(Boulevard Saint-Laurent à Montréal, le lendemain°) — *le...* the next day

ROLAND La visite à "Terre des Hommes†" a été un peu fatigante mais elle en valait la peine°. Je propose que nous prenions un "chien chaud" et des "patates frites°". — *en...* was worth it / French fries

ODILE Excellente idée! Je meurs de faim.

ROLAND Et ce soir si on essayait la fameuse tourtière° avec des "binnes°" et un dessert au sirop d'érable°. — pork pie / beans / maple syrup

ODILE Il n'y a personne au monde qui ait d'aussi bonnes idées que toi! Voilà pourquoi je t'ai choisi.

ROLAND !!!

ODILE Et cet après-midi, qu'est-ce qu'on fait?

ROLAND Allons au Vieux Montréal. C'est la "Semaine du Patrimoine°". — Heritage Festival

---

* **Le Québec** is the province of Quebec, while **Québec** is the city of Quebec.
** Deuxième ville francophone du monde.
† Former site of Expo '67 on the St. Lawrence river.

super (fam.) — ODILE D'accord. Dis donc, les femmes sont chouettes° ici. Ne les regarde pas trop, hein!

(Quelques jours plus tard à Québec)

ROLAND Nous avons mis trois heures pour venir de Montréal, malgré le pneu crevé° à Trois-Rivières. C'est un vrai plaisir de voyager en voiture au Québec; les conducteurs sont très courtois.

flat

panneau... sign

ODILE Oh! Regarde ce panneau indicateur° bilingue. Quelqu'un a mis de la peinture rouge sur le mot "stop".

Ça... It speaks volumes

ROLAND Ça en dit long° sur les difficultés des Québécois.

park

ODILE Dis, gare-toi° ici; il faut absolument que j'aille dans cette petite rue acheter des souvenirs.

ROLAND Dépêche-toi.

ODILE *(un peu plus tard)* J'ai trouvé des disques de mes trois chanteurs favoris: Gilles Vigneault, Félix Leclerc, et Pauline Julien. Et tu sais, quand la vendeuse m'a dit: "Voilà pour votre fonne°", j'ai mis du temps à comprendre. Il paraît que nous tombons bien°, demain c'est la Saint-Jean.* Nous allons danser et voir des feux d'artifice°! Il y a aussi le Festival des Crevettes° à Matane qu'il ne faut pas manquer. J'adore leur joie de vivre!

fun

tombons... come at the right time

feux... fireworks / shrimps

ROLAND Où est-ce, Matane?

ODILE En Gaspésie. Nous irons, si tu veux bien!

ROLAND Si je veux bien? Mais oui, naturellement, ma chérie, nous sommes en lune de miel°...

honeymoon

---

* Fête nationale du Québec, le 24 juin.

1 Le subjonctif présent

Je regrette mais **il faut que j'aille** faire des courses. (*I must go*)
Il ne faut pas qu'elle soit en retard à son rendez-vous. (*She must not be*)
Il fallait qu'il **raconte** son histoire.
Il faudra que nous **finissions** notre projet.
Il faudrait que vous **entendiez** ce disque.

Les verbes des propositions subordonnées (introduites par **que**) sont au subjonctif. C'est un mode qui a deux temps courants: *le présent* et *le passé*.

Formes du subjonctif présent

Verbes réguliers Au radical de la 3e personne du pluriel **(ils)** du présent de l'indicatif, ajoutez les terminaisons suivantes:

	parler	
(ils **parl**ent)	que je parl **e**	e
	que tu parl **es**	es
	qu'il, elle, on parl **e**	e
	que nous parl **ions**	ions
	que vous parl **iez**	iez
	qu'ils, elles parl **ent**	ent

	finir
(ils **finiss**ent)	que je finiss **e**
	que tu finiss **es**
	qu'il, elle, on finiss **e**
	que nous finiss **ions**
	que vous finiss **iez**
	qu'ils, elles finiss **ent**

	vendre
(ils **vend**ent)	que je vend **e**
	que tu vend **es**
	qu'il, elle, on vend **e**
	que nous vend **ions**
	que vous vend **iez**
	qu'ils, elles vend **ent**

Verbes irréguliers

La plupart forment leur subjonctif régulièrement:

écrire: ils **écriv**(ent) → que j'écriv**e**, etc.

Les verbes qui ont un radical différent aux personnes **nous** et **vous** du présent de l'indicatif ont aussi ce radical aux personnes **nous** et **vous** du subjonctif présent:

prendre: (ils **prenn**ent) que je prenn**e**, que tu prenn**es**, qu'il prenn**e**, qu'ils prenn**ent**
(nous **pren**ons) que nous pren**ions**, que vous pren**iez**

9 verbes forment leur subjonctif irrégulièrement:

faire: que je fasse, etc.
pouvoir: que je puisse, etc.
savoir: que je sache, etc.
falloir: qu'il faille
pleuvoir: qu'il pleuve

et

aller	vouloir
que j' aill**e**	que je veuill**e**
que tu aill**es**	que tu veuill**es**
qu'il aill**e**	qu'il veuill**e**
que nous **allions**	que nous **voulions**
que vous **alliez**	que vous **vouliez**
qu'ils aill**ent**	qu'ils veuill**ent**

avoir	être
que j' ai**e**	que je sois
que tu ai**es**	que tu sois
qu'il ai**t**	qu'il soit
que nous **ayons**	que nous **soyons**
que vous **ayez**	que vous **soyez**
qu'ils ai**ent**	qu'ils soi**ent**

▶ *Appliquez* Verbes réguliers et irréguliers.

1. qu'on ______ (travailler)
2. que nous ______ (réussir)
3. que vous ______ (perdre)
4. que tu ______ (comprendre)
5. que vous ______ (craindre)
6. qu'ils ______ (avoir)
7. qu'elle ______ (savoir)
8. que tu ______ (pouvoir)
9. que nous ______ (voir)
10. que je ______ (être)

Traduisez 11. (*We must leave.*)
12. (*You must not speak too much.*)

(*réponses page 409*)

Remarquez

Il n'y a *pas de temps futur ni de futur proche* au subjonctif. Employez *le présent* du subjonctif à la place:

Il **viendra** demain. → Il faut qu'il **vienne** demain.
Il **va venir** demain. →

2 Emplois du subjonctif dans des propositions subordonnées

Je **voudrais** bien que vous l'**empêchiez** de faire du bruit.
Nous **sommes très heureux** que vous **acceptiez** de venir.
Elle **doute** que nous **puissions** arriver à l'heure.
Il est possible que je **fasse** un voyage l'année prochaine.

Employez le subjonctif dans une proposition subordonnée qui dépend d'un verbe ou d'une expression:

de nécessité ou *de volonté:* falloir, vouloir, désirer, demander, attendre, suggérer, proposer, etc.

de sentiment: être content (triste, furieux, etc.), craindre, avoir peur, aimer, c'est dommage, etc.

de doute: douter, il semble, il est improbable, il est peu probable

de possibilité: il est possible, il est impossible, etc.

Employez généralement le subjonctif *après les verbes d'opinion au négatif ou à l'interrogatif:* je ne pense pas que, je ne crois pas que, je ne suis pas sûr que, pensez-vous que? croyez-vous que? êtes-vous sûr que?

EXEMPLES Je pense qu'il **est** gentil.
Je ne pense pas qu'il **soit** gentil.

Je suis sûr qu'il **pleuvra** ce soir.
Etes-vous sûr qu'il **pleuve** ce soir?

Attention

espérer, penser, croire, être probable, être sûr, être certain, sont suivis de l'indicatif à la forme affirmative.

▶ *Appliquez* Subjonctif ou indicatif?

1. Le professeur demande que nous ______ (apporter) notre devoir.
2. J'espère que vous ______ (aller) mieux maintenant.
3. Il est regrettable que tu ______ (devoir) partir tout de suite.
4. Nous pensons qu'il ______ (faire) trop froid pour sortir.
5. Elle propose que vous ______ (arriver) à trois heures.
6. Croyez-vous qu'il ______ (être) possible de dîner ici?

(*réponses page 409*)

3 Le subjonctif après un superlatif, **personne, rien, le seul**

Vous êtes la jeune fille **la mieux organisée** que je **connaisse.**
Je ne connais **personne** qui **ait** autant de qualités que vous.
Il n'y a **rien** qui me **plaise** dans cette vitrine.
Vous êtes vraiment **le seul** en qui je **puisse** avoir confiance.

Dans une proposition subordonnée qui dépend d'*un superlatif,* ou d'un des mots **personne, rien,** ou **le seul,** employez généralement *le subjonctif.*

4 Aucun(e) ≠ un(e), des, tous, quelques, plusieurs

ELLE Est-ce que tous vos amis vous ont écrit?
LUI Non, **aucun ne** m'a écrit. Je **n**'ai reçu **aucune** nouvelle.
ELLE **Aucune?**
LUI Non, je vous dis, je **n'en** ai eu **aucune.** Je ne sais pas ce qui se passe.

Aucun(e) est un adjectif ou un pronom négatif, sujet ou objet du verbe. N'oubliez pas **ne (n')** devant le verbe.

Employez **aucun(e)** au singulier (avec verbe au singulier aussi).

Ne confondez pas **aucun(e)** (*none, not any*) et **rien** (*nothing*).

Remarquez **en** devant le verbe quand le pronom **aucun(e)** est objet du verbe.

▶ *Appliquez* Répondez au négatif en employant le pronom **aucun(e).**

1. Est-ce que vous employez un dictionnaire?
2. Est-ce que quelques personnes sont parties?
3. Est-ce que tous les étudiants travaillent dur?
4. Avez-vous fait plusieurs exercices?
5. Est-ce qu'une solution vous est venue à l'esprit?

(*réponses page 409*)

ni...ni... ≠et, ou

ni...ni...ne est sujet du verbe (le verbe est généralement au pluriel):

Ni ma clé **ni** ma carte d'identité **ne sont** dans mon sac.

ne...ni...ni... est objet du verbe:

Vous **n**'avez **ni** la possibilité **ni** le droit de faire cela.

Avec **ni...ni...**, le partitif **du, de la, de l'** et l'article indéfini **un(e), des,** disparaissent. Par contre l'article défini, l'adjectif possessif, l'adjectif démonstratif et les prépositions ne changent pas:

EXEMPLES Dans mon réfrigérateur il y a **du** lait **et du** fromage.
Dans mon réfrigérateur il **n**'y a **ni** lait **ni** fromage.

J'aime **le** lait **et le** fromage.
Je **n**'aime **ni le** lait **ni le** fromage.

J'ai besoin **de** lait **et de** fromage.
Je **n**'ai besoin **ni de** lait **ni de** fromage.

▶ *Appliquez*

1. Apportez un crayon et du papier.
2. Tu as envie de café ou de thé?
3. Je peux vous donner le travail et le salaire que vous désirez.
4. Ce gâteau est pour vous et pour elle.

(*réponses page 409*)

5 **Tout, tous, toutes:** pronom

Connaissez-vous la chanson "**Tout** va très bien, madame la Marquise"?
Nous avons **tout** compris.
Vous croyez **tout** savoir.

Tout (*everything, all*) est un pronom neutre invariable. Il est placé devant le participe passé d'un temps composé, et généralement devant l'infinitif.

Tous ces objets sont beaux, mais **tous** sont chers. (OU mais ils sont **tous** chers.)
Ces fraises sont belles; je les mangerais bien **toutes.**

Tous, toutes remplacent des noms masculins et féminins pluriels respectivement.

Ils sont sujets ou objets du verbe.

Attention à la prononciation du pronom **tous** [tus].

▶ *Appliquez*

1. J'ai de bonnes amies; _____ sont venues me voir quand j'étais malade.
2. Il a _____ expliqué, et très clairement.
3. Les étudiants ont eu assez de temps pour leur examen et ils ont _____ eu de bonnes notes.
4. _____ va bien. N'ayez pas peur.
5. J'ai fini par _____ lui dire et je le regrette.

(*réponses page 409*)

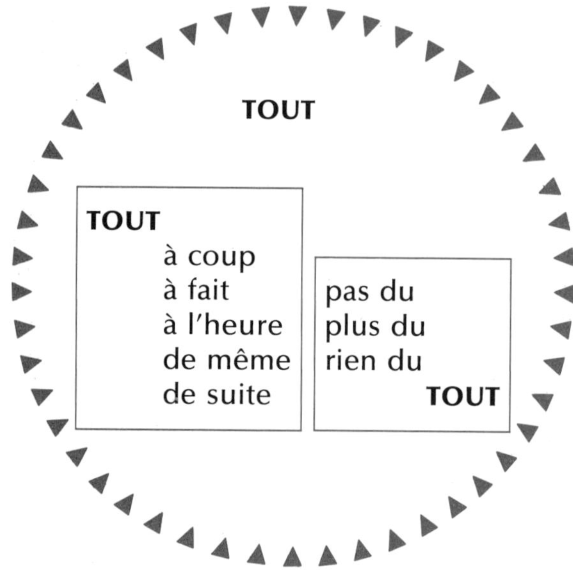

EXERCICES ORAUX

I *Répondez aux questions suivantes.*

1. Que faut-il que vous fassiez de huit heures du matin à trois heures de l'après-midi?
2. Voudriez-vous que vos parents sachent tout ce que vous faites?
3. Que faudrait-il que l'on fasse pour faciliter les relations internationales?
4. Craignez-vous que le monde finisse bientôt?
5. Croyez-vous qu'on puisse gagner le Grand Prix du Reader's Digest?

6. Pensez-vous que vos enfants aient les mêmes difficultés que vous?
7. Vos professeurs veulent-ils que vous soyez toujours attentifs?
8. Désirent-ils que vous étudiiez leur matière plus que les autres?
9. Qu'est-il nécessaire que vous preniez si vous tombez de sommeil avant un examen?
10. Chez qui faut-il que vous alliez quand vous avez mal aux dents?

II *Y a-t-il une panthère rose, oui ou non? Mettez chaque expression dans la colonne qui convient:*
Il est possible... Les zoologistes doutent... J'espère... Il est probable... Elle est sûre... Croyez-vous...? Les enfants sont contents... Nous savons...

On dit qu'il y a une panthère rose.

On ne pense pas qu'il y ait une panthère rose.

III *Terminez les phrases suivantes.*

1. Il ne faudra plus jamais que je...
2. Mes parents ne permettent pas encore que je...
3. Dans mon sac il n'y a rien qui...
4. Je suis le (la) seul(e) qui...
5. Je ne vois personne qui...

IV *Répondez négativement aux phrases suivantes.*

1. Avez-vous de l'énergie et de l'enthousiasme à sept heures du matin?
2. Faut-il savoir le hongrois et le chinois pour voyager au Canada?
3. Allez-vous emporter toutes ces valises?
4. Tous vos amis passent-ils leurs week-ends à la bibliothèque?
5. Amenez-vous votre chien et votre chat au cours?

V *Lisez le paragraphe suivant en faisant attention à la prononciation du pronom* **tous.** *Identifiez l'adjectif ou le pronom.*

Toute notre famille fait toujours **tout** ensemble. **Tous** les membres se disent **tout** et ils sont **tous** d'accord sur **toutes** les grandes décisions à prendre. **Tout** le monde s'intéresse au bien-être de **tous.**

VI *A votre tour.*

Etes-vous déjà allé(e) au Québec? Sinon, avez-vous envie d'y aller? Expliquez pourquoi après avoir lu la Prise de contact: *Un voyage de noces au Québec.*

VII *Conversation par groupes de deux ou trois.*

Vous avez certainement des parents ou des amis qui se sont mariés récemment:

Comment se sont-ils rencontrés?
Fallait-il qu'ils finissent leurs études avant de se marier?
Ont-ils fait un long voyage de noces?
Avez-vous déjà formulé vos désirs à ce sujet?
Continuez...

EXERCICES ECRITS

A *Donnez la forme correcte du présent du subjonctif des verbes entre parenthèses.*

1. Il faut que je ______ (aller) bientôt au Québec.
2. Nous serions contents que vous ______ (pouvoir) venir avec nous.
3. Je souhaite que vous ______ (recevoir) de bonnes nouvelles de vos parents.
4. Ils attendent que je ______ (être) prête.
5. Il est bon que vous ______ (se souvenir) de l'anniversaire de vos amis.
6. C'est dommage que tu ne ______ (vouloir) pas faire sa connaissance.
7. C'est le meilleur film qu'il y ______ (avoir) à voir cette semaine.
8. Croyez-vous que les gens ______ (dire) toujours ce qu'ils pensent?

B *Mettez le verbe au subjonctif ou à l'indicatif.*

1. Les Américains ne pensent pas que les Alpes ______ (être) très hautes, mais les Français croient qu'elles le ______ (être).
2. Si tu veux venir chez moi, je propose que tu ______ (venir) vers dix heures.
3. J'ai peur que cette veste en velours ______ (ne pas aller) très bien avec mon blue-jean.
4. Il n'y a personne qui ______ (pouvoir) vous aider ici. Salomon est la seule personne qui ______ (savoir) toutes les réponses.
5. Il aurait fallu que nous ______ (vendre) notre voiture quand elle marchait encore. Maintenant il est peu probable que quelqu'un la ______ (vouloir).
6. Beaucoup de gens souhaitent que ce politicien ______ (réussir), et ils espèrent qu'il ______ (rester) honnête après les élections.
7. Etes-vous sûr qu'il ______ (ne pas y avoir) de rat sous votre lit?

C *Complétez avec les négations qui correspondent aux mots entre parenthèses.*

MODELE Je ____ vais (quelquefois) à la bibliothèque.
Je ne vais jamais à la bibliothèque.

LE FRANÇAIS AU QUEBEC

Avant 1760, les possessions françaises en Amérique ne sont pas limitées au Québec. Elles s'étendent sur une grande partie du territoire actuel des Etats-Unis. Il ____ y a (un) problème de langue. Mais après la conquête de nombreuses possessions par les Anglais, la situation ____ est (encore) la même, et au cours des siècles, elle ____ pourra (encore) (toujours) être la même. Les élites francophones de l'époque ____ comprennent (déjà) l'importance de l'anglicisation massive de la classe ouvrière québécoise, (et) celle de la rupture des relations avec la France. (Quelqu'un) ____ prévoit une sorte d'anémie de la langue québécoise, surtout dans le commerce et l'industrie, (ou) son vieillissement précoce. Cependant cette langue représente un héritage sacré auquel on ____ devrait changer (quelque chose).

D [Révision des pronoms personnels] *Répondez négativement aux questions en remplaçant les mots en italique par des pronoms, et expliquez.*

MODELE Etes-vous déjà allé *à Gaspé?*
Non, je n'y suis pas encore allé, parce que c'est trop loin.

1. *Odile et Roland* avaient-ils déjà vu *le Québec?*
2. Auront-ils quelques *difficultés de langue?*
3. Ont-ils encore *la force de marcher après la longue visite de "Terre des Hommes"?*
4. Est-ce que quelqu'un emploie *l'expression "chien chaud"* en France?
5. *Les conducteurs* sont-ils quelquefois *désagréables* sur les routes du Québec?
6. Sans le grand froid canadien, est-ce que le Québec aurait *ses bonnes équipes de hockey?*
7. *La "Semaine du Patrimoine"* a-t-elle apporté quelque chose de triste *à Odile?*

E *Complétez avec une forme du pronom* **tout.**

1. Rien ne l'intéresse. _____ l'ennuie.
2. Beaucoup de gens étaient invités mais ils ne sont pas _____ venus.
3. Il a lu toutes les pièces de Shakespeare. Moi, je les ai _____ lues sauf une.
4. Sa vieille tante a une douzaine de chapeaux mais _____ sont démodés.

5. C'est trop long. Je ne pourrai pas _____ faire aujourd'hui.

F *Traduction (facultatif).*

1. Odile must go to a store to buy a few records.
2. It is too bad that there are language problems in Canada.
3. They had visited neither Montreal nor Quebec.
4. Luckily, there were many festivals, and they saw them all.

lecture

Une jeune fille bien exigeante

Personnages:

BELLA, *grand-mère de Juliette*
ATANGA, *père de Juliette*
ABESSOLO, *grand-père de Juliette*
MAKUTA, *mère de Juliette*
ONDUA, *oncle de Juliette*
MATALINA, *cousine de Juliette*
JULIETTE, *jeune lycéenne de retour dans son village natal où se situe la scène.*
OYONO, *frère de Juliette*

BELLA Te voilà arrivée plus tôt que d'habitude, Juliette!

JULIETTE Nous avons pris le car au lieu d'attendre le train de l'après-midi.

OYONO (*allant déposer la valise dans la maison principale*) C'est bien ce que j'avais pensé.

MATALINA Et tes études, Juliette? ça marche°? = *ça va* (fam.)

JULIETTE (*sans trop de modestie*) Oui, très bien! J'ai réussi à mon examen!

BELLA (*se lève avec autant de vivacité que l'âge le lui permet*) Elle a réussi! Ma petite-fille a encore réussi à son examen! Ah Nane Ngôk (*Elle pousse le cri° de joie traditionnel des femmes, l' "ôyenga"*) Ou-ou-ou-ou-ou...! cry

ABESSOLO (*avec un sourire satisfait*) Tu...tu études toujours à Dibamba, n'est-ce pas, ma petite?

JULIETTE (*se met à rire*) A Li...Libamba, voyons, Tita*! Combien de fois devrai-je donc t'expliquer que Dibamba est un fleuve, et que Libamba...

ATANGA (*en riant lui aussi*) Ton grand-père devient de plus en plus vieux. Il faut que tu sois patiente, Juliette. Mais dis-moi un peu: comment vont tes maîtres° blancs, français et américains, et les missionnaires? = *professeurs*

* = nom affectueux pour son grand-père

JULIETTE Ils vont très bien, mon père. Il est même probable que nous aurons de nouveaux professeurs l'an prochain.

= gestes

= a frappé légèrement

MATALINA (*sans réfléchir, tandis que les hommes lui font des signes° pour l'empêcher de parler*) L'an prochain? Ton mari va donc te laisser repartir au collège,* Juliette? Est-ce-que...(*Ondua lui a tapoté° l'épaule; elle se tait, mais trop tard: déjà, Juliette regarde tout le monde avec de grands yeux étonnés.*)

JULIETTE Mon mari? Quel mari? Est-ce que j'ai un mari?

BELLA (*qui ne remarque pas que tous sont gênés*) Un mari, Juliette? Mais tu en as déjà deux, mon enfant! Je ne connais aucune jeune fille ayant autant de chance que...

Scratches

= tes connaissances

deposited

= rapidement

= employé de l'Etat

= moment

= soit très contente / [dɔt] dowry

ATANGA (*avec reproche*) Eé Kié, voyons, vous autres! Ne parlez ni l'une ni l'autre! Vous savez bien que j'ai promis de lui annoncer la bonne nouvelle moi-même! (*Se gratte° la tête pour savoir comment commencer.*) Bon...euh...Je vais t'expliquer la situation, mon enfant. Il y a cinq semaines, nous avons reçu la visite d'un jeune homme qui est venu demander ta main. Evidemment, à cause de ton instruction° et de ta valeur, nous avons décidé de prendre les cent mille francs qu'il a versés°...(*Juliette a un mouvement vif, et Atanga ajoute précipitamment°:*) Mais nous avons mis cet argent de côté!...En effet nous attendons cet après-midi la visite d'un grand fonctionnaire°...(*Il se penche pour faire comprendre à sa fille qu'elle a bien de la chance.*) Il veut lui aussi t'épouser! (*Un temps°: il ne semble pas que Juliette se réjouisse beaucoup°.*) Naturellement, s'il me verse une dot° plus importante...

= à celui qui offre le plus d'argent

JULIETTE (*indignée*) Quoi? Je suis donc à vendre? Pourquoi faut-il que vous essayiez de me donner au plus offrant°? Ne peut-on pas me consulter pour un mariage qui me concerne?

= réponse

(*Tous restent muets d'étonnement. Pendant la réplique° de Juliette, le sourire fier d'Atanga s'est peu à peu transformé en une grimace*

---

* *Secondary school*

scandalisée: on voit bien qu'il s'attendait à une reconnaissance° un peu plus émue° de la part de sa fille.)

gratitude
heartfelt

ABESSOLO (*se levant, à Juliette*) Te consulter? (*au public:*) Il faut qu'on la consulte! (*à Juliette:*) Depuis quand est-ce que les femmes parlent à Mvoutessi*? Qui donc vous enseigne cela ces jours-ci, cette prétention° de vouloir donner votre avis sur tout? Ça ne te suffit pas que ta famille prenne une décision sage en ta faveur°?

= *ambition*
= *dans ton intérêt*

JULIETTE Mais je n'ai même pas encore vu l'homme que vous voulez me faire épouser! Comment voulez-vous que je l'aime?

d'après *Trois Prétendants, un mari,* Acte I, scène I,
Guillaume Oyono-Mbia

* Une ville du Cameroun

QUESTIONS SUR LA LECTURE

1. Qui est Juliette? D'où revient-elle? Quel âge a-t-elle à peu près?
2. Qui l'attend à son arrivée?
3. Est-elle satisfaite de ses études?
4. Pourquoi manque-t-elle de patience avec son grand-père?
5. Qui sont ses professeurs?
6. Que lui apprend Matalina? Et Bella?
7. Que lui explique son père?
8. Qu'est-ce que c'est qu'une dot?
9. Quelle est sa réaction à la nouvelle?
10. Pourquoi le grand-père est-il indigné?
11. Quelles sont les deux conceptions du mariage présentées dans cet extrait?
12. Que feriez-vous à la place de Juliette?

CONSTRUCTION DE PHRASES

1. c'est dommage que
2. espérer que
3. vouloir que
4. pensez-vous que...?
5. aucune
6. ni...ni...

VOCABULAIRE

Donnez *un synonyme* de:
immédiatement habituellement un avis complètement
épouser soudain une réplique

COMPOSITION

1. Si vous voulez vous marier et si vos parents n'approuvent pas votre choix, que ferez-vous?
2. Après avoir lu l'extrait "Une jeune fille bien exigeante", imaginez la fin de la pièce.
3. Si vous avez voyagé dans une partie du Canada, quelles différences avez-vous remarquées entre ce que vous avez vu et ce qu'Odile et Roland ont observé?

poème

MON PAYS

Mon pays ce n'est pas un pays c'est l'hiver
Mon jardin ce n'est pas un jardin c'est la plaine
Mon chemin ce n'est pas un chemin c'est la neige
Mon pays ce n'est pas un pays c'est l'hiver

Dans la blanche cérémonie
Où la neige au vent se marie
Dans ce pays de poudrerie[1]
Mon père a fait bâtir maison
Et je m'en vais être fidèle
A sa manière à son modèle
La chambre d'amis sera telle
Qu'on viendra des autres saisons
Pour se bâtir à côté d'elle

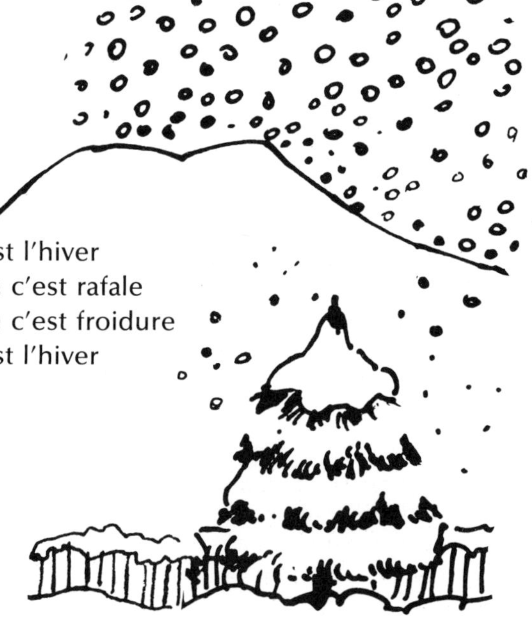

Mon pays ce n'est pas un pays c'est l'hiver
Mon refrain ce n'est pas un refrain c'est rafale
Ma maison ce n'est pas ma maison c'est froidure
Mon pays ce n'est pas un pays c'est l'hiver

De mon grand pays solitaire
Je crie avant que de me taire
A tous les hommes de la terre
Ma maison c'est votre maison
Entre mes quatre murs de glace
Je mets mon temps et mon espace
A préparer le feu la place

[1] Tempête de neige abondante poussée par des vents violents. Se dit aussi lorsque le vent soulève la neige après la tempête.

Pour les humains de l'horizon
Et les humains sont de ma race

Mon pays ce n'est pas un pays c'est l'hiver
Mon jardin ce n'est pas un jardin c'est la plaine
Mon chemin ce n'est pas un chemin c'est la neige
Mon pays ce n'est pas un pays c'est l'hiver

Mon pays ce n'est pas un pays c'est l'envers
D'un pays qui n'était ni pays ni patrie
Ma chanson ce n'est pas ma chanson c'est ma vie
C'est pour toi que je veux posséder mes hivers.

Gilles Vigneault

réponses aux *Appliquez*

Pages 396–397

1. travaille
2. réussissions
3. perdiez
4. comprennes
5. craigniez
6. aient
7. sache
8. puisses
9. voyions
10. sois
11. Il faut que nous partions.
12. Il ne faut pas que vous parliez trop.

Page 398

1. apportions
2. allez
3. doives
4. fait
5. arriviez
6. soit

Page 398

1. Non, je n'en emploie aucun.
2. Non, aucune n'est partie.
3. Non, aucun ne travaille dur.
4. Non, je n'en ai fait aucun.
5. Non, aucune ne m'est venue à l'esprit.

Page 399

1. N'apportez ni crayon ni papier.
2. Tu n'as envie ni de café ni de thé?
3. Je ne peux vous donner ni le travail ni le salaire que vous désirez.
4. Ce gâteau n'est ni pour vous ni pour elle.

Page 400

1. toutes
2. tout
3. tous
4. Tout
5. tout

leçon 18

NICE SODIM
TOUTES ENQUÊTES
FILATURES
SURVEILLANCES
LIBRE SERVICE
Alimentation
80.57.66
NICE SODIM
EN FACE
à 50 m
15 rue de la Préfecture
nice-matin
DÉTECTIVE
PRIVÉ
Louis LAPLACE
Membre du C.N.D.E.P.
10, rue du Maréchal Joffre
côté Cinéma
Edouard VII
T. 87. 99. 64

Une aventure policière

prise de contact **"Arsène Lupin en prison"** (*1ère partie*)

1 le subjonctif après certaines conjonctions

2 le subjonctif passé

3 subjonctif ou infinitif?

4 les pronoms relatifs (*fin*): préposition + **qui, lequel, quoi**

5 les verbes irréguliers **acquérir, fuir, mourir**

6 la justice

lecture **"Arsène Lupin en prison"** (*2e partie*)

TOUT VA BIEN !

prise de contact

"Arsène Lupin en prison" (1ère partie)

L'étrange° château féodal° du Malaquis* est fièrement campé° sur un rocher au milieu de la Seine, rattaché à la route par un pont. Dans cette retraite à une centaine de kilomètres de Paris habite le baron Cahorn qui y a installé ses admirables collections de meubles et de tableaux. Il y vit seul. Pesonne n'y entre jamais.

strange / = *du Moyen Age* / = *situé*

Le baron Cahorn a peur. Pourquoi? Eh bien, il a peur que, malgré les lourdes portes, le système de sonneries° électriques et le rocher abrupt du côté de la Seine, quelqu'un ne** vienne voler ses trésors accumulés avec passion.

= *appareil d'alarme*

Un jour, le facteur° lui a apporté une lettre recommandée° envoyée de la Prison de la Santé† et signée Arsène Lupin.†† Stupéfait, il a lu:

mailman / registered

"Monsieur le baron,

Il y a chez vous trois Rubens° qui me plaisent beaucoup. Je note aussi un Watteau°, un buffet Louis XIII et des bijoux°. Pour cette fois, je me contenterai de° ces objets à condition que vous les envoyiez à mon nom, en gare des Batignolles‡ avant huit jours...sinon je les prendrai moi-même dans la nuit du mercredi 27 au jeudi 28 septembre, et je ne me contenterai pas de ces quelques objets.

= peintre flamand
= peintre français / jewels
= *je serai satisfait de*

Veuillez accepter l'expression de mes sentiments respectueux.

Arsène Lupin"

Cette lettre a causé une violente émotion au baron Cahorn. Il connaissait tous les vols et les crimes d'Arsène Lupin. Il savait bien

* = **mal acquis** (verbe **acquérir**): Cela semblerait montrer que le château n'a pas été acquis honnêtement. ** Ici **ne** n'est pas négatif. † nom d'une prison de Paris †† célèbre gentleman-cambrioleur ‡ Un des quartiers du nord de Paris

qu'il était en prison, arrêté par le célèbre détective Ganimard, mais il savait aussi qu'il était capable de tout.

deep — Alors le baron a regardé l'eau profonde° qui entourait le château

a... shrugged — et il a haussé les épaules°. Non, il n'y avait pas de danger. Personne ne pouvait pénétrer jusqu'au sanctuaire de ses trésors. Personne? Mais pour Arsène Lupin est-ce qu'il existe des portes, des murs?

= *sans arrêt* — Et le baron relisait sans cesse° la lettre: "Je les prendrai moi-même." La date précise le rendait fou.

jumped — Deux jours ont passé. Le troisième jour, il a sauté° de joie quand il a lu cet article dans le journal local: "Depuis trois semaines, nous avons le plaisir d'avoir parmi nous l'inspecteur Ganimard qui se repose de ses fatigues en pêchant." Voilà l'aide dont il avait besoin.

Le baron n'a pas hésité. Il est allé voir Ganimard et lui a raconté son histoire. Mais l'inspecteur était très sceptique: ce serait une bêtise de prévenir les gens que l'on veut voler; de plus, Arsène

reassured / sent back — Lupin était en prison. Après avoir rassuré° le baron, il l'a renvoyé° chez lui.

= *le jour avant* — Mais le mardi matin, la veille° du 27, ce dernier recevait un télégramme: "Rien en gare Batignolles. Préparez tout pour demain soir. Arsène." De nouveau, c'était la terreur. Et de nouveau, le baron est allé voir l'inspecteur. Il lui a montré le télégramme, mais Ganimard ne voulait pas s'occuper d'une histoire aussi stupide. Alors le baron lui a offert trois mille francs à condition qu'il passe la nuit du 27 au 28 septembre au château. Ganimard a hésité parce

n'était... was off-duty — qu'il n'était pas de service°...mais le baron lui a promis le silence. L'inspecteur pensait que c'était de l'argent jeté par la fenêtre, mais il a accepté de venir au château avec deux de ses amis pour plus de sécurité.

Le mercredi soir, vers neuf heures, le baron a ouvert les portes du château pour que Ganimard puisse entrer avec ses deux auxi-

= *personnes qui aident* — liaires°, grands hommes solides aux mains puissantes.

Ganimard a inspecté les murs, les fenêtres; il a barricadé toutes les issues° par où l'on pouvait pénétrer dans les salles menacées, puis il a enfermé ses agents dans la galerie centrale, après leur avoir dit de faire très attention et surtout de ne pas s'endormir.

= *sorties ou entrées*

Lui-même s'est installé avec le baron dans une petite salle entre les deux portes principales. Il s'est couché confortablement sur trois chaises et a allumé sa pipe pendant que le baron interrogeait le silence. Onze heures, minuit, une heure. Le ronflement° régulier de Ganimard était le seul bruit que le baron puisse entendre.

snoring

Au petit jour°, ils sont sortis de la petite salle. Aucun bruit. Rien de suspect. Mais quand ils sont entrés dans la galerie, ils ont vu que tous les trésors avaient disparu. Le Watteau disparu, les Rubens disparus, les tapisseries°, les bijoux, les candélabres, les statues... Désespéré, le baron courait d'un endroit à l'autre. L'inspecteur, lui, semblait pétrifié. Il examinait tout. Les fenêtres? fermées. Les serrures° des portes? intactes. Pas de trou° au plancher ni au plafond. "Arsène Lupin...Arsène Lupin" a-t-il* murmuré. Soudain, il est allé observer les agents qui dormaient, mais d'un sommeil qui n'était pas naturel. Il a dit au baron: "On les a endormis."

Au... at dawn

tapestries

locks / hole

Le baron pensait que c'était une affaire monstrueuse. Il regrettait que Ganimard n'ait rien pu faire. Il voulait porter plainte° mais il craignait que la justice ne puisse rien contre Arsène Lupin. Ce qu'il désirait avec passion, c'était retrouver ses tableaux, même s'il devait donner une fortune au voleur. "Qu'il dise° son prix!"

porter... to press charges

Qu'il... Let him name

Alors Ganimard a eu une idée et il a déclaré au baron que si les recherches de la police n'aboutissaient à rien, il pourrait peut-être l'aider pourvu que° le baron garde le silence sur son intervention.

pourvu... provided that

Le jour même, le baron portait plainte contre Arsène Lupin, prisonnier à la Santé.

Est-ce que vous pouvez résoudre l'énigme?
Si oui, vous devriez être détective.
Sinon, lisez la suite à la fin de la leçon.

* Après une citation, le verbe et le sujet sont inversés.

1 Le subjonctif après certaines conjonctions

Le subjonctif est employé après certaines conjonctions:

DE TEMPS	avant que (+ ne)*	*before*
	jusqu'à ce que	*until*
DE BUT	afin que, pour que	*so that*
	de crainte que, de peur que (+ ne)*	*for fear that*
DE CONDITION	à condition que, pourvu que	*provided that*
DE CONCESSION	bien que, quoique	*although, even though*
DE RESTRICTION	à moins que (+ ne)*	*unless*
	sans que	*without*

J'irai vous voir **avant que** vous ne partiez.
Il t'a dit ça **pour que** tu sois contente.
Je vous attendrai **jusqu'à ce que** vous reveniez.
Elle est rentrée **sans que** ses parents s'en aperçoivent.

N'oubliez pas que des conjonctions telles que **parce que, après que, depuis que,** etc., sont suivies de l'indicatif.

▶ *Appliquez* Subjonctif ou indicatif?

1. Dites-moi ce qui s'est passé, à moins que ce ne ______ (être) un secret.
2. Je lirai pendant qu'elle ______ (être) au concert.
3. Quoiqu'il ______ (faire) beau, je n'ai pas envie de sortir.

4. Depuis que tu ______ (revenir), tout va bien.
5. Il expliquera la leçon jusqu'à ce que nous ______ (comprendre).

(*réponses page 431*)

* **ne** est facultatif avec quelques conjonctions et avec **avoir peur** et **craindre.** Ce n'est pas une négation.

2 Le subjonctif passé

Forme: *le subjonctif présent* de **avoir** ou **être** + le participe passé du verbe

parler	**aller**
que j'aie parlé	que je sois allé(e)
que tu aies parlé	que tu sois allé(e)
qu'il, elle, on ait parlé	qu'il, elle, on soit allé(e)
que nous ayons parlé	que nous soyons allés(es)
que vous ayez parlé	que vous soyez allé(e,s,es)
qu'ils, elles aient parlé	qu'ils, elles soient allés(es)

se lever

que je me sois levé(e)
que tu te sois levé(e)
qu'il, elle, on se soit levé(e)
que nous nous soyons levés(es)
que vous vous soyez levé(e,s,es)
qu'ils, elles se soient levés(es)

Employez le subjonctif passé quand l'action du verbe au subjonctif est *antérieure à* l'action du verbe principal. Considérez la chronologie des actions, pas le temps du verbe principal.

VERBE AU SUBJONCTIF	
action *simultanée* ou *postérieure* à l'action du verbe principal ↘	action *antérieure* à l'action du verbe principal ↘
subjonctif *présent*	subjonctif *passé*

EXEMPLES Nous sommes contents que vous lui **ayez parlé.** (L'action de **parler** est antérieure à l'action d'**être content.**)
Il viendra à condition que tu **aies fini** ton travail.
C'est dommage que nous ne **soyons** pas **allés** voir ces danseurs russes.
Elle doutait qu'ils **se soient arrêtés** au magasin.

▶ *Appliquez* Subjonctif présent ou passé?

1. Il lui a posé la question avant qu'elle ______ (s'en aller).
2. Je regrette que vous ______ (perdre) votre portefeuille.
3. Nous avons attendu que tout le monde ______ (arriver) avant d'annoncer la nouvelle.
4. Il est impossible que la lettre ______ (partir) avant demain.

(*réponses page 431*)

3 Subjonctif ou infinitif?

Subjonctif	ou infinitif?
Je veux que **vous** terminiez ce travail.	**Je** veux terminer ce travail.
Vous êtes furieux qu'**ils** aient oublié leur devoir.	**Vous** êtes furieux d'avoir oublié votre devoir.

Dans les phrases au *subjonctif*, les sujets des deux verbes sont *différents*. Dans les phrases à *l'infinitif*, les deux verbes ont le *même* sujet.

▶ *Appliquez*

1. Je suis content / tu viens me voir ce soir.
2. Il faut / il sait la vérité.
3. Ils aimeraient / ils ont fini leur travail.
4. Nous avons besoin / nous nous reposons.
5. Il est possible / j'irai au cinéma.

(*réponses page 431*)

Elle va vous inviter **avant que vous** ne partiez en voyage.	**Elle** va vous inviter **avant de** partir en voyage.

A la place d'une conjonction, on emploie la préposition correspondante:

avant que → avant de   pour que → pour   sans que → sans

Quand il n'y a pas de préposition correspondante, on garde la conjonction et on répète le sujet:

EXEMPLE **Je** travaille **bien que je** sois fatigué.

Notez La même situation existe avec *l'indicatif* et *l'infinitif:*

Elle espère que **vous** irez au concert.	**Elle** espère aller au concert.
Je partirai **après que nous** aurons dîné.	**Je** partirai **après** avoir dîné.

4 Les pronoms relatifs: préposition + **qui, lequel, quoi**

Qui et **lequel** ont pour antécédents des noms de personnes ou de choses *définis.* **Lequel (lesquels, lesquelles)** se contractent avec **à** et **de.**

Avec un antécédent nom de personne, employez **qui** ou **lequel; qui** est préférable:

> La personne à **qui** (à **laquelle**) j'ai parlé était charmante.
> Voilà les gens à côté de **qui** (**desquels**) nous étions assis.

Avec un antécédent nom de chose, employez **lequel:**

> Le stylo avec **lequel** j'écris est un stylo à bille.
> C'est le bâtiment en face **duquel** j'habitais.

Notez **la raison pour laquelle:** *the reason why*

Quoi s'emploie quand il n'y a *pas d'antécédent* ou quand l'antécédent est *une idée* exprimée ou sous-entendue:

> Je ne sais pas à **quoi** vous pensez.
> On m'a indiqué la rue, sans **quoi** je ne l'aurais pas trouvée.

▶ *Appliquez*

1. Il y a des circonstances dans ______ on n'est pas libre d'agir.
2. La porte par ______ je suis sortie était ouverte.
3. Il ne m'a pas dit avec ______ il fallait faire le dessin.
4. On l'a transporté rapidement à l'hôpital, sans ______ il serait mort.
5. Je connais le monsieur à ______ il est en train de parler.

(*réponses page 431*)

5 Acquérir, fuir, mourir

Ce sont des verbes irréguliers.

acquérir

> "Bien mal **acquis** ne profite jamais."*—proverbe
> J'**ai acquis** de l'expérience cette année.

* *"Ill-gotten gains seldom prosper."*

Présent de l'indicatif:

acquérir	
j' acquier**s**	nous acquér**ons**
tu acquier**s**	vous acquér**ez**
il, elle, on acquier**t**	ils, elles acquièr**ent**

participe passé: **acquis**
participe présent: **acquérant**
futur: **j'acquerrai**

fuir

Le cambrioleur **a fui** quand le propriétaire de la maison est arrivé.
Ils se détestent; alors ils **se fuient.**

Présent de l'indicatif:

fuir	
je fui**s**	nous fuy**ons**
tu fui**s**	vous fuy**ez**
il, elle, on fui**t**	ils, elles fui**ent**

participe passé: **fui**
participe présent: **fuyant**
futur: **je fuirai**

mourir

Elle **meurt** de faim et de soif.
Nous ne savons pas quand nous **mourrons.**

Présent de l'indicatif:

mourir	
je meur**s**	nous mour**ons**
tu meur**s**	vous mour**ez**
il, elle, on meur**t**	ils, elles meur**ent**

participe passé: **mort**
participe présent: **mourant**
futur: **je mourrai**

6 La justice

trial / penalty / murder / investigation / policeman / police station / weapon

Un procès° qui a duré deux semaines vient de se terminer. *Le tribunal a condamné le criminel* à *une peine*° de quinze ans de prison. L'homme était *accusé* d'*un meurtre*°. La police a fait *une enquête*° et l'*a arrêté* peu de temps après *le crime. Un policier*° l'a emmené au *commissariat*° après lui avoir pris *l'arme*° qu'il portait encore.

Pendant le procès il *a juré*° qu'il était *innocent* du *hold-up* et du meurtre dont on l'*accusait*. Mais *le procureur*° a interrogé plusieurs *témoins*° et a prouvé que *l'accusé*° *avait commis*° le crime. Il était donc *coupable*°. Cependant le *jury* a trouvé quelques *circonstances atténuantes*.

swore
prosecutor
witnesses / suspect / had committed
guilty

Le *juge* a prononcé *le verdict* aujourd'hui, à trois heures de l'après-midi. *L'avocat de la défense*° a dit que c'était *injuste*, que son client n'était pas *un malfaiteur*°, et que l'affaire n'était certainement pas finie...

defense lawyer
= *un criminel*

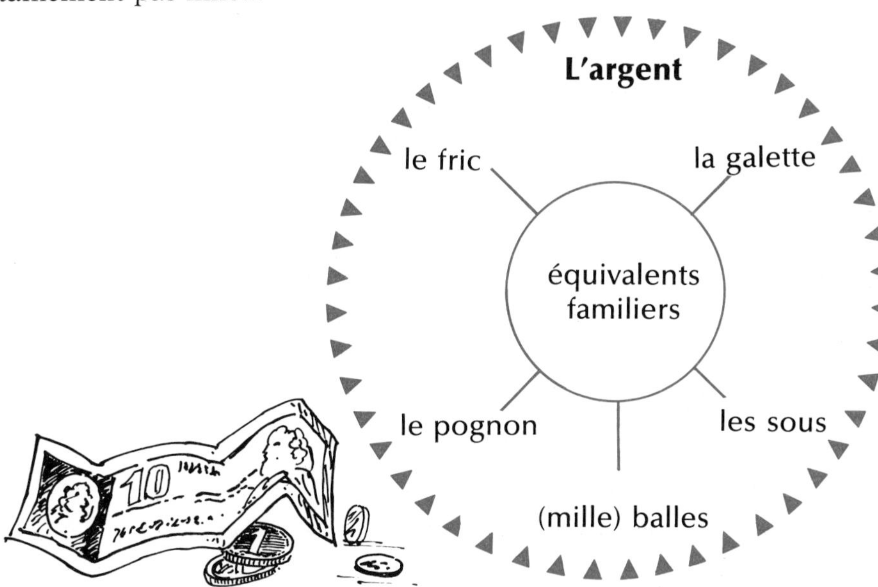

EXERCICES ORAUX

I *Finissez la phrase. Attention à la conjonction.*

1. Vite! Il faut que je parte avant que...
2. Les étudiants apprendront la grammaire jusqu'à ce que...
3. "Poulet Petit" ne sortait pas de peur que...
4. J'aide mes amis à faire leurs devoirs de français à condition que...
5. Le malfaiteur restera longtemps en prison à moins que...
6. Il fait assez chaud dans les maisons des Esquimaux bien que...

II *Faites une phrase avec les éléments suivants.*

MODELE Je suis heureux / Le week-end est arrivé.
Je suis heureux que le week-end soit arrivé.

1. Ganimard doute / Arsène Lupin a écrit la lettre.
2. Le baron craignait / On a vraiment préparé le vol.
3. Les cambrioleurs ont probablement attendu / Les auxiliaires de Ganimard se sont endormis.
4. Il est incroyable / Les tableaux ont disparu.

III *Refaites les phrases suivantes avec les pronoms relatifs* **qui** *ou* **lequel**, *et complétez-les.*

MODELE J'écris avec *un crayon.*
Le crayon avec lequel j'écris n'est pas assez noir.

1. Le baron Cahorn vit dans *sa retraite.*
2. Le château est protégé par *un système de sonneries électriques.*
3. Le baron a parlé au *détective.*
4. Ganimard et le baron étaient installés entre *les deux portes principales.*
5. Ganimard pêchait pour *une bonne raison.*

IV *Répondez aux questions suivantes.*

1. Mourez-vous de faim en ce moment? Y a-t-il un remède?
2. Etes-vous déjà mort(e) d'ennui? Quand et où? Qu'avez-vous fait?
3. Regardez! Il y a un tigre derrière vous! Allez-vous fuir? Si vous fuyez, qu'est-ce qu'il fera?
4. On peut acquérir une grande fortune, des habitudes, de l'expérience, etc.... Qu'est-ce que vous avez déjà acquis? Que voulez-vous encore acquérir?

V *Substituez les mots entre parenthèses aux mots en italique.*

MODELE *Le gangster* jure *qu'il dit la vérité.*
(Le malfaiteur) (qu'il n'a pas fait le hold-up)
Le malfaiteur jure qu'il n'a pas fait le hold-up.

1. *Le bandit* a commis *un crime.*
(Le criminel) (un meurtre)
(Le meurtrier) (un homicide)
2. *Les policiers* poursuivent *les gangsters.*
(Les gendarmes) (les voleurs)
(Les agents) (les malfaiteurs)
(Les flics) (les cambrioleurs)
3. *Le témoin* a dit que l'accusé était *sur le lieu* du crime.
(Le procureur) (coupable)
(L'avocat de la défense) (innocent)

VI *A votre tour.*

Résumez la première partie de *Arsène Lupin en prison.* Faites ressortir les points importants.

VII *Conversation par groupes de deux ou trois.*

Vous avez peut-être été victime d'un vol, vous ou quelqu'un que vous connaissez. Racontez les détails (objets, circonstances, etc.):

Qu'est-ce qu'il a fallu faire?
Avez-vous peur que cela arrive à nouveau?
Que peut-on faire pour que des actions semblables ne soient plus commises?
Echangez vos idées.
Continuez...

EXERCICES ECRITS

A *Faut-il le subjonctif ou l'indicatif après la conjonction?*

Bien que mes amis _____ (être) sympathiques, j'aime rester seul quelquefois, parce que je _____ (pouvoir) réfléchir tranquillement. Cependant, quoique je _____ (faire), il y a toujours un peu de bruit, à moins que je ne _____ (partir) à la montagne. Depuis que le trimestre _____ (commencer), cela n'a pas été possible, mais j'espère pouvoir y aller après que les examens _____ (être) finis et avant que je ne _____ (se mettre) à chercher un travail pour l'été.

B *Terminez les phrases en employant un subjonctif présent, puis un subjonctif passé.*

MODELE Je doute que...
Je doute que la police trouve les bijoux volés pendant le cambriolage.
Je doute que le rédacteur ait su la vérité quand il a écrit son article.

1. Le voleur regrette que...
2. Restez là jusqu'à ce que...
3. Il m'aurait fallu un chien de garde pour que...
4. Ce serait dommage que...

C *Faites une phrase avec les éléments donnés. Mettez le verbe à l'indicatif, au subjonctif, ou à l'infinitif, selon le cas.*

1. Il est probable / Le facteur ne m'apportera rien aujourd'hui.
2. Vous êtes contents / Vous êtes allés au Japon l'année dernière.
3. Je ne pense pas / Ces exercices sont assez longs.
4. Il est possible / Carine ira au théâtre ce soir.
5. Es-tu certain? / Pierre sait la vérité.
6. Stanley est triste / Mildred n'est pas venue hier.
7. Croyez-vous? / Vos professeurs font de la gymnastique.
8. Je préférerais / Je n'ai pas de cours le lundi.
9. Elle ira en ville (à moins que) / Son frère prend la voiture.
10. Vous êtes partis (après) / Vous avez dit au revoir à vos amis.

D [Révision des pronoms relatifs] *Complétez les phrases avec le pronom relatif qui convient.*

L'autre jour, il y avait un vieil homme ______ parlait beaucoup dans l'autobus. ______ il disait était intéressant, et tout le monde l'écoutait avec une attention ______ j'étais surprise. La sagesse ______ il montrait dans ses remarques a même impressionné le petit garçon à côté de ______ il était assis, et les personnes plus âgées à ______ il s'adressait lui posaient des questions sur la ville ______ il était né, sur les sénateurs avec ______ il avait été en contact, sur les changements ______ il se souvenait, etc. Il semblait heureux et ne se plaignait de rien, ______ était vraiment remarquable. Au moment ______ je suis descendue de l'autobus, il expliquait avec ______ il comptait occuper le reste de ses jours...

E *Traduction (facultatif).*

1. Give him all the details until he understands.
2. Lawyers call in witnesses so that they can tell what they saw.
3. The electrical system by which the house is protected always works.
4. The baron was sad that his possessions had disappeared.
5. I wonder with what the thieves open locked doors.

lecture

"Arsène Lupin en prison" (2e partie)

L'affaire passionnait déjà l'opinion publique. Les conditions étaient si extraordinaires et le nom d'Arsène Lupin excitait tant les imaginations que les histoires les plus fantaisistes remplissaient les colonnes des journaux. La police locale a fouillé° le château de haut en bas sans découvrir aucun passage secret. Alors, des inspecteurs parisiens sont venus, mais ils n'ont pas eu plus de succès. Enfin, leur chef a appelé l'inspecteur Ganimard. Après avoir écouté les instructions de son supérieur, Ganimard a dit qu'il ne pensait pas que la solution soit au château, mais auprès° d'Arsène Lupin lui-même, et il a demandé la permission d'aller le voir en prison.

fouillé° searched
auprès° = *près*

Il était presque midi lorsque Ganimard est entré dans la cellule° d'Arsène Lupin. Celui-ci a poussé un cri de joie.

cellule° cell

ARSENE LUPIN J'avais envie de beaucoup de choses dans la retraite que j'ai choisie...en particulier de te voir. Je l'ai toujours dit: Ganimard est notre meilleur détective. Mais vraiment, je suis désolé. Pas une seule° boisson fraîche, pas un seul verre de bière!

seule° single

je.. I'm only passing through

Excuse-moi, je suis là de passage°. A quoi dois-je l'honneur de ta visite?

GANIMARD L'affaire Cahorn.

ARSENE LUPIN Une seconde...j'ai tant d'affaires! Ah! Voilà! Affaire Cahorn—trois Rubens, un Watteau, et quelques petits objets.

= *vraiment* / = *dirigé*

GANIMARD Petits! C'est bien° toi qui as conduit° toute l'affaire?

ARSENE LUPIN Depuis A jusqu'à Z. Voyons, procédons par ordre, et préparons ensemble, si tu veux, le cambriolage du Malaquis.

GANIMARD Je t'écoute.

= *qui*

ARSENE LUPIN Donc, supposons un château barricadé comme celui du baron Cahorn. Impossible de l'attaquer, impossible d'y entrer en secret. Il reste un moyen, le seul à mon avis, c'est que le propriétaire m'y invite. Supposons qu'un jour le propriétaire reçoive une lettre de menace d'Arsène Lupin, cambrioleur réputé. Terreur du baron, lequel° cherchera quelqu'un pour l'aider; et s'il lit dans le journal local qu'un détective célèbre est en vacances dans son village...

GANIMARD Il ira s'adresser à ce détective.

= *se mettre en rapport*

ARSENE LUPIN Tu l'as dit. Mais admettons aussi qu'Arsène Lupin ait demandé à un de ses amis de s'installer dans ce village et d'entrer en relations° avec le rédacteur du journal que reçoit le baron, en déclarant qu'il est un détective célèbre, qu'arrivera-t-il?

GANIMARD Le rédacteur annoncera la nouvelle de sa présence dans le journal.

= *ou*

= *demandera humblement*

ARSENE LUPIN Parfait. Et, ou bien° Cahorn n'aura pas peur et rien ne se passera, ou bien il implorera° contre moi, sans s'en rendre compte, l'aide de l'un de mes amis.

GANIMARD De plus en plus original.

ARSENE LUPIN Naturellement, le pseudo-détective refusera d'abord de l'aider. A ce moment, télégramme d'Arsène Lupin. Peur du baron qui offre de l'argent à mon ami pour passer la nuit au château. L'ami accepte, amène deux hommes forts, qui, pendant que le pseudo-détective garde Cahorn, volent un certain nombre

d'objets qu'ils mettent, à l'aide de cordes°, dans un bon petit bateau en bas du rocher. C'est simple comme Lupin. ropes

GANIMARD Et c'est merveilleux, mais je ne vois pas de détective assez illustre pour que le baron l'invite chez lui.

ARSENE LUPIN Mais il y en a un, le plus illustre, l'ennemi personnel d'Arsène Lupin. Bref, l'inspecteur Ganimard.

GANIMARD Moi!

ARSENE LUPIN Toi-même! Et voilà ce qu'il y a d'amusant. Si tu vas au château et que le baron décide de parler, tu découvriras que ton devoir est de t'arrêter toi-même: Ganimard arrêté par Ganimard. Ah! Ah!

Un gardien apportait à Arsène Lupin le repas qui, par faveur spéciale, venait du restaurant voisin.

ARSENE LUPIN Mais sois tranquille, mon cher Ganimard, tu n'iras pas au château, l'affaire Cahorn est presque finie.

GANIMARD Hein?

ARSENE LUPIN Oui, presque finie. Le baron, et c'est la raison principale pour laquelle il n'a rien dit, a chargé le pseudo-Ganimard de la très délicate mission de négocier avec moi une transaction, et à l'heure présente, en échange d'une certaine somme, il est probable que le baron est rentré en possession de° = *a retrouvé*

= *enlèvera* ses chers trésors. Ensuite il retirera° sa plainte et la justice n'aura plus rien contre moi.

GANIMARD Et comment sais-tu tout cela?

ARSENE LUPIN Je viens de recevoir le télégramme que j'attendais. Par politesse°, je n'ai pas voulu le lire devant toi. Mais regarde toi-même dans cet œuf.

= *Parce que je suis poli*

Machinalement°, Ganimard a obéi et a cassé l'œuf avec un couteau. Surprise! La coque° vide contenait une feuille de papier bleu. C'était un télégramme: "Affaire terminée. Cent mille balles° livrées°. Tout va bien."

= *Automatiquement*
shell
= *francs* (fam.)
handed over

Ganimard a souri en ajoutant: "Par bonheur°, il n'en existe pas des douzaines comme toi."

= *Heureusement*

d'après *Arsène Lupin,* Maurice Leblanc

QUESTIONS SUR LA LECTURE

1ère partie

1. Où est le château du baron?
2. Où et comment le baron garde-t-il ses trésors?
3. Qu'est-ce qu'Arsène Lupin propose dans sa lettre au baron?
4. Quand est-ce que le baron a finalement réussi à convaincre Ganimard de l'aider?
5. Au petit jour, après la découverte du vol, ont-ils remarqué quelque chose d'anormal?
6. Pour retrouver ses tableaux, qu'est-ce que le baron décide de faire?

2e partie

1. Est-ce que le public s'intéresse à l'affaire?
2. Après quelles opérations a-t-on fait appel à l'inspecteur Ganimard?
3. Dès le commencement de la conversation entre Ganimard et Arsène Lupin, comment remarque-t-on l'ironie du gentleman-cambrioleur?
4. Est-ce qu'Arsène Lupin a participé à l'affaire? Dans quelle proportion?
5. Arsène Lupin est bon psychologue. Comment a-t-il établi son plan d'attaque?
6. Comment les voleurs ont-ils réussi leur coup?

7. Quelle est la plus grande surprise de l'inspecteur Ganimard?
8. Comment l'affaire Cahorn s'est-elle terminée?
9. Par quel moyen Arsène Lupin et Ganimard ont-ils appris que l'affaire avait bien marché?
10. Est-ce qu'il y a vraiment des cas où la justice ne peut rien pour protéger la victime?

CONSTRUCTION DE PHRASES

1. avoir peur que
2. avant que
3. auquel
4. bien que
5. je regrette (+ subjonctif passé)
6. quoi

VOCABULAIRE

1. Donnez *un synonyme* de:
   un voleur   réputé   machinalement   une sortie
2. Donnez *un antonyme* de:
   innocent   humblement   juste   rassuré   le silence
3. Citez *10 termes* relatifs à la justice.

COMPOSITION

1. Aimez-vous les romans et les films policiers? Racontez-en un qui vous a particulièrement intrigué(e). De quoi s'agissait-il? Les bandits étaient-ils armés? Le coupable a-t-il été arrêté? etc.
2. La justice aux Etats-Unis: Comment est-elle? Que faudrait-il pour la changer? Que pensez-vous de la peine de mort? Utilisez des expressions comme: Il est certainement remarquable que... mais il vaudrait mieux que... et il est probable que.... Ce qui est regrettable, c'est que... Heureusement tout le monde est content que..., etc. (Consultez le vocabulaire du N° 6, pages 420–421.)
3. Ecrivez une lettre à un parent, à un(e) ami(e), à une personne célèbre, etc. Donnez-lui des nouvelles de votre vie d'étudiant(e): incidents qui se passent dans vos cours et à votre résidence universitaire, différentes activités, projets sur lesquels vous travaillez.

   Note. Relisez d'abord la courte lettre contenue dans la Prise de contact. Remarquez qu'on dit **cher(ère)** seulement à des parents et amis, pas à d'autres personnes que l'on ne connaît pas bien.

   Il y a des formules de politesse pour finir une lettre, comme dans la lettre mentionnée ci-dessus. Pour un parent, dites "Je t'embrasse bien fort" ou "Bien affectueusement," et pour un ami, dites "Amicalement" ou "Amitiés". N'utilisez pas "Amour" ni "Sincèrement".

jouons avec les mots

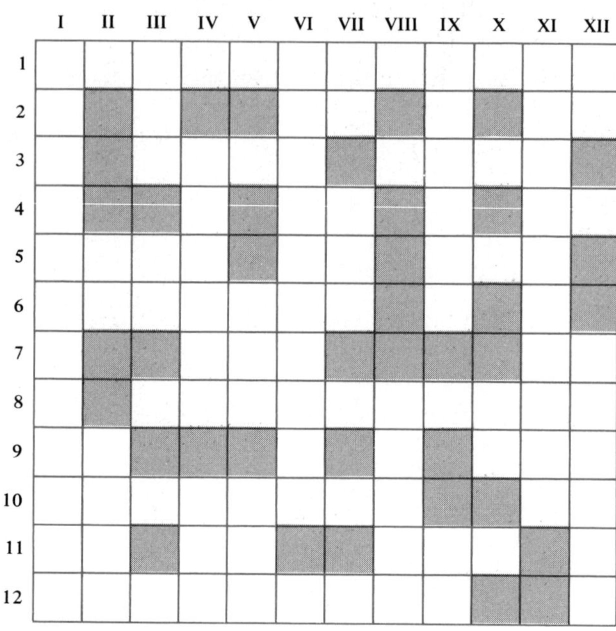

Horizontalement:

1. Personnes qui volent dans une maison
2. Complètement déshabillé. Adverbe interrogatif de lieu
3. Cousins des souris. Contraire de **mal**
4. Participe passé du verbe **pouvoir.** Quatrième note musicale
5. Deuxième personne du singulier du verbe **aller** au futur. Préposition qui précède le participe présent. Forme spéciale de 1000 dans les dates
6. Absence de bruit
7. Précis. Troisième note musicale
8. Personnes qui font des enquêtes policières
9. Préfixe qui indique la répétition. Synonyme de **années**
10. Demander humblement. Pronom personnel sujet, deuxième personne du singulier
11. Contraction de **à** et **le.** Participe passé du verbe **avoir.** Opposé de **ventre**
12. Dire ce qu'on a vu, en justice

Verticalement:

I. Bureau des agents de police
II. Participe passé du verbe **rire.** Affectée par l'émotion
III. Celui d'une prison est très haut. Initiales d'un gentleman-cambrioleur célèbre

IV. Prénom du prisonnier auquel Ganimard rend visite. Signe du zodiaque qui signifie **lion**
V. Précis. Contraire de **non**
VI. Profession de Ganimard
VII. Conjonction utilisée dans une alternative. Article indéfini féminin singulier
VIII. Première personne du singulier du verbe **tarder** au subjonctif présent
IX. Mystère. Métal utilisé pour faire des bijoux
X. Impératif du verbe **aller** (singulier)
XI. Bruit que fait Ganimard quand il dort
XII. Participe passé de **savoir.** Entrées et sorties du château de Malaquis

réponses aux *Appliquez*

Page 416

1. soit
2. sera
3. fasse
4. es revenu(e)
5. comprenions

Page 418

1. (ne) s'en aille
2. ayez perdu
3. soit arrivé
4. parte

Page 418

1. Je suis content que tu viennes me voir ce soir.
2. Il faut qu'il sache la vérité.
3. Ils aimeraient avoir fini leur travail.
4. Nous avons besoin de nous reposer.
5. Il est possible que j'aille au cinéma.

Page 419

1. lesquelles
2. laquelle
3. qui, quoi
4. quoi
5. qui (auquel)

leçon 19

Ainsi va le monde

prise de contact **Rapports humains**

1 le passif

2 le discours indirect: au présent et au passé

3 **c'est, il est** (*révision*)

4 constructions impersonnelles:
il est + adjectif + **de** + infinitif (*révision*)
il (impersonnel) + verbe

5 **au lieu de, à la place (de)**

6 les verbes irréguliers **battre, coudre, suffire**

lecture **Le féminisme de Simone de Beauvoir: évolution**

SYNDICAT d'Initiative
TABAC
CAFE chez Rose
PLAN
VILLE

prise de contact

Rapports humains

Pour beaucoup de gens, c'est un passe-temps agréable d'observer les passants°, assis à une terrasse de café. Ecoutez ces deux Nivernais* devant leur citron pressé°:

passers-by
squeezed

—On dirait qu'ils font exprès° d'ennuyer les gens avec la grève° partielle du personnel de la SNCF juste au moment des vacances.

font... do on purpose / strike

—Oui, surtout qu'avec les tarifs élevés d'Air-Inter,** beaucoup de voyageurs ne peuvent pas prendre l'avion.

—C'est à croire que° c'est la seule façon° d'obtenir une augmentation de salaire!

C'est... You would think that / way

—Eh, regarde tout ce monde qui arrive du train de 13h37.

—Pas de chômage° pour les chauffeurs de taxi aujourd'hui!

unemployment

Petit à petit la place se vide° et il ne reste que quelques groupes de touristes.

empties itself

Une jeune fille mince et brune vient de donner des renseignements à un Suédois. De retour au Syndicat d'Initiative où elle travaille, elle dit à une collègue: "Le beau Suédois m'a fait comprendre qu'il n'avait presque pas d'argent. Comme l'auberge de jeunesse affiche "complet", je lui ai donné l'adresse d'un hôtel bon marché. Et je lui ai expliqué qu'il n'arriverait dans le Midi° qu'après-demain au lieu de° demain matin à cause de la grève."

= *le Sud*
au... instead of

Pendant ce temps-là, nos deux Nivernais continuent à bavarder.

—Regarde ce jeune couple américain. Quel dynamisme! Ils ne sont pas découragés par la crise du transport, eux.

* habitants de Nevers, ville sur la Loire au sud-est de Paris
** ligne aérienne intérieure

= *pratique* —Avec sa barbe et sa moustache, c'est commode°. Pas besoin de se raser.

—Sa petite amie, elle, elle exagère un peu avec son T-shirt et son jean usé. Elle me paraît drôlement émancipée.

—Oui, mais moi, je les admire tout de même. Tu les as entendus quand ils parlaient d'aller faire les vendanges en Bourgogne? Et tout ça pour apprendre le français. Ils ont du courage!

= *Tu as (fam.)* —T'as° raison. Allez, donne un pourboire et en route!

Au coin de la rue, un jeune Anglais remercie un vieux couple de son hospitalité. Une fois parti, il se met à penser: "Au début j'ai trouvé les Français un peu froids; c'était peut-être parce que je ne parlais pas très bien leur langue. Mais j'ai passé des moments très agréables avec ces vieux qui m'ont accueilli si gentiment. J'ai été content qu'ils me parlent de leur vie, de leurs peines° et de leurs joies. Lui a l'air heureux. Mais elle? Sa vie est vide maintenant, ses enfants sont partis, et on dirait que quelque chose d'important lui a manqué et lui manque encore...."

= *chagrins*

1 Le passif

La voix passive est l'une des trois voix possibles d'un verbe (voir Leçon 12, N° 1).

Forme: **être** + le participe passé d'un verbe transitif direct

(Un verbe transitif direct est conjugué avec **avoir** et a *un objet direct.*)

EXEMPLE La comédienne amuse les spectateurs. (*voix active*)

Les spectateurs sont amusés par la comédienne. (*voix passive*)

L'objet direct devient *le sujet.*
Le sujet devient *l'agent,* précédé de **par.**
Le temps du verbe actif devient le temps du verbe **être.**
Le participe passé du verbe actif s'accorde avec le sujet du verbe **être.**

EXEMPLE Josette **préparera** l'omelette. (*voix active*)
L'omelette **sera préparée** par Josette. (*voix passive*)

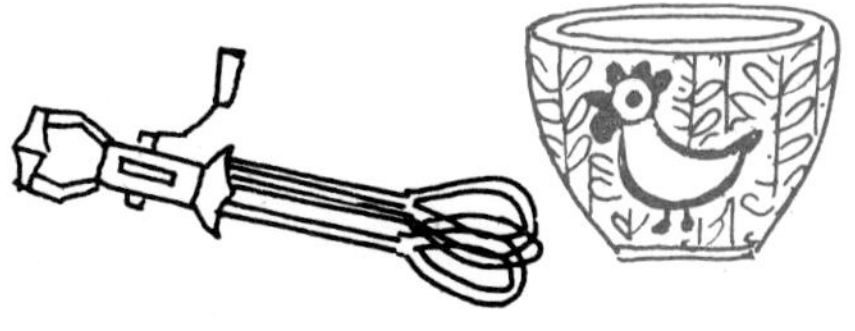

Remarquez

L'agent est quelquefois introduit par **de (aimé, admiré, accompagné, suivi):**

Ce professeur de biologie **est aimé des** étudiants.

Quelquefois l'agent n'est pas exprimé:

Le nom de cette rue **a été changé.**

▶ *Appliquez*

1. La police recherche le voleur.
2. Le feu a détruit la maison.
3. La grève retardait les voyageurs.
4. Le Premier ministre accompagnera le Président. (*réponses page 455*)

Emploi Le passif est moins fréquent en français qu'en anglais. On utilise plus souvent la voix active (avec **on** quand l'agent n'est pas exprimé) ou un verbe pronominal. (Voir Leçon 12, N° 1, 3e catégorie.)

▶ *Appliquez*

1. Le vase a été cassé par l'enfant.
2. Une autre route sera faite bientôt.
3. Le français est parlé dans beaucoup de pays. (*réponses page 455*)

2 Le discours indirect: au présent et au passé

Au présent

Il fait très beau aujourd'hui. Alors un ami me **dit:** "Ne reste pas chez toi par un temps pareil. Il faut faire une promenade au soleil. N'est-ce pas une bonne idée?"

Il fait très beau aujourd'hui. Alors un ami me **dit de** ne pas rester chez moi par un temps pareil. Il me **dit** aussi **qu'**il faut faire une promenade au soleil et il me **demande si** ce n'est pas une bonne idée.

Le paragraphe de gauche contient *les paroles exactes* de la personne qui parle. Elles sont entre guillemets: c'est *le discours direct*. Le paragraphe de droite répète les paroles de la personne dans des propositions subordonnées introduites par **de, que, si:** c'est *le discours indirect*. Le verbe **dit** est au présent. C'est donc le discours indirect *au présent. Les temps des verbes ne changent pas.*

Les pronoms et les adjectifs possessifs peuvent changer de personne:

> Elle déclare: "**Je** déménagerai bientôt parce que **je** n'aime pas **mon** appartement."
> Elle déclare qu'**elle** déménagera bientôt parce qu'**elle** n'aime pas **son** appartement.

Répétez **que** avec chaque proposition déclarative:

> Vous dites: "J'étais fatigué et je me suis endormi."
> Vous dites **que** vous étiez fatigué et **que** vous vous êtes endormi.

La forme interrogative d'une question directe disparaît:

> Elle demande: "**Qu'est-ce qui** est arrivé? **Où** était-ce?"
> Elle demande **ce qui** est arrivé et **où** c'était.

Comment passe-t-on du discours direct au discours indirect?

un impératif	→ **de** + infinitif
une phrase déclarative	→ **que** + sujet + verbe
une question directe	→ une question indirecte
avec **est-ce que**	→ **si** + sujet + verbe
avec **comment, pourquoi, où, quel,** etc.	→ **comment, pourquoi, où, quel,** etc.
avec **qu'est-ce qui, qu'est-ce que**	→ **ce qui, ce que**

Au passé

Vous m'**avez dit:** "Votre chien est dans le jardin de mon voisin. Pourquoi y est-il allé?"

Vous m'**avez dit** que mon chien était dans le jardin de votre voisin et vous m'**avez demandé** pourquoi il y était allé.

Le verbe **avez dit** est au passé. C'est donc le discours indirect *au passé. Les temps des verbes* des propositions subordonnées *changent* d'après le tableau suivant:

présent	→ imparfait
passé composé	→ plus-que-parfait
futur	→ conditionnel
futur antérieur	→ conditionnel passé

Remarquez

On obtient des verbes qui ont des terminaisons en **ais, ais, ait, ions, iez, aient.**

L'imparfait, le plus-que-parfait, et les conditionnels (qui ont déjà ces terminaisons) ne changent pas.

Le subjonctif ne change pas.

Les expressions de temps changent:

EXPRESSIONS RELATIVES AU PRESENT	EXPRESSIONS RELATIVES AU PASSE
maintenant, en ce moment	→ à ce moment-là
aujourd'hui	→ ce jour-là
ce matin, ce soir, cette semaine	→ ce matin-là, ce soir-là, cette semaine-là
hier	→ la veille
demain	→ le lendemain
la semaine prochaine	→ la semaine suivante
la semaine dernière (passée)	→ la semaine précédente

EXEMPLES Tu m'as dit: "**Demain** je viendrai te voir à trois heures."
Tu m'as dit que **le lendemain** tu viendrais me voir à trois heures.

Je lui (f.) avais dit: "Il faut que vous sachiez les verbes irréguliers **la semaine prochaine.**"
Je lui avais dit qu'il fallait qu'elle sache les verbes irréguliers **la semaine suivante.**

Il me répétait: "**Aujourd'hui** je t'aime et je t'aimerai toujours."
Il me répétait que **ce jour-là** il m'aimait et qu'il m'aimerait toujours.

Elle m'avait demandé: "Est-ce que tu me détestes **maintenant** et est-ce que tu me détesteras toujours?"
Elle m'avait demandé si je la détestais **à ce moment-là** et si je la détesterais toujours.

▶ *Appliquez*

1. On dit: "C'est l'exception qui confirme la règle."*—proverbe
2. Vous pensez: "Un jour je serai riche et j'utiliserai mon argent pour une bonne cause."
3. Ma mère m'a demandé: "Es-tu allé au cinéma avec Marc ou avec Jean-Paul?"
4. Il a dit: "On m'a donné une bouteille de champagne et il faudra la déboucher ce soir."

* *"It is the exception that proves the rule."*

5. Tu m'avais expliqué: "Je me suis fait mal au bras hier et mon mari veut que j'aille chez le docteur demain."
6. Il nous a conseillé: "Finissez votre travail et reposez-vous."

(*réponses page 455*)

Question de style

Quand vous mettez *un paragraphe* au discours indirect (présent ou passé), variez les verbes. Employez par exemple: **dire, déclarer, ajouter, demander, suggérer, annoncer, insister, expliquer, remarquer, répondre, continuer en disant que, terminer en disant que,** etc.

Utilisez aussi des mots de coordination: **d'abord, et puis, enfin,** etc.

Exemple de paragraphe au discours indirect

Tim est allé voir son professeur dans son bureau pour lui demander pourquoi il avait eu une si mauvaise note. Le professeur lui a expliqué qu'il avait fait trop de fautes mais a ajouté que son travail était bien meilleur d'habitude. Tim a insisté sur le fait que la veille de l'examen il avait pourtant bien travaillé et qu'il avait peur que cette mauvaise note ne fasse baisser sa moyenne. Le professeur a continué en disant qu'une seule mauvaise note ne la ferait pas tellement baisser...

3 **C'est** ou **il est** (*révision*)

C'est, ce sont

c'est + article + nom (+ adjectif):	C'est **une photo.** Ce sont **des murs immenses.**
c'est + pronom:	C'est **vous** que je veux voir. C'est **le mien.**
c'est + nom propre:	C'est **Monsieur Adam.**
c'est + superlatif:	Ce sont **les meilleures** solutions.
c'est + article + profession (+ adjectif):	C'est **un ingénieur.** C'est **un bon ingénieur.**
c'est + adjectif (sujet non spécifique):	C'est **beau!**
c'est + adverbe ou préposition (sujet non spécifique):	Ce n'est pas **là,** c'est **dans** le tiroir.

Il (Elle) est, ils (elles) sont

il est + adjectif (sujet spécifique):	Il est **grand** et **fort.** Elles sont **jeunes.**
il est + profession (sans article):	Il est **avocat.** Elle est **professeur.**
il est + adverbe ou préposition (sujet spécifique):	Il est **là, dans** la boîte verte.

▶ *Appliquez*

1. Voilà ma calculatrice. ______ un instrument très pratique.
2. Tu dis qu'ils sont français mais ______ pas vrai.
3. Nous devrions acheter cette voiture. ______ parfaite pour nous.
4. ______ lui qui a gagné la première fois. Maintenant ______ à mon tour.
5. ______ le plus beau musée de la ville? ______ intéressant à votre avis?
6. ______ mes valises; ______ à moi.
7. ______ maigre et pâle; ______ affreux! (*réponses page 455*)

4 Constructions impersonnelles

Il est + adjectif + de + infinitif (*révision*):

Il est utile **de** savoir nager.
Il n'est pas possible **de** trouver un taxi aujourd'hui.
Il **sera** intéressant **de** voir la suite de la leçon.

▶ *Appliquez*

1. agréable, parler avec ses amis
2. insensé, avoir des projets pareils
3. nécessaire (négatif), lui dire la vérité (*réponses page 455*)

Il (impersonnel) + verbe

Vous connaissez déjà des expressions impersonnelles: **il y a, il s'agit, il faut, il fait (beau), il pleut, il est (midi),** etc.

Il n'**y a** pas de logique dans son raisonnement.
Il s'agira de savoir ce que vous voulez.
Il me **faut** de l'argent.

Des verbes personnels peuvent être employés impersonnellement. Le verbe est toujours singulier (sujet: **il**). Cette construction est plus courante en français qu'en anglais:

> **Il** ne **reste** rien dans le réfrigérateur. (= Rien ne reste dans le réfrigérateur.)
> **Il manque** des livres sur l'étagère. (= Des livres manquent sur l'étagère.)
> **Il** nous **arrive** une tuile. (= Une tuile nous arrive.)
> **Il est tombé** une pluie fine. (= Une pluie fine est tombée.)

▶ *Appliquez*

1. Beaucoup de fruits tombent de cet arbre.
2. Dix tickets sont restés en surplus.
3. Une foule de gens arrivera à trois heures.
4. Trois boutons manquent à son imperméable.

(*réponses page 455*)

5 Au lieu de, à la place (de)

Au lieu de, à la place de sont des prépositions. (*instead of*)

Avec *un nom,* employez **au lieu de** ou **à la place de:**

> J'ai pris mon livre de maths **au lieu de** mon livre de français.
> Donnez-moi un fruit **à la place du** fromage.

Avec *un infinitif,* employez toujours **au lieu de.**

> Je voudrais bien aller avec vous **au lieu de** rester ici.

A la place est un adverbe. (*instead*)

> Il n'a pas le temps d'emmener son fils au cirque; **à la place,** il lui fera faire une promenade au parc.

▶ *Appliquez*

1. Pourriez-vous me donner un fruit ______ celui-ci?
2. Nous devions aller au Japon mais nous irons en Europe ______.
3. Il faudrait agir ______ vous plaindre tout le temps.

(*réponses page 455*)

6 Battre, coudre, suffire

Ce sont des verbes irréguliers.

battre

Jean **bat** toujours son adversaire au ping-pong.
Elle **a battu** le record de vitesse.
Battez trois œufs et puis ajoutez cent grammes de sucre...

Le présent de l'indicatif:

battre	
je bat**s**	nous batt**ons**
tu bat**s**	vous batt**ez**
il, elle, on bat	ils, elles batt**ent**

participe passé: **battu**
participe présent: **battant**
futur: **je battrai**

coudre

Elle **coud** très bien.
As-tu **recousu** ma veste? Elle était déchirée.
Il ne reste plus que deux boutons à **coudre.**

Le présent de l'indicatif:

coudre	
je coud**s**	nous cous**ons**
tu coud**s**	vous cous**ez**
il, elle, on coud	ils, elles cous**ent**

participe passé: **cousu**
participe présent: **cousant**
futur: **je coudrai**

suffire

Huit heures de sommeil **suffisent** chaque nuit.
C'était faisable. Il **suffisait** de s'y mettre.
Taisez-vous maintenant. Ça **suffit!**

Le présent de l'indicatif:

suffire	
je suffi**s**	nous suffis**ons**
tu suffi**s**	vous suffis**ez**
il, elle, on suffi**t**	ils, elles suffis**ent**

participe passé: **suffi**
participe présent: **suffisant**
futur: **je suffirai**

Les mots en –isme
sont masculins
le réalisme
le socialisme
le journalisme
le capitalisme
le romantisme
donc,
"féminisme" est masculin!!!

EXERCICES ORAUX

I *Mettez les phrases suivantes à la forme passive.*

MODELE L'agent de police *règle* la circulation.
La circulation est réglée par l'agent de police.

1. La jeune fille renseigne le Suédois.
2. Quelqu'un a indiqué le Syndicat d'Initiative.
3. Le jeune Anglais appréciait la gentillesse du vieil homme et de sa femme.
4. Le Guide Michelin avait bien aidé le jeune couple pendant son voyage.
5. Cet été les Nivernais verront des centaines de touristes.
6. On n'aura pas oublié leur jolie ville.

II *Mettez les impératifs au discours indirect.*

MODELE "Regarde la Tour Eiffel." / Il me dit
Il me dit de regarder la Tour Eiffel.

1. "Préparez le dîner." / Ils nous demandent
2. "Achetons des gâteaux." / Elle nous a suggéré
3. "Amuse-toi bien." / Sa mère lui dit
4. "Ne prenez pas l'autobus." / Je vous recommande
5. "Ne vous inquiétez pas." / Vous m'avez conseillé

III *Mettez les questions au discours indirect présent et passé.*

MODELE "A quelle heure dînes-tu?"
Elle me demande à quelle heure je dîne.
Elle m'a demandé à quelle heure je dînais.

1. D'où viens-tu?
2. Qu'est-ce que tu as vu?
3. Comment vont tes parents?
4. Pourquoi ne sont-ils pas venus avec toi?
5. Quand ferai-je leur connaissance?
6. Quelle est la profession de ton père?
7. Qu'est-ce qui intéresse ta mère?
8. Est-ce que nous allons dîner ensemble?

IV *Mettez les déclarations au discours indirect au passé.*

MODELE Pierre *a dit* à sa sœur:
J'ai rencontré Jean à la librairie.
Pierre lui a dit qu'il avait rencontré Jean à la librairie.

1. Suzie *a annoncé* à Antoine:
   J'ai un cadeau pour toi.
   Je l'ai acheté hier.
   Je te l'apporterai demain.
   J'espère qu'il te plaira quand tu l'auras vu.
2. Marc *a expliqué* par téléphone à ses parents:
   J'ai fait la connaissance de Julie.
   Je ne vous l'ai pas encore présentée.
   Je me suis marié avec elle la semaine dernière.
   Nous arriverons chez vous demain matin.
3. Annie *a dit* à son chat Félix:
   Tu as de la chance, toi.
   Tu peux dormir quand tu veux.
   Hier, tu n'as rien fait, sauf t'amuser et t'étendre au soleil.
   Demain tu dormiras encore, et il ne faudra même pas que tu fasses ton lit.

V *Lisez l'histoire suivante et finissez-la.*

Le professeur parle à Steve qui est dans la lune, comme toujours: "Dormez-vous? Pourquoi ne me répondez-vous pas? Vous serez bien étonné quand il y aura une épreuve écrite demain, et je doute que vous soyez prêt! Continuez à rêver si cela vous amuse. 'Rira bien qui rira le dernier!'*" — proverbe.

* *"He laughs best who laughs last."*

Et tout à coup Steve remarque que, peut-être, ce discours était pour lui. Il demande alors à Joe: "Qu'est-ce que le prof a dit?" Et Joe, habitué à la situation, lui explique tranquillement: Il a demandé si tu...

VI *Mettez* il est, elle est, c'est, *ou* ce sont.

1. ______ une ville touristique.
2. ______ pittoresque et animée.
3. ______ la plus vieille ville de la région.
4. Ne mangez pas ces chocolats! ______ ceux qui m'ont rendu malade.
5. ______ déjà trois heures moins le quart.
6. ______ Maître* Alanoix. ______ peu connu. ______ avocat surtout parce qu'il aime parler.
7. Vous voyez cette voiture en accordéon? ______ la vôtre.

VII *Employez* au lieu de *ou* à la place (de).

1. Le docteur m'a conseillé de dormir ______ aller travailler.
2. Puisque je ne peux pas recevoir mes amis chez moi, il faudra qu'ils aillent à l'hôtel ______.
3. L'employé de banque s'est trompé. Je voulais huit mille dollars ______ trois mille.
4. Essayez de vous entendre ______ vous battre.
5. Mettez ce mot ______ celui-là.

VIII *A votre tour.*

Aimez-vous observer les passants comme les deux Nivernais dans la Prise de contact: *Rapports humains?* Pourquoi? Est-ce que vous feriez les vendanges (ou un autre travail) pour apprendre le français? A votre avis, qu'est-ce qui a manqué à la femme du vieil homme?

IX *Conversation par groupes de deux.*

Un jour, un(e) de vos camarades vous a raconté la "tuile" qui lui était arrivée:

Il a d'abord expliqué que...
Il a essayé de...
Mais il était évident que...
A la fin je lui ai dit que...
Ecoutez maintenant une autre catastrophe décrite par votre partenaire.

---

* On appelle un avocat **Maître.**

EXERCICES ECRITS

A *Refaites les phrases suivantes en évitant le passif.*

1. Les voleurs ont été emmenés au commissariat par un policier.
2. Une augmentation de salaire sera peut-être accordée au personnel de la SNCF.
3. Ce mot est placé à la fin de la phrase.
4. Les grévistes ne sont pas aimés des employeurs.

B *Mettez les phrases suivantes au discours indirect au passé.*

MODELE "Le centre de la ville est-il loin?"
Ils m'ont demandé si le centre de la ville était loin.

Ils m'ont demandé:
1. "Avec qui pars-tu en voyage?"
2. "Qu'est-ce que tu vas emporter?"
3. "Comment voyageras-tu?"
4. "Tes parents participeront-ils à tes dépenses?
5. "Envoie-nous une carte postale."

C *Discours indirect au passé. Attention aux expressions de temps.*

MODELE "Aujourd'hui je pars en vacances."
Sophie a dit que ce jour-là elle partait en vacances.

Elle a dit que...
1. "Maintenant je comprends votre situation."
2. "Cette année je n'ai pas eu la grippe."
3. "Je suis tombée trois fois hier, mais je ne me suis rien cassé."
4. "Demain je coudrai peut-être les boutons qui manquent à mon manteau."
5. "Si je ne finis pas tout aujourd'hui, je continuerai la semaine prochaine."
6. "Quand j'ai appris la semaine dernière qu'il fallait que John parte, je me suis mise à pleurer."

D *Discours indirect au passé. Groupez les phrases suivantes.*

MODELE Je viendrai te voir demain. J'amènerai sans doute quelques amis. Nous nous amuserons bien. (Elle m'a dit qu'...)
Elle m'a dit qu'elle viendrait me voir le lendemain. Elle a ajouté qu'elle amènerait sans doute quelques amis et qu'ils s'amuseraient bien.

1. Nous sommes allés en Arizona. Mais nous n'avons pas pu y rester. Il faisait trop chaud. (Ils m'ont raconté qu'...)
2. Aide-moi à faire mon devoir de maths. Je t'aiderai à faire celui d'économie. Alors nous pourrons partir nous promener plus tôt. (Cathy a suggéré à Fred de...)
3. J'ai bien utilisé mon "Eurailpass". Ensuite j'ai travaillé dans une ferme française. Les paysans m'ont raconté beaucoup de choses intéressantes. C'étaient les meilleures vacances de ma vie. (Etienne a expliqué qu'...)

E *Mettez le passage suivant au discours indirect au passé.*

UNE FEMME FIDELE

Pénélope parle à sa plus chère amie:

"J'espère qu'Ulysse reviendra bientôt. Il y a si longtemps qu'il est parti! Demain cela fera exactement dix ans qu'il s'est mis en route et aucun messager ne m'a apporté de nouvelles. On m'a dit qu'il ne faut pas que je l'attende éternellement et que je devrais l'oublier. Quelle est ton opinion? Dis-moi ce que tu penses vraiment. Hier j'ai bien réfléchi: je vais continuer à attendre Ulysse car je sais qu'il arrivera dans toute sa gloire. Tous ceux qui veulent m'épouser reçoivent la même réponse: je me remarierai quand j'aurai terminé ma tapisserie. Mais ne t'inquiète pas. Mon travail d'aujourd'hui sera défait pendant la nuit et ainsi ma tapisserie ne sera jamais finie."

Pénélope a dit à sa plus chère amie qu'...

F *Mettez le passage suivant au discours indirect au passé.*

UN MARI EN VOYAGE D'AFFAIRES

Napoléon écrit à Marie-Louise:

"Tu me manques beaucoup et j'aimerais te montrer le paysage. Les plaines de Russie sont magnifiques en ce moment, couvertes de neige. Après notre campagne, qui sera certainement victorieuse, nous pourrons faire du ski. Je te rapporterai un samovar, quand j'en aurai trouvé un assez beau pour toi. Hier, nous avons vu beaucoup d'animaux sauvages dans les forêts. Tu aurais eu peur! Quel temps fait-il à Paris et comment va notre petit roi de Rome? Il faudra que j'aille aussi en Angleterre. C'est dommage, parce que je n'aime pas le brouillard. Ecris-moi par retour du courrier."

Napoléon a écrit à Marie-Louise qu'...

G *Mettez* **il (elle) est, ils (elles) sont, c'est** *ou* **ce sont** *dans le passage suivant.*

Qui est Marguerite Yourcenar? ______ la première femme admise à l'Académie Française. ______ française, mais ______ toujours en Amérique. ______ là qu'elle écrit ses œuvres. ______ des œuvres qui plaisent aux historiens parce qu'______ un peu "entre les siècles."

Les trente-neuf autres membres de l'Académie Française s'appellent "les Immortels". Le quarantième membre maintenant, ______ "une Immortelle". ______ une grande nouveauté pour les Académiciens, mais ______ si surprenante?

H *Traduction (facultatif).*

1. Every year a few remarkable people are given a Nobel prize.
2. It has been said that traveling develops young people's sense of responsibility.
3. Only twenty dollars are left in my wallet.
4. Efforts are constantly made by politicians to obtain equality instead of injustice.

lecture

Le féminisme de Simone de Beauvoir: évolution

Simone de Beauvoir est un écrivain français très connu. Elle s'est intéressée toute sa vie à la condition féminine. Son livre *Le deuxième sexe* (1949) a été une source d'inspiration pour le "Women's Lib" aux Etats-Unis et le Mouvement de Libération de la Femme en France (MLF). Dans un livre plus récent, *Tout compte fait* (1972), elle explique que sa position théorique n'a pas changé, mais que sur le plan pratique elle a évolué.

J'ai lu la littérature féministe américaine, j'ai correspondu avec des militantes, j'en ai rencontré quelques-unes° et j'ai été heureuse d'apprendre que le nouveau féminisme américain se réclame du° *Deuxième sexe:* en 69, le tirage°, en édition de poche, atteignait sept cent cinquante mille exemplaires°. Que la femme soit fabriquée par la civilisation et non biologiquement déterminée, c'est un point qu'aucune féministe ne met en doute. Là où elles s'éloignent de mon livre, c'est sur le plan pratique: elles refusent de faire confiance à° l'avenir, elles veulent prendre dès aujourd'hui leur sort° en main. C'est sur ce plan que j'ai changé: je leur donne raison.

a few / = *se réfère au* / printing / copies / *faire...* to trust / fate

Le deuxième sexe peut être utile à des militantes: mais ce n'est pas un livre militant. Je pensais que la condition féminine évoluerait en même temps que la société. J'écrivais: "En gros°, nous avons gagné la partie°. Beaucoup de problèmes nous paraissent plus essentiels que ceux qui nous concernent singulièrement." Et dans *La force des choses** j'ai dit, en parlant de la condition féminine:

On the whole / case

---

* Autre livre de Simone de Beauvoir publié en 1963

"Elle dépend de l'avenir du travail dans le monde, elle ne changera sérieusement qu'au prix d'un bouleversement° de la production. C'est pourquoi j'ai évité de m'enfermer dans le féminisme." ...Mais je demeurais° sur un plan théorique: je niais° radicalement l'existence d'une nature féminine. Maintenant, j'entends par féminisme le fait de se battre pour des revendications° proprement féminines, parallèlement à la lutte° des classes et je me déclare féministe. Non, nous n'avons pas gagné la partie: en fait depuis 1950 nous n'avons quasi rien gagné. La révolution sociale ne suffira pas à résoudre nos problèmes. Ces problèmes concernent un peu plus de la moitié de l'humanité: je les tiens à présent pour essentiels. Et je m'étonne que l'exploitation de la femme soit si facilement acceptée...Bref, je pensais autrefois que la lutte des classes devait passer avant la lutte des sexes. J'estime° maintenant qu'il faut mener les deux ensemble...

overthrow / stayed / denied / demands / struggle / = *considère*

Il y a beaucoup de points sur lesquels les féministes sont divisées. Sur l'avenir de la famille, elles hésitent. Certaines...estiment que sa destruction est nécessaire à la libération de la femme et aussi à celle des enfants et des adolescents....Je déplore l'esclavage° imposé à la femme à travers les enfants et les abus d'autorité auxquels ceux-ci sont exposés...Comme beaucoup de féministes, je désire l'abolition de la famille, mais sans trop savoir par quoi la remplacer.

slavery

Un autre point est controuvé°: la relation de la femme à l'homme. Qu'il soit nécessaire de redéfinir l'amour et la sexualité, là-dessus° toutes les féministes sont d'accord. Mais certaines nient que l'homme ait un rôle à jouer dans la vie de la femme, en particulier dans sa vie sexuelle, tandis que d'autres veulent lui garder une place dans leur existence et dans leur lit. C'est du côté de celles-ci que je me range°. Je répugne absolument à l'idée d'enfermer la femme dans un ghetto féminin...

= *controversable* / on that / side with

Il ne s'agit pas pour les femmes de s'affirmer comme femmes, mais de devenir des êtres humains à part entière°.

= *entièrement*

d'après *Tout compte fait,* Simone de Beauvoir

QUESTIONS SUR LA LECTURE

1. Qui est Simone de Beauvoir? Qu'a-t-elle écrit?
2. Quels groupes *Le deuxième sexe* a-t-il influencés?
3. Quel est le point qu'aucune féministe ne met en doute?
4. En 1949, dans *Le deuxième sexe,* que pensait Simone de Beauvoir? Et qu'écrivait-elle?
5. En quoi les féministes s'éloignent-elles de ce livre?
6. Simone de Beauvoir est-elle d'accord avec elles maintenant? Qu'entend-elle par féminisme?
7. Sur quels points les féministes sont-elles divisées? Qu'en pensez-vous?
8. Est-ce que la question de la condition de la femme vous intéresse?

CONSTRUCTION DE PHRASES

1. au lieu de
2. être dominé par
3. il (impersonnel) (+ verbe)
4. il est (+ adjectif) + de (+ infinitif)
5. ce sont
6. à la place (adverbe)

VOCABULAIRE

1. Donnez *un synonyme* de:
   la destinée　indiquer　commode
   l'existence　les peines　au commencement
2. Donnez *un antonyme* de:
   gagner　mince　la méfiance　neuf(ve)

COMPOSITION

1. Le "fossé" entre les générations existe-t-il à votre avis? L'avez-vous observé vous-même ou chez vos amis? Est-ce une question d'âge ou de tradition? Peut-il y avoir aussi un fossé entre des personnes du même âge?
2. Pensez-vous que le mouvement féministe ait une bonne raison d'être? Y a-t-il certaines situations à rectifier? Est-ce que ce mouvement va trop loin? Connaissez-vous des féministes aux Etats-Unis? 
3. Racontez au discours indirect un des longs bavardages entre le jeune Anglais et le vieux couple.

poème

AIR VIF

J'ai regardé devant moi
Dans la foule je t'ai vue
Parmi les blés[1] je t'ai vue
Sous un arbre je t'ai vue

Au bout de tous mes voyages
Au fond de[2] tous mes tourments
Au tournant de tous les rires
Sortant de l'eau et du feu

L'été l'hiver je t'ai vue
Dans ma maison je t'ai vue
Entre mes bras je t'ai vue
Dans mes rêves je t'ai vue

Je ne te quitterai plus.

Derniers poèmes d'amour, Paul Eluard

[1] wheat fields [2] At the bottom of

réponses aux *Appliquez*

Page 437

1. Le voleur est recherché par la police.
2. La maison a été détruite par le feu.
3. Les voyageurs étaient retardés par la grève.
4. Le Président sera accompagné du Premier ministre.

Page 437

1. L'enfant a cassé le vase.
2. On fera bientôt une autre route.
3. Le français se parle (On parle français) dans beaucoup de pays.

Pages 440–441

1. On dit que c'est l'exception qui confirme la règle.
2. Vous pensez qu'un jour vous serez riche et que vous utiliserez votre argent pour une bonne cause.
3. Ma mère m'a demandé si j'étais allé au cinéma avec Marc ou avec Jean-Paul.
4. Il a dit qu'on lui avait donné une bouteille de champagne et qu'il faudrait la déboucher ce soir-là.
5. Tu m'avais expliqué que tu t'étais fait mal au bras la veille et que ton mari voulait que tu ailles chez le docteur le lendemain.
6. Il nous a conseillé de finir notre travail et de nous reposer.

Page 442

1. C'est
2. ce n'est
3. Elle est
4. C'est, c'est
5. Est-ce, Est-il
6. Ce sont, elles sont
7. Il est (Elle est), c'est

Page 442

1. Il est agréable de parler avec ses amis.
2. Il est insensé d'avoir des projets pareils.
3. Il n'est pas nécessaire de lui dire la vérité.

Page 443

1. Il tombe beaucoup de fruits de cet arbre.
2. Il est resté dix tickets en surplus.
3. Il arrivera une foule de gens à trois heures.
4. Il manque trois boutons à son imperméable.

Page 443

1. au lieu de (à la place de)
2. à la place
3. au lieu de

leçon 20

(A SUIVRE)
ZOOM
PETERIE
ENTRÉE LIBRE
IVRES DE CLASSE
PAPETERIE
ZOOM 5F
macrocinéma

Place à l'actualité!

prise de contact **De quoi lire pour tous**

1 **faire:** causatif

2 **chacun(e)**
quelques-uns (unes)
n'importe comment (où, quand, qui, quoi, quel, lequel)

3 les autres temps littéraires

4 la presse

lecture **Le scandale des cravates**

L'EXPRESS
JOURNAUX
DE PARIS
ELLE
LE FIGARO
Sur politique et sociétés
Une leçon de courage
La nation: confiance
COURRIER DU CŒUR
par Marcelle Ségal
point
Spirou
DERNIÈRE ÉDITION
Affaire Claustre
Le Monde
Les efforts pour la paix au monde
POINT
Paris
de quartier?
L'AURORE
CÉCILE AVAIT BIEN ÉTÉ ASSASSINÉE
LE FAIT D'ARMES ÉCLATANT

prise de contact

De quoi lire pour tous

M. Carcassonne est ingénieur dans l'aéronautique. Son travail lui plaît beaucoup surtout quand on l'envoie en mission. Aujourd'hui, il est à l'aéroport d'Orly* avec toute sa famille qui profite de son voyage à Toulouse** pour rendre visite à des parents. Lui-même doit aller contrôler des essais° au centre aérospatial. — tests

Ils s'arrêtent devant un étalage° de journaux et de magazines. Chacun° se met à les feuilleter°. Il y en a tant que ses deux filles ne savent pas lequel choisir. — display; Each one / to thumb through

Lui n'hésite pas. Comme il pourra lire son journal habituel "Le Figaro" dans l'Airbus d'Air-France, il achète la revue° "L'Express". Il est sûr d'y trouver de nombreux articles sur la politique, mais aussi quelques-uns sur la littérature, les arts et les sciences. Naturellement il n'est pas tout à fait d'accord avec les orientations politiques de cet hebdomadaire°, mais il trouve bon de lire quelquefois un magazine à tendances plus libérales que les siennes. Il recule° cependant devant le choix de sa fille aînée: "Le Nouvel Observateur". — = *magazine*; weekly; flinches

—Chantal, tu ne vas pas lire cet hebdomadaire de gauche!

—Mais papa, tu lis bien "L'Express"!

—Moi, c'est différent. Mais toi, tu ferais mieux de choisir les "Nouvelles Littéraires" par exemple. Ce serait beaucoup plus utile pour tes études.

—Ah! Ça non! Surtout pas celui-là. Je sais bien que c'est sérieux et que la langue y est toujours correcte, mais ce n'est pas drôle en voyage.

"Qu'elle est têtue°!" pense M. Carcassonne. — stubborn

---

* un des aéroports de Paris ** ville du sud-ouest de la France

Pendant ce temps-là, Sophie regarde la première page de "Elle" qui vient juste de paraître°: "30 000 lectrices et l'amour...un sondage°...le maquillage° de l'été..." Sophie l'achète et voyant sa sœur sourire, elle lui dit:

come out
poll / make-up

—Tu as beau rire°, dans une heure ton "Nouvel Observateur" te fera mourir d'ennui, et tu me prendras "Elle" pour regarder les photos de mode et lire le "Courrier du cœur"°.

Tu... Laugh as you may
Courrier... Lovelorn column

—Pendant que tu y es°, pourquoi pas "Confidences", ou même "France-Dimanche" avec ses titres à sensation?

Pendant... While you're at it (fam.)

Entre-temps°, Mme Carcassonne a acheté l'illustré "Spirou" pour son petit Philippe et "Le Point" pour elle-même.

Meanwhile

"Les passagers à destination de Toulouse, embarquement° immédiat, porte 24"

boarding

Finalement tout le monde s'installe dans l'avion. Sophie est furieuse parce qu'elle se trouve à côté d'un vieux monsieur qui lit "La Vie Catholique Illustrée". Il n'a pas l'air marrant°.

= *amusant* (fam.)

—Quelle barbe°! pense-t-elle. Ça commence bien!!

Quelle... What a drag! (fam.)

Heureusement, après le décollage°, elle s'aperçoit qu'une de ses amies est à bord et elle va la rejoindre, laissant "Elle" sur son siège. Quelques minutes plus tard, sa sœur se lève pour saisir le magazine, mais à sa grande surprise il a disparu.

take off

—Ah! Zut alors°! s'écrie-t-elle. Mais où est-il passé?

Zut... Darn it! (fam.)

Recroquevillé° dans son siège, le vieux monsieur ne l'a même pas entendue. Il lit avec passion le "Courrier du cœur".

Curled up

1 **Faire:** causatif

Je ne me coupe pas les cheveux; **je** les **fais couper** par **une coiffeuse.**

Je, sujet du verbe **fais,** ne fait pas l'action de **couper;** c'est **la coiffeuse** qui **coupe** les cheveux. Mais l'action de couper est causée par **je: faire** est causatif.

Je fais lire **ma petite sœur.**

Ma petite sœur, sujet de **lire,** est placé après l'infinitif et devient donc un objet direct.

Je **la** fais lire.

Je fais laver **ma voiture.** (**ma voiture,** objet direct de **laver**)
Je **la** fais laver.

Au négatif, **pas** est à sa place habituelle:

Je **ne** la fais **pas** laver.

A l'impératif affirmatif, le pronom est à sa place habituelle:

Fais-**la** laver.

L'adverbe est aussi à sa place habituelle:

Je la fais **souvent** laver.

Notez Dans cette construction, le participe passé **fait** est *invariable:*

J'ai fait réparer ma bicyclette.
Je l'ai **fait** réparer.

▶ *Appliquez*

1. La neige fond. (le soleil)
2. La maison n'a pas été construite. (nous)
3. Les étudiants corrigeront la dictée. (le professeur)
4. Les enfants riaient toujours. (il)
5. Elles ont été écrites hier. (vous)

(*réponses page 475*)

2 Chacun(e)

Voilà un bonbon pour **chacune** des filles. (*each one*)

Dans ce jeu, **chacun** doit rester à sa place.
"**Chacun** pour soi et Dieu pour tous."* —proverbe

Employez **chacun(e)** à la place de **chaque** + *nom.*

* *"Everyone for himself and God for all."*

Quelques-uns (unes)

Nous avons beaucoup d'amis; **quelques-uns** habitent près de chez nous. (*some of them*)
Quelques-uns de vos arbres sont morts.
J'ai besoin de feuilles de papier. Passez-m'en **quelques-unes,** s'il vous plaît.

Quelques-uns (unes) remplace **quelques** + *nom.*

N'importe comment (où, quand, qui, quoi, quel, lequel)

N'importe qui est capable de répondre à cette question. (*Anyone*)
Venez à **n'importe quelle heure,** je serai à la maison toute la journée: le matin, l'après-midi, le soir, **n'importe quand.**
Vous pouvez dire **n'importe quoi,** ça n'a pas d'importance.

Dans ces expressions, la manière, le lieu, le moment, la personne, etc., sont indéterminés.

▶ *Appliquez*

chaque *ou* **chacun(e)?**

1. Tu pleures à ______ instant. Qu'est-ce que tu as?
2. ______ de ses amies l'admire.
3. Le cours est fini. Maintenant il faut que ______ parte sans bruit.

quelques *ou* **quelques-uns (unes)?**

4. Posez cette question à ______ camarades.
5. Si ______ ne donnent pas de réponses, suggérez-leur-en ______.

n'importe comment (où, quand, qui, quoi, quel *ou* **lequel)?**

6. Il faut que j'y aille, à pied, à cheval, ou en voiture, ______, mais il faut que j'y aille.

7. Prenez ______, une pierre par exemple, et puis cachez-la ______. Maintenant dites à ______ de la chercher. C'est un jeu très amusant, n'est-ce pas?

(*réponses page 475*)

3 Les autres temps littéraires (*facultatif*)

Le passé antérieur

C'est un temps composé (2 mots) qui exprime une action *immédiatement antérieure* à une action passée *au passé simple*. Il est introduit par une conjonction de temps: **après que, quand, lorsque, aussitôt que, dès que:**

> Dès que le bébé **eut fini** de pleurer, il s'endormit.
> Après qu'ils **furent sortis** de table, ils firent une sieste.
> Nous nous mîmes en route lorsque nous **nous fûmes reposés.**

Forme: *le passé simple* de l'auxiliaire **avoir** ou **être** + le participe passé du verbe

parler	**aller**
j'eus parlé	je fus allé(e)
tu eus parlé	tu fus allé(e)
il, elle, on eut parlé	il, elle, on fut allé(e)
nous eûmes parlé	nous fûmes allés(es)
vous eûtes parlé	vous fûtes allé(e,s,es)
ils, elles eurent parlé	ils, elles furent allés(es)

se lever

je me fus levé(e)
tu te fus levé(e)
il, elle, on se fut levé(e)
nous nous fûmes levés(es)
vous vous fûtes levé(e,s,es)
ils, elles se furent levés(es)

L'imparfait et le plus-que-parfait du subjonctif

Dans des textes littéraires, vous trouverez aussi l'imparfait et le plus-que-parfait du subjonctif.

Imparfait du subjonctif C'est un temps simple (1 mot).

Forme: Doublez le **s** de la 2e personne du singulier du *passé simple* du verbe et ajoutez les terminaisons du présent du subjonctif.

Exception: la 3e personne du singulier se termine en **t**, avec *un accent circonflexe* sur la voyelle qui précède.

parler

tu **parlas**	que je parlass**e**	que nous parlass**ions**
	que tu parlass**es**	que vous parlass**iez**
	qu'il (elle, on) parlâ**t**	qu'ils (elles) parlass**ent**

Ce temps correspond au *subjonctif présent* dans un texte non littéraire.

Plus-que-parfait du subjonctif C'est un temps composé (2 mots).

Forme: *l'imparfait du subjonctif* du verbe **avoir** ou **être** + le participe passé du verbe

parler	**aller**
que j'eusse parlé	que je fusse allé(e)
que tu eusses parlé	que tu fusses allé(e)
qu'il (elle, on) eût parlé	qu'il (elle, on) fût allé(e)
que nous eussions parlé	que nous fussions allés(es)
que vous eussiez parlé	que vous fussiez allé(e,s,es)
qu'ils (elles) eussent parlé	qu'ils (elles) fussent allés(es)

se lever

que je me fusse levé(e)
que tu te fusses levé(e)
qu'il (elle, on) se fût levé(e)
que nous nous fussions levés(es)
que vous vous fussiez levé(e,s,es)
qu'ils (elles) se fussent levés(es)

Ce temps correspond *au subjonctif passé* dans un texte non littéraire.

4 La presse

La *presse*, la télévision et la radio forment les *média*. La presse comprend toutes les *publications* qui donnent des *informations* écrites: les *journaux*, les *magazines*, les *revues*. Certains journaux *paraissent*

tous les jours: ce sont des *quotidiens;* d'autres paraissent toutes les semaines: ce sont des *hebdomadaires.* Les magazines et les revues sont hebdomadaires ou mensuels.

S'abonner°, c'est *prendre un abonnement* à une publication. Qu'aimez-vous lire dans le journal auquel vous *êtes abonné(e):* les

To subscribe

articles d'économie ou de politique, les *éditoriaux,* les *faits divers*°, les *compte-rendus de sport?* Regardez-vous les *petites annonces*°, la *publicité? Etes-vous au courant*° *de l'actualité*°? Non? Vous ne lisez que des *illustrés*°? Ils contiennent des *bandes dessinées*° et ils sont généralement pour les enfants; et vous n'êtes plus un enfant...mais qu'importe!

faits... news in brief
petites... classified ads
Etes... Are you informed / current events
comic books / comic strips

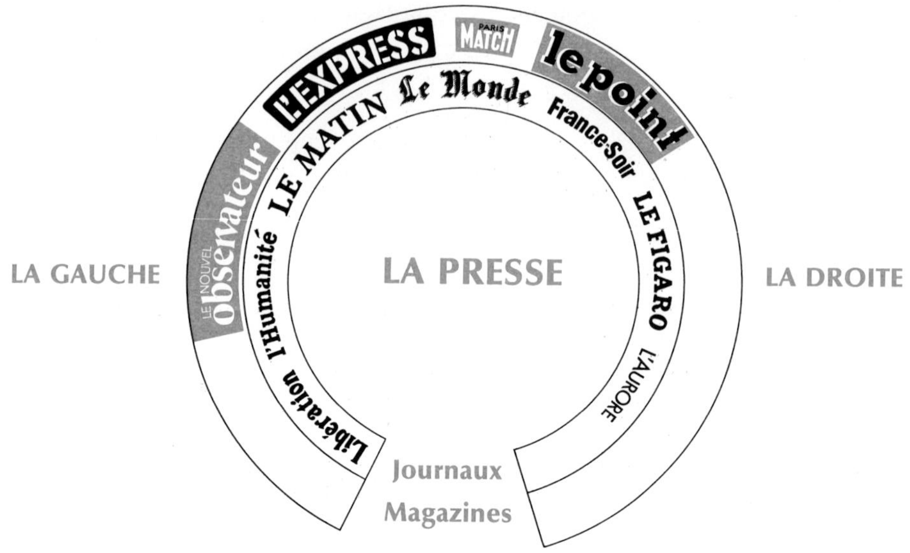

EXERCICES ORAUX

I *Répondez aux questions.*

1. Qu'est-ce que la firme de M. Carcassonne lui fait faire?
2. Qu'est-ce que M. Carcassonne a fait remarquer à Chantal avant de monter en avion?
3. Qu'est-ce qu'il aimerait lui faire lire?
4. Qu'est-ce qui fera mourir d'ennui la sœur de Sophie?
5. Qu'est-ce que la présence du vieux monsieur fait dire à Sophie?

II *Complétez le paragraphe avec les mots qui manquent:* **chaque, chacun(e), quelques, quelques-uns (unes), n'importe comment** *(***où,** *etc.).*

LE JOURNAL TELEVISE DE 20 HEURES

Mesdames, mesdemoiselles, messieurs, bonsoir. Voici les nouvelles de la journée:

La grève générale de 24 heures est terminée. ______ de nous sait que c'est la question des salaires qui a précipité la crise. ______ syndicats ont participé à une manifestation pour s'opposer à la hausse continuelle des prix. Notre reporter Yves Tardieu a interviewé un spécialiste de la question. Ecoutez son reportage: "Monsieur, quelle est la solution à cette crise sérieuse?" "Il faut d'abord que ______ Français se remette au travail; ensuite ______ des problèmes sera discuté. Ce sont les experts qui les résoudront. On ne peut pas laisser ______ dire ______ sur le sujet." "Ah, bon! Tout est clair!! Merci beaucoup."

Et maintenant notre correspondant Jean Chénier, en direct de Rome: "Les chefs des pays européens sont ici pour plusieurs jours pour discuter du Marché Commun. Des arguments divers ont déjà été présentés et ______ étaient très intéressants, mais nous serons mieux renseignés dès que la réunion aura pris fin." Merci, Jean. Nous reviendrons à vous demain à la même heure.

En dernière minute nous apprenons qu'un tremblement de terre a secoué ______ des îles grecques.

C'est tout pour aujourd'hui. Nous vous rappelons que nos envoyés spéciaux sont à votre service pour aller ______ dans le monde, nuit et jour, ______.

A demain, chers téléspectateurs.

Maintenant notre speakerine va vous donner le programme des émissions de la soirée.

III *Remplacez les temps littéraires par des temps non littéraires.*

MODELE J'aurais voulu qu'il *pût* vous le dire.
J'aurais voulu qu'il puisse vous le dire.

1. Il était nécessaire que M. Untel *allât* tout de suite leur parler.
2. Elle *regretta* qu'ils n'*eussent parlé* que de la situation politique.
3. Certaines personnes voudraient que la télévision *eût* de meilleures émissions.
4. Il *se rendit* seul à la conférence bien que les autres y *fussent allés* ensemble.
5. Ils *furent* enchantés que vous *pussiez* venir.

IV *Substituez les mots entre parenthèses aux mots en italique de la phrase et faites les changements nécessaires.*

1. Je suis abonné à *un journal.*
(une revue)
(le magazine Paris-Match)
(un hebdomadaire)
2. Il faut se tenir au courant de *l'actualité.*
(les nouvelles)
(les informations)
(ce qui se passe)
3. Trouvez-vous bon d'être *libéral,–e?*
(conservateur,–trice)
(de gauche)
(de droite)
(du centre)
4. *L'article* a été écrit par *un journaliste.*
(La critique) (un critique)
(L'éditorial) (le rédacteur en chef)

V *A votre tour.*

Quels journaux ou magazines lisez-vous quand vous êtes en voyage? Savez-vous d'avance ce que vous allez choisir (comme Chantal et Sophie de la Prise de contact: *De quoi lire pour tous*)? Expliquez vos préférences.

VI *Conversation par groupes de deux ou trois.*

Comment s'appelle le journal de votre université?
A-t-il une bonne réputation? Pourquoi? Pourquoi pas?
Quels articles trouvez-vous intéressants?
Qu'est-ce qui devrait être modifié à votre avis?
Lisez-vous d'autres journaux? Lesquels?
Continuez...

EXERCICES ECRITS

A *Refaites la phrase donnée en employant le mot entre parenthèses (qui cause l'action) et le* **faire** *causatif.*

MODELE La couturière a allongé ma robe. (je)
J'ai fait allonger ma robe par la couturière.

1. Les plantes meurent. (la grande chaleur)
2. Des bandes dessinées sont faites pour ce magazine. (il)
3. Un éditeur a publié son livre. (l'auteur)

4. Ton rhume disparaîtra. (beaucoup de vitamine C)
5. C'était une bonne histoire. Elle a été lue deux fois aux enfants. (nous)
6. Vos parents viendront pour une semaine. (vous)

B *Finissez les phrases suivantes en employant les mots suggérés.*

MODELE L'abonnement... (n'importe quand)
L'abonnement à un journal peut être pris n'importe quand.

1. La publicité... (n'importe où)
2. Presque tous les passagers... (quelques-uns, unes)
3. Dans un kiosque... (chacun,–e)
4. Les journaux à titres à sensation... (n'importe quoi)
5. Soyez discrets... (n'importe qui)

C *Placez les mots entre parenthèses dans la phrase donnée en faisant les changements nécessaires.*

1. Elle fera vérifier ce témoignage. (ne...pas)
2. Nous lui faisions raconter des histoires. (souvent)
3. Faites voir les photos. (me)
4. Vous avez fait construire une maison. (ne...pas)
5. Ils ont fait refaire leur cuisine. (encore)

D [Révision de tous les temps des verbes] *Mettez les verbes au temps correct.*

La semaine dernière, Pierre et Marie ______ (aller) à l'Opéra pour voir *Don Juan*. Ils ______ (connaître) déjà l'histoire, mais ils ______ (ne jamais voir) la représentation. Deux jours avant, Pierre ______ (pouvoir) obtenir des billets et il les ______ (donner) à Marie pour qu'elle les ______ (mettre) dans son sac. Quelle idée stupide il ______ (avoir)! Après ______ (s'habiller) avec soin, Marie ______ (choisir) un autre sac et des gants que Pierre lui ______ (offrir) à Noël, et ils ______ (partir) sans les billets. Heureusement, en route, Pierre à dit à Marie: "______ (Redonner)-moi les billets, s'il te plaît, pour que je ______ (pouvoir) les présenter à l'entrée." Marie ______ (chercher) les billets dans son sac et elle ______ (se rendre compte) qu'elle les ______ (oublier) chez eux. Vite, ils ______ (retourner) à la maison. Si Pierre n'avait pas pensé aux billets, tous les deux ______ (aller) à l'Opéra pour rien! Il a déclaré à Marie: "Si tu ______ (penser) à tout en ______ (se préparer), tu ne risquerais pas de tels incidents. La prochaine fois, nous ______ (sortir) seulement quand tu me ______ (montrer) que tu n'as rien oublié."

E *Traduction (facultatif).*

1. This scientist will have his observations on the private life of rats published in a scientific journal.
2. Everyone likes to read comic strips from time to time, at least a few.
3. There is always something to watch on TV, no matter when, and each one of us should watch Bugs Bunny.
4. You are not well informed? Read the news. You are looking for a job? Look at the ads. Would you do anything to get good advice? The lovelorn column has all the answers.

votre premier emploi dans la vente

Vous venez de terminer vos études supérieures de commerce, les examens sont passés, les vacances arrivent. Pourtant, vous n'attendrez pas Septembre pour rechercher votre premier emploi. C'est dès maintenant que vous voulez commencer votre prospection.

Pour notre part, nous proposons à de jeunes diplômés de les former à la vente, les épauler au départ, pour ensuite les faire évoluer dans notre société.

Il s'agit de commercialiser des biens d'équipements aux entreprises de grande taille, de gérer un ensemble de clients importants où les contacts s'établissent à des niveaux très divers.

Nous sommes une société multinationale américaine, leader sur son marché et fortement implantée en France (C.A. 1,7 milliard). Nous vous apportons une bonne image de marque, une formation solide, un encadrement efficace et bien sûr un salaire motivant.

A vous de «jouer» et d'évoluer avec nous.

Merci d'envoyer votre CV sous référence 4634 à Michel GARNIER,

média-system

INTERNATIONAL BUSINESS DRIVE
28, av. de Messine
75008 PARIS

IBD

à qui nous avons confié cette recherche.

CSNCR CHAMBRE SYNDICALE NATIONALE DES CONSEILS EN RECRUTEMENT

lecture

Le scandale des cravates

reduce / width
= *augmentaient (de)*
= *dix ans* / manufacturers
widening
= *commencer* / narrowing
unconcerned
= *personnes qui aiment le beau* / carefully

Quoi! Qu'est-ce que j'apprends? On veut réduire° la largeur° des cravates? Folie! Alors qu'elles prenaient° environ un centimètre par an depuis une bonne décennie°, voilà que les fabricants° ont décidé non seulement de stopper leur mouvement d'élargissement° mais, plus grave, d'amorcer° un processus de rétrécissement°, leur faisant déjà perdre un gros centimètre. Option désinvolte° de quelques esthètes° irresponsables? Ou décision mûrement° réfléchie de commerçants cyniques et criminels?

Car il est clair que si l'on enlève un centimètre de tissu sur toute la longueur des quinze millions de cravates produites annuellement en France, c'est autant de textile à fabriquer et à employer en moins, et c'est combien d'ouvriers au chômage en plus?

Chambre... trade union local
= *se battre* / *plein...* full-time employment
napkins

Si la Chambre syndicale° des industriels de la cravate avait la volonté de lutter° pour le plein emploi°, comme le lui a demandé le Premier ministre, elle aurait au contraire décidé d'élargir les cravates de deux ou trois centimètres. (Pas trop quand même, pour éviter que les cravates ne se substituent aux serviettes° et ne mettent du chômage dans les usines où celles-ci sont fabriquées.)

= *insistent sur le fait*
to narrow
prix... cost price / lowered
= *plus*

Des experts économiques de la majorité comme de l'opposition soutiennent° cependant que couturiers et industriels n'ont pas tort de rétrécir° les cravates. Voici leur raisonnement:

- Les cravates étant moins larges, elles utilisent moins de tissu et leur prix de revient° en est abaissé°.
- Elles seront donc vendues moins cher.
- Etant moins chères, elles seront achetées en plus grand nombre.
- La consommation de cravates augmentant, il faudra en fabriquer davantage°, ce qui fournira plus de travail à l'industrie du textile.

= *idiot*
hardly

De raisonnement plus sot° et plus faux que celui-ci, je n'en connais guère°. N'a-t-il pas pourtant toutes les apparences de la logique et du bon sens°? Malheureusement, d'une part°, on n'a jamais vu un produit baisser parce que le fabricant y faisait entrer moins de matière première° et, d'autre part°, les technocrates en col° blanc ne posent pas le problème de la cravate en termes humains. Sinon, ils découvriraient ceci:

bon... common sense / *d'une...* on the one hand
matière... raw material / *d'autre...* on the other hand
collar

1. Plus une cravate est large, plus° elle se voit. On en remarque d'autant plus° dessins et couleurs qu'ils occupent une quantité de tissu plus grande. On ne peut donc pas toujours porter la même cravate large sans passer pour pingre° ou négligé°—et, dans ce dernier cas, pourquoi avoir une cravate? L'homme élégant doit changer d'autant plus souvent de cravate qu'elle s'offre avec abondance et complaisance° au regard de son patron° ou de sa fiancée. D'où° cette loi économique: *le nombre de cravates d'un pays à un moment donné est proportionnel à leur surface.*

Plus... The more . . . the more
d'autant... all the more
stingy / sloppy
complacency / boss
Hence

2. Plus une cravate est large, plus la sauce vinaigrette et la crème au chocolat ont de chances de l'atteindre. En réduisant ses dimensions, on diminue d'autant ses possibilités d'être tachée°. Il y a vingt ans, quand les cravates n'avaient pas plus de deux ou trois centimètres de large, elles faisaient de l'usage parce que les aliments les rataient presque tout le temps. Au contraire, les cravates larges comme des bavettes°, souvent accidentées, doivent être remplacées fréquemment. D'où cette autre loi économique: *le taux° de renouvellement des cravates d'un pays est proportionnel à leur surface.*

stained
bibs
rate

3. Il résulte des deux lois précédentes cette troisième: *la consommation de cravates d'un pays est directement proportionnelle à la surface de tissu offerte aux regards et aux sauces.*

Dernière minute: j'apprends que les couturiers et tailleurs° pour hommes ont l'intention de remettre à la mode cet hiver le pantalon à revers°. Excellente initiative. Ce sera autant de tissu à fabriquer et à utiliser en plus. Ce seront des milliers d'heures de travail supplémentaires. Ces revers sont une victoire sur le chômage!

tailors
à... with cuffs

d'après Bernard Pivot, *Le Point*

QUESTIONS SUR LA LECTURE

1. Quelle est la cause du scandale des cravates?
2. Pourquoi les cravates étroites ne sont-elles pas bonnes pour l'économie d'un pays?
3. Mais si elles sont très larges, ne risque-t-on pas une autre catastrophe?
4. Citez les trois lois économiques qui résument la situation.
5. Quelle initiative va résoudre le problème du chômage?
6. Trouvez quelques-uns des éléments humoristiques utilisés par l'auteur.
7. Citez des changements de mode que vous avez observés. Qui en a bénéficié le plus?
8. En quoi ce problème est-il plus sérieux qu'on ne le penserait d'abord?
9. Si vous étiez journaliste, citeriez-vous simplement les faits, ou essaieriez-vous d'y mettre un peu d'humour? Pourquoi?

CONSTRUCTION DE PHRASES

1. être au courant (de)
2. chacun
3. plus...plus...
4. quelques-uns (unes)
5. n'importe quoi
6. faire (+ infinitif)

VOCABULAIRE

1. Donnez *un synonyme* de:
   inadmissible lutter bête (adj.) plus
2. Donnez *un antonyme* de:
   un échec un élargissement un atterrissage conservateur
3. Citez *10 termes* relatifs à la presse.

COMPOSITION

1. Aujourd'hui c'est vous qui présentez le journal télévisé. Quelles sont les nouvelles les plus importantes (locales, nationales, internationales)? N'oubliez pas les événements sportifs, la météo....
2. Vous êtes journaliste et vous interviewez un homme (ou une femme) politique, un acteur (ou une actrice), le Président des Etats-Unis ou sa femme, un(e) musicien(ne)...Racontez l'interview. Essayez de la rendre intéressante et amusante.
3. Cherchez un article dans un journal ou dans un magazine. Résumez-le et indiquez les raisons qui vous l'ont fait choisir (raison politique, sociale, psychologique, économique, ou autre).
   (Consultez le vocabulaire du N° 4, pages 464–465.)

poème

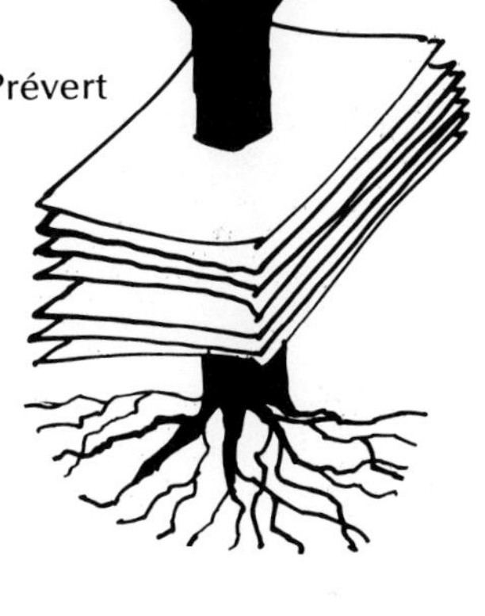

TANT DE FORETS

Tant de forêts arrachées[1] à la terre
et massacrées
achevées
rotativées[2]

Tant de forêts sacrifiées pour la pâte à papier
des milliards de journaux attirant annuellement l'attention des lecteurs sur les dangers du déboisement[3] des bois et des forêts.

La pluie et le beau temps, Jacques Prévert

[1] uprooted [2] tilled [3] deforestation

réponses aux *Appliquez*

Page 461

1. Le soleil fait fondre la neige.
2. Nous n'avons pas fait construire la maison.
3. Le professeur fera corriger la dictée par les étudiants.
4. Il faisait toujours rire les enfants.
5. Vous les avez fait écrire hier.

Page 462

1. chaque
2. Chacune
3. chacun
4. quelques
5. quelques-uns (unes), quelques-unes
6. n'importe comment
7. n'importe quoi, n'importe où, n'importe qui

appendice

appendice I **Alphabet phonétique**

appendice II **Verbes + infinitif**

sans préposition
+ à
+ de

appendice III **Table de conversion**

appendice IV **Conjugaison des verbes**

Verbes réguliers
Verbes auxiliaires
Verbes irréguliers

appendice V ***La Marseillaise***

appendice I

Alphabet phonétique

Voyelles orales

[i]	ici
[e]	été
[ɛ]	très
[a]	lac
[ɑ]	bas
[ɔ]	note
[o]	mot
[u]	pour
[y]	sur
[ø]	peu
[œ]	peur
[ə]	je

Voyelles nasales

[ɛ̃]	fin
[ɑ̃]	sans
[ɔ̃]	bon

Semi-consonnes (ou semi-voyelles)

[ɥ]	lui
[w]	oui
[j]	mieux

Consonnes

[p]	pas
[t]	tu
[k]	carte
[b]	bateau
[d]	dans
[g]	gare
[f]	fou
[v]	vie
[s]	cela
[z]	zéro
[ʃ]	chose
[ʒ]	jour
[l]	mal
[r]	mari
[m]	maison
[n]	animal
[ɲ]	montagne

appendice II

Verbes + *infinitif*

On emploie l'infinitif *sans préposition* après les verbes suivants:

aimer
aimer mieux
aller
avoir beau
compter
croire
désirer
détester
devoir
écouter
emmener
entendre
envoyer
espérer
faire
falloir
laisser
oser
partir
penser (*avoir l'intention de*)
pouvoir
préférer
regarder
savoir
sembler
valoir mieux
venir
voir
vouloir

On emploie **à** + infinitif après les verbes suivants:

aider à
s'amuser à
s'appliquer à
apprendre à
arriver à
s'attendre à
avoir à
chercher à
commencer à
conduire à
consister à
continuer à (*ou* de)
décider (quelqu'un) à
se décider à
encourager à
forcer à
s'habituer à
hésiter à
s'intéresser à
inviter à
mettre (du temps) à
se mettre à
parvenir à
passer (du temps) à
penser à (*ne pas oublier*)
perdre (du temps) à
se plaire à
se préparer à
renoncer à
réussir à
servir à
tarder à
tenir à

On emploie **de** + infinitif après les verbes suivants:

accepter de
accuser de
s'agir de
s'arrêter de
avoir besoin (envie, hâte, honte, la chance, l'air, le temps, l'intention, peur, raison, tort) de
cesser de
choisir de
conseiller de
continuer de (*ou* à)
craindre de
décider de
défendre de
demander de
se dépêcher de
dire de (*ordre*)
écrire de (*ordre*)
empêcher de
essayer de
éviter de
s'excuser de
faire bien de
faire exprès de
finir de
interdire de
menacer de
mériter de
négliger de
être obligé(e) de
offrir de
ordonner de
oublier de
permettre de
(se) plaindre de
prier de
promettre de
proposer de
refuser de
regretter de
remercier de
risquer de
se souvenir de
suggérer de
venir de (*passé récent*)

appendice III

Table de conversion du système métrique

Longueur

1 centimètre = 0,3937 *inch*
1 mètre = 39,37 *inches*
1 mètre = 1,094 *yards*
1 kilomètre = 0,6214 *mile*

Poids

1 gramme = 0,0022 *pound*
1 kilogramme = 35,27 *ounces*
1 kilogramme = 2,2 *pounds*

Volume liquide

1 litre = 35,21 *ounces*
1 litre = 2,112 *pints*
1 litre = 1,057 *quarts*
1 litre = 0,2642 *gallon*

Température

0° C (centigrade; centésimal) = 32° F (*Fahrenheit*) → la glace fond
37° C = 98.6° F température normale du corps
100° C = 212° F ébullition de l'eau (à la pression normale)

Vitesse

1 kilomètre à l'heure (km/h) = 0,62 *mile per hour* (*MPH*)

Les préfixes suivants sont employés dans le système métrique:

Déci = $\frac{1}{10}$	Déca = 10
Centi = $\frac{1}{100}$	Hecto = 100
Milli = $\frac{1}{1000}$	Kilo = 1000

appendice IV

Conjugaison des verbes

CONJUGAISON DES VERBES REGULIERS

MODES	Verbes en er	Verbes en ir	Verbes en re
INFINITIF	parl**er**	fin**ir**	vend**re**
PARTICIPE **Présent**	parlant	finissant	vendant
Passé	parlé	fini	vendu
IMPERATIF	parle parlons parlez	finis finissons finissez	vends vendons vendez
INDICATIF **Présent**	je parle tu parles il parle nous parlons vous parlez ils parlent	je finis tu finis il finit nous finissons vous finissez ils finissent	je vends tu vends il vend nous vendons vous vendez ils vendent
Passé composé	j'ai parlé	j'ai fini	j'ai vendu
Imparfait	je parlais tu parlais il parlait nous parlions vous parliez ils parlaient	je finissais tu finissais il finissait nous finissions vous finissiez ils finissaient	je vendais tu vendais il vendait nous vendions vous vendiez ils vendaient
Plus-que-parfait	j'avais parlé	j'avais fini	j'avais vendu
Passé simple	je parlai tu parlas il parla nous parlâmes vous parlâtes ils parlèrent	je finis tu finis il finit nous finîmes vous finîtes ils finirent	je vendis tu vendis il vendit nous vendîmes vous vendîtes ils vendirent

CONJUGAISON DES VERBES REGULIERS (Suite)

MODES	Verbes en er	Verbes en ir	Verbes en re
INDICATIF **Passé antérieur**	j'eus parlé	j'eus fini	j'eus vendu
Futur	je parlerai tu parleras il parlera nous parlerons vous parlerez ils parleront	je finirai tu finiras il finira nous finirons vous finirez ils finiront	je vendrai tu vendras il vendra nous vendrons vous vendrez ils vendront
Futur antérieur	j'aurai parlé	j'aurai fini	j'aurai vendu
CONDITIONNEL **Présent**	je parlerais tu parlerais il parlerait nous parlerions vous parleriez ils parleraient	je finirais tu finirais il finirait nous finirions vous finiriez ils finiraient	je vendrais tu vendrais il vendrait nous vendrions vous vendriez ils vendraient
Passé	j'aurais parlé	j'aurais fini	j'aurais vendu
SUBJONCTIF **Présent**	que je parle tu parles il parle nous parlions vous parliez ils parlent	que je finisse tu finisses il finisse nous finissions vous finissiez ils finissent	que je vende tu vendes il vende nous vendions vous vendiez ils vendent
Passé	que j'aie parlé	que j'aie fini	que j'aie vendu
Imparfait	que je parlasse que tu parlasses qu'il parlât que nous parlassions que vous parlassiez qu'ils parlassent	que je finisse que tu finisses qu'il finît que nous finissions que vous finissiez qu'ils finissent	que je vendisse que tu vendisses qu'il vendît que nous vendissions que vous vendissiez qu'ils vendissent
Plus-que-parfait	que j'eusse parlé	que j'eusse fini	que j'eusse vendu

CONJUGAISON DES VERBES AUXILIAIRES

avoir

MODES	TEMPS SIMPLES			TEMPS COMPOSES	
INFINITIF	**Présent** avoir			**Passé** avoir eu	
PARTICIPE	**Présent** ayant				
	Passé eu				
IMPERATIF	**Présent** aie, ayons, ayez				
INDICATIF	**Présent**			**Passé composé**	
	ai	avons		ai eu	avons eu
	as	avez		as eu	avez eu
	a	ont		a eu	ont eu
	Imparfait			**Plus-que-parfait**	
	avais	avions		avais eu	avions eu
	avais	aviez		avais eu	aviez eu
	avait	avaient		avait eu	avaient eu
	Passé simple		*littéraires*	**Passé antérieur**	
	eus	eûmes		eus eu	eûmes eu
	eus	eûtes		eus eu	eûtes eu
	eut	eurent		eut eu	eurent eu
	Futur			**Futur antérieur**	
	aurai	aurons		aurai eu	aurons eu
	auras	aurez		auras eu	aurez eu
	aura	auront		aura eu	auront eu
CONDITIONNEL	**Présent**			**Passé**	
	aurais	aurions		aurais eu	aurions eu
	aurais	auriez		aurais eu	auriez eu
	aurait	auraient		aurait eu	auraient eu
SUBJONCTIF	**Présent**			**Passé**	
	aie	ayons		aie eu	ayons eu
	aies	ayez		aies eu	ayez eu
	ait	aient		ait eu	aient eu
	Imparfait		*littéraires*	**Plus-que-parfait**	
	eusse	eussions		eusse eu	eussions eu
	eusses	eussiez		eusses eu	eussiez eu
	eût	eussent		eût eu	eussent eu

être

MODES	TEMPS SIMPLES			TEMPS COMPOSES	
INFINITIF	**Présent**			**Passé**	
	être			avoir été	
PARTICIPE	**Présent**				
	étant				
	Passé				
	été				
IMPERATIF	**Présent**				
	sois, soyons, soyez				
INDICATIF	**Présent**			**Passé composé**	
	suis	sommes		ai été	avons été
	es	êtes		as été	avez été
	est	sont		a été	ont été
	Imparfait			**Plus-que-parfait**	
	étais	étions		avais été	avions été
	étais	étiez		avais été	aviez été
	était	étaient		avait été	avaient été
	Passé simple		——*littéraires*——	**Passé antérieur**	
	fus	fûmes		eus été	eûmes été
	fus	fûtes		eus été	eûtes été
	fut	furent		eut été	eurent été
	Futur			**Futur antérieur**	
	serai	serons		aurai été	aurons été
	seras	serez		auras été	aurez été
	sera	seront		aura été	auront été
CONDITIONNEL	**Présent**			**Passé**	
	serais	serions		aurais été	aurions été
	serais	seriez		aurais été	auriez été
	serait	seraient		aurait été	auraient été
SUBJONCTIF	**Présent**			**Passé**	
	sois	soyons		aie été	ayons été
	sois	soyez		aies été	ayez été
	soit	soient		ait été	aient été
	Imparfait		——*littéraires*——	**Plus-que-parfait**	
	fusse	fussions		eusse été	eussions été
	fusses	fussiez		eusses été	eussiez été
	fût	fussent		eût été	eussent été

CONJUGAISON DES VERBES IRREGULIERS

INFINITIF	INDICATIF				
	Présent		Imparfait	Passé composé	Passé simple
aller	vais vas va	allons allez vont	allais	suis allé(e)	allai
s'asseoir	m'assieds t'assieds s'assied	nous asseyons vous asseyez s'asseyent	m'asseyais	me suis assis(e)	m'assis
battre	bats bats bat	battons battez battent	battais	ai battu	battis
boire	bois bois boit	buvons buvez boivent	buvais	ai bu	bus
conduire	conduis conduis conduit	conduisons conduisez conduisent	conduisais	ai conduit	conduisis
connaître	connais connais connaît	connaissons connaissez connaissent	connaissais	ai connu	connus
coudre	couds couds coud	cousons cousez cousent	cousais	ai cousu	cousis
courir	cours cours court	courons courez courent	courais	ai couru	courus

	CONDITIONNEL	SUBJONCTIF	PARTICIPE	
Futur	**Présent**	**Présent**	**Présent**	**Verbes qui ont une conjugaison semblable**
irai	irais	aille allions	allant	s'en aller
m'assiérai	m'assiérais	m'asseye nous asseyions	s'asseyant	
battrai	battrais	batte battions	battant	abattre combattre
boirai	boirais	boive buvions	buvant	
conduirai	conduirais	conduise conduisions	conduisant	construire produire cuire traduire détruire
connaîtrai	connaîtrais	connaisse connaissions	connaissant	apparaître reconnaître disparaître paraître
coudrai	coudrais	couse cousions	cousant	
courrai	courrais	coure courions	courant	parcourir

CONJUGAISON DES VERBES IRREGULIERS (Suite)

INFINITIF	INDICATIF				
	Présent		Imparfait	Passé composé	Passé simple
craindre	crains crains craint	craignons craignez craignent	craignais	ai craint	craignis
croire	crois crois croit	croyons croyez croient	croyais	ai cru	crus
cueillir	cueille cueilles cueille	cueillons cueillez cueillent	cueillais	ai cueilli	cueillis
devoir	dois dois doit	devons devez doivent	devais	ai dû	dus
dire	dis dis dit	disons dites disent	disais	ai dit	dis
écrire	écris écris écrit	écrivons écrivez écrivent	écrivais	ai écrit	écrivis
faire	fais fais fait	faisons faites font	faisais	ai fait	fis
falloir	il faut		il fallait	il a fallu	il fallut

	CONDITIONNEL	SUBJONCTIF	PARTICIPE	
Futur	**Présent**	**Présent**	**Présent**	**Verbes qui ont une conjugaison semblable**
craindrai	craindrais	craigne craignions	craignant	(se) plaindre
croirai	croirais	croie croyions	croyant	
cueillerai	cueillerais	cueille cueillions	cueillant	accueillir
devrai	devrais	doive devions	devant	
dirai	dirais	dise disions	disant	
écrirai	écrirais	écrive écrivions	écrivant	décrire inscrire récrire
ferai	ferais	fasse fassions	faisant	défaire refaire satisfaire
il faudra	il faudrait	il faille		

CONJUGAISON DES VERBES IRREGULIERS (Suite)

INFINITIF	INDICATIF				
	Présent		Imparfait	Passé composé	Passé simple
fuir	fuis fuis fuit	fuyons fuyez fuient	fuyais	ai fui	fuis
lire	lis lis lit	lisons lisez lisent	lisais	ai lu	lus
mettre	mets mets met	mettons mettez mettent	mettais	ai mis	mis
mourir	meurs meurs meurt	mourons mourez meurent	mourais	suis mort(e)	mourus
naître	nais nais naît	naissons naissez naissent	naissais	suis né(e)	naquis
ouvrir	ouvre ouvres ouvre	ouvrons ouvrez ouvrent	ouvrais	ai ouvert	ouvris
partir	pars pars part	partons partez partent	partais	suis parti(e)	partis
peindre	peins peins peint	peignons peignez peignent	peignais	ai peint	peignis

	CONDITIONNEL	SUBJONCTIF	PARTICIPE	
Futur	Présent	Présent	Présent	Verbes qui ont une conjugaison semblable
fuirai	fuirais	fuie fuyions	fuyant	s'enfuir
lirai	lirais	lise lisions	lisant	élire relire
mettrai	mettrais	mette mettions	mettant	admettre promettre omettre remettre permettre
mourrai	mourrais	meure mourions	mourant	
naîtrai	naîtrais	naisse naissions	naissant	
ouvrirai	ouvrirais	ouvre ouvrions	ouvrant	couvrir recouvrir découvrir souffrir offrir
partirai	partirais	parte partions	partant	consentir ressortir dormir (se) sentir s'endormir (se) servir mentir sortir ressentir
peindrai	peindrais	peigne peignions	peignant	atteindre teindre éteindre repeindre

CONJUGAISON DES VERBES IRREGULIERS (Suite)

INFINITIF	INDICATIF				
	Présent		Imparfait	Passé composé	Passé simple
plaire	plais plais plaît	plaisons plaisez plaisent	plaisais	ai plu	plus
pleuvoir	il pleut		il pleuvait	il a plu	il plut
pouvoir	peux, puis peux peut	pouvons pouvez peuvent	pouvais	ai pu	pus
prendre	prends prends prend	prenons prenez prennent	prenais	ai pris	pris
recevoir	reçois reçois reçoit	recevons recevez reçoivent	recevais	ai reçu	reçus
rire	ris ris rit	rions riez rient	riais	ai ri	ris
savoir	sais sais sait	savons savez savent	savais	ai su	sus
suffire	suffis suffis suffit	suffisons suffisez suffisent	suffisais	ai suffi	suffis

	CONDITIONNEL	SUBJONCTIF	PARTICIPE	Verbes qui ont une conjugaison semblable
Futur	**Présent**	**Présent**	**Présent**	
plairai	plairais	plaise plaisions	plaisant	déplaire
il pleuvra	il pleuvrait	il pleuve	pleuvant	
pourrai	pourrais	puisse puissions	pouvant	
prendrai	prendrais	prenne prenions	prenant	apprendre reprendre comprendre surprendre
recevrai	recevrais	reçoive recevions	recevant	(s')apercevoir concevoir décevoir
rirai	rirais	rie riions	riant	sourire
saurai	saurais	sache sachions	sachant	
suffirai	suffirais	suffise suffisions	suffisant	

CONJUGAISON DES VERBES IRREGULIERS (Suite)

INFINITIF	INDICATIF				
	Présent		Imparfait	Passé composé	Passé simple
suivre	suis suis suit	suivons suivez suivent	suivais	ai suivi	suivis
valoir	vaux vaux vaut	valons valez valent	valais	ai valu	valus
venir	viens viens vient	venons venez viennent	venais	suis venu(e)	vins
vivre	vis vis vit	vivons vivez vivent	vivais	ai vécu	vécus
voir	vois vois voit	voyons voyez voient	voyais	ai vu	vis
vouloir	veux veux veut	voulons voulez veulent	voulais	ai voulu	voulus

	CONDITIONNEL	SUBJONCTIF	PARTICIPE	
Futur	**Présent**	**Présent**	**Présent**	**Verbes qui ont une conjugaison semblable**
suivrai	suivrais	suive suivions	suivant	poursuivre
vaudrai	vaudrais	vaille valions	valant	
viendrai	viendrais	vienne venions	venant	appartenir parvenir convenir prévenir devenir se souvenir obtenir tenir
vivrai	vivrais	vive vivions	vivant	revivre survivre
verrai	verrais	voie voyions	voyant	prévoir revoir
voudrai	voudrais	veuille voulions	voulant	

appendice V

La Marseillaise

lexique

lexique français-anglais

lexique anglais-français

lexique français-anglais

A

à at, in, to
à-propos (*m.*) timeliness
abaissé(e) lowered
abandonner to abandon
abattu(e) dejected
abbaye (*f.*) abbey
abîmé(e) damaged
abondant(e) abundant
abonné: être — à to be a subscriber
abonnement (*m.*) subscription
abonner: s'— to subscribe (to a paper)
aboutir to lead to
abri (*m.*) shelter; **à l'— de** sheltered from
abricot (*m.*) apricot
abrupt(e) steep
absent(e) absent
absolument absolutely
absurde absurd
abus (*m.*) abuse
abuser to abuse
académique academic
accélérer to accelerate
accentuer to accentuate
accepter to accept
accès (*m.*) access
accessoires (*m.*) accessories
accidentel(le) accidental
accommoder to accommodate
accompagner to accompany
accomplir to accomplish
accord (*m.*) agreement; **d'—** agreed, O.K.; **être d'—** to agree
accordéon (*m.*) accordion
accorder to grant
accroché(e) hung
accumuler to accumulate
accusé (*m.*) suspect
accuser to accuse
achat (*m.*) purchase
acheter to buy
achever to end
acier (*m.*) steel
acquérir to acquire
acte (*m.*) act (theater)
acteur(trice) (*m.f.*) actor, actress
actif(ve) active
actualité (*f.*) current events
actuel(le) present, current
actuellement at present, now
adapté(e) adapted
addition (*f.*) addition; check
adhérent (*m.*) member of a co-operative
adieu (*m.*) farewell
adjectif (*m.*) adjective
admirer to admire
admis(e) accepted
adopté(e) adopted
adorer to adore
adresse (*f.*) address
adresser: s'— à to address (someone)
adroit(e) skillful
adulte adult
adversaire (*m.*) opponent
aéroglisseur (*m.*) hovercraft
aéroport (*m.*) airport
affaire (*f.*) deal; **—s** business; belongings
affamé(e) hungry
affectueusement affectionately
affiche (*f.*) poster
affirmatif(ve) affirmative
affirmer: s'— to assert oneself
affluent (*m.*) tributary
affolé(e) frantic
affreux(se) awful
afin que so that
africain(e) African
Afrique (*f.*) Africa
âge age; **quel — avez-vous?** how old are you?
âgé(e) old, aged
agence (*f.*) agency
agent (*m.*) agent, policeman; **— immobilier** realtor
agir to act; **s'— de** to be about
agiter to agitate
agneau (*m.*) lamb
agrandir to enlarge
agréable pleasant
agreste rustic
agricole agricultural
agriculteur (*m.*) farmer
aide (*f.*) help
aider to help
aïe! ouch!
aigle (*m.*) eagle
aigu acute (accent)
aiguille (*f.*) hand (clock); mountain peak
ail (*m.*) garlic
aile (*f.*) wing
aimable amiable, friendly
aimer to like, love; **— mieux** to prefer
aîné(e) eldest (child)
ainsi thus, so
air (*m.*) air; appearance; **en plein —** outdoors
aise: à l'— comfortable (person)
ajouter to add

alcool (*m.*) alcohol
algèbre (*f.*) algebra
algébrique algebraic
aligné(e) aligned
aliment (*m.*) aliment, food
alléger to lighten
Allemagne (*f.*) Germany
allemand (*m.*) German language
aller to go; to be becoming; **s'en —** to leave
aller (*m.*) one-way ticket; **— et retour** round-trip ticket
Allô Hello!
allonger to lengthen
allumer to light
allumette (*f.*) match
alors then, so
aluminium (*m.*) aluminum
amande (*f.*) almond
ambassadeur (*m.*) ambassador
ambiance (*f.*) atmosphere
âme (*f.*) soul
amélioration (*f.*) improvement
améliorer to improve
aménagement (*m.*) development
amener to bring (a person)
amer(ère) bitter
américain(e) American
Amérique (*f.*) America
ami(e) friend
amical(e) friendly
amicalement in a friendly way
amour (*m.*) love
amoureux (*m.*) lover
amoureux(se) in love
amphithéâtre (*m.*) amphitheater
amusant(e) amusing
amuser to amuse; **s'—** to have a good time
an (*m.*) year
analyser to analyze
ananas (*m.*) pineapple
ancêtre (*m.*) ancestor
anémie (*f.*) anemia
anglais(e) English; (*m.*) English language
Anglais (*m.*) Englishman
Angleterre (*f.*) England
animal(e) animal
animateur (*m.*) activity leader
animé(e) animated, lively
année (*f.*) year
anniversaire (*m.*) anniversary, birthday
annonce (*f.*) announcement, advertisement
annoncer to announce
annuellement annually
annuler to annul, cancel
antenne (*f.*) antenna
antérieur(e) anterior, previous
antonyme (*m.*) antonym
anxiété (*f.*) anxiety
août August
apercevoir to catch a glimpse of; **s'—** to realize
apparaître to appear
appareil (*m.*) appliance; **— photo** camera
apparence (*f.*) appearance
appartement (*m.*) apartment
appartenir (à) to belong to
appel (*m.*) roll call, call
appeler to call (in); **s'—** to be called
appétit (*m.*) appetite; **Bon —!** Enjoy your meal!
applaudir to applaud
appliquer to apply; **s'— à** to apply oneself to
apporter to bring (a thing)
apprécier to appreciate
apprendre to learn
apprentissage (*m.*) apprenticeship
approcher to come near; **s'— de** to get near
approprié(e) appropriate
approuver to approve
approximativement approximately
après after; **— que** after
après-midi (*m.*) afternoon
arabe Arab; (*m.*) Arabic language
arachides (*f.*) peanuts
arbre (*m.*) tree
arc-en-ciel (*m.*) rainbow
archaïque archaic
architecte (*m.*) architect
ardeur (*f.*) ardor, zeal, eagerness
ardoise (*f.*) slate
arène (*f.*) arena
argent (*m.*) money
argenté(e) flush (*fam.*), rich
argenterie (*f.*) silverware
aristocratique aristocratic
arme (*f.*) weapon
armé(e) armed
armée (*f.*) army
arracher to tear out, pull off
arranger to arrange
arrêt (*m.*) stop; **sans —** without stopping
arrêter to stop, to arrest; **s'—** to stop
arrière (*m.*) back part; **en —** backward
arrière-petit-fils great-grandson
arrivée (*f.*) arrival
arriver to arrive
arroser to irrigate
article (*m.*) article; item
artificiel(le) artificial
artillerie (*f.*) artillery
artiste (*m.f.*) artist
artistique artistic
ascenseur (*m.*) elevator
aspirine (*f.*) aspirin
assemblage (*m.*) assembly
asseoir: s'— to sit down
assez enough; **— de** enough
assiette (*f.*) plate
assis(e) seated
assister à to attend
assorti(e) matching

assortiment (*m.*) assortment
assurance (*f.*) assurance, insurance
assurer to assure, to insure
astre (*m.*) celestial body
astronaute (*m.*) astronaut
astronome (*m.*) astronomer
athlète (*m.f.*) athlete
atmosphère (*f.*) atmosphere
atomique atomic
attacher to attach
attaque (*f.*) attack
attaquer to attack
atteindre to reach
attendant: en — in the meantime
attendre to wait for; **s'— à** to expect
attente (*f.*) waiting
attentif(ve) attentive
attention! watch out!; **faire — à** to pay attention to
attentivement attentively
atténuant(e) extenuating
atténuer to attenuate
atterrir to land
atterrissage (*m.*) landing
attirer to attract
attraper to catch
attrister to sadden
au revoir good-by
au-delà beyond
au-dessous de below
au-dessus de above
auberge (*f.*) **de jeunesse** youth hostel
aucun(e) none, not any
auditeur(trice) (*m.f.*) listener
augmentation (*f.*) increase
augmenter to increase
aujourd'hui today
auparavant before
auprès de near
aussi also
aussi...que as . . . as
aussitôt right away; **— que** as soon as
austère austere
autant (de)...que as much (many) . . . as
autant plus...: d'— all the more, especially as
auteur (*m.*) author
auto(mobile) (*f.*) car
autobiographie (*f.*) autobiography
auto-stop (*m.*): **faire de l'—** to hitch-hike
autobus (*m.*) bus (city)
autocar (*m.*) bus (long-distance)
automne (*m.*) autumn, fall
automobiliste (*m.*) motorist
autonome autonomous
autorisation (*f.*) authorization
autoriser to authorize
autoritaire authoritative
autoroute (*f.*) freeway
autour de around
autre other; **— chose** something else
autrefois in the past, formerly
autrement otherwise
autruche (*f.*) ostrich
auxiliaire (*m.*) auxiliary
avaler to swallow
avance: être en — to be early
avancer to be fast; to move along
avant (que, de) before; **— Jésus-Christ** B.C.
avantage (*m.*) advantage
avec with
avenir (*m.*) future
aventure (*f.*) adventure
averse (*f.*) downpour
avide eager
avion (*m.*) (air)plane; **— à réaction** jet
avis (*m.*) opinion, advice; **à mon —** in my opinion
avocat (*m.*) lawyer; avocado
avoir to have; **— beau** however much I . . . , to be in vain; **— des nouvelles** to hear from; **— du mal à** to have a hard time; **— envie de** to have a desire; **— honte (de)** to be ashamed of; **— l' intention de** to intend to; **— l'air** to seem, look; **— mal (à)** to ache, hurt; **— peur (de)** to be afraid of; **— raison (de)** to be right; **— sommeil** to be sleepy; **— tort (de)** to be wrong; **en — assez** to have had enough; **en — marre (de)** to be fed up with (*fam.*)
avouer to confess
avril April

B

bagages (*m.*) luggage
bagarre (*f.*) scuffle
bagnole (*f.*) jalopy
baguette (*f.*) long thin loaf of French bread
baigner: se — to take a bath
baignoire (*f.*) bathtub
bâiller to yawn
bain (*m.*) bath
baise-main (*m.*) hand kiss
baiser (*m.*) kiss
baisser to lower
bal (*m.*) ball (dance)
balayer to sweep
balle (*f.*) ball; **des —s** francs (*fam.*)
banal(e) trite
banane (*f.*) banana
banc (*m.*) bench
bande dessinée (*f.*) comic strip
bande magnétique (*f.*) magnetic tape
banlieue (*f.*) suburb
banque (*f.*) bank
barbare barbaric
barbe (*f.*) beard; **quelle —!** what a drag! (*fam.*)
barque (*f.*) boat

barrage (*m.*) dam
bas(se) low; **en —** downstairs; **tout —** in a low voice
base (*f.*) base, basis
base-ball (*m.*) baseball
basket(-ball) (*m.*) basketball
basse-cour (*f.*) farmyard
bataille (*f.*) battle
bateau (*m.*) boat; **— à voiles** sailboat; **— de pêche** fishing boat
bâtiment (*m.*) building
bâtir to build
bâton (*m.*) stick
battre to beat; **se —** to fight
bavard(e) talkative
bavardage chattering, gossip
bavarder to chat
bavette (*f.*) bib
beau (belle) beautiful
beau-frère (*m.*) brother-in-law
beaucoup a lot; **— de** much, many
beauté (*f.*) beauty
bébé (*m.*) baby
bêlement (*m.*) bleat
bêler to bleat
belge Belgian
Belgique (*f.*) Belgium
belle: de plus — all the more
belle-sœur (*f.*) sister-in-law
bénéfice (*m.*) profit
bercer to rock
besoin: avoir — de to need
bête dumb; (*f.*) animal, beast
bêtise (*f.*) dumb thing, blunder
béton (*m.*) **(armé)** reinforced concrete
beurre (*m.*) **(de cacahuètes)** (peanut) butter
beurrer to butter
bibliothécaire (*m.f.*) librarian
bibliothèque (*f.*) library
bicyclette (*f.*) bicycle
bien quite, well; **— que** although; **— sûr** of course
bien-être (*m.*) well-being
bientôt soon; **à —** see you soon
bière (*f.*) beer
bifteck (*m.*) beefsteak
bijou (*pl.* **bijoux**) (*m.*) jewel
bilingue bilingual
billard (*m.*) billiard
billet (*m.*) ticket
biochimie (*f.*) biochemistry
biologie (*f.*) biology
bizarre strange
blague (*f.*) joke; **sans —** no kidding (*fam.*)
blanc (blanche) white; **— d'œuf** egg white
blancheur (*f.*) whiteness
blé (*m.*) wheat
blessant(e) offensive
blessé (*m.*) injured person
bleu(e) blue
blindé(e) armored
bloc (*m.*) block
blond(e) blond
blouse (*f.*) blouse
bœuf (*m.*) beef
boire to drink; **— un coup** to have a drink (*fam.*)
bois (*m.*) wood
boisé(e) wooded
boisson (*f.*) beverage
boîte (*f.*) box; **— de conserve** can
bol (*m.*) bowl
bon(ne) good
bonbon (*m.*) candy
bondir to jump
bonheur (*m.*) happiness
bonjour hello; good morning; good afternoon
bonsoir good evening
bord (*m.*) edge; **à —** aboard; **au — de** on the edge of
bordé(e) lined
botte (*f.*) boot
bouche (*f.*) mouth
boucher (*m.*) butcher
boucherie (*f.*) butcher's shop
boue (*f.*) mud
bougie (*f.*) candle
bouillir to boil
bouillonner to bubble
boulanger (*m.*) baker
bouleversement (*m.*) overthrow
boulot (*m.*) work (*fam.*)
bouquin (*m.*) book (*fam.*)
bouquiniste (*m.*) second-hand bookseller
bourse (*f.*) scholarship
bousculer to hustle
bout (*m.*) tip, end; **au — de** at the end of
bouteille (*f.*) bottle
boutique (*f.*) shop
bouton (*m.*) button
boutonnière (*f.*) buttonhole
boxe (*f.*) boxing
branche (*f.*) branch
bras (*m.*) arm
bref in short
Bretagne (*f.*) Brittany
breton (*m.*) Breton language
brevet (*m.*) diploma, certificate
brillant(e) brilliant, bright
briller to shine
britannique British
broder to embroider
bronzé(e) tanned
brosse (*f.*) brush
brosser: se — to brush
brouillard (*m.*) fog
bruit (*m.*) noise
brûler to burn
brun(e) brown
brusquement abruptly
bruyamment noisily
bruyant(e) noisy
buffet (*f.*) china cabinet

bureau (*m.*) desk, office; **— de tabac** smoke shop
but (*m.*) goal

C

ça that; **c'est comme —** that's how it is; **c'est pour —** that's why
cabine (*f.*) cabin
cacher to hide
cachottier(ère) secretive
cadeau (*m.*) gift
cadet(te) second (child)
café (*m.*) coffee; coffee house
cafétéria (*f.*) cafeteria
cahier (*m.*) notebook
caillou (*pl.* **cailloux**) (*m.*) pebble
calcul (*m.*) calculation
calculatrice (*f.*) calculator
calculer to calculate
calé(e) clever (*fam.*)
calendrier (*m.*) calendar
Californie (*f.*) California
calme calm; (*m.*) calm
calmé(e) calmed
camarade (*m. f.*) school friend, pal; **— de chambre** roommate
cambrioleur (*m.*) burglar
cambriolage (*m.*) burglary
camembert (*m.*) camembert (cheese)
caméra (*f.*) movie camera
campagne: à la — in the country
campagne (*f.*) (military) campaign
campé(e) set up
canadien(ne) Canadian
canapé (*m.*) sofa
canard (*m.*) duck
candidat (*m.*) candidate
candide candid
caniche (*m.*) poodle
canneberges (*f.*) cranberries
canon (*m.*) cannon
capitale (*f.*) capital
capitaliste capitalistic
capitalisme (*m.*) capitalism
capitaux (*m.*) capitals
capricieux(euse) capricious
capter to pick up, intercept
car because
car (*m.*) interurban bus
caractère: avoir (bon) (mauvais) — to have a (good) (bad) disposition
caractériser to characterize
caractéristique (*f.*) characteristic
caravane (*f.*) caravan
carburant (*m.*) fuel
caresse (*f.*) caress
carnet (*m.*) notebook
carotte (*f.*) carrot
carré(e) square
carrefour (*m.*) intersection
carrière (*f.*) career
carte (*f.*): **— d'identité, de crédit** identification, credit card; **— postale** postcard; **— routière** road map
cas (*m.*) case; **en — de** in case of
cassé(e) broken
casse-tête (*m.*) mind boggler
casser to break
casserole (*f.*) saucepan
castagnettes (*f.*) castanets
cataclysme (*m.*) cataclysm
catégorie (*f.*) category
cathédrale (*f.*) cathedral
catholique Catholic
cause (*f.*) cause; **à — de** because of
causer to cause; to chat
caverne (*f.*) cave
ce, cet, cette; ces this, that; these, those
cédille (*f.*) cedilla
ceinture (*f.*) belt
célèbre famous
célébrité (*f.*) celebrity
céleste heavenly
célibataire bachelor
cellule (*f.*) cell
celtique Celtic
cendrier (*m.*) ashtray
cent one hundred
centaine: une — de a hundred or so
centimètre (*m.*) centimeter
centrale (*f.*) power plant
centralisé(e) centralized
centre (*m.*) center; **au — de** in the center of
cependant however
cercle (*m.*) circle
cérémonie (*f.*) ceremony
cérémonieux(euse) ceremonious
cerf (*m.*) stag
certain(e) certain; (*pl.*) some
certainement certainly
certes to be sure
cervelle (*f.*) brain
cesse: sans — unceasingly
cesser to cease
chacun each one
chagrin (*m.*) sorrow
chaîne (*f.*) chain
chaise (*f.*) chair
chaleur (*f.*) heat
charmant(e) charming
chambre (*f.*) bedroom; **— syndicale** trade-union local
champ (*m.*) field
champignon (*m.*) mushroom
chance (*f.*) luck; **avoir de la —** to be lucky; **Bonne —!** Good luck!
changement (*m.*) change
changer to change; **— d'avis** to change one's mind
chanson (*f.*) song
chanter to sing

chanteur(euse) (*m.f.*) singer
chantier (*m.*) construction site; — **naval** shipyard
chapeau (*m.*) hat
chaque each
charcuterie (*f.*) delicatessen; cold cuts
charger: se — to take upon oneself; **être chargé(e) de** to be in charge of
charme (*m.*) charm
charrue (*f.*) plough
chasser to hunt
chasseur (*m.*) hunter
chat(te) cat
châtain(e) chestnut brown
château (*m.*) castle
chaud(e) warm; hot; **avoir —** to be warm
chaudière (*f.*) boiler
chauffage (*m.*) heating
chauffer to heat
chauffeur (*m.*) driver
chaume (*m.*) thatch
chaussette (*f.*) sock
chaussure (*f.*) shoe
chef (*m.*) foreman; **— de bureau** head clerk; **chef-d'œuvre** masterpiece
chemin (*m.*) path, way; **—s de fer** railways
cheminée (*f.*) fireplace, chimney
chemise (*f.*) shirt
chèque (*m.*) check
cher(ère) dear, expensive
chercher to look for; **— à** to attempt
chéri(e) darling
cheval (*m.*) (*pl.* **chevaux**) horse
cheveu (*m.*) (*pl.* **cheveux**) hair
chèvre (*f.*) goat
chevreuil (*m.*) roe deer
chevrotant(e) quavering
chez at (to) the house, store, office . . . of
chic stylish
chien(ne) dog
chiffre (*m.*) figure
chimie (*f.*) chemistry
chimique chemical
chimiste (*m.*) chemist
Chine (*f.*) China
chinois(e) Chinese
chirurgical(e) surgical
chirurgien (*m.*) surgeon
choc (*m.*) shock
chocolat (*m.*) chocolate
choisir to choose
choix (*m.*) choice
chômage (*m.*) unemployment
chômeur (*m.*) unemployed worker
choqué(e) shocked
chose (*f.*) thing
chouette! super!; **— alors!** Oh boy!
chrétien(ne) Christian
chronologiquement chronologically
chut! hush!
chute (*f.*) fall
ci-dessous below
ci-dessus above
cidre (*m.*) cider
ciel (*m.*) sky; **les cieux** heavens
ciguë (*f.*) poison hemlock
ciment (*m.*) cement
cimetière (*m.*) cemetery
cinéma (*m.*) movies
cinq five
cinquante fifty
circonflexe (accent) circumflex
circonstance (*f.*) circumstance
circulation (*f.*) traffic
circuler to move on
cirque (*m.*) circus
ciseaux (*m.*) scissors
cité (*f.*) **universitaire** residence hall
citerne (*f.*) cistern
citron (*m.*) lemon
citrouille (*f.*) pumpkin
civilisé(e) civilized
clair(e) clear, light
clairement clearly
clairière (*f.*) clearing
claquer to slam
classe (*f.*) class (trains); classroom
classement (*m.*) classification
classeur (*m.*) filing cabinet
classifier to classify
classique classical
clé (*f.*) key
clément(e) mild
cligner to blink
climat (*m.*) climate
clinique (*f.*) clinic
cloche (*f.*) bell
clocher (*m.*) bell tower, steeple
cocher (*m.*) coachman
code (*m.*) **de la route** highway code
cœur (*m.*) heart; **avoir mal au —** to be nauseated; **de bon —** heartily; **par —** by heart
cohue (*f.*) crowd
coiffé(e) well-groomed (hair)
coiffer: se — to fix one's hair
coiffeur(euse) (*m.f.*) hairdresser
coin (*m.*) corner
coïncidence (*f.*) coincidence
col (*m.*) (mountain) pass; collar
colère (*f.*) anger; **mettre en —** to make someone mad
collants (*m.*) panty hose
collé(e) flunked (exam) (*fam.*); glued
collectionner to collect
collège (*m.*) high school
collègue (*m. f.*) colleague
colline (*f.*) hill
colon (*m.*) settler
colonne (*f.*) column
coloré(e) colored
combien how much (many)
combinaison (*f.*) combination

comédie (*f.*) comedy
comédien(ne) comedian
comique comic
commander to order
commande (*f.*) order (of goods)
comme as, like; **— si** as if
commencement (*m.*) beginning; **au — de** at the beginning of
commencer to begin
comment how, what; **— allez-vous?** how are you; **— ça va?** how are you? (*fam.*); **— vous appelez-vous** what's your name?
commerçant (*m.*) shopkeeper
commettre to commit
commissariat (*m.*) police station
commode convenient
commodité (*f.*) convenience
commun(e) common
communiquer to communicate
compagnie (*f.*) company
comparaison (*f.*) comparison; **en —** in comparison
comparer to compare
compartiment (*m.*) compartment
compas (*m.*) compass
complaisance (*f.*) complacency
complément (*m.*) complement
complémenter to complement
complet(ète) complete
complètement completely
compléter to complete, fill in
compliment: faire un — to pay a compliment
compliqué(e) complicated, intricate
composé(e) composed
compositeur (*m.*) composer
composition (*f.*) composition, essay
comprendre to understand, include
comprimés (*m.*) tablets
compte (*m.*) calculation; **se rendre — de** to realize; **tout — fait** all things considered
compter to count
concerner to concern
concours (*m.*) competition
conçu(e) conceived
concurrence (*f.*) competition
condamner to condemn
condenser to condense
conducteur (*m.*) driver
conduire to drive
conduit (*m.*) duct
conduite (*f.*) behavior
conférence (*f.*) lecture
confiance (*f.*) confidence, trust; **avoir — en** to trust; **faire —** to trust
confirmer to confirm
confiture (*f.*) jam
confort (*m.*) comfort
confortable comfortable
confus(e) sorry, ashamed
congé (*m.*) holiday; **en —** on leave
congélateur (*m.*) freezer
congrès (*m.*) symposium, congress
conjugaison (*f.*) conjugation
conjuguer to conjugate
connaissance (*f.*) knowledge; **faire —** to meet
connaître to know; **s'y —** to be an expert in
connu(e) known; well-known
conquête (*f.*) conquest
consacrer to devote
conscient(e) conscious
conscientieux(se) conscientious
consécutif(ve) consecutive
conseil (*m.*) counsel, advice; **suivre un —** to take someone's advice
conseiller to advise
consentir to consent
conséquence (*f.*) consequence, result
conséquent: par — consequently
conservateur(trice) conservative
conserver to preserve
considérer to consider
consigne (*f.*) lockers
consister (de) to consist (of)
consommation (*f.*) consumption
consonne (*f.*) consonant
constamment constantly
constater to observe
construire to build
consulter to consult
consumer: se — to burn away
conte (*m.*) tale
contemporain(e) contemporary
contenir to contain
content(e) glad
contenter: se — de to be content with
contester to contest
continu(e) continuous
continuel(le) continual
continuellement continually
continuer to continue
contracter: se — to contract
contraire (*m.*) contrary, opposite; **au —** on the contrary
contrairement à contrary to
contrarier to vex
contraste (*m.*) contrast
contre against
contribuer to contribute
contrôle (*m.*) control
contrôler to control
convaincre to convince
convenable suitable
convenir to suit; to be suitable
conventionnel(le) conventional
convive (*m.*) guest
copain (copine) (*m.f.*) buddy, pal

copie (*f.*) paper (assignment)
copieusement copiously
copieux(euse) copious
coque (*f.*) shell
corbeille (*f.*) **à papier** paper basket
corde (*f.*) rope
cornet (*m.*) cone (ice cream)
corps (*m.*) body
correct(e) correct
correctement correctly
correspondant(e) corresponding; (*m.*) correspondent
correspondre to correspond
corriger to correct
Corse (*f.*) Corsica
costume (*m.*) costume, suit
costumé(e) costumed
côte (*f.*) coast
côté (*m.*) side; **à — de** next to; **de l'autre — de** on the other side, across; **d'un —, de l'autre** on the one hand, on the other; **mettre de —** to put aside
coton (*m.*) cotton
cou (*m.*) neck
couché(e) lying, in bed
coucher: se — to go to bed
coudre to sew
couler to flow
couleur (*f.*) color; **de quelle —?** what color?
couloir (*m.*) corridor
coup (*m.*) **de fil** phone call, ring
coupable guilty; (*m.*) offender
couper to cut
cour (*f.*) yard
courageux(euse) courageous
couramment fluently
courant(e) current
courant (*m.*): **— d'air** draft; **être au — de** to be informed
coureur (*m.*) runner
courir to run
courrier (*m.*) mail; **— du cœur** lovelorn column
cours (*m.*) class; **— d'eau** river, stream; **au — de** in the course of; **en — de** in the process of
course (*f.*) race (sport); **—s** errands; **faire les —s** to go shopping
court(e) short
courtois(e) courteous
cousin(e) cousin
coussin (*m.*) cushion
couteau (*m.*) knife
coûter to cost
couteux(euse) costly
coutume (*f.*) custom
couturier (*m.*) designer, dressmaker
couvert(e) covered; overcast
couverts (*m.*) silverware
couverture (*f.*) cover
couvrir to cover
craie (*f.*) chalk
craindre to fear; **de crainte que** for fear that
cratère (*m.*) crater
cravate (*f.*) tie
crayon (*m.*) pencil
création (*f.*) creation
crédit (*m.*) credit
créer to create
crème (*f.*) cream
crémerie (*f.*) dairy
crêpe (*f.*) crepe, thin pancake
crêperie (*f.*) pancake house
creuser: se — la tête to rack one's brains
creux(euse) hollow
crevé(e) flat (tire)
crevette (*f.*) shrimp
cri (*m.*) scream; **pousser un —** to utter a cry
crier to shout
criminel (*m.*) criminal
crise (*f.*) crisis
critique (*m.*) critic; (*f.*) criticism, review
critiquer to criticize
croire to believe
croisé(e) crossed
croisière (*f.*) cruise
croissant (*m.*) crescent
croix (*f.*) cross
croque-monsieur (*m.*) hot ham and cheese sandwich
cru(e) raw
cueillir to gather, pick
cuiller (cuillère) (*f.*) spoon
cuillerée (*f.*) spoonful
cuir (*m.*) leather
cuire to cook; **faire —** to cook
cuisine (*f.*) kitchen, cooking
cuisinier(ière) cook; (*f.*) stove
cuisson (*f.*) cooking (time)
cultivé(e) educated, cultivated
cultiver to cultivate
culture (*f.*) culture, cultivation
culturel(le) cultural
curieux(euse) curious
cuve (*f.*) tank
cycliste (*m.*) cyclist
cyclomoteur (*m.*) moped
cynique cynical

D

d'abord (at) first
d'ailleurs besides
dame (*f.*) lady
damier (*m.*) checkerboard
dangereux(euse) dangerous
dans in, into
danse (*f.*) dance
danser to dance
d'après according to
dater (de) to date (from)
davantage more
de of, from
débarquement (*m.*) landing
débarquer to disembark
débarrasser to clear
débit (*m.*) flow
déboucher to flow into

debout standing; **tenir —** to stand upright
débrouiller: se — to manage
début (*m.*) beginning
débuter to begin
décembre December
décennie (*f.*) decade
déception (*f.*) disappointment
décerner to confer
décevoir to disappoint
déchirer: se — to tear
décidé(e) determined
décider to decide
décision (*f.*) decision; **prendre une —** to make a decision
déclarer to declare
déclinaison (*f.*) declension
décollage (*m.*) takeoff
décontracté(e) relaxed
décor (*m.*) setting
décorateur (*m.*) decorator
décorer todecorate
découpé(e) indented
découragé(e) discouraged
décourager: se — to get discouraged
découverte (*f.*) discovery
découvrir to discover
décrire to describe
dedans inside
défaire to undo
défaite (*f.*) defeat
défaut (*m.*) fault, flaw
défendre to defend
défense (*f.*) defense
défini(e) definite
définir to define
dégât (*m.*) damage
dégonfler to deflate
degré (*m.*) level, degree
dehors outside; (*m.*) outside
déjà already
déjeuner to have lunch; (*m.*) lunch
délai (*m.*) delay
délicat(e) delicate
délicieux(euse) delicious
délimité(e) delimited
délivrance (*f.*) rescue, deliverance
demain tomorrow; **à —** see you tomorrow; **après-demain** day after tomorrow
demande (*f.*) request
demander to ask for; **se —** to wonder
démarrer to get started
déménager to move
demeurer to live, to reside
demi(e) half
démocratie (*f.*) democracy
démodé(e) out of fashion
demoiselle (*f.*) young lady
dénouer: se — to unfold
dent (*f.*) tooth
dentelle (*f.*) lace
dentiste (*m.*) dentist
départ (*m.*) departure
département (*m.*) department
dépaysé(e) out of one's element
dépêcher: se — to hurry
dépend: ça — it depends
dépendre (de) to depend (on)
dépense (*f.*) expense, consumption
dépenser to spend
dépit: en — de in spite of
déplaire to displease
déplorer to deplore
déployer to develop; to unfold, spread out
déprimant(e) depressing
depuis since, for; **— (que)** since
déranger to disturb
dernier(ère) last
derrière behind
dès as early as; **— que** as soon as
désagréable unpleasant
désagrément (*m.*) unpleasantness
désapprobation (*f.*) disapproval
désastre (*m.*) disaster
descendre to go down; **— dans un hôtel** to stay at a hotel
descriptible describable
désert (*m.*) desert
désespérément desperately
déshabiller: se — to undress
désigner to designate
désinvolte unconcerned
désir (*m.*) desire
désirer to desire
désolé(e) desolate
désordre (*m.*) disorder; **en —** in a mess
désorienté(e) confused, disoriented
désormais henceforth
dessalage (*m.*) desalting
dessalé(e) salt-free
dessein (*m.*) intention, purpose
dessin (*m.*) drawing
dessiner to draw
dessous below
dessus on, thereon
destiné(e) destined
destinée (*f.*) destiny
détaché(e) detached
détail (*m.*) detail
détective (*m.*) detective
détente (*f.*) relaxation
déterminé(e) determined
déterminer to determine
déterminant(e) capital
détester to detest, hate
détresse (*f.*) distress, anguish
détruire to destroy
dette (*f.*) debt
deux two
deuxième second
devant in front of
développer to develop
développement (*m.*) development
devenir to become
déversement (*m.*) dumping
deviner to guess
devise (*f.*) motto

devoir to have to
devoir (*m.*) duty; **—s** homework
diable (*m.*) devil
diapo(sitive) (*f.*) slide
dictée (*f.*) dictation
dicter to dictate
dictionnaire (*m.*) dictionary
Dieu God; **Mon —!** Heavens!
différent(e) different
différence (*f.*) difference
difficile difficult
dimanche Sunday
dimension (*f.*) dimension, size
diminuer to diminish
dinde (*f.*) turkey
dîner to have dinner; (*m.*) dinner
dingue crazy (*fam.*)
dinosaure (*m.*) dinosaur
diplomatique diplomatic
diplôme (*m.*) diploma
dire to say, tell; **c'est-à- —** that is to say; **pour ainsi —** so to speak; **on aurait dit que...** one would have thought that; **on dirait que...** it would seem that
direct(e) direct; **en — de** live from
directement directly
directeur (*m.*) director
diriger to conduct; **se —** to direct, head for
discorde (*f.*) discord, strife
discothèque (*f.*) discotheque
discours (*m.*) speech
discret(ète) discreet
discrètement discreetly
discuter to discuss
disparaître to disappear
disparition (*f.*) disappearance
dispersé(e) scattered
disponible available
dispute (*f.*) quarrel
disputer: se — to quarrel
disque (*m.*) record
distinguer to distinguish
distraction (*f.*) amusement
distraire: se — to amuse oneself
divers(e) varied
diviser to divide
divorcer to divorce
dix ten
dizaine: une — de ten or so, about ten
docteur (*m.*) doctor
doigt (*m.*) finger
doit: il — y avoir there must be
domaine (*m.*) field; domain
domestique domestic; (*m.*) servant
dominant(e) dominant, principal
dominer to dominate
dommage: c'est — that's too bad; **quel —** what a pity
dompté(e) tamed
don (*m.*) ability
donc therefore
donner to give
doré(e) golden
dormir to sleep
dos (*m.*) back
d'où hence, wherefrom
douane (*f.*) customs
doublé(e) doubled
doubler to pass (car)
doucement gently, slowly
douceur (*f.*) gentleness
douche (*f.*) shower
doué(e) gifted
doute (*m.*) doubt; **sans —** probably; **sans aucun —** without a doubt
douter: se — de to suspect
doux (douce) gentle
douzaine: une — (de) a dozen (of)
douze twelve
doyen (*m.*) dean
drapé(e) draped
drapeau (*m.*) flag
dresser to establish
droit (*m.*) right; (study of) law; **faire son —** to study law
droit(e) right, straight; **à —e de** to the right of
drôle funny
drôlement terribly (*fam.*)
duchesse (*f.*) duchess
dur(e) hard
durant during
durée (*f.*) duration
durer to last
dynamique dynamic
dynamisme (*m.*) dynamism

E

eau (*f.*) water; **— douce** fresh water; **— de Javel** bleach; **— de mer** sea water
ébullition (*f.*) boiling point
écarlate scarlet
échafaudage (*m.*) scaffolding
échanger to exchange
échapper: s'— to escape
échec (*m.*) failure; **—s** chess
échelon (*m.*) grade (level)
échouer to fail
éclair (*m.*) eclair; lightning
éclairage (*m.*) lighting
éclairer to give light
éclater de rire to burst into laughter
éclipse (*f.*) eclipse
école (*f.*) school; **Grande —** School of Higher Learning
économie (*f.*) economics (class)
économiser to save
écouter to listen to
écrémé(e) skimmed
écrier: s'— to cry out
écrire to write
écrit(e) written; **interrogation écrite** written quiz
écriture (*f.*) handwriting
écrivain (*m.*) writer

écurie (*f.*) stable
édifice (*m.*) edifice
éditeur (*m.*) publisher
éducateur (*m.*) educator
éducation (*f.*) upbringing
éduquer to educate
effacer to erase
effet (*m.*) effect; **en —** indeed
efficace effective
égal(e) equal
également equally
égaler to equal
égalité (*f.*) equality
église (*f.*) church
égoïste (*m.*) selfish person
eh bien! well!
élargissement (*m.*) enlargement
électricité (*f.*) electricity
électrique electric
électronique (*f.*) electronics
élégamment elegantly
élégant(e) elegant
élément (*m.*) element
élémentaire elementary
éléphant (*m.*) elephant
élevage (*m.*) stock, farming, breeding
élève (*m.f.*) pupil; cadet
élevé(e) brought up; high
élever to build; **s'—** to rise
éliminatoire disqualifying
éliminer to eliminate
élire to elect
élision (*f.*) elision
éloigné(e) distant
émancipé(e) emancipated
emballer to thrill
embarquement (*m.*) boarding
embarquer to embark
embellir to beautify
embêter to bother
embouteillage (*m.*) traffic jam
embrasser to kiss
embrouiller: s'— to get confused
émerveillé(e) amazed
émis(e) transmitted
émission (*f.*) broadcast
emmagasiner to store
emmener to take away (a person)
empêcher to prevent
empereur (*m.*) emperor
emplacement (*m.*) site, location
emploi (*m.*) job
employé(e) (*m.f.*) employee
employer to use; **s'—** to be used
emporter to take away (a thing)
ému(e) moved, heartfelt
en in, by, some, any; **—général** in general; **— ville** in town
enchanter to delight
encore again, still; **— une fois** once more
encourager to encourage
endormir: s'— to fall asleep
endroit (*m.*) place, spot
énergie (*f.*) energy
énergiquement energetically
énervé(e) upset, fidgety
énerver to get on one's nerves
énerver: s'— to become irritable
enfance (*f.*) childhood
enfant (*m.f.*) child
enfermer to lock up
enfin finally
enfuir: s'— to flee
engager: s'— to engage oneself
énigme (*f.*) enigma
enlever to remove
ennemi (*m.*) enemy
ennuyé(e) bored, worried
ennuyer to annoy; **s'—** to be bored
ennuyeux(euse) boring
énoncé (*m.*) statement
énorme enormous
énormément enormously
enquête (*f.*) investigation
enseigner to teach
enseignement (*m.*) education
ensemble together; **dans l'—** on the whole
ensommeillé(e) sleepy
ensuite then
entendre to hear; **— dire que** to hear that; **— parler de** to hear about; **s'—** to get along with
entendu okay
enterré(e) buried
entier(ère) entire, whole
entièrement entirely
entourer to surround
entraîneur (*m.*) coach
entre between; **entre-temps** meanwhile
entreprise (*f.*) undertaking
entrer to enter
envahir to invade
enveloppe (*f.*) envelope
envers: à l'— inside out
envie (*f.*) envy; **avoir — de** to wish for
envier to envy
environ about
environnant(e) surrounding
environnement (*m.*) environment
environs (*m.*) surroundings
envisager to consider
envoler: s'— to fly away
envoyé (*m.*) **spécial** correspondent
envoyer to send
épais(se) thick
épaule (*f.*) shoulder; **hausser les —s** to shrug one's shoulders
épeler to spell
épicé(e) spiced
épicerie (*f.*) grocery store
épicier(ère) grocer
épidémie (*f.*) epidemic
épier to spy
épinards (*m.*) spinach

épine (*f.*) thorn
épisode (*m.*) episode
époque (*f.*) epoch
épouser to marry
épouvantable awful
épreuve (*f.*) test
éprouvette (*f.*) test tube
équerre (*f.*) triangle (instrument)
équilibre (*m.*) balance
équipe (*f.*) team
équipement (*m.*) equipment
érable (*m.*) maple tree
ère (*f.*) era
erreur (*f.*) error
escalier (*m.*) staircase, stairs
escalope (*f.*) veal cutlet
escargot (*m.*) snail
espace (*m.*) space
Espagne (*f.*) Spain
espagnol(e) Spanish; (*m.*) Spanish language
espèce (*f.*) species
espérer to hope
espionnage (*m.*) spying
espoir (*m.*) hope
esprit (*m.*) spirit, wit, mind; **avoir de l'—** to be witty
essai (*m.*) test
essayer to try
essence (*f.*) gasoline
essentiel(le) essential
est (*m.*) east
estimer to value, consider, think, claim
estomac (*m.*) stomach
estuaire (*m.*) estuary
et and
étable (*f.*) cattle shed
établir to establish
étage (*m.*) floor (building)
étagère (*f.*) shelf
étalage (*m.*) display
étaler to display
étang (*m.*) pond
étape (*f.*) lap, stage
état (*m.*) state
Etats-Unis (*m.*) United States
été (*m.*) summer
éteindre to turn off (lights), to put out (fire)
étendre: s'— to lie down
éternel(le) eternal
éternuer to sneeze
ethnique ethnic
étoile (*f.*) star; **à la belle —** in the open air
étoilé(e) starry
étonnant(e) amazing
étonnement (*m.*) surprise, amazement
étouffé(e) muffled
étrange strange
étranger (*m.*): **à l'—** abroad
étranger(ère) foreign
être to be; **— à** to belong (to); **— bien** to be comfortable
étroit(e) narrow
études (*f.*) studies; **faire ses —s** to study; **terminer ses —s** to graduate
étudiant(e) student
étudier to study
eux them
évanouir: s'— to faint
éveil (*m.*) awakening
événement (*m.*) event
évidemment obviously
évident(e) obvious
évier (*m.*) kitchen sink
éviter to avoid
évoluer to evolve
exact(e) exact
exactement exactly
exagérer to exaggerate
examen (*m.*) exam
examiner to examine
exaspérer to exasperate
excepté except
exceptionnel(le) exceptional
excessif(ve) excessive
exciter to stimulate
exclamatif(ve) exclamatory
excursion (*f.*) tour, trip
excuser to excuse
exemplaire (*m.*) sample; copy (of a book)
exemple (*m.*) example; **par —** for example
exercer to exercise
exercice (*m.*) exercise
exigeant(e) demanding
exiger to demand
exil (*m.*) exile
exister to exist
exode (*m.*) exodus
exotique exotic
expérience (*f.*) experience, experiment
explicable explainable
explication (*f.*) explanation
expliquer to explain
exploit (*m.*) exploit, feat
exploitant (*m.*) cultivator (of land)
exploiter to exploit, make use of
explorateur (*m.*) explorer
exposé (*m.*) account
exposer to expose
exposition (*f.*) exhibition
exprès: faire — to do on purpose
expressif(ve) expressive
exprimer to express
extérieur(e) exterior, outside; (*m.*) exterior; **à l'— de** outside of
extorquer to extort
extraordinaire extraordinary
extrêmement extremely

F

fabricant (*m.*) manufacturer
fabrication (*f.*) manufacture
fabriquer to make, manufacture
façade (*f.*) façade, frontage
face (*f.*) face; **en — de** facing
fâché(e) mad, angry
fâcher: se — to get mad at

facile easy
faciliter to facilitate
façon (*f.*) manner, way; **de toute —** in any case
facteur (*m.*) mailman
facture (*f.*) bill
facultatif(ve) optional
faculté (*f.*) faculty (university); **—s** abilities
faible weak
faiblement weakly
faïence (*f.*) stoneware
faim: avoir — to be hungry
faire to do, make; **— du camping** to go camping; **— les courses** to go shopping; **— pipi** to urinate (*fam.*); **— le plein** to fill up; **— une tête** to pull a long face; **— le tour de** to go around; **se — à** to get used to; **se — mal à** to hurt oneself
faisable feasible
fait (*m.*) fact; **en —** in fact
fait: ça ne — rien it doesn't matter; **il — beau** the weather is beautiful; **il — du brouillard** it's foggy; **il — chaud** the weather is hot; **il — doux** the weather is mild; **il — frais** the weather is cool; **il — froid** the weather is cold; **il — humide** the weather is humid; **il — mauvais** the weather is bad; **il — du soleil** it's sunny; **il — du vent** it's windy
fait-divers (*m.*) news item
falaise (*f.*) cliff
falloir to be necessary
familier(ère) familiar
familièrement familiarly
famille (*f.*) family
fantaisiste fanciful
fantastique fantastic
farine (*f.*) flour
fasciné(e) fascinated
fatigant(e) tiring
fatigué(e) tired
fatiguer to tire
faut: il — it is necessary
faute (*f.*) fault
fauteuil (*m.*) armchair
faux (fausse) wrong, false
faveur (*f.*) favor
favori(te) favorite
favoriser to favor
fée (*f.*) fairy
félicitations (*f.*) congratulations
féliciter: se — to congratulate one another
féminin(e) feminine; (*m.*) feminine
féminisme (*m.*) feminism
féministe feminist
femme (*f.*) wife, woman
fenêtre (*f.*) window
féodal(e) feudal
fer (*m.*) iron; **— à cheval** horseshoe
férié(e) nonworking (day)
ferme (*f.*) farm
fermé(e) closed
fermer to close
féroce ferocious
fessée (*f.*) spanking
fête (*f.*) holiday, feast day, celebration
fêter to celebrate
feu (*m.*) fire, traffic light; **— d'artifice** fireworks; **faire le —** to build a fire
feuille (*f.*) leaf, sheet (of paper)
feuilleter to thumb through
février February
ficelle (*f.*) string
fidèle faithful
fier(ère) proud
fièrement proudly
fièvre (*f.*) fever
figue (*f.*) fig
figure (*f.*) face
figurer: se — to imagine
fil (*m.*) thread, cord (electrical)
filet (*m.*) net, shopping net
fille (*f.*) girl; daughter; **jeune —** young lady
fils (*m.*) son
fin (*f.*) end; **à la — de** at the end of; **prendre —** to come to an end
fin(e) slender
finalement finally
financier(ère) financial
finement finely, smartly
fini(e) finished
finir to finish
firme (*f.*) firm
fixe fixed
flacon (*m.*) small bottle
flânerie (*f.*) strolling
fleur (*f.*) flower
fleuve (*m.*) river
flic (*m.*) cop (*fam.*)
flûte (*f.*) flute
foi: ma —! my word!
foie (*m.*) liver
foire (*f.*) fair
fois (*f.*) time; **une —** once; **à la —** at the same time
folâtre playful
follement foolishly
foncé(e) dark
fonction (*f.*) function
fonctionnaire (*m.*) civil servant
fonctionnel(le) functional
fonctionner to function
fond (*m.*) bottom, background
fonder to found
fondre to melt
fontaine (*f.*) fountain
football (*m.*) soccer
force (*f.*) strength
forcé(e) inevitable, forced
forestier(ère) pertaining to a forest
forêt (*f.*) forest

formation (*f.*) formation, education
forme (*f.*) shape, form; **en pleine —** in great shape
former to form
formule (*f.*) formula
formuler to formulate
fort very
fort(e) strong; (*m.*) forte
fortement strongly
fossé (*m.*) gap
fou (folle) mad, crazy
foudroyer to strike down
fouiller to search
foulard (*m.*) scarf
four (*m.*) oven
fourchette (*f.*) fork
fournir to furnish
fourrure (*f.*) fur
frais (*m.*) **d'inscription** tuition
frais (fraîche) cool, fresh
fraise (*f.*) strawberry
franc (franche) frank
français(e) French; (*m.*) French language
Français(e) Frenchman (woman); **les —** French people
France (*f.*) France
franchement frankly
franchir to cross
francophone French-speaking
frapper to knock; to hit, strike
fraternité (*f.*) fraternity, brotherhood
freiner to brake
fréquemment frequently
fréquent(e) frequent
frère (*m.*) brother
fresque (*f.*) fresco
frites (*f.*) French fries
friteuse (*f.*) deep-frying pan
froid (*m.*) cold; **avoir —** to be cold
froid(e) cold
fromage (*m.*) cheese
front (*m.*) forehead
frontière (*f.*) border
frousse: avoir la — to have the jitters
fuir to flee
fuite (*f.*) escape
fumée (*f.*) smoke
fumer to smoke
funèbre funereal
furieux(euse) furious
fusée (*f.*) rocket, missile
futur(e) future; (*m.*) future
futuriste futurist

G

gagnant (*m.*) winner
gagner to gain, win, earn; **— la partie** to win the case
gai(e) gay, cheerful
gaieté (*f.*) gaiety
galerie (*f.*) gallery
gallo-romain(e) Gallo-Roman
garantir to warrant
garçon (*m.*) boy; waiter
garde (*m.*) **(forestier)** forest ranger
garder to keep
gardian (*m.*) cowherd
gardien (*m.*) guard
gare (*f.*) train station
garer: se — to park
gars (*m.*) fellows (*fam.*)
gaspiller to waste
gastronomique gastronomic(al)
gâté(e) spoiled
gâteau (*m.*) cake
gauche left
gauche (*f.*) left-wing (politics); **à — de** to the left of
gaulois(e) Gallic
gaz (*m.*) gas
gazon (*m.*) grass, turf
géant (*m.*) giant
geler to freeze
gêné(e) embarrassed
général(e) general
généralement generally
génération (*f.*) generation
généreux(euse) generous
génial(e) brilliant (of a genius)
génie (*m.*) genius
genou (*m.*) (*pl.* **genoux**) knee
genre (*m.*) gender; sort, kind
gens (*m.*) people
gentil(le) nice, kind
gentillesse (*f.*) kindness
gentiment nicely
géographie (*f.*) geography
géographique geographic
géométrie (*f.*) geometry
gerbe (*f.*) shower
germain(e) Germanic
geste (*m.*) gesture
gifle (*f.*) slap
girafe (*f.*) giraffe
gîte (*m.*) lair
glace (*f.*) mirror; ice; ice cream
glacé(e) chilled, frozen
glacer: se — to freeze
gloire (*f.*) glory
gnangnan namby-pamby
gnôle (*f.*) booze (*fam.*)
gogo: à — galore
goinfre (*m.*) guzzler
gondole (*f.*) gondola
gonflable inflatable
gonfler to inflate
gorge (*f.*) throat, gorge
gothique Gothic
goût (*m.*) taste
goûter to taste
goutte (*f.*) drop
gouvernement (*m.*) government
grâce à thanks to
gracieux(euse) graceful
grammaire (*f.*) grammar
grand(e) tall, big; **—e surface** supermarket
grand-mère (*f.*) grandmother
grand-père (*m.*) grandfather

grandiose imposing
grandir to grow up
grands-parents (*m.*) grandparents
granit (*m.*) granite
gras(se) fat; (*m.*) fat
gratte-ciel (*m.*) skyscraper
gratter to scratch
gratuit(e) free of charge
grave serious; grave (accent)
grec (grecque) Greek
grêler to hail
grêlon (*m.*) hailstone
grenouille (*f.*) frog
grève (*f.*) strike
grillé(e) toasted
grimace (*f.*) grimace
grimper to climb
grippe (*f.*) flu
gris(e) gray
grogner to grumble
gronder to growl
gros(se) big, fat; **en —** on the whole
grosseur (*f.*) size
grossièreté (*f.*) rudeness
grossir to grow bigger
grotte (*f.*) grotto
groupe (*m.*) group
groupement (*m.*) grouping
gruyère (*m.*) Swiss cheese
guérir to heal
guerre (*f.*) war
guichet (*m.*) ticket window
guider to guide
guillemets (*m.*) quotation marks
guitare (*f.*) guitar
gymnastique (*f.*) gymnastics

H

habile skillful
habillé(e) dressed
habiller: s'— to dress oneself
habitant (*m.*) inhabitant
habitation (*f.*) dwelling
habiter to live
habitude (*f.*) custom, habit; **d'—** usually
habitué(e) used to
habituel(le) habitual, usual
habituellement usually
habituer: s'— to get used (to)
harmonie (*f.*) harmony
hâte: en — hastily; **avoir — de** to be eager to
hausse (*f.*) rising
haut(e) high; **de — en bas** from top to bottom; **du — de** from the top of; **en —** upstairs
hebdomadaire (*m.*) weekly magazine
hein? what?
hélas! alas!
hélicoptère (*m.*) helicopter
herbe (*f.*) grass
héritage (*m.*) heritage
héros (*m.*) hero
hésitant(e) hesitant
hésiter to hesitate
heure (*f.*) hour; **à l'—** on time; **à quelle —?** at what time? **de bonne —** early; **quelle — est-il?** what time is it? **tout à l'—** in a while, a moment ago
heureusement que it is a good thing that
heureux(euse) happy
hier yesterday
histoire (*f.*) history, story
historique historic(al)
hiver (*m.*) winter
hollandais(e) Dutch
Hollande (*f.*) Holland
homme (*m.*) man; **— d'affaires** business man
homogénéisé(e) homogenized
honnête honest
honneur (*m.*) honor; **en l'— de** in the honor of
hôpital (*m.*) hospital
horaire (*m.*) schedule
horizontalement horizontally
horloge (*f.*) clock
horriblement horribly
hors-d'œuvre (*m.*) appetizers
hôte (*m.*) host
hôtel (*m.*) hotel
hôtesse (*f.*) **(de l'air)** stewardess
huile (*f.*) oil
huit eight
huître (*f.*) oyster
humain(e) human, kind
humanité (*f.*) humanity, mankind
humblement humbly
humeur (*f.*) mood; **être de mauvaise —** to be in a bad mood
humide humid
humour (*m.*) humor
hutte (*f.*) hut
hygiène (*f.*) hygiene
hymne (*m.*) hymn, anthem
hypermarché (*m.*) supermarket
hypnotisé(e) hypnotized
hypocondriaque (*m.*) hypochondriac
hypocrisie (*f.*) hypocrisy

I

ici here
idéal(e) ideal
idéaliste idealistic
idée (*f.*) idea
identifier to identify
identique identical
idiomatique idiomatic
il était une fois once upon a time there was
il paraît que it seems, it appears
il y a there is, there are; ago
île (*f.*) island
illustre famous
illustré (*m.*) comic magazine
illustrer to illustrate

imaginer to imagine; **s'—** to fancy
imbécile (*m.*) imbecile, fool
imiter to imitate
immédiat(e) immediate
immédiatement immediately
immeuble (*m.*) apartment building
immobile motionless
immortel(le) immortal
impatienté(e) out of patience
impeccablement flawlessly
impérieusement imperiously
imperméable (*m.*) raincoat
impersonnel(le) impersonal
implorer to implore
importe: n'— comment (où, quand, etc.**)** no matter how (where, when, etc.); **qu'—** what does it matter!
importun(e) obtrusive
imposer to impose
impressionnant(e) impressive
impressionner to impress
imprévu(e) unexpected
imprimer to print
impureté (*f.*) impurity
inadvertance (*f.*) inadvertence
inattendu(e) unexpected
incendie (*m.*) fire
inconvénient (*m.*) drawback
incroyable incredible
indéfinissable indefinable
indéfini(e) undetermined
indépendant(e) independent
indescriptible indescribable
indéterminé(e) undetermined
indice (*m.*) clue
indigné(e) indignant
indiquer to indicate
indiscret(ète) indiscreet
individu (*m.*) individual
industrie (*f.*) industry
industriel (*m.*) industrialist
inégal(e) unequal
inépuisable inexhaustible
inévitable unavoidable
inexplicable unexplainable
inexploré(e) unexplored
infecte loathsome
inférieur(e) inferior
infini(e) infinite; (*m.*) infinity
infirmière (*f.*) nurse
infliger to inflict
informaticien(ne) computer scientist, programmer
informatique (*f.*) computer science
informer to inform
ingénieur (*m.*) engineer
ingénieux(euse) ingenious
ingéniosité (*f.*) ingenuity
ingrédient (*m.*) ingredient
inhabituel(le) unusual
initiale (*f.*) initial (letter)
injuste unfair
innovateur (*m.*) innovator
inoubliable unforgettable
inquiet(ète) worried
inquiéter: s'— to worry
inscription (*f.*) registration; **—s** directions
inscrire: s'— to register
insensé(e) insane, senseless
insister to insist
inspecter to inspect
inspecteur (*m.*) inspector
installé(e) installed, settled
installer: s'— to settle oneself
instant (*m.*) moment
instantané(e) instantaneous
instituteur (*m.*) schoolteacher
institutrice (*f.*) school mistress
instruction (*f.*) teaching
instrument (*m.*) instrument, tool
insuffisant(e) insufficient
insultant(e) insulting
intact(e) intact, untouched
intégré(e) integrated
intellectuel(le) intellectual
intelligemment intelligently
intelligent(e) intelligent
interdit(e) forbidden
intéresser to interest; **s'— à** to be interested in
intéressant(e) interesting
intérieur (*m.*) inside; **à l'—** inside
intermédiaire (*m.*) intermediary
interroger to interrogate
interrompre to interrupt
intervenir to intervene
interviewer to interview
intimité (*f.*) privacy
intriguer to intrigue, puzzle
introduit(e) introduced
inutile useless
inventer to invent
inverser to invert
investissement (*m.*) investment
invité (*m.*) guest
inviter to invite
involontaire involuntary
iranien(ne) Iranian
ironie (*f.*) irony
ironique ironic
irrégulier(ère) irregular
irremplaçable irreplaceable
irrité(e) irritated, angry
issue (*f.*) exit, outlet
Italie (*f.*) Italy
italien(ne) Italian; (*m.*) Italian language
itinéraire (*m.*) itinerary
ivre drunk

J

jaloux(ouse) jealous
jambe (*f.*) leg
jambon (*m.*) ham
janvier January
Japon (*m.*) Japan
japonais(e) Japanese; (*m.*) Japanese language
jardin (*m.*) garden
jardinier (*m.*) gardener
jaune yellow; **— d'œuf** egg yolk
jaunir to turn yellow

jeter to throw (away); **— un coup d'œil** to glance; **se —** to flow into
jeu (*m.*) game; **— de construction** construction set; **Jeux Olympiques** Olympic Games
jeudi Thursday
jeune young; **— homme** young man; **les —s** young people; **des —s gens** young men, young people
jeunesse (*f.*) youth
joie (*f.*) joy
joli(e) pretty
joue (*f.*) cheek
jouer to play
jour (*m.*) day; **— de l'An** New Year's day; **par —** per day; **tous les —s** everyday
journal (*m.*) newspaper
journalisme (*m.*) journalism
journaliste (*m.*) journalist
journée (*f.*) day
joyeux(euse) merry, joyful
juge (*m.*) judge
juillet July
juin June
jumeau(elle) twin
jumelles (*f.*) opera glasses
jupe (*f.*) skirt
jurer to swear; **se —** to resolve, swear to each other
juridique juridical
jus (*m.*) juice
jusqu'à (ce que) until
juste just, right, sharp
justement precisely

K

kilo(gramme) (*m.*) kilogram
kilomètre (*m.*) kilometer
kiosque (*m.*) newsstand
klakson (*m.*) horn (car)

L

là there; **là-bas** over there; **là-haut** up there
laboratoire (*m.*) laboratory
lac (*m.*) lake
laid(e) ugly
laine (*f.*) wool
laisser to let, allow, leave; **— tomber** to drop
lait (*m.*) milk
laitier(ère) dairy
lampe (*f.*) lamp
lancer to throw
langage (*m.*) language
langue (*f.*) language; **— vivante** modern language
large wide
largeur (*f.*) width
lasser: se — to grow weary
latin(e) Latin; (*m.*) Latin language
laver: se — to wash (oneself)
lave-vaisselle (*m.*) dishwasher
le (la, l', les) the; him, her, it, them
leçon (*f.*) lesson
lecteur (*m.*) reader
lecture (*f.*) reading
léger(ère) light
légèrement lightly
légume (*m.*) vegetable
lendemain (*m.*): **le —** the next day
lent(e) slow
lentement slowly
lequel which, which one
lettre (*f.*) letter; **—s** letters, humanities; **en toutes —s** spelled out in full
leur: le — theirs
lever to raise; **se —** to get up; **le — du soleil** sunrise
lèvre (*f.*) lip
liaison (*f.*) linking
libéral(e) liberal
liberté (*f.*) liberty, freedom
librairie (*f.*) bookstore
libre free
librement freely
lieu (*m.*) place; **au — de** instead of; **avoir —** to take place
ligne (*f.*) line; **— aérienne** airline
limite (*f.*) limit
liquide (*m.*) liquid; **du —** cash
lire to read
liste (*f.*) list
lit (*m.*) bed
litre (demi-) (*m.*) liter (half-)
littéraire literary
littéral(e) literal
littérature (*f.*) literature
livre (*m.*) book; (*f.*) pound
livrer to deliver, hand over
locataire (*m.*) tenant
location (*f.*) rental
logement (*m.*) dwelling
loger to lodge
logique logic; (*f.*) logic
loi (*f.*) law
loin far; **— de** far from
lointain(e) remote, far away
loisir (*m.*) leisure
long(ue) long; **de — en large** up and down
longtemps a long time
longuement lengthily
longueur (*f.*) length
lorsque when
louer to rent
louper to fail (*fam.*)
lourd(e) heavy
loyer (*m.*) rent
lui to him (her)
lumière (*f.*) light
lumineux(euse) luminous
lundi Monday
lune (*f.*) moon; **— de miel** honeymoon; **être dans la —** to be absent-minded
lunettes (*f.*) glasses
lutte (*f.*) struggle
lutter to fight, struggle
luxe (*m.*) luxury

lycée (*m.*) high school
lycéen(ne) (*m.f.*) pupil (in a lycée)

M

machinalement automatically
madame Madam, Mrs.
mademoiselle Miss
magasin (*m.*) store
magnifique magnificent
mai May
maigre skinny
maigrir to become thinner
maillot (*m.*) **(de bain)** swimsuit
main (*f.*) hand
maintenant now
mais but
maïs (*m.*) corn
maison (*f.*) house; **à la —** at home
maisonnette (*f.*) small house
maître (*m.*) master; **— d'hôtel** headwaiter
maîtresse de maison housewife
majestueux(euse) majestic
majuscule capital (letter)
mal (*m.*) evil, difficulty; **avoir — (à)** to ache, hurt; **— de mer** seasickness; **pas —** not bad
malade sick; (*m.*) patient
maladie (*f.*) sickness, illness
maladroit (*m.*) clumsy person
malaise (*m.*) indisposition
malfaiteur (*m.*) malefactor
malgré in spite of
malheur (*m.*) misfortune, disaster
malheureux(euse) unhappy
malheureusement unfortunately
maltraiter to mistreat
Maman Mom
manche (*f.*) sleeve
manger to eat
manie (*f.*) mania
manière (*f.*) manner
manque (*m.*) lack
manquer to miss, to be absent; **— de** to lack
mansardé(e) in the attic
maquillage (*m.*) make-up
maquillé(e) made up (face)
maquiller: se — to make up (one's face)
marbre (*m.*) marble
marchand (*m.*) merchant
marché (*m.*) market; **bon —** cheap, inexpensive; **— Commun** Common Market
marcher to walk; to work (function)
mardi Tuesday; **— Gras** Shrove Tuesday
marécageux(euse) swampy
maréchal (*m.*) field marshal
marée (*f.*) tide
marguerite (*f.*) daisy
mari (*m.*) husband
mariage (*m.*) marriage
marié(e) married
marier: se — to marry (get married)
marin (*m.*) sailor
maritime seaside
marque (*f.*) mark, brand
marraine (*f.*) godmother
marrant(e) amusing (*fam.*)
marron brown
mars March
masculin (*m.*) masculine
masque (*m.*) mask
match (*m.*) **(de tennis)** (tennis) match
matériaux (*m.*) materials
matériel(le) material; (*m.*) supply, equipment
maternel(le) maternal
mathématiques (*f.*) mathematics
mathématicien (*m.*) mathematician
matière (*f.*) material, school subject; **— première** raw material
matin (*m.*) morning
matinal(e) pertaining to the morning
matinée (*f.*) morning
maudire to curse
mauvais(e) bad, wrong
maximum: au — at the utmost
me (m') me, to me
méandre (*m.*) loop
méchant(e) mean
mécontent(e) displeased
médecin (*m.*) doctor
médecine (*f.*) medicine
médicament (*m.*) medicine
médiocre mediocre
méditerranéen(ne) of the Mediterranean
méfiance (*f.*) distrust
méfier: se — de to distrust
meilleur(e)...que better . . . than
mélanger to mix
mêler: se — to mingle
membre (*m.*) member
même even; same; **de —** likewise; **— si** even if
mémoire (*f.*) memory
mémorable memorable
menace (*f.*) threat
menacer to threaten
ménage (*m.*) household, couple; housekeeping
ménager to spare
mener to lead
mensuel(le) monthly
mentalement mentally
mentionner to mention
mentir to lie
menton (*m.*) chin
mer (*f.*) sea
merci thank you
mercredi Wednesday
mère (*f.*) mother
méridional(e) southern

mériter to deserve
merveilleux(euse) marvelous
messe (*f.*) mass
mesure (*f.*) measure
mesurer to measure
métal (*m.*) metal
métallique metallic
météorologie (*f.*) meteorology
méthode (*f.*) method
méticuleux(euse) meticulous
métier (*m.*) profession, trade
mètre (*m.*) meter
métrique metric
métro (*m.*) subway
mets (*m.*) dish (of food)
mettre to put, place; **— en garde** to warn; **se — à** to begin; **se — en route** to start off
meuble (*m.*) piece of furniture
meurtre (*m.*) murder
mexicain(e) Mexican
Mexique (*m.*) Mexico
micro-ondes (*f.*) microwaves
midi (*m.*) noon; South (of France)
miel (*m.*) honey
mien: le — mine
mieux...que better . . . than
mignon(ne) cute
milieu (*m.*) center, middle, environment; **au — de** in the middle of
militaire military
mille one thousand
millefeuille (*m.*) Napoleon (pastry)
millénaire millennial
milliard (*m.*) billion
millier: un — de a thousand or so
millionnaire (*m.*) millionaire
mince thin
minéral(e) mineral
minime very small
minuit midnight
minutieux(euse) thorough
misère (*f.*) poverty
missionnaire (*m.*) missionary
mi-temps: à — part-time
mobile movable
mode (*f.*) fashion
mode (*m.*) **(de vie)** way (of life)
modèle (*m.*) model
modéré(e) moderate
moderne modern
modernisation (*f.*) modernizing
modifier to modify
mœurs (*f.*) customs
moins less, minus; **à — que** unless; **au —** at least; **moins...que** less . . . than
mois (*m.*) month
moisi (*m.*) mildew
moitié (*f.*) half
moment: à ce moment-là at that time; **au — de** at the time of; **au — où** at the time when; **en ce —** now; **par —s** at times
mon vieux old buddy (*fam.*)
monde (*m.*) world; people; **plein de —** crowded; **tout le —** everybody, everyone
mondial(e) worldwide
monotonie (*f.*) monotony
monsieur (*m.*) gentleman, sir
monstrueux(euse) monstrous
montagne (*f.*) mountain; **à la —** in the mountains
montagneux(euse) mountainous
monte-charge (*m.*) goods lift
monter to go up, get on
montre (*f.*) watch
montrer to show
moquer: se — de to make fun of
moral (*m.*) morale
morceau (*m.*) piece
mordre to bite
mort (*f.*) death
mort(e) dead
mortel(le) mortal
mot (*m.*) word; **en un —** in short; **—s croisés** crosswords
moteur (*m.*) motor, engine
moto(cyclette) (*f.*) motorcycle
mouillé(e) wet
mouiller to wet
mourir (de) to die (of); **— de faim** to be starving
moutarde (*f.*) mustard
mouton (*m.*) sheep
mouvement (*m.*) movement
mouvementé(e) animated
moyen (*m.*) means, way; **— de transport** means of transportation
moyen(ne) intermediate; **Moyen-Age** Middle Ages
moyenne (*f.*) average
muet(te) mute
multicolore multicolored
multiplié(e) multiplied
mur (*m.*) wall
mûr(e) ripe
mûrement carefully
murmure (*m.*) whisper
murmurer to whisper
musclé(e) muscular
museau (*m.*) muzzle
musée (*m.*) museum
musique (*f.*) music
mystère (*m.*) mystery
mystérieux(euse) mysterious

N

nacre (*f.*) mother-of-pearl
nage (*f.*) swimming
nager to swim
naïf(ve) naive
naissance (*f.*) birth
naître to be born
narrateur (*m.*) narrator
naturel(le) natural
naturellement naturally
né(e) born
ne...guère hardly
ne...jamais never
ne...ni...ni neither . . . nor

ne...non plus neither, not either
ne...nulle part nowhere
ne...pas not
ne...pas encore not yet
ne...personne nobody
ne...plus no longer, no more
ne...point not
ne...que only
ne...rien nothing
nécessaire necessary
nécessité (*f.*) necessity
négatif(ve) negative
négligé(e) sloppy
négocier to negotiate
neige (*f.*) snow
neiger to snow; **il neige** it is snowing
nerfs (*m.*) nerves; **avoir les —s à bout** to be at the end of one's rope
nerveusement nervously
nerveux(euse) nervous
net(te) clear, precise, sharp
nettoyer to clean
neuf nine
neuf(ve) brand-new
neveu (*m.*) nephew
nez (*m.*) nose
niçois(e) from Nice
nid (*m.*) nest
nièce (*f.*) niece
nier to deny
niveau (*m.*) level
Noël (*m.*) Christmas
noir(e) black; (*m.*) dark
noirâtre blackish
nom (*m.*) noun, name; **— de famille** last name
nombre (*m.*) number
nombreux(euse) numerous
nommer to name
non no; **— plus** neither
nord (*m.*) north
normalement normally, ordinarily
note (*f.*) note, grade, mark
noter to note
nôtre: le — ours
nouilles (*f.*) noodles
nourrir to nourish
nourrissant(e) rich, nourishing
nourriture (*f.*) food
nous we, us, to us
nouveau(elle) new; another; **à —** anew, again; **de —** again
nouveauté (*f.*) novelty
nouvelle (*f.*) news
novembre November
nu(e) naked
nuage (*m.*) cloud
nucléaire nuclear
nuit (*f.*) night; **bonne —** good night
numéro (*m.*) number

O

obéir to obey
objet (*m.*) object
obligatoire mandatory
obligé(e) obligated
obscurité (*f.*) darkness
observateur(trice) observant
observer to observe
obtenir to obtain, to get
occasion (*f.*) opportunity; **d'—** second-hand
occident (*m.*) west
occidental(e) western
occupé(e) busy
occuper to occupy; **s'— de** to look after
octobre October
odeur (*f.*) odor
odieux(euse) odious
œil (*m.*) (*pl.* **yeux**) eye
œuf (*m.*) egg
œuvre (*f.*) work
officiel(le) official
offre (*f.*) offer
offrir to offer
oignon (*m.*) onion
oiseau (*m.*) bird
ombre (*f.*) shade, shadow; **à l'—** in the shade
omelette (*f.*) omelet
omnibus (*m.*) slow train
on one
oncle (*m.*) uncle
onde (*f.*) wave
ondulé(e) wavy
opéra (*m.*) opera
opposé (*m.*) opposite
opposer: s'— à to be against
optimisme (*m.*) optimism
optimiste optimistic
optique (*f.*) perspective
or (*m.*) gold
orage (*m.*) thunderstorm
orageux(euse) stormy
oralement orally
orangeade (*f.*) orange drink
orchestre (*m.*) orchestra
ordinaire ordinary
ordinateur (*m.*) computer
ordonnance (*f.*) prescription
ordre (*m.*) command; **en —** in order
oreille (*f.*) ear; **être dur(e) d'—** to be hard of hearing
organisation (*f.*) organization
organiser to organize
orgue (*m.*) organ (instrument)
orient (*m.*) East
orienter to guide
origine (*f.*) origin; **à l'—** originally
orthographe (*f.*) spelling
oser to dare
ou or
où where; **d'—** whence
oublier to forget
ouest (*m.*) west
oui yes
ouragan (*m.*) hurricane
outil (*m.*) tool
outre-mer overseas
ouvert(e) open
ouverture (*f.*) opening
ouvrable: jour — working day

ouvrier (*m.*) worker
ouvrir to open

P

pain (*m.*) bread
paire (*f.*) pair
paix (*f.*) peace
palais (*m.*) palace
pâle pale
pâlir to turn pale
palme (*f.*) palm branch; **—s académiques** academic decoration
panier (*m.*) basket
panique (*f.*) panic
panne (*f.*) failure; **tomber en —** to have a mechanical breakdown
panneau (*m.*) **indicateur** road sign
pantalon (*m.*) pants
panthère (*f.*) panther
Papa (*m.*) Dad
papier (*m.*) paper; **— à dessin** drawing paper; **— à lettres** stationery
papillon (*m.*) butterfly
paquebot (*m.*) passenger liner
paquet (*m.*) package
par by
paradis (*m.*) paradise
paradoxe (*m.*) paradox
paragraphe (*m.*) paragraph
paraître to appear, to come out
parallèle parallel
parapluie (*m.*) umbrella
paratonnerre (*m.*) lightning rod
paravent (*m.*) folding screen
parc (*m.*) park
parcelle (*f.*) lot
parce que because
parcourir to glance over, to walk through
pardon! excuse me!
pareil(le) like, similar
parent (*m.*) parent, relative
parenté (*f.*) kinship
parenthèse (*f.*) parenthesis
paresseux(euse) lazy; (*m.*) lazy person
parfait(e) perfect
parfum (*m.*) perfume
parfumer to flavor
Parisien (*m.*) Parisian
parler to speak, talk
parmi among
parole (*f.*) spoken word
part: à — except, aside; **de la — de** on behalf of; **d'une — ...d'autre —** on the one hand . . . on the other hand
partager to share, to split
partenaire (*m.*) partner
participer to participate
particulier(ère) particular; **en —** in particular
particulièrement particularly
partie (*f.*) part; **faire — de** to be a part of
partiel(le) partial
partir to leave
partout everywhere
parvenir to succeed
pas (*m.*) step
passager (*m.*) passenger
passant (*m.*) passerby
passé (*m.*) past
passeport (*m.*) passport
passe-temps (*m.*) pastime, hobby
passer to pass, to go through; **— un examen** to take an exam; **se —** to happen
passif(ve) passive
passionnant(e) thrilling
passionnément passionately
pâte (*f.*) dough, batter
pâté (*m.*) **de foie** liver pâté
paternel(le) paternal
patiemment patiently
patient(e) patient
patinage (*m.*) ice skating
patins (*m.*) **à roulettes** roller skates
pâtisserie (*f.*) pastry shop
patron (*m.*) boss
patte (*f.*) paw
pauvre poor; (*m.*) poor person
pavé(e) paved
payer to pay for
pays (*m.*) country
paysage (*m.*) landscape
paysan(ne) peasant
peau (*f.*) skin, peel
pêche (*f.*) fishing
pêcher to fish
peigner: se — to comb one's hair
peindre to paint
peine (*f.*) sadness, difficulty, penalty; **à —** hardly; **— de mort** death penalty
peintre (*m.*) painter
peinture (*f.*) painting
pèlerinage (*m.*) pilgrimage
pelouse (*f.*) lawn
pencher: se — to lean over
pendant during; **— que** while
pendre to hang
pénétrer to enter
pénible difficult, trying
péniblement painfully
péninsule (*f.*) peninsula
pensée (*f.*) thought
penser to think
pensif(ve) pensive
percevoir to perceive
perdre to lose
père (*m.*) father
perfectionné(e) perfected
période (*f.*) period (of time)
périodique (*m.*) periodical (publication)
périr to perish
permettre to allow
permis (*m.*) **de conduire** driver's license

perplexe perplexed
persévérance (*f.*) perseverance
personnage (*m.*) character
personnalité (*f.*) personality
personnel(le) personal
personnellement personally
personne (*f.*) person
perspective (*f.*) prospect
perte (*f.*) loss
pessimiste pessimistic; (*m.*) pessimist
pétanque (*f.*) Provençal-type of bowling
petit(e) small; **— déjeuner** breakfast; **— pain** roll; **— à —** little by little
petit-fils (*m.*) grandson
petite-fille (*f.*) granddaughter
petits-enfants (*m.*) grandchildren
pétrifié(e) dumbfounded, petrified
pétrole (*m.*) crude oil
peu: un — de a little; **— de** little, not much; **— à —** little by little; **à — près** about
peur (*f.*) fear
peut-être perhaps
pharmacien (*m.*) druggist
philosophique philosophical
philosophie (*f.*) philosophy
philosophe (*m.*) philosopher
photo(graphie) (*f.*) photograph
phrase (*f.*) sentence
physique physical; (*f.*) physics
physiquement physically
pièce (*f.*) room; part; coin; **— (de théâtre)** play
pied (*m.*) foot
piédestal (*m.*) pedestal
pierre (*f.*) stone
piéton (*m.*) pedestrian
piéton(ne) for pedestrians
pieuvre (*f.*) octopus
pilier (*m.*) pillar
pilote (*m.*) pilot
pilotis (*m.*) pile foundation
pin (*m.*) pine (tree)
pinceau (*m.*) paintbrush
pincée (*f.*) pinch
pingre stingy
pique-nique (*m.*) picnic
piqûre (*f.*) shot
piscine (*f.*) swimming pool
pitié (*f.*) pity
pittoresque picturesque
placard (*m.*) cupboard
place (*f.*) place, room, seat, square; **à la — (de)** instead (of)
placer to place
plage (*f.*) beach
plaindre to pity; **se —** to complain
plaine (*f.*) plain
plainte: porter — to press charges
plaire à to please; **s'il vous plaît** please
plaisant(e) pleasing
plaisir (*m.*) pleasure; **avec —** with pleasure
plan (*m.*) plan, project; city map
plancher (*m.*) floor
planète (*f.*) planet
plante (*f.*) plant
planter to plant
plastique (*m.*) plastic
plat (*m.*) dish
plat(e) flat
platane (*m.*) plane tree
plateau (*m.*) tray
plafond (*m.*) ceiling
plâtre (*m.*) cast
plein(e) full; **— emploi** (*m.*) full-time employment
pleurer to cry
pleuvoir to rain; **il pleut** it is raining
plier to fold
pluie (*f.*) rain
plupart: la — de most of
pluriel (*m.*) plural
plus plus, more; **— ou moins** more or less; **—...—...** the more . . . the more . . . ; **—...que** more . . . than; **de —** furthermore, **de — en —** more and more
plusieurs several
plutôt rather
pneu (*m.*) tire
poche (*f.*) pocket
poêle (*f.*) frying pan
poème (*m.*) poem
poésie (*f.*) poetry
point (*m.*) **(d'exclamation, d'interrogation)** mark (exclamation, question); **—s de suspension** ellipses
point (*m.*) **de vue** point of view
pointe (*f.*) point
poisson (*m.*) fish
poitrine (*f.*) chest
poivre (*m.*) pepper
poli(e) polite
policier (*m.*) policeman
politesse (*f.*) politeness
politicien (*m.*) politician
politique political
polluer to pollute
pomme (*f.*) apple; **— de terre** potato
pompage (*m.*) pumping
pompe (*f.*) pump
ponctuation (*f.*) punctuation
ponctuel(le) punctual
pondre to lay (eggs)
pont (*m.*) bridge, deck
populaire popular
porc (*m.*) pig
porte (*f.*) door
portefeuille (*m.*) wallet
porter to carry
porteur (*m.*) porter
portière (*f.*) door (of car, etc.)
poser to put; **— une question** to ask a question

positif(ve) positive
posséder to possess
possesseur (*m.*) possessor, owner
poste (*f.*) post office
potable drinkable
potager (*m.*) vegetable garden
potentiel (*m.*) potential
poterie (*f.*) pottery
poudre (*f.*) **à laver** detergent
poule (*f.*) hen
poulet (*m.*) chicken
poupée (*f.*) doll
pour for, in order to; **— que** in order that
pourboire (*m.*) tip
pourquoi why
pourtant however, yet
pourvu que provided that
pousser to grow
poutre (*f.*) beam
pouvoir to be able to
prairie (*f.*) meadow
pratique practical
pratiquer to practice
précédent(e) preceding, previous
précéder to precede
précieux(euse) precious
précipitamment precipitately
précipité(e) hurried, hasty
précipiter to precipitate
précis(e) precise
précisément precisely
précoce precocious
prédécesseur (*m.*) predecessor
préférable preferable
préféré(e) favorite
préférence (*f.*) preference
préférer to prefer
premier(ère) first
premièrement at first
prendre to take; **s'y —** to go about something
prénom (*m.*) first name
préparatifs (*m.*) preparations
préparer to prepare
près de near
présence (*f.*) presence
présent(e) present; **à —** nowadays
présenter to present
préservé(e) preserved
président (*m.*) president
presque almost
presqu'île (*f.*) peninsula
presse (*f.*) press
pressé(e) in a hurry; squeezed
pression (*f.*) pressure
prêt(e) ready
prétendant (*m.*) suitor
prêter to lend
prétexte (*m.*) pretext; **sous —** on pretext
prêtre (*m.*) priest
preuve (*f.*) proof
prévenir to forewarn
prie: je vous en — you are welcome
prière (*f.*) prayer
primaire primary
princesse (*f.*) princess
principalement mainly
principe (*m.*) principle; **en —** theoretically, as a rule
printemps (*m.*) spring
prise (*f.*) **de contact** preliminary contact
prison (*f.*) jail
prisonnier(ère) prisoner
privé(e) private
privilégié(e) privileged
prix (*m.*) price; prize; **— de revient** cost price
probablement probably
problème (*m.*) problem
procéder to proceed
procès (*m.*) lawsuit
prochain(e) next
proche close, near
procureur (*m.*) prosecutor
producteur (*m.*) farmer
produire to produce
produit (*m.*) product; **—s d'entretien** cleaning aids
professeur (*m.*) teacher, professor
profiter to profit, to take advantage of
profond(e) deep
profondeur (*f.*) depth
programme (*m.*) program
progrès (*m.*) progress
progressivement gradually
projet (*m.*) plan, project
prolonger to prolong
promenade (*f.*) walk
promener to take for a walk; **se —** to take a walk
promeneur (*m.*) stroller
promesse (*f.*) promise
promettre to promise
pronom (*m.*) pronoun
prononcer to pronounce
prononciation (*f.*) pronunciation
proportionnel(le) proportional
propos: à — by the way
proposer to propose
propre proper; clean; own
proprement properly
propriétaire (*m.*) owner
protéger to protect
protester to protest
prouver to prove
proverbe (*m.*) proverb
provisions (*f.*) supplies
provisoire temporary
provoqué(e) provoked, brought about
proximité: à — de near, close to
prudent(e) cautious
psychologique psychological
public(que) public
publicité (*f.*) publicity, advertising
publier to publish
puis then
puisque since

puissamment powerfully
puissance (*f.*) power
puissant(e) powerful
pull(-over) (*m.*) sweater
punition (*f.*) punishment
pur(e) pure

Q

quai (*m.*) platform
qualifié(e) qualified
quand when; **— même** still, nonetheless
quant à as for
quart (*m.*) quarter
quartier (*m.*) neighborhood
que whom, which, that, how
quel(le) what, which
quelque chose something
quelquefois sometimes
quelque part somewhere
quelques a few, some
quelqu'un someone
quelques-uns(unes) some, a few
qu'est-ce que c'est? what is it?
qu'est-ce que j'ai? what's the matter with me?
question: être — de to be a question of
queue (*f.*) queue, line; **faire la —** to stand in line
qui who, which; **— est-ce?** who is it?
quiétude (*f.*) tranquillity
qu'importe what does it matter!
quitter to leave
quoi what
quoique although
quotidien (*m.*) daily (newspaper)

R

race (*f.*) race (people)
raconter to tell
raffiné(e) refined
raffinement (*m.*) refinement
raffinerie (*f.*) refinery
rafraîchir to refresh
raide stiff
raisin (*m.*) grapes
raison (*f.*) reason; **avoir — (de)** to be right
raisonnement (*m.*) reasoning
ralentir to slow down
ramasser to pick up
ramassis (*m.*) collection
rang (*m.*) rank
ranger to put away; **se —** to side with
rapide fast; (*m.*) fast train
rapidement rapidly, quickly
rappeler: se — to remember
rapport (*m.*) report; rapport; **—s** relations
rapporter to bring back
raquette racket
rarement rarely
raser: se — to shave
rassembler to assemble
rassurer to reassure
rater to fail; to miss
rationnel(le) rational
rattacher to join
ravi(e) delighted
rayon (*m.*) ray
rayonnement (*m.*) influence
réalisme (*m.*) realism
réaliste realistic
réalité (*f.*) reality; **en —** actually
rebrousser chemin to turn back
recalé(e) flunked
récapituler to recapitulate
récemment recently
récent(e) recent
récepteur (*m.*) receiver
recette (*f.*) recipe
recevoir to receive
recherche (*f.*) research
rechercher to search for
récit (*m.*) narration
récolte (*f.*) crop, harvest
recommandé(e) registered (letter)
recommander to recommend
recommencer to start over again
réconcilier: se — to make up with
reconnaissance (*f.*) gratitude
reconnaître to recognize
reconsidérer to reconsider
reconstruire to rebuild
recouvrir to cover
recroquevillé(e) curled up
recteur (*m.*) rector
reçu(e) accepted
reculer to back up, to flinch
récupération (*f.*) recuperation
rédacteur (*m.*) editor
rédaction (*f.*) composition
redescendre to go down again
redouter to dread
réduire to reduce
réel(le) real
référence (*f.*) reference
référer: se — to refer to
réfléchir to think, reflect
réforme (*f.*) reform
réfrigérateur (*m.*) refrigerator
refroidir: se — to cool
refuser to refuse
régaler: se — to feast
regard (*m.*) look, glance
regarder to look at
régime (*m.*) diet; **suivre un —** to diet
région (*f.*) region
régional(e) regional
règle (*f.*) rule
régler to adjust, settle; pay
régner to reign
regretter to regret
regrouper to regroup
régulier(ère) regular
reine (*f.*) queen
réjouir: se — to rejoice
relatif(ve) relative
relations (*f.*) relationship

relier to link, join
religieux(euse) religious
relire to reread
remarquable remarkable
remarque (*f.*) remark
remarquer to notice
rembourser to reimburse
remercier to thank
remettre to put back; **se —** to recover
remords (*m.*) remorse
remplacer to replace
remplir to fill (out)
remporter (la victoire) to win
rencontre (*f.*) meeting
rencontrer to meet
rendement (*m.*) efficiency
rendez-vous (*m.*) date, appointment
rendre to give back, make (+ *adj.*); **— visite à** to visit (a person); **se —** to go; **se — compte** to realize
renommé(e) renowned
renouvellement (*m.*) renewal
renseignement (*m.*) information
renseigner to inform
rentable profitable
rentrée (*f.*) reopening of schools
rentrer to return home
renvoyer to send back
réorganiser to reorganize
réparer to fix
repartir to start out again
repas (*m.*) meal
répéter to repeat
réplique (*f.*) replay
répondre to answer
réponse (*f.*) answer
reportage (*m.*) reporting
repos (*m.*) rest
reposer to put back; to stand, bring to rest;**se —** to rest
reprendre to take back
reproche (*m.*) reproach
reprocher to reproach
reproduire: se — to happen again
république (*f.*) republic
réputé(e) well-known
requis(e) required
réseau (*m.*) network
réserve (*f.*) reservation
réserver to reserve
résidence (*f.*) residence; **— universitaire** dormitory
résidentiel(le) residential
résigné(e) resigned
résister to resist
résoudre to solve
respecter to respect
respectif(ve) respective
respirer to breathe
responsable responsible
ressemblance (*f.*) resemblance
ressembler (à) to resemble
ressortir to go out again
ressource (*f.*) resource
reste (*m.*) leftover
rester to stay
résultat (*m.*) result
retard: être en — to be late
retarder to be slow
retirer to withdraw, to pull out
retour (*m.*) return
retourner to return, to turn around
retraite (*f.*) retirement, retreat
rétrécir to narrow
rétrécissement (*m.*) narrowing
retrouver to find again
réuni(e) united
réunion (*f.*) meeting
réunir to unite
réussir to succeed
rêve (*m.*) dream
réveil (*m.*) alarm clock
réveiller: se — to wake up
revendication (*f.*) claim
revenir to come back, return; **ne pas en —** not to get over
rêver to dream
revers (*m.*) cuff
réviser to revise, to review
révision (*f.*) review
revoir to see again
révolter: se — to rebel
revue (*f.*) magazine, review
rez-de-chaussée (*m.*) ground floor, first floor
rhume (*m.*) cold
riche rich
ridicule ridiculous
rigoureux(euse) rigorous
rigueur: à la — if need be
rire (*m.*) laugh
rire to laugh; **— à gorge déployée** to laugh heartily
risque (*m.*) risk
rivière (*f.*) river, stream
riz (*m.*) rice
robe (*f.*) dress
rocher (*m.*) rock
rocheux(euse) rocky
roi (*m.*) king
rôle (*m.*) role, part
roman(e) Roman
roman (*m.*) novel; **— policier** detective novel
romanisation (*f.*) Romanization
romantique romantic
romantisme (*m.*) romanticism
rond(e) round
ronflement (*m.*) snoring
ronronner to purr
rose pink; (*f.*) rose
rosé (*m.*) rosé (wine)
rôti (*m.*) roast
rouge red
rougir to turn red
rouillé(e) rusty
roulant(e) rolling, on wheels
rouler to roll along
rouspéter to grumble (*fam.*)
route (*f.*) road; **en —** let's go
routier(ère) road
roux(sse) redhead

ruban (*m.*) ribbon
rue (*f.*) street
rugby (*m.*) football
ruisseau (*m.*) brook
rumeur (*f.*) rumor
rupture (*f.*) breaking off
russe Russian; (*m.*) Russian language

S

sable (*m.*) sand
sableux(euse) sandy
sac (*m.*) bag, purse; **— à provisions** shopping bag; **— de couchage** sleeping bag
sacré(e) sacred
saigner to bleed
saisir to seize
saison (*f.*) season
salaire (*m.*) salary
sale dirty
salé(e) salted
salir to dirty
salle (*f.*) room; **— d'attente** waiting room; **— de bains** bathroom; **— de cours** classroom; **— à manger** dining room
salon (*m.*) living room
saluer to salute, greet
salut! hello! hi! good-by!
salutation (*f.*) greeting
samedi Saturday
sang (*m.*) blood
sans (que) without
santé (*f.*) health; **en bonne —** in good health
sarcastique sarcastic
satisfait(e) satisfied, content
saucisson (*m.*) salami
sauf except
sauter to jump
sauvage wild
sauver to save
savant (*m.*) scientist
savoir to know
savon (*m.*) soap
scandale (*m.*) scandal
scandaliser to scandalize
scène (*f.*) scenery
sceptique skeptical
sciences (*f.*) science; **— économiques** economics
scientifique (*m.*) scientifically-minded person
scolaire academic
se oneself, himself, itself
sec (sèche) dry
sécher to dry; to be stumped (exam)
sécheresse (*f.*) drought
secondaire secondary
seconde (*f.*) second
secouer to shake
secourir to help
secret(ète) secret
secrétaire (*m.f.*) secretary
secteur (*m.*) area
sécurité (*f.*) security
sein (*m.*) breast
seize sixteen
séjour (*m.*) stay
sel (*m.*) salt
selon according to
semaine (*f.*) week
sembler to seem
semestre (*m.*) semester
sens (*m.*) meaning; **bon —** common sense; **— de l'humour** sense of humor
sensationnel(le) sensational
sensibilité (*f.*) sensitiveness
sensible sensitive
sentir to feel; to smell; **se —** to feel
séparément separately
séparer to separate
sept seven
septembre September
sérénité (*f.*) serenity
sérieusement seriously
sérieux(euse) serious
serpent (*m.*) snake
serrer la main to shake (hands)
serrure (*f.*) lock
servante (*f.*) servant
service: être de — to be on duty
serviette (*f.*) napkin
servir to serve; **se — de** to use
seul(e) alone
seulement only; **si —...!** if only . . . !
sévère strict
sexe (*m.*) sex
si if, whether; **si...?** how about . . . ?
siècle (*m.*) century
siège (*m.*) seat
sien: le — his, hers, its, one's
sieste (*f.*) nap
sifflet (*m.*) whistle
signe (*m.*) sign
signification (*f.*) meaning
signifier to mean
silencieusement silently
silencieux(euse) silent
simplement simply
simplifier to simplify
sincère sincere
singe (*m.*) monkey
singulier(ère) singular; (*m.*) singular
sinon if not
sirop (*m.*) syrup
situé(e) located
ski (*m.*) **nautique** water skiing
skieur (*m.*) skier
socialisme (*m.*) socialism
socialiste socialistic
société (*f.*) society
sœur (*f.*) sister
soi oneself
soi-disant supposedly
soie (*f.*) silk

soif: avoir — to be thirsty
soigner to care for, to look after; **se —** to take care of oneself
soin (*m.*) care; **avec —** carefully
soir (*m.*) evening; **ce —** tonight
soirée (*f.*) evening, evening party
soixante sixty
sol (*m.*) ground, floor
solaire solar
soldat (*m.*) soldier
soleil (*m.*) sun; **au —** in the sun
solitaire solitary, lonely
sombre dark
somme (*f.*) sum; **en —** in short
sommet (*m.*) top, summit
sonate (*f.*) sonata
sondage (*m.*) poll
songer to think
sonner to ring
sonnerie (*f.*) bell
sonore sonorous, acoustic
sophistiqué(e) sophisticated
sort (*m.*) fate
sorte (*f.*) sort, kind
sortie (*f.*) exit
sortir to go out
sot(te) silly
sottise (*f.*) silly thing
sou (*m.*) 5 centimes
souci (*m.*) worry
soucoupe (*f.*) **volante** flying saucer
soudain(ement) all of a sudden
souffler to blow
souffrir to suffer
souhaiter to wish
soulagement (*m.*) relief
souligné(e) underlined
soumission (*f.*) obedience
soupçon (*m.*) suspicion
soupe (*f.*) soup
soupirer to sigh
souple flexible
souplesse (*f.*) suppleness
source (*f.*) spring, source
sourcils (*m.*) eyebrows
sourd(e) deaf
sourire (*m.*) smile
souris (*f.*) mouse
sous under
soustraction (*f.*) subtraction
soutenir to support
souterrain(e) underground
souvenir (*m.*) memory, souvenir
souvenir: se — de to remember
souvent often
spécial(e) special
spécialement especially
spécialisation (*f.*) (school) major
spécialisé(e) specialized
spécialiser: se — to specialize
spécialiste (*m.*) specialist
spécialité (*f.*) specialty
spécifique specific
spectacle (*m.*) show, play
spectaculaire spectacular
spectateur (*m.*) spectator
spirituel(le) spiritual, witty
splendide splendid
sportif(ve) athletic; (*m.*) sportsman
sports (*m.*) **d'hiver** winter sports
station (*f.*) **balnéaire** seaside resort
station-service (*f.*) gas station
steak (*m.*) beef steak
stimuler to stimulate
stopper to stop
stratégique strategic
stupéfait(e) stupefied
stylé(e) stylish
stylo (*m.*) pen; **— à bille** ballpoint pen
subir to undergo
subitement suddenly
substantiel(le) substantial
substituer to substitute
subtilité (*f.*) subtlety
succès (*m.*) success
sucre (*m.*) sugar
sucrer to sweeten
sud (*m.*) south
suffisamment sufficiently
suffisant(e) sufficient
suggérer to suggest
suicider: se — to commit suicide
Suisse (*f.*) Switzerland
suite (*f.*) continuation; **par la —** afterward
suivant(e) following
suivre to follow
sujet (*m.*) subject, issue
superficie (*f.*) surface
superficiel(le) superficial
supérieur(e) superior
supériorité (*f.*) superiority
supermarché (*m.*) supermarket
sur on
sûr(e) sure
surboum (*f.*) party
sûrement surely
surmonter to overcome
surnom (*m.*) nickname
surplus: en — in excess
surprenant(e) surprising
surpris(e) surprised
surprise (*f.*) surprise
surprise-partie (*f.*) party
surtout above all
surveiller to watch over
suspect(e) suspicious
suspendu(e) hanging
syllabe (*f.*) syllable
symboliser to symbolize
sympathie (*f.*) sympathy
sympa(thique) likable, nice

symphonie (*f.*) symphony
syndicat (*m.*) (trade) union
synonyme (*m.*) synonym
synthétique synthetic
système (*m.*) system

T

tabac (*m.*) tobacco
table (*f.*) table; **à —!** dinner is served! **mettre la —** to set the table
tableau (*m.*) blackboard; painting
tache (*f.*) stain
tâche (*f.*) task, work
taché(e) stained
taille (*f.*) size
tailleur (*m.*) tailor
taire: se — to keep quiet
talon (*m.*) heel
tandis que while, whereas
tant (de) so much (many); **— mieux** so much the better; **— pis** so much the worse; **en — que** as a
tante (*f.*) aunt
tantôt...tantôt at one time . . . at another time
tapis (*m.*) rug
tapisserie (*f.*) tapestry
tapoter to pat
tard late
tarder to delay
tarif (*m.*) fare
tarte (*f.*) pie
tartine (*f.*) slice of bread and spread
tas: un — de a lot of
tasse (*f.*) cup
taureau (*m.*) bull
taux (*m.*) rate
te (t') you, to you
technique technical
technologie (*f.*) technology
tel(le) such; **— que** such as
télé (*f.*) TV
téléviseur (*m.*) television set
télé(vision) (*f.*) television set
télégramme (*m.*) telegram
téléphérique (*m.*) aerial cableway
téléphone (*m.*) telephone
téléphoner to phone
téléspectateur (*m.*) televiewer
télévisé(e) televised
tellement so, to such a degree
témoigner to testify
témoin (*m.*) witness
tempérament (*m.*) disposition
température (*f.*) temperature
tempéré(e) temperate, moderate
tempête (*f.*) storm
temporaire temporary
temps (*m.*) time; weather; tense; **de — en —** from time to time; **en même —** at the same time; **passer du — à** to spend time (doing something); **perdre son —** to lose one's time; **Quel — fait-il?** What is the weather like?
tendance (*f.*) tendency
tendre to extend
tenir to hold; **— à** to insist upon; **— pour** to consider as, take for
tentant(e) tempting
tenue (*f.*) manners
terme (*m.*) term
terminaison (*f.*) ending
terminer to end
terrain (*m.*) ground, lot
terrasse (*f.*) terrace
terre (*f.*) earth, soil; **par —** on the floor
terreur (*f.*) terror
terriblement terribly
territoire (*m.*) territory
tête (*f.*) head
têtu(e) stubborn
texte (*m.*) text
thé (*m.*) tea
théâtral(e) theatrical
théâtre (*m.*) theater
thème (*m.*) theme
théorie (*f.*) theory
thèse (*f.*) thesis
tiède lukewarm
tien(ne) yours
tiens! look!
tiers (*m.*) third
tigre (*m.*) tiger
timbre (*m.*) stamp
timide timid, shy
tinter to ring
tirer to pull
tiret (*m.*) dash
tiroir (*m.*) drawer
tisane (*f.*) herb tea
tissu (*m.*) material
titre (*m.*) title
toi you
toile (*f.*) canvas, sailcloth
toilette (*f.*) washing up, dressing up; **—s** restrooms; **faire sa —** to wash and dress
toit (*m.*) roof
tolérer to tolerate
tombe (*f.*) tomb
tomber to fall; **bien —** to come at the right time
ton (*m.*) **(de la voix)** tone of voice
tonne (*f.*) ton
tonnerre (*m.*) thunder
tornade (*f.*) tornado
tôt early
totalité (*f.*) whole
toucher to touch
toujours always, still
tour (*m.*) turn; **à mon —** my turn; **faire le — de** to tour, to go around
tour (*f.*) tower
touriste (*m.*) tourist
touristique touristic
tournant (*m.*) bend, curve
tourner to turn
tousser to cough
tout(e) (tous, toutes) all,

whole, every, everything: **— à coup** suddenly; **— à fait** quite, completely; **— de suite** immediately; **— de même** all the same; **— le temps** all the time; **être — yeux — oreilles** to be all eyes, all ears; **pas du —** not at all
toutefois however
tracasser: se — to worry
tracteur (*m.*) tractor
traditionnel(le) traditional
traduction (*f.*) translation
traduire to translate; **se —** to be shown, expressed
tragédie (*f.*) tragedy
tragique tragic
train: être en — de to be in the act of
traîné(e) pulled, dragged
trait (*m.*) trait, feature; **— d'union** hyphen
traitement (*m.*) treatment
traiter to treat
trajet (*m.*) (length of) ride
tranche (*f.*) slice
tranquille quiet; **laisser —** to leave alone
tranquillement quietly
tranquillité (*f.*) quietness
transformer to transform
transmettre to transmit
transport (*m.*) transportation
transporter to transport
travail (*m.*) job, work
travailler to work
travers: à — through
traverser to cross
treize thirteen
tréma (*m.*) dieresis
tremblement (*m.*) **de terre** earthquake
trembler to shake
tremper to soak
trente thirty
très very
trésor (*m.*) treasure
tribu (*f.*) tribe
tricher to cheat
tricoter to knit
trimestre (*m.*) quarter
triste sad
tristement sadly
tristesse (*f.*) sadness
trois three
tromper: se — to make a mistake
trompette (*f.*) trumpet
trop (de) too, too much (many)
trottoir (*m.*) sidewalk
trou (*m.*) hole
troubler to trouble
trouver to find; **— bon** to think fit to; **se —** to be
truc (*m.*) contraption
tu you
tuile (*f.*) tile; nasty blow
tumultueux(euse) tumultuous
turbulent(e) restless
tutoyer to address as **tu**
typique typical

U

un (une) a, an; one; **l'— et l'autre** both
uniforme (*m.*) uniform
uniquement uniquely, solely
unir to unite
unité (*f.*) unit, unity
universel(le) universal
universitaire pertaining to a university
urbain(e) urban
urgence (*f.*) emergency
urgent(e) urgent
usage (*m.*) use, usage
usé(e) worn
usine (*f.*) plant, factory
utile useful
utilisation (*f.*) usage
utiliser **to use**

V

va-et-vient coming and going
vacances (*f.*) vacation, holidays
vaccin (*m.*) vaccine
vache (*f.*) cow
vachement terribly (*fam.*)
vague (*f.*) wave
vaguement vaguely
vain: en — in vain
vair (*m.*) squirrel fur
vaisselle (*f.*) dishes; **faire la —** to do the dishes
valet (*m.*) servant
valeur (*f.*) value; **mettre en —** to enhance
valise (*f.*) suitcase
vallée (*f.*) valley
valoir to be worth
vanille (*f.*) vanilla
vapeur (*f.*) steam
varié(e) varied
varier to vary
variété (*f.*) variety
vaste vast
vaut: ça en — la peine it's worth it; **ça — le coup** it's worth it (*fam.*)
veau (*m.*) calf
végétation (*f.*) vegetation
veille: la — de eve, the day before
veine (*f.*) vein; **Quelle —!** What luck!
vélo (*m.*) bike
vélodrome (*m.*) cycle-racing track
vélomoteur (*m.*) moped
velours (*m.*) velvet
vendange (*f.*) vine harvest; **faire les —s** to gather in the grapes
vendeur(euse) salesclerk
vendre to sell
vendredi Friday
venir to come
vent (*m.*) wind

vente (*f.*) sale
ventre (*m.*) belly, stomach
ver (*m.*) **(de terre)** (earth)worm
verbe (*m.*) verb
verdir to turn green
verger (*m.*) orchard
vérifier to check
vérité (*f.*) truth
vermeil(le) silver gilt
verre (*m.*) glass; **—s de contact** contact lenses
vers toward
vers (*m.*) line (poetry)
verser to deposit, to pour
vert(e) green
verticalement vertically
vertigineux(euse) giddy
vertu (*f.*) virtue
veste (*f.*) jacket
veston (*m.*) (man's) jacket
vêtement (*m.*) garment
vêtu(e) dressed
veuf(ve) widowed
viande (*f.*) meat
victime (*f.*) victim
victoire (*f.*) victory
vide empty
vider: se — to empty
vie (*f.*) life
vieillard (*m.*) old man
vieillesse (*f.*) old age
vieillir to grow old
vieillissement (*m.*) aging
vieux (vieille) old
vif(ve) vivid, lively
vigne (*f.*) vineyard
vigueur (*f.*) vigor
vilain(e) ugly
villageois (*m.*) villager
ville (*f.*) town, city; **en —** in town
vin (*m.*) wine
vinaigrette (*f.*) oil and vinegar dressing
vingt twenty
vingtaine: une — de twenty or so
violent(e) violent
violet(te) purple, violet
violon (*m.*) violin
violoniste (*m.f.*) violinist
virgule (*f.*) comma
viril(e) virile
visage (*m.*) face
visite (*f.*) visit
visiter to visit (a place)
visiteur (*m.*) visitor
visuel(le) visual
vitamines (*f.*) vitamins
vite quickly, fast
vitesse (*f.*) speed; **à toute —** at full speed
vitrine (*f.*) shop window
vivant(e) alive, living
vive...! hurrah for . . . !
vivre to live
vocabulaire (*m.*) vocabulary
voici here is, here are
voie (*f.*) track; **en — de** in process of; **— lactée** Milky Way
voilà there is, there are
voile (*f.*) sail
voir to see
voisin (*m.*) neighbor
voiture (*f.*) car
voix (*f.*) voice; **à — basse** in a low voice
vol (*m.*) theft
volaille (*f.*) poultry
volcanique volcanic
voler to steal; to fly
volets (*m.*) shutters
voleur (*m.*) thief
volonté (*f.*) will power
vorace voracious
voter to vote
vôtre: le — yours
vouloir to want, wish; **— dire** to mean
voyage (*m.*) trip, journey; **— de noces** honeymoon
voyager to travel
voyageur (*m.*) traveler
voyelle (*f.*) vowel
vrai(e) true
vraiment really, indeed
vue (*f.*) view
vulgaire vulgar

W

wagon-lit (*m.*) sleeping car, Pullman
wagon-restaurant (*m.*) dining car
week-end (*m.*) weekend

Y

y there

Z

zodiaque (*m.*) zodiac
zoologique zoological
zoologiste (*m.*) zoologist
zut! rats! darn it! (*fam.*)

lexique anglais-français

A

ads petites annonces (*f.*)
advice conseil (*m.*)
afraid (to be) avoir peur
after après
ago il y a
airplane avion (*m.*)
airport aéroport (*m.*)
all tout
all that tout ce qui (que)
almost presque
alone seul
also aussi
always toujours
America Amérique (*f.*)
American américain (*adj.*), Américain (*n.*)
amusing amusant
animal animal (*m.*)
answer réponse (*f.*)
anything n'importe quoi
apple pomme (*f.*)
arrive (to) arriver
as . . . as . . . aussi...que...
as many . . . as autant de...que...
as soon as aussitôt que, dès que
at à
at first d'abord

B

bad: it is too — c'est dommage
banana banane (*f.*)
baron baron (*m.*)
beard barbe (*f.*)
because parce que; **— of** à cause de
bed lit (*m.*); **in —** au lit
bed (to go to) aller au lit
bedroom chambre (*f.*)
before avant de
best le meilleur, le mieux
better meilleur, mieux
big grand
book livre (*m.*)
boring ennuyeux
boyfriend petit ami (*m.*)
breakfast petit déjeuner (*m.*)
bring (to) apporter
bring back (to) rapporter
bring in (to) amener
brother frère (*m.*)
bus (auto)car (*m.*)
but mais
buy (to) acheter
by par

C

cake gâteau (*m.*)
call (to) appeler
can (to be able) pouvoir
candy bonbon (*m.*)
car auto (*f.*), voiture (*f.*)
chair chaise (*f.*)
class classe (*f.*), cours (*m.*)
classroom salle de classe (*f.*)
coffee café (*m.*)
color couleur (*f.*)
Columbus (Christopher) Christophe Colomb
come (to) venir
comfortable confortable, à l'aise
comic (*see strips*)
congratulate over (to) se féliciter de
constantly constamment
conversation conversation (*f.*)
cool frais, fraîche
cousin cousin (*m.*), cousine (*f.*)
cow vache (*f.*)
criticize (to) critiquer
croissant croissant (*m.*)

D

date date (*f.*)
day jour (*m.*); **every —** tous les jours; **New Year's —** jour de l'An (*m.*)
decide (to) décider
decision (to make a) prendre une décision
detail détail (*m.*)
develop (to) développer
disappear (to) disparaître
discover (to) découvrir
do (to) faire
doctor docteur (*m.*), médecin (*m.*)
dollar dollar (*m.*)
door porte (*f.*)
drink (to) boire
during pendant

E

each one chacun
easy facile
eat (to) manger
effort effort (*m.*)
egg œuf (*m.*)
electric(al) électrique
elephant éléphant (*m.*)
end (at the) à la fin
endurance endurance (*f.*)
equality égalité (*f.*)
evening soir (*m.*)
every chaque

everyone tout le monde
explorer explorateur (*m.*)

F

fall automne (*m.*)
fast vite
festival festival (*m.*)
few (a) quelques, quelques-uns
find (to) trouver
first premier, première, d'abord
fix (to) réparer
Florida Floride (*f.*)
foot pied (*m.*)
for pour
forget (to) oublier
franc franc (*m.*)
free libre, gratuit
French français; **the —** les Français; **— class** cours de français (*m.*)
Frenchman Français (*m.*)
friend ami (*m.*), amie (*f.*)
from de

G

gasoline essence (*f.*)
get (to) avoir
get old (to) vieillir
get used to (to) s'habituer à
give (to) donner
give back (to) rendre
glass verre (*m.*)
go (to) aller
go back (to) retourner
go into (to) entrer dans
go out (to) sortir
gold or (*m.*)
good bon, bonne
grandmother grand-mère (*f.*)
green vert

H

hate (to) détester
headache (to have a) avoir mal à la tête
health santé (*f.*)
hear (to) entendre dire
hear from (to) avoir des nouvelles de
hear of (to) entendre parler de
help (to) aider
here ici
here is (are) voilà
horrible horrible
horse cheval (*m.*)
horseback: on — à cheval
hour heure (*f.*)
house maison (*f.*)
how comment
hungry (to be) avoir faim
hurrah for vive
hurt (to) avoir mal à
husband mari (*m.*)

I

if si
ill malade
in dans, en
Independence Indépendance (*f.*)
informed (to be) être au courant
injustice injustice (*f.*)
instead of au lieu de
interest intérêt (*m.*)
Italian italien, italienne

J

jacket veste (*f.*)
January janvier (*m.*)
job emploi (*m.*)
joke blague (*f.*)
journal revue (*f.*)

K

kitchen cuisine (*f.*)
king roi (*m.*)
know (to) savoir

L

lack (to) manquer de
lake lac (*m.*)
landlord propriétaire (*m.*)
language langue (*f.*)
last dernier, dernière
late tard
lawyer avocat (*m.*)
learn (to) apprendre
least: at — au moins
leather cuir (*m.*)
left (to be) rester
lend (to) prêter
less moins de
letter lettre (*f.*)
life vie (*f.*)
like (to) aimer
listen (to) écouter
little petit
locked fermé à clé
long long, longue
look (to) avoir l'air
look at (to) regarder
look for (to) chercher
lot: a — beaucoup
lovelorn column courrier du cœur
luck: good — bonne chance
luckily heureusement

M

make (to) faire
many beaucoup de
maybe peut-être (que)
meal repas (*m.*)
meet (to) (se) rencontrer
mess (to be a) être en désordre
metal métal (*m.*)
milk lait (*m.*)
miss (to) manquer
modern moderne
Monday lundi
money argent (*m.*)
more plus de
Montreal Montréal
mother-in-law belle-mère (*f.*)
mountains: to the — à la montagne
music musique (*f.*)
must devoir, falloir

N

navigator navigateur (*m.*)
near près de
necessary nécessaire; **it is —** il faut
need (to) avoir besoin de
neither . . . nor . . . ni...ni...
never ne...jamais
news nouvelles (*f.*)
no longer ne...plus
no matter when n'importe quand
not pas
not . . . any more ne...plus
nothing ne...rien
now maintenant

O

observation observation (*f.*)
observe (to) observer
obtain (to) obtenir
often souvent
old vieux, vieille
on sur
once in a while de temps en temps
one un, on
only ne...que..., seulement
open (to) ouvrir
or ou
orange orange (*f.*)
other autre
our notre
owe (to) devoir

P

page page (*f.*)
parents parents (*m.*)
participate in (to) participer à
pay (to) payer
people gens (*m.*)
perhaps peut-être (que)
person personne (*f.*)
piece morceau (*m.*)
place endroit (*m.*)
plane avion (*m.*)
play (to) jouer
politician politicien (*m.*)
possessions possessions (*f.*)
prepare (to) préparer
prescription ordonnance (*f.*)
private privé
prize: Nobel — prix Nobel (*m.*)
problem problème (*m.*)
professor professeur (*m.*)
protect (to) protéger
publish (to) publier
purple violet, violette

Q

quarter trimestre (*m.*)
Quebec Québec
question question (*f.*)

R

rain (to) pleuvoir
rains (it) il pleut
rat rat (*m.*)
read (to) lire
receive (to) recevoir
record disque (*m.*)
refrigerator réfrigérateur (*m.*)
remarkable remarquable
remember (to) se souvenir de, se rappeler
rent loyer (*m.*)
rent (to) louer
responsibility responsabilité (*f.*)
rest repos (*m.*)
right: to be — avoir raison
roommate camarade de chambre (*m. ou f.*)

S

sad triste
Santa Claus le Père Noël
Saturday samedi (*m.*)
sauce: chocolate — sauce (*f.*) au chocolat
say (to) dire
school école (*f.*)
school: in — à l'école
scientific scientifique
scientist savant (*m.*)
see (to) voir
sense sens (*m.*)
serve (to) servir
several plusieurs
shape forme (*f.*)
shape: in great — en pleine forme
shave (to) (se) raser
shower douche (*f.*)
Siberia Sibérie (*f.*)
sing (to) chanter
sit (to) s'asseoir
situation situation (*f.*)
six six
sleep (to) dormir
small petit
so much the better tant mieux
so that pour que
soldier soldat (*m.*)
some quelques; **— day** un jour
something quelque chose
Spain Espagne (*f.*)
spend (to) passer
station gare (*f.*)
stay (to) rester
store magasin (*m.*)
strips: comic — bandes dessinées (*f.*)
student étudiant (*m.*)
study (to) étudier
succeed in (to) réussir à
suddenly soudain
Sunday dimanche (*m.*)
system système (*m.*)

T

take (to) prendre, emmener
talk (to) parler
teacher maître d'école (*m.*)
tell (to) dire
that cela, ça
that's why c'est pourquoi
then puis
there là; **— is (are)** il y a

therefore donc
thief voleur (*m.*), cambrioleur (*m.*)
thing chose (*f.*)
think (to) penser
thirsty: to be — avoir soif
this ce, cet, cette, ceci
ticket billet (*m.*)
tie cravate (*f.*)
time temps (*m.*), fois (*f.*), heure (*f.*); **from — to —** de temps en temps; **on —** à l'heure
tire pneu (*m.*)
tired fatigué
to à, chez, pour
today aujourd'hui
together ensemble
tomorrow demain
tonight ce soir
too trop
toothache mal aux dents (*m.*)
tourist touriste (*m.*)
tradition tradition (*f.*)
train train (*m.*)
travel (to) voyager
traveler voyageur (*m.*)
tree arbre (*m.*)
trip voyage (*m.*); **round —** voyage aller et retour
trumpet trompette (*f.*)
turn yellow (to) jaunir
TV: on — à la télé

U

UFOs OVNIs
understand (to) comprendre
until jusqu'à, jusqu'à ce que
usually d'habitude, habituellement

V

very much beaucoup
visit (to) visiter

W

wait (to) attendre
walk (to) marcher
wallet portefeuille (*m.*)
want (to) vouloir
war guerre (*f.*)
warm chaud
watch (to) regarder
way façon (*f.*)
wear (to) porter
week semaine (*f.*)
weekend week-end (*m.*)
what quel, quoi, que, qu'est-ce que, ce que, ce dont; **— a** quel, quelle
when quand
where où
while pendant que
white blanc, blanche
why pourquoi
window fenêtre (*f.*)
wine vin (*m.*)
with avec
witness témoin (*m.*)
wonder (to) se demander
work travail (*m.*)
work (to) marcher
world monde (*m.*)
write (to) écrire

Y

year an (*m.*); **every —** tous les ans
yellow jaune
yesterday hier
young people jeunes gens (*m.*)

copyrights and acknowledgments

Permission to reproduce copyright material is gratefully acknowledged:

Monique Cone and Geneviève Willis for portion from *French Cultural Reader* by François Denoeu, D. C. Heath, 1972.

Editions J. Duculot for extract from *Littératures de langue française hors de la France* by Guillaume Oyono-Mbia; "Alphabétisation" by Rachid Boudjedra; "Mon Pays" by Giles Vigneault.

Editions Gallimard for extract from *Tout compte fait* by Simone de Beauvoir; "Tant de forêts" from *La pluie et le beau temps* by Jacques Prévert; "Averse, averse" from *Les Ziaux* by Raymond Queneau.

Editions G. P. Rouge et Or for extract from *Contes de Provence* by Renée Samat.

Editions Pastorelly for extract from *Temps des secrets* by Marcel Pagnol.

Editions Robert Laffont for "Air Vif" by Paul Eluard.

La Farandole/Messidor for extract from *Le Mandarin et la Mandarine* by Pierre Gamarra.

Hachette for extract from Robin et Bergeaud: *Le français par la méthode directe,* Tome II, Hachette, Editeur.

Hallmark Cards for reproduction of advertisement.

Le Journal Français for "Horoscope."

Le Point for "Le scandale des cravates" by Bernard Pivot.

Librairie Gründ for "Le Pélican" by Robert Desnos.

Présence Africaine for extract from *Au Tchad sous les étoiles* by Joseph Brahim Seid, 1962.

PICTURE CREDITS

All drawings by Barbara Niemczyc except as noted below.

Marek Antoniak: 358, 363, 466
Courtesy Art Institute of Chicago, Helen Birch Bartlett Memorial Collection: 382
Marc & Evelyne Bernheim/Woodfin Camp & Associates: 368
Cliché des Musées Nationaux: 253
Colorphoto Hans Hinz: 287 bottom
William Dyckes: 101 bottom
Jacques Faizant: 329, 469
Harold Faye: 372
Suzanne Fournier/Photo Researchers: Title page spread
French Embassy Press & Information Division, New York: 89, 294, 303, 316
French National Railroad: 168
Fromageries Bel, Paris: 172 bottom

Beryl Goldberg: 2, 44, 94, 120, 127, 140, 158, 161, 214, 313, 344 bottom, 362, 395, 403, 456
Michel Gravos/Sygma: 467
Hallmark Cards Incorporated: 186
HBJ Photos: 20, 178, 357, 445 bottom
Lucien Hervé: 210
Hirmer Fotoarchiv, Munich: 78 bottom
Interphotothèque/Documentation Française, Paris: 203
Rodney K. Ketcham: 266, 340, 410, 427
G. E. Kidder Smith, from *The New Architecture of Europe:* 209
Anna Kopczynski: 79 bottom, 85, 86 bottom, 105, 169, 244, 247, 279 bottom, 301, 351, 391, 394, 397, 404, 413, 437
Noel Le Boyer: 281
Nadia Margolis: 118, 366
National Museum Vincent van Gogh, Amsterdam: 360
New York Public Library: 336
Louis Ollivier: 18, 194 bottom, 248, 270 right
Jean-Pierre Rey/Liaison Agency: 8
Sempé: 465
Southern Pacific Line: 262
Union Pacific Railroad: 261
United Air Lines: 260
Jan Piotr Zalewski: 10, 35, 63, 64, 70, 78 top, 100, 106, 107, 134 top, 147 bottom, 164, 188, 206, 225, 240, 258 bottom, 285 top, 309 top, 332, 390, 421 top, 432, 438, 448, 464

index

A 2
B 3
C 4
D 5
E 6
F 7
G 8
H 9
I 0
J 1